Markus Brauckmann
Gregor Schöllgen

München 72

Markus Brauckmann
Gregor Schöllgen

München 72
EIN DEUTSCHER SOMMER

Deutsche Verlags-Anstalt

Penguin Random House Verlagsgruppe FSC® N001967

1. Auflage
Copyright © 2022 by Deutsche Verlags-Anstalt, München
in der Penguin Random House Verlagsgruppe GmbH,
Neumarkter Str. 28, 81673 München

Lektorat: Ditta Ahmadi
Umschlaggestaltung: Büro Jorge Schmidt
Umschlagabbildung: Behnisch & Partner, Bauten und Anlagen der
XX. Olympischen Spiele, München, 1967–1972
Quellenangabe: saai I Archiv für Architektur und Ingenieurbau, KIT,
Werkarchiv Behnisch & Partner
© Foto: Behnisch & Partner, Christian Kandzia
Satz: Ditta Ahmadi
Druck und Bindung: GGP Media GmbH
Printed in Germany
ISBN 978-3-421-04875-2
www.dva.de

Willkommen im Land der Dichter, Denker –
und Dackel! Das weltoffene Design der Olympischen Spiele bestimmte den ersten Eindruck
der internationalen Gäste. Dackel »Waldi«, das
Maskottchen von München 72, war ein tierischer
Erfolg.

Inhalt

AUF DIE PLÄTZE   9

FERTIG   27

TAG 1
Samstag, 26. August 1972   41

TAG 2
Sonntag, 27. August 1972   59

TAG 3
Montag, 28. August 1972   75

TAG 4
Dienstag, 29. August 1972   91

TAG 5
Mittwoch, 30. August 1972   109

TAG 6
Donnerstag, 31. August 1972   123

TAG 7
Freitag, 1. September 1972   143

TAG 8
Samstag, 2. September 1972   157

TAG 9
Sonntag, 3. September 1972   171

TAG 10
Montag, 4. September 1972   189

TAG 11
Dienstag, 5. September 1972   205

TAG 12
Mittwoch, 6. September 1972   235

TAG 13
Donnerstag, 7. September 1972   251

TAG 14
Freitag, 8. September 1972   267

TAG 15
Samstag, 9. September 1972   279

TAG 16
Sonntag, 10. September 1972   295

TAG 17
Montag, 11. September 1972   311

EPILOG   325

ANHANG

Zu diesem Buch   339

Zu den Quellen   343

Personenregister   355

Bildnachweis   365

*Ein letzter Moment der Muße im fast leeren
Stadion, bevor es losgeht. Drei Themen sind in
diesen Tagen in aller Munde: die neue U-Bahn,
ein drohender Boykott afrikanischer Nationen und
die charmanten Olympia-Hostessen. »München
präsentiert die Spiele des Fräuleinwunders«,
schreibt die »Abendzeitung«. »Mädchen, Mädchen,
Mädchen«.*

AUF DIE PLÄTZE

Sie sind moderne, aufgeklärte Frauen. Aufgewachsen als Teenager in den wilden Sechzigern, mit Antibabypille und sexueller Revolution. Jetzt müssen sie schön brav sein. Für das große Ereignis und für ihr Land. Denn am 26. August 1972 werden in München die Spiele der XX. Olympiade der Neuzeit eröffnet. Und sie, die Hostessen, werden Besucher aus aller Welt in Empfang nehmen. *Welcome to Germany!*

Herrenbesuch? In ihren Unterkünften streng verboten, darüber wacht ein Angestellter der Bundeswehr. Flirten? Kaum möglich, weil die Einsatzpläne der jungen Damen randvoll sind. Und statt Minirock sieht ihre Kleiderordnung ein Dirndl und Kniestrümpfe vor. Die Mädchen von München 72 haben einen tadellosen Ruf zu wahren. »Wir wollten Deutschland gut repräsentieren«, sagt Gertrude Krombholz freundlich, aber bestimmt. »Für ungebührliches Verhalten war da kein Platz.« Die 39-Jährige aus Bayern hat einen Teil der jungen Damen ausgebildet, die für viele Teilnehmer der erste Anlaufpunkt bei den Spielen sein werden: die Olympia-Hostessen. Sie gehören zur Generation München 72, die Deutschland ein neues Gesicht geben soll. Vor den Augen der Welt, die hier zu Gast ist.

Die Verantwortlichen haben schon im Vorfeld einiges getan, um die Helferinnen perfekt auf ihre Aufgabe vorzubereiten. Seit zwei Jahren laufen die Planungen. Dafür zuständig ist Doktor Emmy Schwabe, die Leiterin des Referats Besucherbetreuung und Hostessenwesen beim Organisationskomitee (OK) der Olympischen Sommerspiele 1972 in München. Um die Richtigen zu finden, will sie zunächst ein Testprogramm mit Sportstudentinnen aufsetzen. Gertrude Krombholz ist die Frau, der sie diese Aufgabe zutraut.

Die Dozentin der Bayerischen Sportakademie ist sofort Feuer und Flamme. »Ich hatte gerne mit jungen Leuten zu tun. Und mit meinen Studentinnen habe ich immer in einem Boot gesessen.« Mit dem Testprogramm und dann mit der Auswahl der jungen Frauen wird es nicht sein Bewenden haben. Krombholz bleibt als Gruppen-Chefhostess an Bord, zuständig für die Schwimmhalle. Der Freistaat Bayern stellt die Lehrkraft frei – unter Fortzahlung der Dienstbezüge.

Gemeinsam mit weiteren Kolleginnen suchen Emmy Schwabe und Gertrude Krombholz zunächst einmal »hübsche und sprachgewandte Mädchen«. Eingesetzt werden die Freiwilligen im Protokoll, bei der Betreuung der Mannschaften, an Infoständen in Hotels, am Flughafen – und bei den olympischen Wettkämpfen. Irgendjemand muss den Sportlern ja den Weg zur Umkleidekabine oder zum Siegerpodest zeigen. Über 10 000 junge Damen schauen sich die Prüferinnen näher an. Die Richtung gibt Willi Daume vor, der Chef von München 72, der noch vorzustellen ist. In einem Brief an die Hostessen legt der Präsident des Organisationskomitees seine Vorstellungen von ihrem weiblichen Wirken dar: »Hostess, Gastgeberin also, ist man. Denn im Grunde kann man es nicht erlernen. Die Fähigkeit kommt aus dem Wesen und Herzen einer Frau. Man muss sie von Hause aus mitbringen.«

Gertrude Krombholz ist – ungewöhnlich in diesen Jahren – unverheiratet und kinderlos (»Ich war glücklich in meinem anspruchsvollen Beruf«). Nun muss sie sich auf einmal um Hunderte von »Mädchen« kümmern, wie man damals sagt, obgleich viele von ihnen längst erwachsene Frauen sind. Für die angehenden Hostessen ist Krombholz strenge Lehrerin und gute Freundin in einer Person.

Besonders im Blick hat sie die Hostessen für die Siegerehrungen. »Wir haben erst mal 14 Tage eisern vor dem Spiegel trainiert«, erinnert sich Krombholz. Dafür legt sie sich eigens eine Kamera zu und filmt die Übungen. Zum Beispiel das graziöse Schreiten bei einer Medaillenzeremonie an der Regattastrecke in Oberschleißheim. Im Gleichschritt, aber nicht zu militärisch. Anstrengend und gewöhnungsbedürftig sei das für die Mädchen gewesen, berichtet sie. Die Sieger auf dem Podest werden meist von Bundeswehrangehörigen gemimt, und so kommt mancher Rekrut für Augenblicke zu Gold oder Silber oder Bronze. 44 junge Frauen werden für diese Aufgabe an den elf olympischen Wettkampfstätten ausgewählt. »Ich wollte bei den Siegerehrungen nur große Mädchen einsetzen«, erinnert sich die Ausbilderin im Interview für dieses Buch. Aber Willi Daume sei dagegen gewesen: »Er wusste, dass viele Funktionäre, die Medaillen übergeben, eher klein sind.«

Die Münchnerinnen schlafen zuhause. Die rund tausend auswärtigen Mädchen, die nicht aus der bayerischen Metropole stammen, wohnen im sogenannten Hostessen-Hochhaus in Freimann in Zweibettzimmern mit Dusche und Kochnische. Die olympische Tätigkeit ist fordernd. Gearbeitet wird im Schichtbetrieb rund um die Uhr. Wenn sie nicht im Dienst sind, haben die Hostessen zu fast allen Sportarten kostenlosen Zutritt. Die Verpflegung ist frei, ebenso die weiß-blaue Dienstkleidung: Dirndl, Bluse, Jacke, Regencape, Kniestrümpfe, Schuhe, Umhängetasche, Sonnenbrille.

Die jungen Damen im Hochhaus sind zwischen 18 und 28 Jahre alt und kommen aus aller Welt. Männer müssen draußen bleiben. Für Thilo Koch, der gerade einmal 50, aber längst eine TV-Legende ist, macht man eine Ausnahme. Der Reporter fährt mit seinem Kamerateam zum »Turm der tausend Mädchen«, um eine »grüne« Story zu drehen. »Grün« bedeutet: jenseits des Sports, schreibt er in seinem Olympia-Tagebuch *Piktogramm der Spiele*.

Herr Koch führt ein Interview mit Herrn Rolfs, im nichtolympischen Leben Zivilangestellter der Bundeswehr. Er verwaltet das künftige Studentenwohnheim. Probleme mit dem Herrenbesuch? Nein, sagt Herr Rolfs, er habe da ein paar Studenten als Türsteher. Die nähmen Nachrichten entgegen, auch Blumen. Die Mädchen müssten ihre Wohnausweise vorzeigen. Kein männlicher Besucher dürfe den Fahrstuhl betreten. Herr Rolfs sagt zum berühmten Herrn Koch: »Hostess zu sein bei der Olympiade, das ist Ehrensache und darf nicht ins Zwielicht kommen.«

Genau das ist passiert. Schon vor Beginn der Spiele. Dumm, patzig und arrogant seien die hübschen Mädels, lauten die Vorwürfe in einer Boulevardzeitung. Die Antwort der Hostessen veröffentlicht die Zeitschrift *Quick*, die zur Ehrenrettung herbeieilt. »Wir sind besser als unser Ruf«, heißt es in der Schlagzeile. »Wenn wir wirklich so dumm, patzig und arrogant wären, wie behauptet, wären wir wohl nach Sylt gegangen als Playgirls, oder so«, findet Studentin Sylvie aus Bonn, 19 Jahre. »Wegen der 1000 Mark im Monat mache ich das bestimmt nicht«, sagt Martha, 22, aus Tutzing. Die 25-jährige Alexandra aus Braunschweig möchte nichts weiter als »die überwältigende Gastfreundschaft«, die ihr vor einem Jahr in den USA zuteilwurde, »irgendwie zurückzahlen«. Und Evelyn, Chefhostess in der Basketballhalle, hat sich extra für die Olympischen Spiele freigenommen. Im Alltag ist sie Lehrerin in Lausanne in der Schweiz. Die insgesamt rund 1600 Hostessen kommen aus 27 Ländern, wie *Quick* ermittelt.

Aber natürlich sind die allermeisten der jungen Damen Deutsche. Oder wie Anfang der siebziger Jahre betont werden muss: Westdeutsche. Denn seit 1949 gibt es nicht mehr das eine Deutsche Reich, sondern zwei deutsche Teilstaaten. Und beide – die Bundesrepublik Deutschland im Westen und die Deutsche Demokratische Republik im Osten – treten in München mit eigenständigen Mannschaften an, inklusive ihrer jeweiligen Staatsflaggen und Nationalhymnen. Das gab es bei Olympischen Sommerspielen noch nie.

Wenn man so will, ist diese geteilte deutsche Geschichte die Quittung für den fast sechsjährigen Krieg, mit dem das Deutsche Reich die Welt bis 1945 überzog. Dass die Völker dieser Welt jetzt zu einem sportlichen Großereignis nach Deutschland kommen, ist ein unerhörter Vertrauensbeweis – 36 Jahre nach der Nazi-Olympiade von Berlin, 30 Jahre nach Stalingrad, 27 Jahre nach dem Ende des Vernichtungsfeldzugs und des Holocaust.

Wer als westdeutscher Mann im Olympiajahr 45 Jahre oder älter ist, hat wahrscheinlich noch im Krieg gekämpft. Fernsehmann Thilo Koch, der Reporter vom Hostessen-Hochhaus, ist so einer. In seinem Tagebuch vergleicht er das von der Bundeswehr zur Verfügung gestellte Bett in der Olympia-Pressestadt mit dem »scheußlichen Strohsack« aus seiner Wehrmachtskaserne. Die Gegenwart schneidet auch hier besser ab als die belastete Vergangenheit. Ob die Besucher aus aller Herren Länder und die Fernsehzuschauer in allen Teilen der Welt das auch so sehen?

München 72 ist für die Bundesdeutschen, was für die Amerikaner die Mondlandung war: ein Aufbruch in eine neue Zeit, ein globales Event. Eine Milliarde Menschen, ein Viertel der Menschheit, wird allein bei der Eröffnungsfeier zusehen. Die Organisatoren haben das in einem Pressebulletin auf eine handliche Formel gebracht: Man müsste das Münchener Olympiastadion 34 Jahre lang täglich füllen, um auf diese Zuschauerzahl zu kommen.

Es ist das größte Fernsehpublikum, seit der Astronaut Neil Armstrong in Schwarzweiß 1969 den berühmten großen Schritt für die Menschheit tat. Diesmal sind die Bilder bunt, die um den Erdball gebeamt werden. Im Licht der TV-Scheinwerfer steht die Bundesrepublik auf der größtmöglichen Bühne in Friedenszeiten, grell ausgeleuchtet, da wird bis in den letzten Winkel so ziemlich alles sichtbar werden. Das ist eine einmalige Chance für das neue, das geläuterte Deutschland – und ein Risiko zugleich. Die nächsten 14 Tage werden entscheiden, wohin sich die Waage neigt. Den bewegten Bildern kommt dabei eine Schlüsselrolle zu. So wie in Berlin 1936.

Wenige Tage vor Beginn der Spiele wird im westdeutschen Fernsehen ein frisch hergestellter Film gezeigt: *Erinnerungen an einen Sommer in Berlin.* Es ist eine verblüffende Entscheidung der öffentlich-rechtlichen Programmplaner. Zur besten Sendezeit sind nun einige Protagonisten der bisher einzigen und letzten Sommerspiele auf deutschem Boden zu sehen – der berüchtigten Nazi-Olympiade von Berlin 1936. Umstrittene Figuren wie Albert Speer und Leni Riefenstahl treten auf. Die Nachkriegsrepublik an den TV-Geräten hört ihren Ausführungen staunend zu.

»Hitler hatte es von vornherein darauf angelegt, die Olympischen Spiele als eine große Demonstration des nationalsozialistischen Regimes anzulegen«, erklärt die einstige NS-Größe Albert Speer, der bei den Nürnberger Prozessen 1946 als Kriegsverbrecher zu 20 Jahren Haft verurteilt worden war. Und Riefenstahl, als Regisseurin die offizielle Chronistin der Berliner Superschau, kokettiert 1972 vor laufender Kamera damit, dass sie sich damals einer gewissen Protektion erfreute, weil »Hitler geäußert hat, dass die Leni Riefenstahl Talent hat«. Eingerahmt werden diese Interviews unter anderem von Bildern des »Führers« hoch oben in der Stadionloge und Athleten, die unten artig den Hitlergruß entbieten. *Erinnerungen an einen Sommer in Berlin* zeigt vier Tage vor der Münchener Eröffnungsfeier auch Ausschnitte aus Riefenstahls Olympiawerken.

Speer und Riefenstahl waren zwei von Adolf Hitlers olympischen Helfern. Er diente als Architekt und Berater des »Führers«. Sie schuf mit *Fest der Völker* und *Fest der Schönheit* zwei genauso spektakuläre wie verherrlichende Filme über Olympia im »Dritten Reich«. Er kreierte als Generalplaner der Nürnberger Reichsparteitage, später auch als Generalinspektor der Reichshauptstadt, die Schauseite einer Organisation, die quasi göttlich über allem stand. Sie hielt zunächst in Nürnberg und später in Berlin die Kamera drauf und machte aus ihren olympischen Impressionen ein Monument in bewegten Bildern, das die emotionale Wirkung der braunen Spiele potenzierte.

Der Fernsehabend ist eine Begegnung mit den Geistern, die das geläuterte Deutschland unbedingt loswerden will. Die Macher von 1972 wollen sich nicht an den Sommer von Berlin erinnern, sie wollen Berlin 1936 vergessen machen, ein neues deutsches Narrativ schaffen. München 72 – das ist der Exorzismus, der den verdammten Fluch der Spiele unter dem Hakenkreuz austreiben soll. Nur: Leni Riefenstahl lässt sich nicht so leicht vertreiben.

Die Filmemacherin ist, 36 Jahre nach den Nazi-Spielen, auch in München mit von der Partie. Für eine Figur mit fragwürdiger Vergangenheit erhält sie in diesen Sommertagen 1972 erstaunlich viel Aufmerksamkeit. Die Zeitschrift *Filmkritik* widmet ihr ein Sonderheft. Im *Spiegel* erscheint ein großes Interview, in dem sie über ihre Sehgewohnheiten plaudert (»Nur Nachrichten und natürlich Cousteau mit seinen Unterwasserfilmen«). Die *tz* stattet ihr einen Besuch ab und zitiert Riefenstahl in der Schlagzeile mit der bemerkenswerten Aussage: »Schon als Kind haßte ich Propaganda«. Im Fließtext schmeichelt die Reporterin der 70-Jährigen mit der Einschätzung, sie sehe mit ihrem Safarihosenanzug und den superblonden Haaren »höchstens wie 50« aus. In Schwabing spielt das Arri-Kino seit Wochen beide Teile ihres Olympiawerks. Angeblich stehen die Leute Schlange.

Leni Riefenstahl wird bei München 72 wieder in einem deutschen Olympiastadion hinter der Kamera stehen. Die britische *Sunday Times* hat sie für Fotoreportagen engagiert. Es ist ein Comeback unter neuem Namen: Auf ihrer Akkreditierung steht Helen Jacob.

Auch der Mann, der sich München 72 ausgedacht hat, war schon in Berlin 1936 dabei. Da gehörte er selbst zur Jugend der Welt. Seine Teilnahme lässt sich gut mit dem olympischen Motto »Dabeisein ist alles« beschreiben. Denn bei seinen ersten und einzigen Olympischen Spielen als Aktiver ist der 23-jährige Willi Daume eine Fehlbesetzung. Aber dafür kann er nichts.

Obwohl der gebürtige Dortmunder ausgebildeter Handballer ist, wird er 1936 in den Kader einer damals in Deutschland weitgehend unbekannten Sportart berufen: Basketball. *Der Angriff*, die Tageszeitung der Berliner NSDAP, sieht in diesem Mannschaftsspiel durchaus Potenzial: »Basketball steht nun zum ersten Mal auf dem Programm der Olympischen Spiele und ist für weite Kreise bei uns in Deutschland noch so etwas wie ›Schwarze Kunst‹. Das ist schade, denn diese Sportart ist nicht nur als Ausgleichssport ausgezeichnet geeignet, sondern bringt so wechselvolle Kampfphasen, so viele immer neue Möglichkeiten, daß nicht nur Spieler, sondern auch Zuschauer schnell mitgerissen werden.«

Das aus Handballern und einigen Leichtathleten zusammengewürfelte Korbjägerteam macht 1936 auf heimischem Boden keine Werbung für die neue Sportart: Drei von vier Partien gehen verloren. Reservist Daume kommt nicht einmal zum Einsatz. 1940 und 1944 fiel Olympia dann dem Krieg zum Opfer. Trotz nachgewiesener Zusammenarbeit mit den braunen Herrschern wurde Daume nach 1945 entnazifiziert und stieg schnell zum führenden Sportfunktionär in der Bundesrepublik auf. Seine Amtszeit war geprägt von der Rivalität mit der DDR.

Sie bescherte ihm am 8. Oktober 1965 bei einer Session des Internationalen Olympischen Komitees (IOC) in Madrid den vorläufigen Tiefpunkt seiner Karriere. Das IOC ist eine komplexe Mischung aus olympischer Regierung, Aufsichtsrat und Gerichtsbarkeit. Im Herbst 1965 entschieden die internationalen Mitglieder dieses mächtigen Gremiums: Die DDR, der andere deutsche Staat, darf künftig bei Olympia mit einem eigenem Team antreten.

In Westdeutschland war man entsetzt. Die Bundesrepublik verfolgte nach dem Krieg das Ziel der deutschen Einheit. Sie erkannte die DDR nicht als Staat an, man unterhielt dort nicht einmal eine Botschaft. Das sozialistische, das kleinere, das zweite Deutschland war ein Konstrukt, das aus westdeutscher Sicht keine Legitimation besaß. Die Springer-Presse, die Unionsparteien und viele andere weigerten sich lange, den Begriff »DDR« in den Mund zu nehmen. Sie sprachen verächtlich von der »Ostzone«, kurz: »Zone«.

Bis Mitte der sechziger Jahre traten beide deutschen Staaten in einer gemeinsamen Olympiamannschaft an – 1960 und 1964 unter einer Flagge mit den olympischen Ringen auf Schwarz-Rot-Gold. Wenn ein west- oder ostdeutscher Athlet Gold gewann, war bei der Siegerehrung statt der Nationalhymne die »Ode an die Freude« aus Beethovens 9. Sinfonie zu hören. Der Sport wollte lange zusammenzwingen, was politisch längst auseinander trieb. Die offizielle Anerkennung des IOC war für die Deutsche Demokratische Republik und ihre »Diplomaten im Trainingsanzug« ein propagandistischer Triumph von enormer Bedeutung: Im Spitzensport war damit quasi die deutsche Teilung vollzogen. Daume brauchte darauf eine Antwort, einen Konter, eine Idee. Irgendwas, Hauptsache schnell. Er wählte eine Telefonnummer in München und arrangierte einen Termin.

Oberbürgermeister Hans-Jochen Vogel hatte keine Ahnung, was der Präsident des Nationalen Olympischen Komitees von ihm wollte. Der SPD-Politiker war eine Art politisches Wunderkind. Als er 1960 ins Amt gewählt wurde, war er mit 34 Jahren der jüngste Bürgermeister einer Millionenstadt in Europa. Am 28. Oktober 1965 trafen sich mit Daume und Vogel der »Bundeskanzler des Sports« und der »Karajan der Kommunalpolitik« im Rathaus von München. Es war ein guter Tag, um Geschichte zu schreiben. Daume fragte Vogel als Erstes, ob er fest auf seinem Stuhl sitze. Der gab augenzwinkernd zurück: »Meinen Sie das jetzt politisch?« Dann konfrontierte der NOK-Präsident den Oberbürgermeister unvermittelt mit seiner Idee: Ob sich München nicht für Olympia 1972 bewerben wolle?

Vogel verschlug es zunächst die Sprache, dann stellte er drei Gegenfragen: Ob Daume wisse, dass München keine einzige der Einrichtungen habe, die man für die Spiele braucht? Ob es angesichts der ständigen Auseinandersetzungen mit der DDR überhaupt eine realistische Chance in einem geteilten Deutschland gebe, Olympia in die Bundesrepublik zu holen? Und dann noch nach München mit seiner NS-Vergangenheit, als »Hauptstadt der Bewegung«, Schauplatz von Hitlers Putschversuch 1923? Sei das nicht zu früh? Seit dem Nazi-Schrecken seien doch erst 20, 25 Jahre vergangen.

Daume war ein Menschenfänger mit Charme und Ausdauer. Nach ziemlich genau einer Stunde hatte er Vogel überzeugt, dass München zumindest eine Außenseiterchance habe. Ein paar Tage später gab der Münchener OB dem Sportfunktionär sein Ja-Wort. Jetzt musste es schnell gehen – sie hatten nur 60 Tage Zeit, um die Unterlagen beim IOC in Lausanne einzureichen, pünktlich zum Jahresende 1965. Dass sie es schafften, war eine Art olympischer Rekord. Später planten Bewerberstädte mehrere Jahre für diesen Prozess ein.

Die entscheidende Sitzung des IOC fand am 25. April 1966 in Rom statt. Um Viertel nach 7 Uhr abends war München als letzte Bewerberin dran. Die bayerische Hauptstadt hatte keine Wettkampfstätten, nicht einmal ein großes Stadion, aber eine Vision: Olympia der kurzen Wege, im Grünen und im Einklang von Körper und Geist. Die Jugend der Welt, so Hans-Jochen Vogel, auf die Olympia es abgesehen hat, werde an der Isar auf viele Vertreter einer neuen Generation treffen. Im Jahr 1972 seien 40 Prozent aller Münchener unter 30 Jahre alt.

Im zweiten Wahlgang des Abends siegte München vor Montreal, Madrid und Detroit. »München Olympiastadt«, stand auf dem Telegramm, das von Rom in die Bayerische Staatskanzlei an den Ministerpräsidenten Alfons Goppel ging. Und: »bitte Herrn Bundeskanzler verständigen«. Die gute Nachricht erreichte Regierungschef Ludwig Erhard im Kanzleramt, dem Palais Schaumburg, in Bonn am Rhein. Der »Vater des Wirtschaftswunders« wurde der CDU zugerechnet.

Für München 72 spielte die Parteizugehörigkeit nur eine geringe Rolle. Denn zum Gelingen des prestigeträchtigen Events fand sich die ganz große Koalition der bundesdeutschen Politik zusammen. Allerdings gab es damals im Deutschen Bundestag auch nur vier Parteien: CDU, CSU, SPD und FDP. In der Bewerbungsphase bildeten CDU/CSU und FDP die Regierung. Während der Vorbereitung auf die Spiele gab es eine große Koalition aus CDU/CSU und SPD. Und im Olympiajahr 1972 bestimmte schließlich eine sozialliberale Koalition aus SPD und FDP die Geschicke des Landes – mit dem ersten Bundeskanzler der Sozialdemokratischen Partei Deutschlands an der Spitze: Willy Brandt. Drei unterschiedliche Konstellationen, ein gemeinsames Ziel: ein neues Kapitel im Geschichtsbuch der Deutschen zu schreiben, ein fröhliches, eines mit gutem Ausgang.

John F. Kennedy gab seinen Raumfahrtingenieuren ein Jahrzehnt und nahezu unbegrenzte Ressourcen, um die Mondlandung zu realisieren. Die Macher von München 72 bekommen sechs Jahre und das deutsche Haushaltsrecht. »Nicht wir haben die Spiele – die Spiele haben uns«, fürchtet die *Süddeutsche Zeitung* im Jahr 1966.

Willi Daume übernimmt als Präsident das Organisationskomitee. Er macht sechs Jahre keinen Urlaub und schläft im Büro. Wenn ihm mitten in der Nacht etwas einfällt, ruft er seine OK-Mitarbeiter an, egal zu welcher Uhrzeit. Diskussionen, die nicht in seine Richtung laufen, unterbindet er mit einer einzigen Handbewegung. Am liebsten lässt er gar keine Diskussion zu. Er sei »kein einfacher Chef« gewesen, schreibt der Buchautor Jan C. Rode, dem wir viele Erkenntnisse über Daume verdanken. Die Bundesrepublik ist seit ihrer Gründung eine wahre Wunderrepublik: Fräuleinwunder, Wirtschaftswunder, Wunder von Bern. Da wäre es doch gelacht, wenn Daumes Deutsche kein Heiterkeitswunder aus dem Münchener Boden stampfen.

Der Boss hält Ordnung und Systematik für »idiotisch«, häufig verlegt er Redemanuskripte oder Dokumente. Sie werden ihm dann aufwendig per Flugzeugkurier hinterhergeschickt. Sein Arbeitszimmer, so vermerkt ein *Spiegel*-Reporter nach einem Besuch, sei ein »höchstpersönliches Chaos aus Spielkram, Kunst und Aktenplage«. Ein Spinner, sagt ein Mitarbeiter über ihn, aber ein genialer Spinner. Einer, der zwei Vorteile auf seiner Seite hat: Willi Daume hat Visionen, und er sieht das ganz große Bild. Er spürt instinktiv, dass Leistungssportler nicht die Jugend von heute repräsentieren, dass Woodstock und die Arena wenig gemein haben und dass er den jungen Leuten heute eine andere Projektion offerieren muss. Entmilitarisiert, emotional, empathisch. »Heitere Spiele«, irgendwann fällt ihm und seinen Leuten dieser Begriff ein – und er gibt München 72 sofort einen Namen und eine Richtung. In einem Dokument des OK werden sechs Attribute aufgezählt, wie die Spiele sein sollen: »Heiter, leicht, dynamisch, unpolitisch, unpathetisch, frei von Ideologie«.

Für diese Vision von einem Weltklasse-Deutschland braucht Daume herausragende Leute. Kreative, die den heiteren Spielen Leben einhauchen. Köpfe des neuen Landes, deren Storys dazu passen. Kaum einer bringt eine so bewegende Geschichte mit wie der Chefdesigner der Spiele 1972.

Es ist eine einzigartige Konstellation, mindestens genauso unglaublich wie deutsch: Der Grafiker Otl Aicher, der München 72 als hellen Gegenentwurf zur düsteren Berliner Nazi-Olympiade gestalten soll, ist der Schwager von Hans und Sophie Scholl, den Mitgliedern der »Weißen Rose«.

Bereits in seiner Jugend war der gebürtige Ulmer Aicher ein guter Freund der Familie Scholl. Bei einem Aufenthalt im Elsass diskutierte er noch 1941 mit Sophie intensiv über die Pflicht zur Zivilcourage im »Dritten Reich«. Dann trennten sich ihre Wege: Er wurde zur Wehrmacht eingezogen, sie ging in den Widerstand. Die Geschwister Scholl gehörten ein Jahr später zu den führenden Köpfen der Widerstandsgruppe »Weiße Rose« an der Münchener Universität. Im Februar 1943 wurden sie von den Nazis mit dem Fallbeil hingerichtet. Aicher desertierte am Kriegsende. Im Jahr 1952 heiratete er Inge Scholl, die Schwester von Hans und Sophie.

Otl Aicher soll nun das Bild Nachkriegsdeutschlands entwerfen, das von München aus um die Welt geht. Das Feindbild ist von vornherein: Berlin

1936. Bloß nichts Monumentales mehr, nichts Strenges, keine nationalen Bezüge. Wer ist da glaubwürdiger als Aicher?

Der »Gestaltungsbeauftragte«, so sein offizieller Titel, bekommt den Auftrag ohne Ausschreibung und leitet die Abteilung 11 des Organisationskomitees. Damit ist der Designer laut Richtlinien zuständig für alle »sichtbaren Informationsträger im Zusammenhang mit den Olympischen Spielen«: Plakate und Schilder, Eintrittskarten und Fahnen, Briefbögen und Presseausweise. Einfach alles, vom festlichen Stadtbild über die Kleidung der Hostessen und der Ordner bis zum Stück Würfelzucker. Otl Aicher bestimmt, wie München 1972 aussehen wird. Sein häufig zitiertes Motto: »Es kommt weniger darauf an, zu erklären, dass es ein anderes Deutschland gibt, als es zu zeigen.«

Vor den Spielen besucht ein Reporter mit einem Kamerateam des Bayerischen Rundfunks das Designteam im Atelier in Hochbrück bei München. Das »Labor des neuen Deutschlands« hat die *Süddeutsche Zeitung* die Räumlichkeiten später genannt. Der TV-Mann beginnt seinen Kommentar mit den feierlichen Worten: Am »Erscheinungsbild« von München 72 soll man »auch den Geist erkennen. Ohne Pathos, ohne Gigantismus, ohne nationale Vorzeichen«. Aichers Mitarbeiter sitzen dicht an dicht an langen weißen Rechtecktischen auf weißen Stühlen ohne Armlehnen. Auch die Aschenbecher sind weiß. Es gibt viele Männer, manche wirken mit dunkler Weste und Hemd eher wie Buchhalter. Auf den Fernsehbildern erkennt man lediglich zwei Frauen. Es wird geraucht, gewerkelt, reingezeichnet, entwickelt. Die Fensterbank ist vollgestellt mit diesem und jenem. Der Gestaltungsbeauftragte selbst, im Amt seit 1967, trägt Schwarz, kaut an einem Pinsel und strahlt Optimismus aus.

Für die heiteren Spiele hat Aicher Rot und Gold aus dem Farbkonzept verbannt. Schließlich sind es keine politischen Spiele. Er arbeitet mit einer Palette, die nach der psychologischen Farbenlehre eher das Spielerische, das Gefühl anspricht. »Als Farben wurden – in Assoziation an die bayerische Landschaft – ein lichtes Blau und ein helles Grün gleicher Strahlkraft ausgewählt, die gestützt werden von Weiß und Silber«, heißt es in den offiziellen *Richtlinien und Normen für visuelle Gestaltung*, einem Regelwerk so dick wie das Telefonbuch einer deutschen Großstadt. Volksnah ausgedrückt: Blau für den Himmel über Bayern, grün für die bayerischen Wiesen und weiß für die schneebedeckten Berge. Die schriftlichen Vorgaben unterteilen auch die Kleidung in Farbcodes. Ordnern wird zum Beispiel ein helles Blau zugedacht, Techniker tragen Orange.

Die Optik mag manchmal mehr an den Art-déco-Distrikt von Miami Beach erinnern als an eine europäische Großstadt mit langer Historie, aber von regionalen Heimatmotiven wie dem bayerischen Löwen oder dem Münchner Kindl will Aicher nichts wissen. Die einzige Ausnahme ist ein gestreifter Dackel mit dem Namen »Waldi«. Das erste Maskottchen überhaupt bei Olympischen Spielen ist eine Idee von Willi Daume. Elena Winschermann aus Aichers Team wird zur »Waldi-Mama« ernannt. Selbst der Dackel muss sich in das visuelle Erscheinungsbild fügen: »Die Streifen müssen in mindestens drei, optimal sechs Farben erscheinen. Kopf und Schwanz sind immer hellblau.«

Es wird der von Willi Daume erhoffte große Wurf. Eine kommunikative Mondlandung. Aicher gelingt es – vor allem mit seinen berühmten Piktogrammen –, den Sport für die Besucher zu dolmetschen. Jeder Mann und jede Frau aus jedem Land wird sich auch ohne Sprachkenntnisse zurechtfinden können. Der Über-Kreative, der schon zuvor für renommierte Industriekunden wie Lufthansa und BASF gearbeitet hat, überträgt die wirschaftliche Corporate Identity auf das Sportfest. »Die Werbewirksamkeit des einheitlichen Erscheinungsbildes ist in der Industrie längst ein anerkanntes Mittel zur Verkaufsförderung. Wir haben diese Erfahrung der PR-Leute genutzt für ein nicht-kommerzielles Unternehmen, bei dem mehr auf dem Spiele steht als Mark und Pfennig.« Aichers Produkt ist: »Das neue Deutschland«.

Nur ein visueller Baustein stammt nicht aus Aichers Kreativzentrale: das Emblem der Spiele. Das prominenteste Element von allen, »ausgerechnet«, würden Sportreporter sagen. Diese Aufgabe löst der junge Grafiker Coordt von Mannstein aus Köln – nachdem Otl Aichers erster Entwurf den Entscheidern nicht zugesagt hatte und Zweifel aufgekommen waren, ob er im rechtlichen Sinne überhaupt schutzfähig sei. In einer Art Rettungsaktion, 1968 auf die Schnelle initiiert von Willi Daume, werden fünf bekannte deutschen Grafikdesigner ausgewählt – darunter der Rheinländer –, die nun den vielleicht wichtigsten olympischen Auftrag erhalten: ein Logo zu kreieren, das über alle Zweifel erhaben ist. Und zwar rasch.

Von Mannstein macht sich umgehend ans Werk. Der 31-jährige Unternehmer, ein Partner in der Agentur »Graphicteam« in Köln, nimmt nun häufiger Unterlagen mit nach Hause, um dort weiterzuarbeiten. In einer kleinen Mietwohnung, dritter Stock, in der Wiethasestraße im Westen der Domstadt, gar nicht weit weg vom Fußballstadion. Einen Schreibtisch gibt es hier nicht, also setzt er sich am liebsten an einen Tisch in der Wohnhalle, der – wenn Gäste kommen – auch als Esstisch dient.

Auf der so gewonnenen Fläche liegen im Frühjahr 1968 abends häufig die Arbeitspapiere, darunter Aichers Logo-Entwurf – ein aus Strahlen bestehender Kranz. Coordt von Mannstein ist ein Fan des visuellen Erscheinungsbildes von München 72. Beim Betrachten der Unterlagen kommt ihm spontan ein Einfall, und er weiß sofort, dass es funktionieren wird. Er geht zu seinem Werkzeugkasten, der mit allen Instrumenten gefüllt ist, die ein Grafiker braucht, bis hin zu den feinen Pinseln. Von Mannstein holt eine Schere heraus. Er schneidet Aichers Strahlenkranz auf und dreht ihn nach oben zu einer Spirale. So entsteht in Köln-Braunsfeld die Idee zur Strahlenspirale, dem zukünftigen offiziellen Emblem der Olympischen Sommerspiele 1972 – den Bundesbürgern bis heute aus der Fernsehsendung *Glücksspirale* vertraut. Das Logo reiht sich in den erstklassigen Look ein.

München 1972 geht in die Geschichte ein als das erfolgreichste Designprojekt der Olympischen Spiele. Den Preis dafür bezahlt der Gestaltungsbeauftragte bisweilen mit seinen Nerven. Dem Reporter des Bayerischen Rundfunks vertraut Otl Aicher an: »Neben der Freude bleibt der Kummer nicht aus, wie überall, wo Bürokratie mit Kunst kollidiert.« In der Saarstraße, wo das Organisationskomitee sitzt, ist man über diese Aussage wahrscheinlich *not amused*. Aber einer mit Aichers Lebenslauf scheut den Konflikt nicht, höchstens den Kompromiss. Zur Not droht er, sorgsam dosiert, mit seinem Rücktritt. Mitten in der Arbeit für München 72 erleidet Aicher laut *tz* 1969 einen Herzinfarkt und kommt ins Krankenhaus. Zur mutmaßlichen Ursache schreibt das Blatt: »Aichers Erschöpfungszustand wird neben großer Arbeitsbelastung auch auf starke, seit langem bestehende Differenzen mit dem Olympia-Generalsekretär Kunze zurückgeführt.« Die heiteren Spiele sind eine ernste Sache. Und sie haben noch nicht einmal begonnen.

1964 hatte *Der Spiegel* in einer Titelstory der Gastgeberstadt den Beinamen »heimliche Hauptstadt« verliehen. Im Sommer 1972 bleibt vom angeblichen Geheimtipp nichts mehr übrig: München avanciert offenkundig zum Mittelpunkt der Welt. Zur Bühne für einen internationalen *Summer of Love* in Deutschland. Aus allen Himmelsrichtungen machen sich junge Leute auf den Weg in die bayerische Hauptstadt.

Die *Bravo* ist schon da. Die beliebte Jugendzeitschrift nutzt ihren Heimvorteil. Die Redaktion mit Sitz in der Augustenstraße 10, Postleitzahl: 8 München 2, feiert die jungen Besucher auf einer Doppelseite im Heft. Fünf Jungen und drei Mädchen fläzen sich auf einer Wiese im Olympiapark, im Hintergrund sieht man den Olympiaturm, die Olympiahalle und das Stadion mit dem berühmtesten Dach der Welt.

Die Jungen und Mädchen sind als Tramper nach München gekommen. Das heißt: Sie haben sich an eine Ausfallstraße oder die Rampe zur Autobahn gestellt, ihren Daumen in die Höhe gereckt und dann gewartet, dass ein Auto anhält und sie mitnimmt. Eine beliebte Form des Reisens in dieser Altersgruppe. »Für 15 Tage ist die Olympia-Stadt München Magnet für die Jugend der Welt«, haben die Redakteure zu den Fotos getextet. »Man schätzt sie auf hunderttausend. Die Tramper, die nach München gekommen sind, um die Olympischen Spiele zu erleben.« Acht von ihnen lernt man auf den Seiten 22 und 23 in der *Bravo* näher kennen.

Rolf, 18 Jahre, ist von Regensburg in die Olympiastadt getrampt. Er hat gerade einmal 20 Mark einstecken und kann deshalb nur drei Tage bleiben. »Das Geld für die Olympiakarten habe ich mir regelrecht vom Mund abgespart.« Susanne, 16 Jahre, kommt aus Worms und müsste eigentlich schon wieder in der Schule sein. Die gleichaltrige Claudia aus Frankfurt sagt: »Das Interessanteste hier sind für mich die vielen Ausländer.« Die Holländerin Elly ist mit ihrem Freund hier, für Olympiakarten haben sie leider kein Geld. Youssuf aus Beirut ist dagegen gern bereit, für eine Dressurkarte »draufzuzahlen«: Ein Tramper aus dem Libanon, den es zur eleganten Disziplin des Reitens zieht – auch das gehört 1972 zur bunten Jugend der Welt.

Die »Jugend der Welt« ist eine feststehende Redewendung im Wörterbuch Olympias. Gemeint war ursprünglich die Versammlung junger Athleten zum edlen Wettstreit, nobel und rein, im Zeichen des Friedens. Ohne Politik und Profisport. Mit diesen Idealen im Herzen und antiken Traditionen im Kopf begründete der französische Baron Pierre de Coubertin Ende des 19. Jahrhunderts die moderne Fassung der Olympischen Spiele. Die erste Ausgabe der Neuzeit fand 1896 in Athen statt. 14 Nationen, so vermelden es die meisten Quellen, gingen an den Start. Frauen durften nur zuschauen.

München 72 macht Olympia endgültig zu einem globalen Ereignis. Drei Jahre nach der ersten Mondlandung und den Tagen von Woodstock, dem legendären Open-Air-Festival, mit dem die Hippie-Bewegung im Mainstream ankommt. Die Jugend der Welt trägt jetzt lange Haare, fordert die Autorität der Alten heraus und hat es nicht so mit dem Leistungsprinzip. Das olympische Motto »Höher, schneller, weiter« spricht einige der Jungen allenfalls bei der Erweiterung ihres Bewusstseins und Seins an, gern auch mit experimentellen Drogen. Nach München kommen sie trotzdem in Scharen, es ist das größte weltweite Treffen ihrer Generation in diesem jungen Jahrzehnt.

Die Münchener beobachten die Invasion mit gemischten Gefühlen. »Wer unangemeldet, unrasiert, unbekannt und unbürokratisch untergebracht werden will, der findet in München nun doch eine Bleibe für die Nacht«, meldet die örtliche *Abendzeitung* halb kritisch, halb erleichtert. Denn mittlerweile sind so viele Jugendliche spontan in die Olympiastadt gekommen, dass sich die Polizei einschalten muss. »Meist einzeln reisende Jungen und Mädchen übernachten in Anlagen, Parks oder im Englischen Garten«, vermerken die Beamten im Polizeibericht. »Wegen der damit meist verbundenen Verunreinigung der Umgebung und Beeinträchtigung der Erholungseffekte dieser Anlagen erregen sie damit den Unwillen der Bürger.«

Die sonst perfekt organisierten Deutschen müssen improvisieren. In Ludwigsfeld, im Nordwesten Münchens, errichtet man auf die Schnelle zwei Riesenzelte für etwa 3000 Besucher. Das Versprechen: Sogar mitten in der Nacht könne man in der »Jugendschutzstelle« mit Rucksack und Matratze aufkreuzen. Niemand frage nach dem Namen. Religion und Nationalität spielten keine Rolle. Der Preis ist jedenfalls unschlagbar: eine Mark pro Nacht. Und die Gastgeber haben noch ein Schnäppchen parat: Laut *Abendzeitung* wird das Restessen vom Olympischen Dorf kostenlos in den Unterkünften verteilt. Im Land des Wirtschaftswunders soll niemand hungern.

Bayerns Ministerpräsident Alfons Goppel von der CSU bittet vor dem Start der Spiele die Bevölkerung: »Seid's nett zu den Fremden.« Sein Appell wird in der Lokalpresse abgedruckt, das gibt der Botschaft fast einen offiziellen Anstrich: »Ich rufe alle zur Wahrung unserer traditionellen bayerischen Gastfreundschaft in Offenheit und Herzlichkeit auf. Von jedem einzelnen hängt es ab, welches Bild von uns Bayern unsere Gäste mit in ihre Heimat nehmen.«

Gute Vorsätze kann man den Einheimischen nicht absprechen. Hans Glanegger ist der Wirt der weltweit berühmtesten Gaststätte in der Olympiastadt, dem Hofbräuhaus. Hier fließt der Gerstensaft in Strömen, hier ist man Randale von und Kummer mit betrunkenen Gästen gewohnt. Die Ordnungskräfte im legendären Lokal sind eine Instanz für sich, der Volksmund nennt sie »Rausschmeißer« – und das ist wörtlich gemeint. Glanegger sagt der Boulevardzeitung *tz*: »Natürlich kann ich aus unserem Hofbräuhaus kein Säuglingsheim und aus meinen Ordnern keine Kinderpfleger machen.« Aber für Olympia ist er bereit, im Traditionslokal etwas Neues auszuprobieren: Er lobt eine Sonderprämie von 50 Mark aus – für jede Woche, die seine handfesten Mitarbeiter nicht in eine Schlägerei verwickelt werden. Lediglich Selbstverteidigung sei noch erlaubt. Eine Welt ohne Wirtshausrauferei, nur weil die Welt gerade zu Gast ist – für einige seiner Stammgäste geht das nun wirklich zu weit. Ein Alter grantelt: »Mei, zu was haben die uns für die Olympiade gemacht.«

Die Globalisierung erreicht auch Münchens Marktstände. Radieschenverkäufer Georg Goßler zürnt: »Die können sich doch nach unseren Sitten richten! Die Amis langs ois o' bevor 's was kaufa, und de Franzosen rischa mit der Nas'n an jeden Apfel.« Man habe extra Schilder aufgestellt: »Ware betasten streng verboten«, das nütze freilich gar nichts, weil die ausländischen Käufer die Schilder nicht verstehen. Und Schilder in fremden Sprachen? Sakra, man könne ja nicht »unsere Ständ' mit 20 verschiedene Tafeln verbauen«. Der Redakteur der *Abendzeitung* versucht es in seinem Kommentar mit multikultureller Nachhilfe, trocken wie eine Rosine: »In Amerika zum Beispiel sucht man sich die Ware nach eingehender Betrachtung selbst aus. Und Verbotsschilder gibt es nur bei uns.« *Welcome to Bavaria.*

*Wenn man 1972 vom »Dach« spricht, weiß jeder,
welches gemeint ist: das spektakuläre Zeltdach des
Olympiastadions. Für München ist es eine neue
Sehenswürdigkeit, für das geläuterte Deutschland
ein Symbol für Offenheit, Transparenz und
Demokratie. Der Architekt Günter Behnisch
entwarf später auch das neue Parlamentsgebäude
des Deutschen Bundestages in Bonn.*

FERTIG

In der Bundeshauptstadt Bonn stellt sich die Regierung von Willy Brandt ganz offiziell auf einen Medaillensegen ein. »Unsere bundesdeutsche Olympiamannschaft hat sich gut vorbereiten können«, schreibt der Kanzler in seinem Geleitbrief zu den Spielen, »nicht zuletzt, weil die sozialdemokratisch geführte Bundesregierung durch großzügige finanzielle Unterstützung einen wesentlichen Beitrag dazu geleistet hat.« Der Hinweis auf die SPD-Leistungen liegt nahe, wenige Monate nach Olympia werden Bundestagswahlen stattfinden.

Im Vorfeld der Spiele befasst sich das Kabinett von SPD und FDP in einer Sitzung mit den zu erwartenden Erfolgen der bundesdeutschen Sportler. Die Gastgeber wollen vorbereitet sein und korrektes Verhalten bei Siegen sicherstellen. Im Protokoll der Regierungsrunde wird im August 1972 unter dem Betreff »Glückwünsche an deutsche Olympia-Gewinner« schriftlich festgehalten: »Es besteht Einvernehmen, dass Glückwünsche an deutsche Medaillengewinner in der Regel nur vom Bundeskanzler, vom Vizekanzler und vom BMI gesandt werden sollen. Die übrigen Mitglieder des Bundeskabinetts mögen sich auf Fälle regionaler oder sonstiger Beziehungen zu dem jeweiligen Sportler beschränken.«

BMI steht für das Bundesministerium des Innern, zuständig für den Leistungssport – und die innere Sicherheit. Minister des Hauses ist der FDP-Politiker Hans-Dietrich Genscher. Er wird bei München 72 mehr mit der Gefahrenlage als mit der Medaillenausbeute zu tun haben.

Es ist mittlerweile kaum möglich, in München nichts von Olympia mitzubekommen. Man müsste schon unter einem Stein leben, um dem täglich anschwellenden Trubel zu entgehen. Genau das macht Thomas Schmidt, 25 Jahre alt. Er trotzt dem Rummel und lebt zwar nicht unter einem Stein, aber unter der Erde, drei Meter tief. Der Mathematikstudent wird sich während der Spiele zu wissenschaftlichen Zwecken einem Isolierversuch unterziehen – für das Max-Planck-Institut für Verhaltenspsychologie. Die

Forscher wollen herausfinden, ob ein Mensch, der von der Außenwelt abgeschnitten ist, noch ein Zeitgefühl hat. Für Schmidt bedeutet das: vier Wochen in einem Bunker in den Andechser Bergen ausharren, ohne Radio, ohne Fernsehen, ohne Telefonate, ohne Zeitung. Und natürlich bleibt auch seine Freundin draußen. Er muss selbst kochen. Seine Sonderwünsche reicht er auf einem Zettel nach oben.

Einen Wunsch hat der Olympia-Eremit bereits anderen erfüllt: Die Eintrittskarten, die er sich vorsorglich besorgt hatte, bekommen seine Münchener Freunde.

Im Bunker ist das Wetter egal. Bei München 72 spielt es eine Schlüsselrolle. Und deshalb wollen die Deutschen auch das Wetter organisieren. Perfekt und pünktlich, genau mit dem richtigen Timing.

Das Erscheinungsbild der Spiele – die Farben Aichers, das Glasdach des Olympiastadions – lässt die Bundesrepublik nur frisch glänzen, wenn die Sonne scheint und der Himmel blau leuchtet. Die deutschen Veranstalter überlassen auch hier nichts dem Zufall. Schon sehr früh bitten sie die Meteorologen nachzusehen, was der beste Zeitraum für die Austragung von Olympia sei. Der Deutsche Wetterdienst (DWD) führt eine »sorgfältige Überprüfung langjähriger Beobachtungsreihen« durch. Dazu steigen die Experten tief ins Archiv und schauen sich die statistische Auswertung vieler Jahrzehnte genau an. Dieser Katalog der Großwetterlagen Europas von 1881 bis 1971 fördert zutage, dass zyklonale Großwetterlagen bis zum letzten Drittel im August überwiegen und danach ein rascher Abfall bis Mitte September erfolgt. Auf dieser Basis empfehlen die Meteorologen eine Periode mit voraussichtlich geringem Niederschlag: vom 26. August bis 10. September. Die Organisatoren folgen dem Vorschlag. Genau in diesen zwei Wochen wird Olympia in München stattfinden.

In dem gewählten Zeitraum ist laut DWD mit einer Wahrscheinlichkeit von 50 Prozent an mindestens elf Wettkampftagen eine freundliche Witterung zu erwarten, mit einer Wahrscheinlichkeit von 75 Prozent, dass an mindestens acht Tagen, also während der Hälfte der Zeit, gutes Wetter herrscht. Aber selbst diese fundierten Zahlen, und das schreiben die DWD-Experten offen und ehrlich in ihrem Bericht, können bei »der in unseren Breiten herrschenden wechselhaften Witterung nicht einmal einen Optimisten beruhigen«. Übersetzt: Auch Sauwetter ist möglich. Und danach sieht es nun aus.

In der Woche vor der Eröffnungsfeier vermeldet der Wetterbericht neben verbreiteten Regenfällen, dass die Schneefallgrenze bis unter die Marke von 2000 Metern sinkt – und das im Hochsommer. Die vielleicht schlechtesten Nachrichten kommen am 23. August 1972, drei Tage vor der Eröffnung, vom Meteorologen Rudolf Christa: »Eine entscheidende Wetterbesserung ist noch nicht in Sicht.«

Besonders die Sportler aus den südlichen Regionen der Erde kaufen im Laden des Olympischen Dorfes alles auf, was an warmen Decken und dicken Pullovern zu bekommen ist. Schwimmer aus Japan brechen ihr Training im Freibad Grafing ab und wechseln in eine geheizte Turnhalle. Auch die Australier kapitulieren bei ihren Übungseinheiten im Dantebad vor der ungewohnten Kälte. »Ihn friert's«, titelt ein Münchener Boulevardblatt und knipst den sudanesischen Fußballspieler Sates Osman vor der Kulisse des Olympischen Dorfes mit einer Pelzkappe auf dem Kopf, mitten im August. Ein Sprecher des Ärztezentrums im Dorf wird zitiert: »Ständig müssen wir jetzt Erkältungskrankheiten behandeln.«

Bei dieser Witterung zieht es einen amerikanischen Sportreporter schon nachmittags ins Warme. Gemeinsam mit einem Bekannten kehrt er in ein Lokal an der Riesstraße ein, ganz in der Nähe des Olympiaparks. Er hängt sein Sakko an einen Haken unterhalb des Tresens. Zeit für einen Drink. »Um eine Unterhaltung zu haben, luden sie nach einiger Zeit einen deutschen Gast ein, sich zu ihnen zu setzen und mit ihnen zu trinken«, vermeldet der Polizeibericht zum Fortgang der Geschichte. Gegen 19 Uhr verabschiedet sich der Deutsche – und mit ihm auch das Sakko des Amerikaners.

Der Dieb macht reiche Beute in Höhe von geschätzt 3000 Mark: Im Sakko befanden sich laut Polizeibericht ein goldenes Zigarettenetui mit einer persönlichen Gravierung (»the capt. 29. 01. 1965«), ein goldener Kugelschreiber, Travellerschecks im Wert von 1800 DM sowie ein Presseausweis des Olympischen Komitees, ausgestellt auf den Namen »Ron Hawkins«. Der Journalist geht zur Polizei und erstattet Anzeige. Den Täter beschreibt er wie folgt: circa 35 Jahre alt, circa 1,80 Meter groß, schlank, kurze, dunkelblonde Haare. Für einen Kriminellen, der nun gesucht wird, ist der Dieb auffällig gekleidet: mit einem Anzug aus schwarzen und weißen Karos.

Das wäre eigentlich ein Fall für die Sendung *Vorsicht Falle!* und ihren populären Moderator Eduard Zimmermann. Der Fernsehfahnder aus München ist spätestens mit seinem zweiten TV-Format *Aktenzeichen XY ... ungelöst* zum bekanntesten Gesicht der Bundesrepublik beim Thema Sicherheit avanciert. Im Olympiamonat August greift er für eine Lokalzeitung als prominenter Gastautor zur Feder – und warnt die Bevölkerung vor kleinkriminellen Neppern, Schleppern, Bauernfängern. Im Schatten der Großveranstaltung, die den Polizeikräften ein hohes Maß an Aufmerksamkeit abverlangt, sieht Zimmermann drei große Gefahren für die breite Öffentlichkeit. Nummer Eins: Einbrecher und Fassadenkletterer, die während der Fernsehübertragungen in die Wohnungen eindringen. Nummer Zwei: Autoknacker, die in den vom Fernsehprogramm leer gefegten Straßen ungestört ihrem Geschäft nachgehen können. Gefahr Nummer Drei: Straßenräuber und Sittlichkeitsverbrecher, denen es ebenfalls nutzt, wenn es draußen beinahe menschenleer ist.

Manfred Schreiber, Münchens Polizeipräsident und zugleich der Sicherheitschef von Olympia, stellt eine Liste von weiteren möglichen Rechtsbrüchen zusammen. Sie liegt dem *Spiegel* vor. Die Delikte reichen vom »Anspucken von Persönlichkeiten« über »exhibitionistische Akte während des Abspiels von Nationalhymnen« bis zum »Verschütten von gefährlichen Gleitmitteln auf bestimmten Rennstrecken«. Gegenüber einem Lokalreporter kommentiert Schreiber die olympische Gefahrenlage lakonisch: »Man müsste alle nackt ins Stadion schicken, um hundertprozentige Sicherheit zu gewährleisten.«

Der Chefsprecher im Olympiastadion, Joachim Fuchsberger, sitzt mit am Tisch, als für die heiteren Spiele ungewöhnliche Sicherheitsmaßnahmen diskutiert werden. Die vorgetragenen Ideen klingen bisweilen mehr nach Satire als nach Schutz. »Bonbon-Kanonen aus dem rheinischen Karneval sollten eingesetzt werden und Netze über demonstrierende Gruppen hinweg schießen«, berichtet Fuchsberger später in einem TV-Interview. »Politessen sollten besondere Ausbildungen erhalten und mit Blumen in der Hand auf demonstrierende Gruppen losgehen – in der Annahme, dass die dann nicht angegriffen werden.« Und das ist noch nicht alles an Deeskalation.

»Inspiriert von unserem entzückenden, kleinen Maskottchen, dem Dackel Waldi mit seinen schönen Farben, hatte man die Idee, ganze Gruppen von kleinen Dackeleinheiten um protestierende Leute herumlaufen und bellen zu lassen. Weil: Dann lacht man, und wer lacht, der bringt andere weniger schnell um.«

Das Lachen müsste der gesamten Runde eigentlich vergehen, als ein junger Psychologe die möglichen Bedrohungsszenarien ausmalt. Ein prägnantes Beispiel: »Ein Freischärlerkommando hat gegen 5 Uhr früh den Zaun des Olympischen Dorfes überstiegen. Die Eindringlinge haben den Wohnblock der israelischen Mannschaft besetzt. Es werden Schüsse und Rauch gemeldet.« Es gibt nur einen Mitarbeiter bei der Münchener Polizei, der den Mut besitzt, vor Olympia ein solches Szenario zu entwerfen. Und nur einen, der dem Männermagazin *Playboy* im Herbst 1972 bei Tempo 180 auf der Autobahn ein Interview gibt: Georg Sieber, gelernter Diplom-Psychologe.

Er ist ein Typ, der schon 1972 ein Smartphone gebrauchen könnte. Der 37-Jährige arbeitet 15 bis 16 Stunden am Tag, seine Ehefrau und sein kleiner Sohn schlafen und essen bisweilen bei ihm im Büro. Sieber ist eine ständig sprudelnde Ideenquelle, ein Avantgardist. Die kriminalistische Entsprechung zum Designer Otl Aicher. Für die Olympischen Spiele entwirft der Experte mehrere Szenarien. Eines davon ist die oben zitierte »Lage 21« – eine Attacke der Palästinenser auf jüdische Teilnehmer. Gelegentlich wird sie auch als »Lage 26« bezeichnet. Sieber hat recherchiert: Die Palästinensische Befreiungsorganisation (PLO) schlägt stets vor Sonnenaufgang zu, und im Sommer bedeutet das: 5 Uhr. Und sie klettert nie über irgendein Tor, sondern immer über Zäune. Das wisse man, sagt er, aus dem Ablauf der bisher bekannten PLO-Attentate.

Als er der Runde beim Tagesordnungspunkt »Besondere Vorfälle: Schwere Eingriffe in die Olympische Ordnung« – so oder so ähnlich lautete der Titel, sagt Georg Sieber – den möglichen terroristischen Überfall vor Augen führt, sind alle konsterniert. Münchens Polizeipräsident Manfred Schreiber unterbricht schließlich die Stille: »Polizeipsychologen sind dazu da, dass man sie erschlägt.« Ein Spaß, alle lachen, erinnert sich Joachim Fuchsberger. Niemand habe an Terror gedacht, man habe eher »Störaktionen« befürchtet. Das allgemeine Urteil zu Siebers Präsentation lautet: »Zu unrealistisch.«

Die Spiele haben noch nicht begonnen, aber sie haben der Gastgeberstadt bereits ein weiteres Wahrzeichen verschafft: das Olympiastadion mit dem Zeltdach. Eine neue Visitenkarte der Bundesrepublik. Entworfen von den Architekten der Stuttgarter Firma Behnisch und Partner, die sonst eher auf Schulbauten spezialisiert sind. Deren Unterlagen beinahe gar nicht bei der Jury eintreffen. Die ein Stadion kreieren, das astronomisch teuer wird. Denen ohne Übertreibung »ein Stück Jahrhundertarchitektur« gelingt (*Süddeutsche Zeitung*) – das es fast nicht gegeben hätte.

Günter Behnisch erlebte und lebte das deutsche Wirtschaftswunder. Er machte sich früh selbstständig, heiratete, zog in ein Reihenhaus und wurde über die Jahre Vater von drei Kindern. Der Schwabe fuhr Sportwagen und übernahm das Amt des Landesvorsitzenden des Bundes Deutscher Architekten. Sein Büro baute ordentliche Häuser und Schulen. Für 80 Prozent seiner Entwürfe bekam er auch den Auftrag. »Ein sympathischer, deutscher Erfolgsmensch«, heißt es im Männermagazin *Playboy* über ihn. Doch dann erfasste Behnisch Mitte der sechziger Jahre eine Art kreative Midlife-Crisis. Überall sah er nun kalte Stahlpaläste und graue Betonfassaden, da müsse doch noch mehr sein, vertraute er der *Playboy*-Autorin Marianne Schmidt in einem Interview für ein großes Porträt an, aus dem viele der hier zitierten Erkenntnisse stammen.

Die Ausschreibung für die olympischen Bauten in München kam ihm gerade recht. Auf dem Oberwiesenfeld nördlich der Innenstadt sollten ein Stadion, eine Sporthalle, eine Schwimmhalle und eine Hochschulsportanlage entstehen. Die Bestimmungen umfassten 70 Druckseiten, allein die Wettbewerbsunterlagen – aufgegliedert in 57 Hauptpunkte – wogen etwa 30 Kilogramm. Eine architektonische Vor-Olympiade sozusagen. Der Leitgedanke lautete: »Olympische Spiele im Grünen und der kurzen Wege.« Meldeschluss war der 3. Juli 1967.

Die Architekten in Stuttgart drehten nun die Lautsprecher auf, berichtet der Journalist Alfred Dürr in der *Süddeutschen Zeitung* in einer Rekonstruktion des Schaffensprozesses. Ihr Lieblingssong »Ha! Ha! Said the Clown« von Manfred Mann dröhnte fortwährend durch das Atelier. Es gab noch keine Computer – aber dafür Kleber, Pappe, Polaroid-Fotos und einen Damenstrumpf. Auf einer Tischplatte wurde das Olympiagelände mit Sägemehl dargestellt, die Wege wurden durch Wollfäden angezeigt. Fehlte noch das berühmte schwebende Dach, inspiriert vom deutschen Pavillon bei der Weltausstellung 1967 in Montreal. Nach der Legende spannte Behnischs kongenialer Partner Fritz Auer einen Nylonstrumpf seiner Frau über das Modell. Ein Akt der demokratischen und ästhetischen Transparenz. Fertig. Fix wurden die Zeichnungen, Pläne und Modelle verpackt. Am Ende, so erzählt Auer später, ging ein Mitarbeiter durch das Chaos und entdeckte eine vergessene Tafel. In halsbrecherischer Fahrt raste jemand dem Paket quer durch die ganze Stadt hinterher – die Bewerbung, schließlich komplett, wurde kurz vor Mitternacht am Schalter per Bahnexpress aufgegeben.

Mitte Juli meldeten sich die Organisatoren: Die Modelle seien da, aber die Pläne fehlten. Der Ausschluss vom Wettbewerb drohte. Hektisch recherchierten die Büromitarbeiter und fanden die vermisste Kiste beim Spediteur – sie war nicht mitgenommen werden. Die Idee vom Stadion mit Zeltdach lebte nach dieser Wiederbeatmung weiter.

»Hundert olympische Ideen und ein poetischer Entwurf«, schrieb die *Süddeutsche Zeitung* zum Architektenwettbewerb. Oberbürgermeister Hans-Jochen Vogel, eigentlich ein Unterstützer, witzelte über das Zeltdach: »München ist keine Beduinenstadt.« Bei vielen anderen war Schluss mit lustig. Die Idee von Günter Behnisch, Fritz Auer und ihren Mitstreitern war manchen zu ambitioniert, zu waghalsig. So ein Stadion gab es nirgendwo auf der Welt. Was, wenn es sich so gar nicht bauen ließ? Der Juryvorsitzende Egon Eiermann musste eine flammende Verteidigungsrede halten: »Ich bin überzeugt, wir können das.«

Es war das »Wir schaffen das« von München 72, es war der Geist von Aichers Farbwelten, der Mut von OK-Chef Willi Daume, der schließlich sagte: »Risiko muss man immer wieder suchen.« Die Jury drückte es bei der Vergabe etwas unbeholfen so aus: Diese olympische Landschaft sei »die beste Gebärde, um Sportfreunde aus aller Welt zu uns einzuladen … und eine Bereicherung für unsere Stadt. Herzlichen Glückwunsch, Günter Behnisch und den Diplom-Ingenieuren Auer, Büxel, Tränkner, Weber und Herrn Professor Joedicke!« Ein knappes Jahr lang blieb unklar, ob der Entwurf überhaupt realisierbar sein würde. Dann war der Weg frei. »Hurra! Das Zelt wird doch gebaut! Münchens Ruf ist gerettet: Der Olympia-Bau wird nicht kleinkariert«, jubelte *Bild* im August 1969. Und ein hübsches Bonmot fasste es so: Endlich sei Olympia unter Dach – und Fach.

Der Stadionbau für den Zirkus Olympia blieb ein Drahtseilakt mit ungewissem Ausgang. Zwischenzeitlich war man bei einer Gleichung mit 12 600 Unbekannten angelangt. Dass Statistiker, Ornithologen, Glaziologen, Bakteriologen und Mathematiker das Dach begutachteten, war der deutschen Ordnungsliebe genauso geschuldet wie der Hilflosigkeit im Umgang mit dieser spektakulären Innovation. Mancher ernstzunehmende Experte gestand dem Ganzen eine Lebensdauer von höchstens 25 Jahren zu.

Das Zeltdach entstand in drei Phasen: Zunächst wurde das Stahlgitternetz gespannt, dann kam unter das Netz die weiße Isolierfolie, schließlich wurden die Dachplatten aus Acryl montiert. Ein Münchener Streifenpolizist schilderte dem Bayerischen Rundfunk, wie aufregend die Bauarbeiten seinerzeit verliefen. Der Beamte beobachtete von einem Hügel aus, wie das 400 Meter lange Drahtseil, das die Dachkonstruktion des Stadions tragen sollte, hochgezogen wurde. Zentimeter für Zentimeter. Er fragte einen Ingenieur mit weißem Helm: »Funktioniert das auch?« Der Mann antwortete: »Ich bin genauso gespannt wie Sie.«

Die Baukosten für das Zeltgebirge kannten nur eine Richtung: bergauf. Aus anfänglich geschätzten 18 bis 20 Millionen Mark wurde im Laufe der Jahre ungefähr das Zehnfache. Die achselzuckend präsentierte Erklärung lautete: Es seien keine Erfahrungswerte vorhanden gewesen. Angesichts der horrenden Summe rief mancher Kritiker in Erinnerung, dass die moderne Dachkonstruktion nur einen Teil der Sitzplätze vor der Witterung schütze. Auf der Gegengeraden würden Zehntausende »oben ohne« hocken. Am Ende liefen für Olympia insgesamt etwa 2 Milliarden Mark an Kosten auf, davon rund 1,3 Milliarden für die Bauten. Das sei kein hinausgeworfenes Geld, beschwichtigte einer der Organisatoren, wenn wir die Welt zu einem neuen Nachdenken über uns zwingen.

Am 26. Mai 1972 wurde das Münchener Olympiastadion mit einem Fußball-Länderspiel gegen die Sowjetunion eingeweiht. Deutschland siegte nach vier Toren von Gerd Müller mit 4 : 1. Torwart Sepp Maier klagte hinterher, dass ihn das Flutlicht geblendet habe. Das aufwendige Kunstlicht mit 1870 Lux entsprach in der Helligkeit dem Tageslicht, selbst nach Einbruch der Dämmerung gab es also keinen Farbverlust – ideal für das TV-Bild. Maier war der Erste, der im Stadion Bekanntschaft mit der Strategie der für Olympia Verantwortlichen machte: *Fernsehen first.*

Im Regieraum des Wagens Ü8 im neuen Münchener Olympiastadion verwandelt sich schlechte Laune langsam in Verzweiflung. Es ist inzwischen Freitag, der 25. August 1972. In den Katakomben stehen 14 Übertragungswagen, gelb angestrichen. Sie gehören zum Team des Zweiten Deutschen Fernsehens aus Mainz. Das ZDF soll morgen Nachmittag die Eröffnungsfeier der Olympischen Spiele übertragen. Eine nationale Aufgabe – und eine Leistungsschau des bewegten Bildes: 210 Kameras sind für die Spiele herbeigeschafft, 100 Millionen Deutsche Mark investiert und 380 Sprecherplätze für TV-Kommentatoren aufgebaut worden. Sitzplätze im Wert von einer Million Mark können nicht verkauft werden, weil die Kameraleute mit ihren Linsen an den besten und teuersten Stellen im Stadion stehen und die Sicht behindern.

Im Bauch der Arena stehen Kosmetikkabinen bereit, damit die Siegerinnen für die Medaillenzeremonien telegenes Make-up auftragen können. Rund 230 Stunden Olympia werden alleine ARD und ZDF im Wechsel senden. Erst durch das Fernsehen werden diese XX. Spiele der Neuzeit, was sie wirklich sind: die größte Schau der Welt und das Schaufenster des neuen Deutschlands.

Was sich während der Generalprobe vor den Augen von Regisseur Uly Wolters und seiner Mannschaft abspielt, hat wenig von einer reibungslosen Live-Übertragung und viel von Pleiten, Pech und Pannen. Betroffen ist ausgerechnet die olympische Königsdisziplin der Eröffnungsfeier, der Einmarsch der Nationen. Es gelingt einfach nicht, den Einzug der Mannschaften mit der eigens arrangierten Musik in Einklang zu bringen. Oder, wie die Leute vom Fernsehen sagen, Bild und Ton synchron zu halten. Die Teams, angefangen mit Griechenland als Gründungsland der modernen Spiele, folgen zu schnell aufeinander. Sie laufen dem Ton davon, stellt Wolters von seinem Platz aus entsetzt fest, wie er später in einem Beitrag für eine Olympiapublikation festhält. Der arme Stadionsprecher Joachim Fuchsberger hat keine Chance, die Namen der Nationen zum richtigen Zeitpunkt anzukündigen. Es droht ein Fehlstart.

Um 18.30 Uhr, als die Generalprobe endlich vorüber ist, herrscht in Ü8 eine Stimmung wie in der Kabine einer Heimmannschaft, wenn man zur Halbzeit hoffnungslos hinten liegt. Die anwesenden Vertreter des Organisationskomitees machen ihrem Unmut Luft und fordern personelle

Konsequenzen. Dafür ist es allerdings ein bisschen spät. Es sind keine 21 Stunden mehr bis zum Beginn der Eröffnungsfeier. Die Welt wartet – auf Olympia *made in Germany*.

Sechs Jahre, vier Monate und einen Tag hatten die bundesdeutschen Macher Zeit, um ihr Heiterkeitswunder für die Besucher zu organisieren. Manche Idee ist auf der Strecke geblieben. So schlug ein (norddeutscher) Mitarbeiter vor, das Oktoberfest im Olympiajahr ausfallen zu lassen. Eine Agentur regte im »Public Relations Maßnahmen-Katalog« auf Seite 66 an, die Wiesn während der Zeit der Spiele durchzuführen, und bemerkte dazu: »Eine Vorverlegung kann nicht auf allzu große Schwierigkeiten stoßen, wenn man den Schaustellern rechtzeitig Bescheid gibt.« Die wohl attraktivste PR-Maßnahme findet man nicht in diesem Katalog – die Schaffung des neuen Berufsbildes »die schöne Münchnerin«. Verena Müller-Rohde und Susanne Rieger beschreiben in *Das Olympia 72 Lesebuch: Für München und den Rest der Welt* die Suche nach der richtigen Kandidatin.

Hübsch soll sie sein, charmant, liebenswürdig, schlagfertig und wandlungsfähig. Das steht im Sommer 1970 im Aufruf zu einem Wettbewerb des Organisationskomitees. Das »Symbol für das moderne junge Mädchen«, so der Text weiter, soll durch den Olympia-Werbefilm *Eine Stadt lädt ein* führen. Als die *Abendzeitung* mit der Zeile »Gesucht wird eine schöne Münchnerin« darüber berichtet, hat der Job seine feste Bezeichnung weg. Zum finalen Auswahlprozess rückt dann sogar die altehrwürdige *Neue Deutsche Wochenschau* mit einem Kamerateam an. »250 geborene und gelernte Münchnerinnen bewarben sich um die Hauptrolle. Eine Zugereiste gewinnt«, schnarrt der Reporter, weil die auserwählte Uschi Badenberg, Anfang 20, aus Kaufbeuren stammt.

Die verheiratete Sprachenstudentin erhält für den Film ein Honorar von 5000 Mark. Es ist erst der Anfang ihrer olympischen Tätigkeit. Sie wird für mehrere Einladungsreisen des OK angeheuert, die sie im Vorfeld der Sommerspiele bis nach Malta und Amerika, Griechenland und in die Sowjetunion führen. Schöne Münchnerin sein – das ist wirklich ein Traumjob. Die perfekt geplanten Reisen dauern in der Regel eine Woche. Uschis Aufgabe vor Ort: im Dirndl auftreten und den Menschen aller Kulturen erzählen, wie großartig die Olympiastadt sei. *Welcome to Munich!*

Damit sich die Menschen aus aller Welt zurechtfinden, haben die Deutschen vorgesorgt. Für die Teilnehmer und Touristen halten die Gastgeber mehrere Olympiaführer mit wichtigen Informationen bereit. Sie sagen viel über Deutschland 1972 aus. Man kann sich das Fernsehprogramm am Telefon unter der zentralen Nummer 1159 ansagen lassen. Oder sich an den wichtigen Einfallstraßen Münchens an Lotsen wenden, die Besucher sicher durch die Stadt leiten. Oder man erfährt, wo man das legendäre deutsche Fräuleinwunder aus der Nähe bestaunen kann: »Wollen Sie wissen, wo die Sekretärinnen ihre Mittagspause verbringen?«, fragt der offizielle Olympiaführer der Spiele der XX. Olympiade allen Ernstes und antwortet triumphierend mit Insiderwissen und Ausrufezeichen: »Im geometrisch angelegten Hofgarten!«

Zum Geldwechsel liest man: »Wenn Sie nicht gerade Münzen aus dem hintersten afrikanischen Busch benötigen, wird Ihnen jede Bankfiliale helfen.« Zu den Öffnungszeiten der Geschäfte: »Die Kaufhäuser öffnen gewöhnlich um 9 Uhr und schließen um 18 Uhr. Am Samstag bereits um 14 Uhr.« Zur möglichen Höchststrafe für Parksünder hält das Handbuch die tröstende Auskunft bereit: »Abgeschleppt ist immer noch besser als gestohlen.«

»Am genesenen deutschen Wesen soll sich die Welt ruhig freuen«, schreibt ein Journalist. Er meint es wohl ironisch.

Beim Versuch, das typisch Deutsche bei den heiteren Spielen auszublenden, kommen manche Eigenheiten erst richtig zum Vorschein, darunter ein wesentliches Merkmal der Einheimischen: »*The German Angst*«. In diesem Fall zu verstehen als eine Mischung aus Granteln, Pessimismus und Furcht vor dem Versagen. Angeführt wird die Attacke auf Olympia im Süden vom Nachrichtenmagazin aus dem Norden: Der *Spiegel* packt in der aktuellen Ausgabe vor der Eröffnung ein großes Bild mit fettem Hakenkreuz in den Olympia-Artikel, schmäht München als »großen Buntmacher« und lässt Experten prophezeien, dass nach den Spielen die Bauten auf dem Oberwiesenfeld »tot, abgeschlossen, umzäunt die meiste Zeit des Jahres herumstehen«.

Die Bayern schimpfen mit. Über die niedrigen Temperaturen, die hohen Kosten oder auch über die skandalöse Erhöhung der Schmankerl.

»Olympia-Wucher!«, tobt eine Lokalzeitung. 100 Gramm Leberkäs kosten nun 2,50 Mark, ein paar Weißwürste 3 Mark und eine Semmel 35 Pfennige. Nur gut, dass extra dafür eine Stadtratskommission eingerichtet wurde, die diese »olympischen Geldbeutelschneider« jagt.

Noch sind die Münchener weitgehend unter sich und rätseln bisweilen: Kommen überhaupt genug Gäste? Angeblich liegen rund 950 000 Eintrittskarten unabgeholt oder unverkauft bei Reisebüros und Sportverbänden oder wurden an das OK zurückgeschickt. Kein Wunder, dass die Vermieter Angst vor leeren Zimmern haben. Das Fremdenverkehrsamt München versucht zu beruhigen: Die Olympiagäste kämen schon noch. Die, die bereits da sind, zeigen sich beim Trinkgeld äußerst geizig, so der missgelaunte Eindruck in den Gaststätten. »Am wenigsten geben die Italiener und Franzosen. Viele Gäste lassen sich auf den Pfennig rausgeben«, motzt eine Kellnerin.

Und dann geht noch das Feuer aus, am Abend vor dem Start.

Das olympische Ritual des Fackellaufs mutet an wie eine Tradition aus der Antike, ist aber eine deutsche Erfindung der Neuzeit, erstmals vor 36 Jahren bei der Olympiade im »Dritten Reich« inszeniert und seitdem vom IOC beibehalten. Die Macher von München 72 haben den Lauf akribisch wie ein Militärmanöver geplant: Die Fackel ist aus Kruppstahl, zwei Lastwagen eskortieren sie vom griechischen Olympia quer durch Europa nach München. An Bord der Fahrzeuge befindet sich eine Crew aus Spezialisten.

Das Feuer erreicht an diesem Freitag pünktlich um 17.55 Uhr das Stadtgebiet. Rund 100 000 Zuschauer jubeln den Fackelläufern zu. Alles klappt wie am Schnürchen – bis kurz vor Schluss. Der letzte Läufer des Tages, der 51-jährige Willi Pfeiffle, schafft es noch, die große Fackel vor dem Landtag zu entzünden, wo die Flamme »übernachten« soll, doch dann geht das olympische Feuer plötzlich aus. Einfach so. Pfeiffle muss in einem Begleitfahrzeug um Feuer bitten, ein bisschen wie ein Raucher an einer Straßenecke. Er bekommt originales Olympiafeuer, so versichern die Mitglieder des technischen Personals im Begleitfahrzeug, denn sie haben für den Notfall eine Reserveflamme dabei. In weniger als 24 Stunden wird der Schlussläufer, ein junger Deutscher aus Niederbayern, mit der Fackel das olympische Feuer hoch oben im Olympiastadion entzünden.

Morgen um 15 Uhr geht es los. Am Samstag, dem 26. August 1972, in der ausverkauften Arena auf dem Oberwiesenfeld in München. Wenn die ganze Welt zuguckt. Dann soll sie gelingen, die deutsche Mondlandung, die Eröffnung der Olympischen Spiele, der heiteren Spiele. In einem Land, das auf einmal Angst vor der eigenen Courage hat. Vor dem Auftritt auf der Weltbühne. Vor Bildern, die nicht zur Musik passen. Vor dem Wetter. Vor leeren Hotels und Wettkampfstätten. Vor einer Flamme, die noch einmal ausgeht. Vor tausend Dingen. Vor einem Fehlstart. Der Countdown läuft. Die Deutschen sind fertig.

Völker der Welt, schaut auf diesen jungen Mann!
Der 18-jährige Günter Zahn aus Niederbayern
entzündet bei der Eröffnungsfeier das olympische
Feuer exakt um 16.59 Uhr, wie es bei der sprichwört-
lichen deutschen Pünktlichkeit nicht anders zu
erwarten war. Es ist ein Lagerfeuer, um das sich
in den nächsten zwei Wochen die ganze Welt
versammelt.

TAG 1
Samstag, 26. August 1972

Die Welt wartet. Aber Günter Zahn muss noch etwas erledigen, bevor er aus dem Tunnel des Olympiastadions hinaustritt ins Licht des ersten olympischen Tages. Der 18-jährige Mittelstreckenläufer ist Willi Daumes Auserwählter – er wird die Fackel ins Stadion tragen und um 16.59 Uhr das olympische Feuer auf einer Empore entzünden. Vor 80 000 Zuschauern auf den Rängen und einer Milliarde an den Fernsehgeräten rund um den Globus. Das ist eine Ehre – und gleichzeitig eine einzigartige Marketing-Gelegenheit für den deutschen Sportartikelriesen Adidas. Zahn trägt weiße Schuhe mit den drei berühmten Streifen. Das Markenzeichen ist für jedermann sichtbar. Noch.

Vielen Olympia-Hostessen hat es an diesem Tag die Laune verhagelt, von wegen heiter. Ursprünglich sollten sie zur Eröffnungsfeier ins Stadion dürfen, um die Treppen zu schmücken und dem Publikum ein tolles Bild zu bieten. Das einmalige Erlebnis wird kurzfristig abgesagt, angeblich aus Sicherheitsgründen. Lange Gesichter bei den jungen Frauen. Plötzlich, wenige Stunden vor der Eröffnung, kommt die erneute Kehrtwende: Jetzt dürfen doch etwa 600 Hostessen dabei sein.

Gruppen-Chefhostess Gertrude Krombholz und ihr Team stehen damit auf einmal vor einer logistischen Herausforderung. Es kommen für den Stadionbesuch nur Mädchen in Betracht, die während der Eröffnungsfeier keinen Dienst haben. Und die müssen erst einmal erreicht werden – ohne Mobiltelefone. Hektische Anrufe übers Festnetz erfolgen, das niemand so nennt, weil es nur ein Netz gibt, nämlich das der Deutschen Bundespost. Die gute Nachricht findet in Windeseile ihre Empfängerinnen. Krombholz, beruflich sonst mit der Ausbildung von Sportstudentinnen befasst, schafft an diesem Tag ein echtes Fräuleinwunder, scherzt jemand. Auf einem körnigen Amateurfilm kann man sehen, wie die Kartenverteilung im Expresstempo in letzter Minute direkt vor den Stadioneingängen stattfindet. Die Stimmung bei den jungen Damen ist wieder – genau – heiter.

Wetterkarte des Deutschen Wetterdienstes – Amtsblatt des Wetteramts München. Postbezug monatlich 5,– Mark, einschl. Postgebühren. Wetterlage vom 26.8.1972, 7 Uhr: »Nachdem das seit fast einer Woche über den Britischen Inseln gelegene Hochdruckgebiet lange Zeit kühle Meeresluft mit eingelagerten Tiefausläufern nach Mitteleuropa gelenkt hat, entwickelte es rechtzeitig vor Beginn der Olympischen Spiele einen Keil nach Süddeutschland.« Die prognostizierte Tageshöchsttemperatur für München: 21 Grad, Sonnenscheindauer: 6 bis 7 Stunden. Heiteres Wetter, und das soll in den nächsten Tagen so bleiben, sagen die Meteorologen.

Die Gesichter der Menschen strahlen. Günter Behnischs Glasdach funkelt in der Sonne. Otl Aichers pastellfarbene Fahnen glänzen im Hintergrund, als Willy Brandt vor dem Stadion eintrifft, einen Kamm aus der Tasche holt und sich unter dem Applaus der Zuschauer noch mal die Haare schön macht. Auf dem sogenannten Schuttberg im Olympiapark, oberhalb des ausverkauften Stadions, haben sich geschätzt 40 000 Menschen eingefunden, um von dort einen Blick auf die Feier zu erhaschen. Unter der Oberfläche des Hügels liegen Münchens Trümmer aus dem Zweiten Weltkrieg – oben stehen die Nachkriegsdeutschen und freuen sich auf das deutsche Heiterkeitswunder.

Im Stadion sitzt Joachim Fuchsberger in der Sprecherkanzel wie in einem Cockpit. Alle kennen ihn nur als »Blacky«. Und alle heißt hier: wirklich alle. Denn Blacky ist mehr als der Chefsprecher der Münchener Spiele – er ist ein Fünf-Sterne-Star in der Bundesrepublik, bekannt aus Funk, Fernsehen und Film. Bei ARD und ZDF laufen Krimis mit dem Schauspieler zur besten Sendezeit. Zwei Wochen vor Olympia grüßt er von der Titelseite der Programmzeitschrift *TV Hören und Sehen* – mit dem Hinweis: »Am Samstag im Fernsehen: Hotel der toten Gäste. Spielfilm mit Joachim Fuchsberger«.

Neben den erwachsenen Fans verehren ihn auch die Jugendlichen. Die *Bravo* berichtet 1972 seitenweise über seinen neuen Edgar-Wallace-Streifen *Das Geheimnis der grünen Stecknadel* mit Karin Baal. Im Olympiajahr druckt die Teenagerzeitschrift sein Porträtfoto auf einer ganzen Farbseite, als er den Publikumspreis »Silberner Otto« in der Kategorie Fernsehen erhält. Blacky Fuchsberger, Jahrgang 1927, ist im Stadion die Stimme des neuen Deutschlands. Das alte hat er noch gekannt, der Publikumsliebling war Wehrmachtssoldat an der Ostfront.

Günter Zahn ist Polizeischüler in der Bundesrepublik. Schon in der Schule treibt ihn das Gerechtigkeitsgefühl um. Bei Raufereien geht er häufig dazwischen. Wenn einer am Boden liegt, so sein Ehrenkodex, hört man auf. »Mein Großvater war schon Polizist, und ich hatte in der Schule gehört, dass das eine gute Option ist, wenn man sportlich ist«, sagt er im Interview für dieses Buch. Er beginnt die Ausbildung bei der Bereitschaftspolizei in Eichstätt mit vier jungen Männern auf einem Zimmer, spartanisch eingerichtet. Eingestellt wird er als Polizeianwärter. Dafür hat er sogar seine langen Haare abgeschnitten, »und ich hatte sehr lange Haare«. Stört das seine Freundin? »Ich hatte welche, aber keine feste.«

Zuhause sind sie zu viert. Mittags kocht die Mutter, sein Leibgericht ist der Apfelstrudel zum Nachtisch. Sorgen, dass die Kalorien ansetzen, muss er sich nicht machen. Zahn ist Läufer, ein ziemlich guter, der in seiner Altersklasse in der Bundesrepublik zur Spitzengruppe gehört. Dass er sich bei den Wettkämpfen so anstrengt, hat noch einen anderen Grund: Der Leistungssport ist sein Ticket, um ab und zu herauszukommen. Einmal schafft es der Junge aus dem kleinen Obernzell an der Donau sogar bis nach Lübeck, oben an der Ostsee.

Bei den Deutschen Jugendmeisterschaften 1972 in Bielefeld sprechen ihn drei Leute an. Sie sind Emissäre des deutschen Olympiabosses Willi Daume. Der lässt, quasi auf der Zielgeraden der Vorbereitung, nach dem Schlussmann des Fackellaufs Ausschau halten. Sie suchen, so sagen sie ihm, einen Jungen, der noch nicht die ganz großen sportlichen Meriten besitzt.

Am Dienstag nach den Meisterschaften fährt Zahn zu Daume. Sie treffen sich im Pressezentrum des Olympischen Dorfes. »Ich war sehr aufgeregt, er war sehr ruhig.« Nach einigen Minuten stellt der Chef des Organisationskomitees die entscheidende Frage: Trauen Sie sich das zu? Zahns Antwort kommt schnell wie aus einer Starterpistole: Ja!

Nachher treten sie vor die Weltpresse. Eine Viertelstunde nur, aber sie fühlt sich an wie eine Ewigkeit. Den Umgang mit der Öffentlichkeit ist der junge Mann nicht gewohnt. Er wird schnell lernen müssen. Bei der Eröffnung guckt die ganze Welt zu.

Blacky Fuchsberger weiß, wie man ein Publikum unterhält. Auf die Rolle seines Lebens bereitet er sich sorgfältig vor. Um als Chefsprecher in drei Sprachen moderieren zu können, fährt er für sechs Wochen zum Französischkurs nach Nizza. Als er zurückkommt, geht er zu Daume und verkündet stolz: »Herr Präsident, ich mache das in drei Sprachen.« Daume ist wenig beeindruckt: »Haben Sie schon mal die Satzungen des IOC gelesen?« »Nein, warum?« »Da steht drin, dass der Chefsprecher nur in der Sprache der gastgebenden Stadt sprechen darf.« Diesen Dialog beschreibt der Schauspieler in einem TV-Interview.

Rien ne va plus. Fuchsberger versucht zu retten, was zu retten ist: Vor dem offiziellen Teil könnte er doch den Zuschauern in den drei Sprachen etwas erzählen. »Ich bin ja ein bisschen auch ein Entertainer.« Daume gibt sein Okay.

Und so hören die Achtzigtausend im vollbesetzten Olympiastadion von Fuchsberger in der Reihenfolge Deutsch, Französisch und Englisch, dass es in der Mensa des Olympischen Dorfes 2600 Sitzplätze gibt und in den nächsten zwei Wochen 12 000 Hühnchen, 43 000 Würste und eine Million Eier verspeist werden. Der US-Autor Richard Mandel notiert weiter, dass Fuchsberger auch an die Sicherheit denkt – mit charmantem Witz: *»Make sure the hand in your pocket is always your own.«* Der Sprecher will dem strengen Image der Deutschen entgegentreten, will beweisen, dass »wir auch fröhlich sein können«.

1936, im »Dritten Reich«, schallte den Besuchern in Berlin bisweilen ein markiges »Achtung« entgegen. Blacky begrüßt das Publikum höflich mit »Meine Damen und Herren«, *»Dear Ladies and Gentlemen«.* Er bemüht sich, getragen zu sprechen und sich den akustischen Bedingungen anzupassen. Im Stadion gibt es einen enormen Hall. Das hat er als Ratgeber an eine prominente Schülerin weitergegeben: die Weitspringerin Heidi Schüller. Sie wird das olympische Gelöbnis sprechen. Die Sportlerin ist dunkelhaarig – und bietet so rein optisch einen Gegensatz zu Günter Zahn.

Eine Woche vor der Eröffnung zieht Fackelläufer Zahn im Olympischen Dorf ein. Er teilt ein größeres Apartment mit den Ruderern, die bei der Eröffnung auch einen prominenten Auftritt haben werden. »Richtig nett sind die.« Einmal am Tag probt er unter der Aufsicht von Joachim Fuchsberger, der dabei Pfeife raucht. Es entsteht ein *Running Gag*, buchstäblich. Fuchsberger ermahnt den Teenager jedes Mal, er sei zu schnell, und kapituliert schließlich: »Hoffentlich machst du es bei der Eröffnung richtig.« Der Grund für Zahns wiederholte Überschreitung des Tempolimits: Nachmittags sieht er im olympischen Trainingsbereich die berühmtesten Läufer der Welt, seine Vorbilder, denen er nacheifert. »Da war der langsame Schritt natürlich weg.«

Er steht jeden Tag früh auf. Es gibt so viel zu entdecken, so viel zu sehen. Bei den angeblich unpolitischen Spielen ist bereits Günter Zahns Haarfarbe ein Politikum: Er ist blond. In der Gemeinde Obernzell bei Passau treffen kritische Briefe ein: Warum ein blonder Blauäugiger? Zahn, Jahrgang 1954: »Es war unmöglich, die historische Dimension nicht mitzubekommen.«

»Es ist offenkundig, dass für die ganze Welt sich die Erinnerung an die Olympischen Spiele von 1936 aufdrängt. Und was man hier versuchen will, heute, das ist also, das Bild zu zeigen, eines neuen Deutschlands. Dafür hat man dann die Bezeichnung der heiteren Spiele gewählt, also im Gegensatz zu dem militant-heroischen Charakter 1936«, sagt Walther Schmieding in seinem Kommentar zur Eröffnungsfeier im Zweiten Deutschen Fernsehen. Bevor es richtig losgeht, soll der Kulturjournalist die Aspekte jenseits des Sports einordnen. Sein Kollege am Mikrofon, Werner Schneider, bleibt sportlich: »Und der erste olympische Rekord ist bereits gefallen. Heute Mittag waren akkreditiert: 10 150 Athleten aus 122 Ländern.« Die Statements gehören noch zum »Vorlauf«, so nennen das die TV-Mitarbeiter.

Im Maschinenraum des Fernsehens schwitzt im Übertragungswagen Nummer 8 die Crew, die am Vortag die Generalprobe vermasselt hat. Heute bekommt ihr fein gewobenes Konzept schon die ersten Risse, bevor es überhaupt losgeht. Und sie können nicht einmal etwas dafür. Bundespräsident Gustav Heinemann trifft mit seiner Limousine zu früh am Eingang für die Ehrengäste ein. Für manche fühlt es sich wie fünf Minuten an, für andere wie eine Viertelstunde. In jedem Fall gerät das Protokoll der Eröffnungsfeier aus dem Takt. Die Dominosteine fallen: Zuerst erwischt es die acht tapferen Alphornbläser aus Hindelang im Allgäu, malerisch aufgereiht zum Begrüßungssalut vor der Haupttribüne. Sie werden einfach vergessen – nach Monaten intensiver Vorbereitung. Stattdessen setzen Musiker der Bundeswehr, ebenfalls zu früh, mit einer Fanfare ein. Dahoam im Allgäu ist man entsetzt, vor Ort in München momentan überfordert.

Im Chaos danach muss Regisseur Uly Wolters ohnmächtig registrieren, wie ein Ordner im Aicher-Himmelblau einen seiner Kameraleute von der Ehrentribüne vertreibt. Die *Very Important People* wird er jetzt bei der Eröffnungsfeier bestenfalls sporadisch zeigen können.

Das ZDF sendet bereits seit 10 Uhr, eine Ausnahme. Anfang der siebziger Jahre beginnen die öffentlich-rechtlichen Fernsehanstalten mit dem Programm gewöhnlich erst am Nachmittag und haben weit vor Mitternacht »Sendeschluss«. Dann läuft ein buntes Testbild. Die Konkurrenz des Ersten Programms macht es dem ZDF an diesem Samstag leicht: Dort laufen eine britische Kurzdoku über Afghanistan sowie die Sendung *Propheten auf dem Dampfrollschuh*, Untertitel: Aus der Mottenkiste der Futurologie.

Blacky Fuchsberger meldet sich nachmittags um kurz vor 15 Uhr, seine Stimme ist wieder getragen und extra klar: »Meine Damen und Herren, in wenigen Minuten werden über 70 Fernseh- und Radiostationen aus aller Welt mit der Übertragung aus dem Münchener Olympiastadion beginnen.« Der Kameramann auf der Position E 4 A richtet seine Kamera auf das Marathontor, wo sich die griechische Mannschaft bereithält. Das Land, in dem die Olympischen Spiele einst das Licht der Welt erblickten, marschiert traditionell zuerst ein, danach geht es in alphabetischer Reihenfolge weiter, der Gastgeber kommt zuletzt. In Ü8 sehen sie Griechenland auf einem der zwölf Vorschaumonitore.

Im Regieraum schlagen die Herzen der Verantwortlichen höher und schneller. Es geht weiter: Der Mann für den Ton bereitet das erste Tape vor. Die Musik wird nicht live im Stadion von einem Orchester gespielt – sie kommt als Playback von den Bandmaschinen. Zu komplex sind die Arrangements, für die teilweise sogar Instrumente aus Museen entliehen wurden. Lediglich einige wenige Elemente werden vor Ort live hinzugefügt. In Ü8 gibt jemand das Kommando »Musik ab«. Für die Hellenen erklingt die Komposition »Griechische Sommernacht«. Auf die Plätze, fertig, los.

Der Mann hinter der Musik ist Kurt Edelhagen aus Köln. Der Bandleader liefert den Sound zu Aichers Design und Behnischs Architektur. Alle drei sind Anfang der zwanziger Jahre geboren, alle drei waren noch Soldaten in dem Krieg, den die Deutschen entfesselten. Jetzt prägen sie das Erscheinungsbild der Bundesrepublik.

Edelhagen tüftelt anderthalb Jahre am Programm für den Einzug der Nationen. Der Rheinländer hat zunächst Klassiker wie seinen Landsmann Beethoven im Kopf – bevor ihn Cheforganisator Willi Daume an die Ausrichtung von München 72 erinnert: heitere Spiele, frisches Image, also heitere und frische Musik. Bloß keine militärischen Märsche, keine Assoziationen zu Berlin 1936, nichts typisch Deutsches.

Mit einem Neuanfang kennt sich der Kapellmeister des Westdeutschen Rundfunks aus. Seine persönliche Achterbahnfahrt erzählt das Magazin *Stern* in einer der Olympia-Ausgaben. Kurt Edelhagen, geboren 1920, startet in die Musikwelt als Wunderkind: Geigenunterricht mit vier Jahren, Piano mit sieben, Dirigieren mit 17. In Köln wird er an der Musikhochschule Deutschlands erster Jazzprofessor. Ein Hochleistungsprofi im Orchestergraben. Den Druck, so erzählt er freimütig, betäubt er mit Whiskey, Wein und was gerade da ist. Im Februar 1969 macht der Körper nicht mehr mit. Die Diagnose: Leberzirrhose im fortgeschrittenen Stadium. Edelhagen landet in der Klinik auf dem Operationstisch. Die Ärzte und die Familie bangen um sein Leben, über einen Monat schwankt er zwischen Bewusstlosigkeit und Dämmerschlaf. Acht Monate später steht er wieder im Rampenlicht mit dem Taktstock in der Hand.

Edelhagen erfindet für München 72 einen global tauglichen Sound. Folklore und akustische Klischees, Pop und Swing, exotische Instrumente und Volksmusik mischt er zu einem Olympiapotpourri. Als Inspiration dienen Plattenaufnahmen aus über hundert Ländern. Partituren werden geschrieben, Instrumentierungen ersonnen und immer wieder neu adjustiert. Es ist der Aufwand eines kreativen Spitzensportlers, der sich auf den Wettkampf seines Lebens vorbereitet. Eine schöne Geschichte – aber sie hat einen Haken: Die Arbeit haben andere gemacht. Die Arrangeure und Musiker Jerry van Rooyen, Peter Herbolzheimer und Dieter Reith sind das »Team« in der 1972 gerne benutzten journalistischen Standardphrase »Edelhagen und sein Team«. Das Trio hat in Fleißarbeit den Sound gesucht und gefunden, hat gemischt und gebastelt. Herbolzheimer motzt öffentlich: »Edelhagen war nicht mal bei den Stadionproben anwesend.« Der Kölner Swing-Kapitän bestreitet nicht, dass andere die Kohlen geschaufelt haben. Dem *Spiegel* sagt er: »Das habe ich gar nicht nötig.« Sein Name klebt fortan als Etikett am Soundtrack von Olympia: »Orchester Kurt Edelhagen«. Wer wird sich noch an die anderen erinnern?

Edelhagen & Team gelingt ein Publikumserfolg. Sie schaffen Neukompositionen, die nach der einmarschierenden Nation klingen, sich aber nicht festlegen wollen. Auf diese Weise entsteht frische Weltmusik, die man schon beim ersten Mal wiedererkennt. Mit einem Instrumentenspektrum von der Bongo bis zur Kuhglocke. Die olympische Playlist besteht aus lauter Fantasietiteln, die nach seichten Klischees klingen: »Song for Natascha« für die Sowjetunion, »Fiesta Argentina« für Argentinien und »African Sunset« für Nigeria. Zu diesen lockeren Präsentationen kann man alles, nur nicht marschieren.

Das läge übrigens daran, so behauptet Edelhagen, dass die Arrangements sich an die Schlagzahl 114 halten. Warum 114 Schläge pro Minute? Das sei die Zahl, bei der der Mensch am lockersten geht, so der Jazzprofessor ernsthaft. Seine Erklärung im *Stern*: »Ganz einfach: Das hängt mit seiner Größe und der Anziehungskraft der Erde zusammen.« Bei der Zeremonie stehen Edelhagen und seine Musiker am Rande der Tartanbahn und ergänzen den Soundtrack hier und da. Unter anderem liefern sie Zwischenspiele mit dem Schlagzeug, damit der Zeitplan schön im Takt bleibt.

Die leichtgängige Olympia-Pop-Parade in München ist so weit weg von der völkischen Darbietung 1936 in Berlin, wie es nur geht. »Die Armeen der Athleten sind durch die Musik demilitarisiert«, staunt ein amerikanischer Beobachter auf der Tribüne.

Das hübsch gestaltete Programmheftchen, natürlich in den Regenbogenfarben Aichers, vermerkt für den Einzug der Nationen nach Dänemark (Kürzel DEN) und dem westafrikanischen Dahomey (Kürzel DAH, 1975 umbenannt in Benin) das einzige Land, dessen Name hinter dem Kürzel nicht komplett ausgeschrieben ist: die Deutsche Demokratische Republik. Für die DDR haben sich die bundesdeutschen Arrangeure eine »schicke Musik« ausgedacht, auch hier komplett neu komponiert, »damit alles ganz wertfrei« bleibt. Politische Verwicklungen auf der Aschenbahn hat es mit den Ostdeutschen in den vergangenen Jahren genug gegeben. Im Kampf wir gegen uns.

Die Deutschen West und die Deutschen Ost haben in den vergangenen 20 Jahren im Sport Schläge ausgetauscht wie zwei wilde Boxer. In der einen Ecke die Bundesrepublik, das westliche Großmaul, viermal so viele Einwohner wie die DDR, angetreten mit dem »Alleinvertretungsanspruch«: Neben uns kann es, darf es kein zweites Deutschland geben. Keinen zweiten Staat, keine zweite Fahne, gar nichts. Und so haut der Deutsche West beim Sport kräftig zu. Die 1959 eingeführte Flagge der DDR schmähen die Bundesdeutschen als »Spalterflagge«. Während der Vierschanzentournee zum Jahreswechsel 1959/60 darf die DDR-Delegation ihre eigene Fahne nicht hissen. Beim ersten Skispringen in Oberstdorf verhindert die Polizei, dass die ostdeutschen Sportler mit ihrem Emblem an den Start gehen. Von einem weiteren Vorfall berichten die Buchautoren Kay Schiller und Christopher Young, diesmal aus dem Jahr der Münchener Olympiabewerbung: Die bayerische Polizei umstellt bei der Biathlon-WM in Garmisch-Partenkirchen 1966 die DDR-Athleten. Ihr vermeintliches Vergehen: Sie tragen die Abzeichen ihres Staates auf der Sportkleidung. Drei Jahre später, 1969, kommt es beim Auftritt von DDR-Turnerinnen in Mainz laut einem WDR-Bericht erneut zu einem Eklat: 50 Beamte reißen vor Ort die Staatsflagge der Ostdeutschen herunter.

Die DDR, international ein Underdog, schlägt jahrelang zurück, häufig unter die Gürtellinie. Gegen die Münchener Spiele startet sie eine Kampagne, die Westdeutschland mit dem Reich Hitlers verknüpfen soll – die berüchtigte Formel lautet »2 x 36 = 72«. Die SED-Propagandisten werden nicht müde, so der *Spiegel*, das Gastgeberland »in den düstersten Farben zu malen«. Ein Beispiel: München als Olympiastandort sei »eine potentielle Kriegserklärung an die DDR«. Zur Polemik gesellt sich Provokation: »Ihr zahlt die Stadien, wir siegen«, heißt es im Vorfeld der Spiele höhnisch von Funktionären aus dem Arbeiter- und Sportlerstaat.

Gewinnen bundesdeutsche Athleten bei internationalen Wettbewerben wie der Leichtathletik-EM 1971 eine Goldmedaille, wird im DDR-Fernsehen gern der Ton ausgeblendet, oder es werden andere Bilder gezeigt. Und für München 72 erhalten die ostdeutschen Journalisten eine schriftliche Anweisung: Wer in der Vergangenheit in die Bundesrepublik geflüchtet ist, gilt als »Verräter an der DDR«, dessen Leistungen sollen »lediglich im Ergebnisspiegel« erwähnt werden.

Im Westen mag Sport die schönste Nebensache der Welt sein – in der Deutschen Demokratischen Republik dient er international in der Hauptsache der Identitätsstiftung. Ziel: zu erkämpfen, was Diplomaten nicht restlos gelang – die Anerkennung des zweiten deutschen Staates. Jede Medaille, jeder Podiumsplatz machen die kleine DDR ein wenig sichtbarer. Inklusive Fahne und Hoheitsabzeichen.

Erst die große Koalition aus Union und SPD beendet diesen Teil der Auseinandersetzungen. Am 22. Juli 1969 beschließt die Bundesregierung bezüglich Sportveranstaltungen, »dass die Polizei nirgendwo mehr gegen die Verwendung von Flagge und Wappen der DDR einschreiten soll«. Ein Jahr später, 1970, wird das Verbot im Zuge von Brandts Entspannungspolitik ganz aufgehoben. Die ostdeutschen Kommunisten können nun im Schaufenster von München 72 ungehindert ihre Erfolge ausstellen. »Der Kapellmeister soll in München gut unsere Hymne einstudieren«, dröhnt DDR-TV-Moderator Karl-Eduard von Schnitzler, »er wird sie oft spielen müssen.«

Bei der Eröffnung der Spiele in der Bundesrepublik, auf dem Boden des Klassenfeindes, präsentiert die DDR endlich ihre eigene Flagge und ihren Staatsnamen der Weltöffentlichkeit. Wir sind wieder wer, sagten die Westdeutschen 1954 in Bern. Wir sind auch wer, sagen die Ostdeutschen 1972 in München.

Band ab in Ü8 für Edelhagens »An der Elbe«. Nach dem jahrelangen Clinch führt passenderweise der Boxer Manfred Wolke, Olympiasieger im Weltergewicht, die Mannschaft der DDR ins Stadion von München, mitten rein in das neue Wohnzimmer der BRD. »Jetzt ist es soweit. Hier sehen wir ihn und unsere Mannschaft. Der Sport der DDR bezwang alle Hindernisse, die besonders von diesem Land aufgetürmt wurden, mehr als 20 Jahre lang, in dem nun diese souveräne Mannschaft der Deutschen Demokratischen Republik startet«, kommentiert der Reporter des DDR-Fernsehens die historische Stunde. Damit hält er sich exakt an die Weisung aus einer Vorlage des Sekretariats des ostdeutschen Zentralkomitees vom 19. Juni 1972: »Presse, Rundfunk und Fernsehen kommentieren, dass das erste gleichberechtigte und souveräne Auftreten der DDR-Mannschaft ... gerade in dem Staat erfolgt, der über zwei Jahrzehnte alles daransetzte, die DDR-Sportler von großen internationalen Wettkämpfen auszuschließen.«

Im Block F, zur Hälfte mit Zuschauern aus sozialistischen Staaten gefüllt, schwenken die sorgsam ausgewählten DDR-Bürger ihre Fähnchen so enthusiastisch, als könne man den vormaligen Bann ihrer Flagge auf westdeutschem Boden mit diesem einen Augenblick vergessen machen. Erfreut schreibt der Berichterstatter des Ministeriums für Staatssicherheit: Die DDR-Touristen bestimmen »durch ihr weitgehend einheitliches Auftreten (z. B. Sprechchöre, Fahnenschwenken beim Einmarsch von Mannschaften aus sozialistischen Ländern) weitgehend das Bild des Blockes«.

Die Mehrheit der Zuschauer im Stadion spendet beim Einmarsch der Sportler aus der Deutschen Demokratischen Republik freundlichen Applaus. Den Bundeskanzler freut das. Willy Brandt sucht mit seiner Ost- und Deutschlandpolitik die Annäherung an die Staaten des Ostblocks. Das gefällt vielen in der Bundesrepublik gar nicht, der Sozialdemokrat wird dafür heftig angefeindet. Jetzt interpretiert der Ehrengast Brandt die Reaktionen des Münchener Publikums als Zustimmung: »Die Ostpolitik wird fast plebiszitär bestätigt.«

Die ostdeutschen Herren tragen hellblaues Sakko mit lachsfarbener Krawatte und dunkler Hose, die Damen präsentieren sich in Blau und Gelb und Grün und Orange und Rosa, viel fröhlicher als das Klischee vom grauen Land, das etliche Westdeutsche kultivieren. Eine Überraschung solle das sein, so Wolfgang Froebel vom Ost-Berliner Mode-Institut und Wolfgang Gitter, Pressechef des Nationalen Olympischen Komitees der DDR. »Nicht mal in den DDR-Frauenzeitschriften wurde bisher ein Farbfoto veröffentlicht.« Dass sie schnell sind, weiß man, jetzt sind sie auch noch schick.

Karin Janz ist eine der großen Medaillenhoffnungen der DDR, vielleicht die größte. Falls sie starten kann. Die 20-jährige Turnerin hat sich beim Training in Kienbaum in der Mark Brandenburg drei Wochen vor den Spielen verletzt. Bei einem neu eingeübten Pferdsprung mit ganzer Drehung knickt sie mit dem linken Fuß um. Das Ergebnis: eine starke Schwellung um den Knöchel. Klar, es hätte noch schlimmer ausgehen können – »manche knicken an der Bordsteinkante um und brechen sich gleich was«, sagt sie –, aber wie soll die Weltmeisterin jetzt laufen und springen? Ihre Teilnahme an den Wettbewerben ist in ernster Gefahr. Sie wird auf die Zähne beißen und hoffen müssen.

Am Tag der Eröffnung sitzt Janz nachmittags auf der Stadiontribüne. Block J2, Rang 23, Platz 20. Auf der Karte steht als Preis 60 Mark, aber die ostdeutsche Sportlerin hat sie natürlich umsonst bekommen. Ihre Fußverletzung lässt es nicht zu, dass sie beim Einmarsch mitmacht. Nach dem Aufstehen um 8 Uhr ist sie zum Training in die Aufwärmhalle gefahren. Jeder Schritt, jeder Sprung tut weh. Das Einzige, was stimmt, ist ihr Wettkampfgewicht: 45,1 Kilogramm. Die Trainer verbreiten demonstrativ gute Laune, aber Janz schreibt zu ihrer Behandlung um 10.15 Uhr in ihr weinrotes Reisetagebuch: »Sehr starke Fußschmerzen.« Das Sprunggelenk wird wieder mit einer Bandage umwickelt.

In ihrem Tagebuch notiert sie weiter: Um 14 Uhr Mittagessen, »dann in Einmarschkleidung ins Olympiastadion zur Eröffnung, diesmal als Zuschauer und Fotograf und schön in Sonne.« Sie trägt einen individuell gestalteten Anzug, »beim Einmarsch mit langer Hose zu tragen«, so der Hinweis auf einer beigefügten Matrizenkopie, die sie sorgsam aufbewahrt. Die Gesundheit spielt ihr einen zweiten Streich: Janz hat es seit ein paar Tagen im Hals, eine Seitenstrangangina mit Heiserkeit. Das ist doppelt ärgerlich, denn sie ist Kapitän ihrer Turnmannschaft, »und da muss man häufiger mal etwas sagen«. Janz ist deshalb, wie sie uns im Interview zu diesem Buch mit leichtem Berliner Dialekt sagt, »ein bisschen piepsig«.

Wenn es das Farbfernsehen nicht schon geben würde, man hätte es für die Zeremonie in München erfinden müssen. Bis zu 100 Mark kostet das Ticket für die Eröffnungsfeier, viel Geld, aber im Preis enthalten ist eine Modenschau der Nationen. Die französischen Frauen in roten Kostümen mit Hüten sehen aus wie exklusive Flugbegleiterinnen. Kanada präsentiert seine Nationalfarben, weiße Hosen, rote Jacketts. Die Mexikaner tragen Cowboyhüte, die Inder Turban zum blauen Anzug, die Kameruner gelbe Gewänder – und drei mongolische Ringer am Leib fast nichts, außer einem roten Höschen unter einem Umhang. Ihr Fahnenträger ist mit 1,54 Metern auch der Kleinste in der Schau der Superlative. Jemand nennt es »den schönsten Festzug, den man in München seit der Begründung des Oktoberfestes sah«. Auf der VIP-Tribüne tanzt Monacos Fürstin Gracia Patricia, gebürtige Amerikanerin, zu Edelhagens Version von »When the Saints Go Marching In«, der Einmarschmusik der USA. Ihre Töchter Caroline und Stéphanie hat der einstige Hollywood-Star in Dirndl gekleidet. Ganz zum Schluss zieht die Mannschaft des Gastgebers ins Stadion ein, als letzte Equipe, wie es bei Olympia Tradition ist. Für die Bundesrepublik haben die Komponisten heitere Interpretationen von bekannten Volksliedern zusammengestellt: »Horch, was kommt von draußen rein«, »Auf, du junger Wandersmann« und »Hoch auf dem gelben Wagen«, später verewigt auf der Langspielplatte »Olympia Parade«. Der Fernsehjournalist Thilo Koch hört auf seinem Stadionsitz, wie ein Brite kopfschüttelnd feststellt: »Ihr Deutschen könnt sogar die Ungezwungenheit organisieren.« Viele, so die Beobachtung des westdeutschen TV-Reporters, seien wirklich überrascht, wie sich hier ein anderes »Germany« präsentiert. Die Welt ist in Deutschland angekommen.

Eine Nation würde in diesem Farbreigen nicht weiter auffallen, wenn sie an diesem Ort und zu dieser Zeit nicht etwas Bemerkenswertes repräsentieren würde, hier, im Norden von München, ehemals Hauptstadt der nationalsozialistischen Bewegung. Nach Island und vor Italien ziehen in das Oval des Olympiastadions die besten Athleten Israels ein. Einer von ihnen ist der Leichtathlet Schaul Ladany, der als Neunjähriger das Konzentrationslager Bergen-Belsen überlebt hat: »Wir marschieren jetzt auf deutschem Boden. Starke, stolze Vertreter des unabhängigen und souveränen Staates Israel, und wir sind für die Nazis der lebende Beweis unserer Unzerstörbarkeit.« Der Florettfechter Dan Alon erlebt die Teilnahme an der Eröffnungszeremonie als einen der schönsten Momente seines Lebens, »nur 36 Jahre nach Berlin«.

Der Sport spielt eine besondere Rolle in den deutsch-israelischen Beziehungen. Im Jahr 1972 unterhält die Bundesrepublik mit Israel einen umfangreicheren Jugend-Sportaustausch als mit jedem anderen Land der Welt. 1970 tritt Borussia Mönchengladbach als erster Bundesligist in Tel Aviv zu einem Freundschaftsspiel gegen die israelische Fußball-Nationalmannschaft an. Der deutsche Meister von 1970 und 1971 siegt mit 6:0, trotzdem fliegen der aufregenden Fohlen-Elf unter Trainer Hennes Weisweiler die Herzen zu. »Wir waren eben eine neue Generation«, sagt der Star der Mannschaft, der langhaarige Spielmacher Günter Netzer. Weil die Linienflüge mit El-Al als zu gefährlich eingestuft werden, fliegt die Bundeswehr die Gladbacher mit einer weißen Boeing 707 nach Israel – damit der Akt der Versöhnung stattfinden kann.

Ein Jahr später, 1971, finanziert das Auswärtige Amt die Reise von 60 prominenten Sportlern nach Israel, darunter Stars wie Heide Rosendahl. Die Leichtathletin lernt im Trainingsinstitut Wingate die israelische Hürdensprinterin Esther Schachamorow kennen, sie freunden sich an. Im Vorfeld der Münchener Spiele kommen Esther und andere Israelis im Sommer 1972 nach Leverkusen, um sich dort auf Olympia vorzubereiten.

In München sitzt Jim McKay von der American Broadcasting Corporation (ABC) auf seinem Reporterplatz. Keiner hat mehr für die Übertragungsrechte gezahlt als ABC, keiner hat so viel Einfluss auf die internationale Wahrnehmung von München 72. Der US-Kommentator findet die Worte für den Einmarsch der israelischen Mannschaft, auf die das geläuterte Deutschland bei seinem Neustart in der Weltgemeinschaft gehofft hat: »Wir befinden uns hier vielleicht 15 Kilometer vom KZ Dachau entfernt. Aber die Tatsache, dass die Israelis heute hier sind, zeigt vielleicht, dass Völker sich ändern und Zeiten sich ändern. Die Deutschen jubeln den israelischen Athleten zu.«

Der nüchtern aufgelistete Programmpunkt »Gruß der Jugend«, eingequetscht zwischen »Einmarsch der Mannschaften« und »Olympische Fanfare«, vertreibt die letzten Zweifel, wenn noch welche übrig sind, dass der Start der deutschen Mondmission gelingt. »Münchener Mädchen und Buben entbieten mit selbstgebundenen Bögen und Blumensträußen den Gruß der Jugend«, kündigt Chefsprecher Joachim Fuchsberger an. 3200 Kinder, gekleidet in Hellblau und Gelb, rennen auf den Rasen zu den im Innenraum versammelten Mannschaften, springen fröhlich um sie herum und schenken den Sportlerinnen und Sportlern aus aller Welt spontan ihre Sträuße und Bögen. Der Tölzer Knabenchor singt dazu einen altenglischen Kanon, den Carl Orff vertont hat.

Eine Eröffnungsfeier ist der einzige Moment, in dem die Spiele wirklich spielerisch sein können – der Rest sind Sport und ernstzunehmende Wettkämpfe. Der Spielraum der Organisatoren bei einer olympischen Eröffnung ist gering. Sie haben es mit festgelegten Ritualen zu tun, die der Festkultur des 19. Jahrhunderts entstammen: Fanfaren, Flaggenzeremonien, Salutschüsse und Einzüge zu Marschmusik. Im IOC-Protokoll regeln eigene Paragrafen den Ablauf einer Eröffnungsfeier.

Die Bundesdeutschen wollen auf der Suche nach der Heiterkeit neue Wege gehen, sie dehnen die Vorgaben, bis es knirscht. Manches wird nichts, so wie die Idee von Otl Aicher, dass die Mannschaften auf einheitliche Uniformen verzichten und Friedensnobelpreisträger auftreten. Manchmal aber schlagen die Deutschen dem konservativen IOC ein Schnippchen: Der offizielle Salut kommt von urwüchsigen Bollerschützen aus dem Berchtesgadener Land statt von waffenstarrenden Militärs; die Flagge trägt anstelle von Marinesoldaten nun der deutsche Ruderachter herein, die Mitbewohner von Günter Zahn. Und dann ist da natürlich noch der Swing-Pop von Kurt Edelhagen. »Unsere deutschen Freunde haben ihr Bestes geleistet«, sagt IOC-Präsident Avery Brundage auf Deutsch in seiner Ansprache. Er meint es als Kompliment.

Der Bundespräsident eröffnet um 16.36 Uhr offiziell die Spiele. Nach dem Taubenflug steht als übernächster Programmpunkt im bunten Heftchen: »Ankunft des Olympischen Feuers«.

Günter Zahn reißt im Bauch des Stadions kurze, gleichförmige Streifen von seinem Klebeband ab. Nach seinem sechsten Platz bei den Deutschen Meisterschaften in Lübeck 1971 rüstet ihn der Sportartikelriese Adidas mit Schuhen aus. »Aber mit denen bin ich überhaupt nicht zurechtgekommen.« Das Verhältnis geht in die Brüche. Der kleine Hersteller Brütting aus Nürnberg stellt Zahn nun seine Laufschuhe zur Verfügung. Die passen super, damit bestreitet er die nationalen Titelkämpfe 1972. Heute, zur Olympia-Eröffnung, muss er Adidas tragen statt seiner geliebten Brütting. »Man hat mir die Pistole auf die Brust gesetzt.« Das ist ein Befehl, heißt es von oben. Von oben? Von wegen! In dem jungen Mann meldet sich das Gerechtigkeitsgefühl.

Minuten vor seinem Auftritt klebt Zahn die blauen Adidas-Streifen auf den Schuhen mit weißem Tape ab. Seine Betreuer bekommen fast einen Herzinfarkt. Zahn weiß, worauf er sich einlässt. Adidas, das ist eine große Nummer im bundesrepublikanischen Sport, fast niemand verfügt über so viel Macht. Einschüchterung, Sperre, Schadensersatz, alles ist möglich. »Ich habe mir das vorher sehr genau überlegt.« Zahn legt das Klebeband beiseite. Seine Schuhe sind jetzt ganz weiß.

Am Tag vor der Eröffnungsfeier filmt ein Kamerateam, wie ein Mann auf dem Olympiagelände an zwei gelben Telefonzellen der Bundespost vorbeigeht und einen mit Metall verkleideten unscheinbaren Verschlag betritt, auf dem ein Schild mit der Aufschrift »Verdampfstation« prangt. Am Tag der Eröffnung, bleibt dies der Öffentlichkeit verborgen. Der olympische Gasmann heißt Heinz Brieger. Er steht bereit, um das 1000 Grad heiße und aus 21 Düsen gespeiste Feuer aus 600 Metern Entfernung elektrisch zu entzünden, wenn Günter Zahn die 2,50 Meter breite Schale erreicht hat. Während der Spiele wird das olympische Feuer zwischen 60 000 und 80 000 Liter flüssiges Gas verbrauchen. Brieger guckt durch ein Fernrohr. Noch kann er Günter Zahn nicht sehen.

Aus dem Programmheft der Eröffnungsfeier: »Das Olympische Feuer wurde am 28. Juli in Olympia entzündet und von 5976 Läufern in 29 Tagen und 7 Stunden über eine Strecke von 5538 km nach München getragen.«

Jetzt startet der letzte Läufer, kurz vor 5 Uhr nachmittags. Komplett in Weiß – vom ärmellosen Sporthemd über die kurz geschnittene Sporthose bis zu den Schuhen mit den überklebten Streifen. Günter Zahn ist nicht allein. Vier Läufer aus vier Erdteilen sind bei ihm: Olympiasieger Kipchoge Keino aus Afrika, der Amerikaner Jim Ryan, der japanische Marathonläufer Kenji Kimihara und Derek Clayton aus Australien. Sie sind mehr als seine Begleitung – es sind seine Idole.

Zahn ist die 162 Stufen Dutzende Male hochgelaufen – und hat irgendwann sein ideales Tempo gefunden. Er hat keine Angst zu stolpern. Seine einzige Sorge ist, dass oben an der Schale alles mit dem Feuer funktioniert. Bisher hat der Läufer nur im leeren Stadion geprobt, jetzt überwältigen ihn die Farbenpracht, die versammelten Nationen der Erde auf dem Rasen. Auf dem Weg nach oben sitzen Männer in blauen Anzügen mit weißen Schirmmützen am Rande der gelb verkleideten Treppe, sie sehen zufällig-unzufällig aus – und sind natürlich Mitglieder des Sicherheitsdienstes. Für den Fall, dass hier jemand auf dumme oder gefährliche Ideen kommt. Oder beides.

Zahn erreicht die Empore. »Alle aufgeladenen Sehnsüchte der Welt ruhen auf dieser Figur da oben«, beschreibt der US-Berichterstatter und Buchautor Richard Mandel auf der Pressetribüne gegenüber den Moment. Vor Zahn positioniert sich ein Kameramann auf einer Kranvorrichtung.

Hinter ihm ist eine riesige Feuerwehrleiter ausgefahren, auf der ein weiterer Kameramann hockt, versteckt hinter Büschen, damit ihn keiner sieht. *Fernsehen first*. Hübsche Hostessen in Blau und Weiß vervollständigen das Bild. Der Polizeischüler Günter Zahn aus Obernzell bei Passau dippt die Fackel in die Schale. Um 16.59 Uhr brennt in München das olympische Feuer.

Chefsprecher Joachim Fuchsberger und seine Kollegen liegen sich in den Armen. »Was immer wir uns an dem denkbar Schönsten und Besten vorstellen konnten – ist übertroffen worden.« »Himmelreich«, das Wort fällt ihm ein. Und, typisch deutsch: Friede, Freude, Eierkuchen. Er schenkt den Tontechnikern zum Dank eine Flasche Whiskey.

Weiter unten sitzt Hans-Jochen Vogel und sortiert seine Gedanken. Vor sechs Jahren hat er die Olympischen Sommerspiele mit Willi Daume nach München geholt. Inzwischen ist er nicht mehr Münchener Oberbürgermeister. Zur Kommunalwahl im Juni 1972 hat er auf eine erneute Kandidatur verzichtet. Bei der Eröffnungsfeier blickt er nach draußen, sieht Menschen in bunten Kleidern zu Tausenden auf dem Olympiaberg in der Sonne stehen. Ein wunderbares Bild. Vogel steht nicht im Verdacht, besonders emotional zu sein. Jetzt wird er poetisch: »Was wirklich leuchtete, das waren die Farben, das war die Harmonie der Landschaft, der Bauten und der hunderttausend Menschen, die den Olympiapark und die weiteren Höhen des Schuttberges und das Stadion mit Leben erfüllten wie Blumen und Blüten einer Sommerwiese.«

Der Start zur deutschen Mondlandung ist geglückt. Im ZDF-Programm läuft im Anschluss an die Eröffnungsfeier an diesem Samstag um Viertel vor sechs eine Lieblingsserie der Nachkriegsdeutschen: *Raumschiff Enterprise. Beam me up, Olympia.*

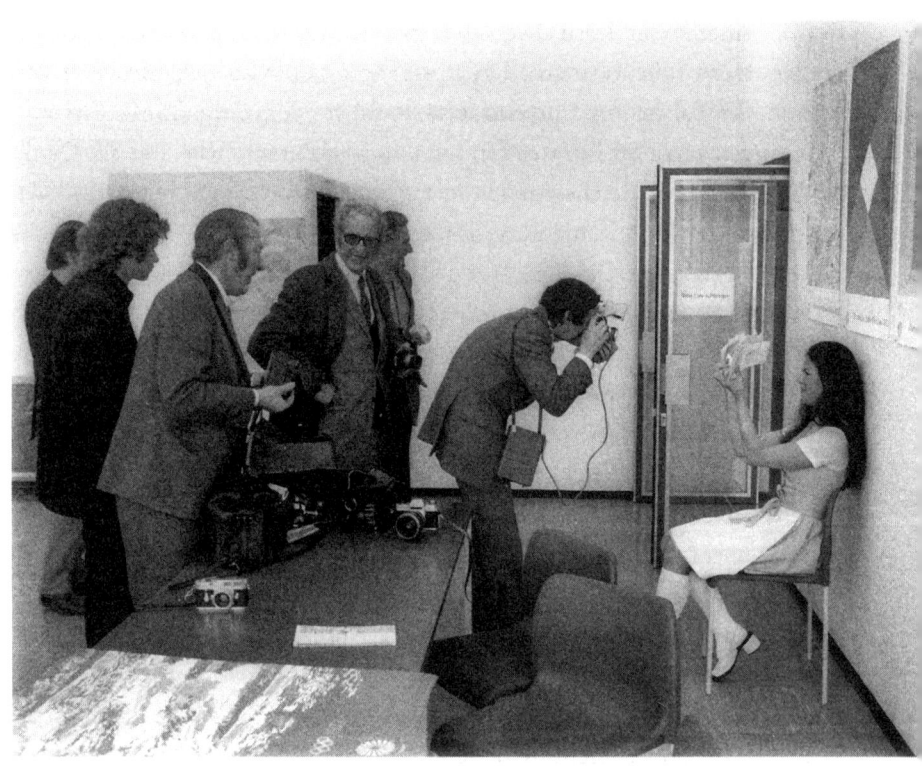

Eine zukünftige Königin bei der Arbeit: Die
deutsche Olympia-Mitarbeiterin Silvia Sommerlath
präsentiert eine Auswahl von Eintrittskarten für
München 72. Niemand konnte ahnen, dass der
schwedische Kronprinz bei den Spielen in ihr Leben
treten und Pressefotografen sie von da an auf
Schritt und Tritt begleiten würden.

TAG 2

Sonntag, 27. August 1972

Der US-Amerikaner Jesse Owens hat zweimal aus nächster Nähe erlebt, wie die Deutschen die Welt mit Olympischen Spielen zu beeindrucken versuchen. Einmal gestern und das andere Mal vor dem Zweiten Weltkrieg.

Der schwarze Sprinter war bereits 1936 in Berlin dabei. Bei der Olympiade im »Dritten Reich« gewann er viermal Gold – gerade einmal elf Monate nach der Verabschiedung der Nürnberger Rassengesetze durch die Nationalsozialisten. Die Vertreter der Herrenrasse im mächtigen Olympiastadion staunten und schäumten über diese Ironie der Geschichte. Eine Schande sei das, die »weiße Menschheit« müsste sich schämen, schimpfte NS-Propagandaminister Joseph Goebbels. Der erfolgreiche Afroamerikaner erwies sich im Wettkampf eher als Übermensch denn als »Untermensch«. Vor diesem historischen Hintergrund hat sein Urteil über die Eröffnung der heiteren Spiele 1972 besonderes Gewicht.

»Deutschland hat seine Vergangenheit bewältigt«, sagt der 58-Jährige bedächtig, der bei der Münchener Eröffnungsfeier auf Einladung der Organisatoren als Ehrengast auf der VIP-Tribüne gesessen hat. »Damals war das Bild von braunen Hemden und tristen Mienen beherrscht. Heute strahlen die Menschen in diesem Land, das unvergessene Olympische Spiele mit Rekorden in jeder Beziehung bieten wird.« Ein Statement wie gemalt, wie ausgedacht von den bundesdeutschen PR-Strategen.

Die Legende der Leichtathletik ist mit ihrer Einschätzung in guter Gesellschaft. Auf München prasselt in diesen Tagen das Lob herunter wie ein warmer Sommerregen. »Weltpresse einig«, verkündet die *Abendzeitung* ihren Lesern auf der Titelseite: »München ist Gold wert«. Bei so viel Triumph können die Boulevardtexter sogar auf das sonst gängige Ausrufezeichen verzichten. »Ein Schauspiel der Brüderlichkeit und Heiterkeit. Hätte es noch eines Beweises bedurft, dass die Deutschen sich gewandelt haben, das Stadion in München hat ihn geliefert«, schreibt *Corriere Della Sera* aus Italien. Das *Svenska Dagbladet* findet: »Eine lächelnde und fröhliche Eröffnung. Alles war froh und farbensprühend, das Programm war wohltuend frei von Perfektionismus und politischer Propaganda.« Die wichtigste Tageszeitung der Welt, die *New York Times*, blickt auf den historischen Kontext: »Es herrscht allgemein das Gefühl, dass die nächsten zwei Wochen mit ihren Wettkämpfen dazu beitragen könnten, einige Wunden der Vergangenheit zu heilen, und die Erinnerung an die Berliner Spiele von 1936 verwischen werden, aus denen Hitlers Propagandisten einen ›Nazi-Karneval‹ gemacht hatten.« Am kräftigsten hauen die Redakteure des Pariser *Journal du Dimanche* in die Tasten, sie ziehen einen Vergleich mit den Sommerspielen zuvor: »Vergessen Tokio, vergessen Mexiko! Wir wurden in ein anderes Jahrhundert katapultiert.«

Noch jemand hat am Tag nach der Eröffnung allen Grund zu guter Laune. Und das Gefühl, als seien Schmetterlinge im Bauch. Die 28-jährige Olympiamitarbeiterin Silvia Sommerlath ahnt noch nicht, wie sehr eine kurze Begegnung von gestern ihr Leben für immer verändern wird. Auf der Ehrentribüne war es passiert, irgendwann nach 3 Uhr nachmittags bei der Eröffnungsfeier. Eine Szene, so eingebrannt in die Erinnerung, dass Silvia sie viele Jahre später für ihre älteste Tochter bei einem gemeinsamen Besuch am Ort des Geschehens nachspielen wird. Sie wird der jungen Kronprinzessin Victoria im Münchener Olympiastadion einen ganz bestimmten Sitzplatz zeigen: Hier, genau hier, saß dein Vater. Und dann wird sie mit ihren Händen die Geste eines Fernglases machen. Und schmunzeln.

Silvia Renate Sommerlath wurde 1943 in Heidelberg geboren – als Tochter eines deutschen Vaters und seiner aus Brasilien stammenden Ehefrau. Sie hat drei ältere Brüder mit den sehr deutschen Vornamen Ralf, Walther und Jörg. Mit ihnen teilte das Mädchen das Leben auf zwei Kontinenten. Im Alter von sechs Jahren wurde sie zunächst in São Paolo in Brasilien eingeschult. 1957 kehrte die Familie nach Deutschland zurück. Silvia machte später in Düsseldorf das Abitur. Die Sprachen flogen ihr zu, von 1965 bis 1969 besuchte sie ein Dolmetscherinstitut in München. Neben Portugiesisch und Deutsch beherrscht sie Französisch, Spanisch, Englisch, Schwedisch und sogar die schwedische Gebärdensprache. Damit passte sie perfekt ins Profil der Olympia-Hostessen: »Kenntnis von mindestens zwei Fremdsprachen außer der deutschen Sprache, nettes und gepflegtes Äußeres, entgegenkommendes und liebenswürdiges Wesen«, heißt es im offiziellen Olympiabericht dazu.

Silvia Sommerlath heuert bei München 72 an. Sie wohnt, so erinnert sich eine Kollegin, in der Silcherstraße im Norden der Stadt.

»An dieser Stelle muss man eines zurechtrücken: Silvia war keine normale Hostess«, sagt die Hostessen-Ausbilderin Gertrude Krombholz. »Sie war schon vor Olympia im Betreuungsteam fest angestellt und war dort bereits Willi Daume aufgefallen.« In ihrer Funktion kümmert sich Sommerlath auch um Ehrengäste. Die VIP, die *Very Important People*.

Der 26-jährige Carl Gustaf Folke Hubertus ist 1972 *very, very important*. Die royale Welt kennt ihn als schwedischen Kronprinzen, die Klatschblätter als Liebhaber von schnellen Autos und schönen Frauen. Bei der Eröffnungszeremonie sitzt Carl Gustaf irgendwo zwischen Willy Brandt und der Fürstin von Monaco. Er holt sein Fernglas heraus und richtet es auf die hübsche Frau im Outfit der Olympia-Hostess – obwohl sie nur zwei Meter entfernt von ihm steht. Halb Spaß, halb Flirt. Die zwei Jahre ältere Silvia Sommerlath spürt die Blicke in ihrem Rücken und dreht sich um. »Ich sah diesen Augenkontakt«, erinnert sich Carl Gustafs Freund Prinz Leopold von Bayern später in der *Bild*, »und spürte, wie der Funke übersprang. Der zukünftige König hatte sich verliebt.« Der Rest ist Geschichte, Liebesgeschichte – die man zunächst so gut wie möglich versucht habe zu verheimlichen, berichtet Prinz Leopold. Das gelang – bis der Kronprinz und seine Silvia in der Münchener »Kinki«-Bar Händchen hielten.

Hinter vorgehaltener Hand hört man allerdings, dass die Romanze schon vor Olympia begonnen hat. Darauf verweist Simone Egger in ihrem Buch *München wird moderner*. Nach dieser Theorie haben sich die Deutsche und der Schwede bei einem Festessen im bekannten Münchener Restaurant »Tantris« kennengelernt. Anlass des Dinners: der Abschluss der Aktion »Nationenbäume«, bei der etwa 50 Teilnehmerstaaten einen Baum für den Olympiapark gestiftet haben. Einige Pflanzungen gehen nachher ein, die Beziehung von Silvia und ihrem berühmten Freund hält.

Mit dem Ja-Wort muss sich das junge Liebespaar gedulden, weil Carl Gustaf als Kronprinz keine Bürgerliche heiraten kann – ohne seinen Rang in der Thronfolge zu riskieren. Für regierende Monarchen gilt das hingegen nicht. 1973, im Jahr nach Olympia, wird er König von Schweden.

Am 19. Juni 1976 feiern die beiden eine Traumhochzeit in Stockholm mit Zehntausenden auf der Straße und Millionen an den Fernsehschirmen – fast ein bisschen wie bei München 72. Und welche Olympia-Hostess kann von sich behaupten, dass die schwedische Superband ABBA zu Ehren ihrer Trauung ein Lied uraufführt, das zum Welthit wird: »Dancing Queen«?

»25 gute Gründe, zu heiraten – und 25 schlechte«, kündigt die *Bravo* im Olympiajahr an, ganz unabhängig von der verliebten Silvia. Zwar heißt das alte deutsche Sprichwort: jung gefreit, nie gereut. Aber die Zeit der überstürzten Entschlüsse sei inzwischen vorbei. Die Teenagerzeitschrift hilft jungen Frauen mit einem umfangreichen Test zu erkennen, ob sie sich nach einem Brautkleid umsehen sollen – oder nach einem neuen Typen.

Diese Gründe sprechen dafür, das Aufgebot zu bestellen: Nr. 3: »Ihr wollt Kinder haben und ein richtiges Familienleben haben.« Nr. 11: »Es macht Dir nichts aus, für den Rest Deines Lebens seine Socken zu waschen.« Nr. 14: »Du bist lieber einen Tag mit ihm zusammen, als zehn Tage und Nächte mit Omar Sharif und Paul McCartney.«

Dagegen raten diese Gründe zur Vorsicht beim Ja-Wort: Nr. 1: »Du erwartest ein Baby.« Nr. 7: »Du hast Dir nun einmal in den Kopf gesetzt, unter der Haube zu sein, bevor Du 21 bist.« Nr. 9: »Du hast keine Lust mehr, in die Schule oder ins Büro zu gehen.« Und dann ist da noch Grund Nr. 12, der eindringlich zur Vorsicht bei der Bindung fürs Leben rät: »Du möchtest um jeden Preis von zuhause fort.«

Detlev Mahnert ist verheiratet – und im Olympiasommer trotzdem weit von zuhause fort. An diesem Morgen wacht er in seiner Unterkunft an der Lerchenauer Straße in München auf. Einfach, aber sauber, »eher internatsmäßig«, hält er in seinem Bericht für dieses Buch fest. Mahnert feiert an diesem Nachmittag seine Olympiapremiere.

Der Oberstudienrat und seine Frau haben einen einjährigen Sohn. Die kleine Familie lebt in Essen im Ruhrgebiet, geboren wurde Mahnert in Österreich. Heute spricht der Lehrer nicht zu einer Klasse von Gymnasiasten, sondern zu mindestens 45 000 Zuschauern im Olympiastadion. Der 30-Jährige ist einer von acht Stadionsprechern, die aus der ganzen Republik für Olympia nach München gekommen sind.

Mahnert war Ende der sechziger Jahre Künstlerbetreuer bei den Internationalen Essener Songtagen, dem damals größten europäischen Musik-

fest. Er lernte Stars wie Frank Zappa und Julie Driscoll kennen, sein Musik-
geschmack wechselte von Schlager zu Rockmusik. Ein Fernseher wurde erst
1970 angeschafft, zur Fußball-Weltmeisterschaft in Mexiko. Er schaut wenig
TV, höchstens die US-Serie *Hawaii fünf-null* und die Münchener Lach- und
Schießgesellschaft. Manchmal schaltet er die Sendung *das aktuelle sportstudio* im ZDF ein. In einer Ausgabe stellt Moderator Harry Valérien einen
bereits ausgewählten Stadionsprecher vor und erwähnt, dass noch weitere
gesucht würden. Sie müssten etwas von Sport verstehen und zumindest
Englisch und Französisch sprechen. Mahnert ist sofort angefixt. So eine
Chance gibt es nur einmal im Leben.

Er bewirbt sich mit einem Tonband von einem Match zwischen Rot-
Weiss Essen und Alemannia Aachen. »In München scheint man meine
Kunstpausen geschätzt zu haben«, schmunzelt er. Im Juni 1971 reist er,
vom Organisationskomitee bezahlt, mit der Bundesbahn in die Gastgeberstadt. Beim Thema Schwimmen fragen die Prüfer, was eine Wendeleine ist.
Mahnert muss passen, kann dafür aber die Abseitsregel beim Fußball flüssig
im Regelwortlaut wiedergeben. Französisch – sein Hauptstudienfach – und
Englisch sitzen ohnehin. Der Lehrer erhält die Zusage. Die Schulbehörden
geben ihm bezahlten Urlaub.

Der Stadionsprecher reiht sich unter die vielen jungen Deutschen ein,
für die eine Olympiateilnahme Motivation genug ist. Er bekommt zwei Dollar am Tag. Er fliegt das erste Mal in seinem Leben mit einem Hubschrauber, gemeinsam mit FIFA-Präsident Stanley Rous auf einer Inspektionstour
von Oberschleißheim bei München (Start: 9 Uhr) über Passau, Regensburg
(Mittagessen), Nürnberg, Ingolstadt und Augsburg zurück in den Münchener Norden (Ankunft: 17.15 Uhr). Den Flugplan hebt er als Souvenir auf.

Der berühmte Joachim Fuchsberger coacht die Gruppe von Sprechern
persönlich. Blacky, der jeden Tag Dutzende Menschen trifft, kennt jeden
seiner Schüler mit Namen. Das macht Eindruck, genau wie der Duft um ihn
herum. »Als wir das erste Mal bei ihm in der Sprecherkabine saßen, gab er
eine Runde 4711 aus.« Für dieses Parfum macht der Filmstar Werbung. Es
habe gestunken wie in einem orientalischen Bordell, erinnert sich Mahnert
an die prominente Nachhilfe.

Heute um 15 Uhr wird Ausbilder Fuchsberger dem Oberstudienrat nicht
mehr helfen können. Die bundesdeutschen Fußballer treffen auf Malaysia.

Am Mikrofon des riesigen Olympiastadions sitzt Detlev Mahnert, Beamter an einem Gymnasium in Oberhausen. Er wird versuchen, fehlerfrei in drei Sprachen zu parlieren. Zuhause im Ruhrgebiet drücken sie ihm an den Bildschirmen die Daumen. Wie man im Pott sagt: Wird schon. Muss.

Das Epizentrum der Völkerfreundschaft ist nicht das Olympiastadion, sondern eine Siedlung auf der anderen Seite des Mittleren Rings: das Olympische Dorf. Tatsächlich entspricht das »Dorf« einer Kleinstadt, mindestens aber einem Stadtteil. Die Anlage besteht aus Hochhäusern, Terrassenhäusern und Bungalows. Seit diesem Sonntag ist sie mit rund 12 000 Athleten und Betreuern voll belegt, meldet das Fernsehen.

Die Architektur mit ihren Betonterrassen erinnert an die mächtigen Ferienanlagen in Südfrankreich, die zur gleichen Zeit entstehen. Die Menschen im Dorf sehen aus wie Urlauber in einem »Club Méditerranée«, nur mit durchtrainierten Körpern. Diese olympische Musterstadt der Moderne ist ihrer Zeit voraus: Das Gelände ist autofrei, der Verkehr in die Untergeschosse verbannt. Und es ist das wohl einzige Dorf in Deutschland, in dem sich »Kaiser« Franz Beckenbauer unbehelligt unters Volk mischen kann. Als er hier einen Spaziergang macht, nimmt keiner Notiz von ihm. Der Weltstar des Fußballs taucht unter in der täglichen Vollversammlung der Vereinten Nationen des Sports. »Ein Ort zwangloser Begegnung zwischen Ost und West, zwischen Schwarz und Weiß, Rot und Gelb«, kommentiert ein Fernsehreporter politisch unkorrekt das bunte Allerlei.

Günter Zahn, der Fackelläufer, wohnt auch nach der Eröffnung weiter im Olympischen Dorf. Der junge Deutsche erlebt eine schöne neue Welt: »Es war so bunt, überall die verschiedensten Nationen, besonders die Exoten.« In einer Ecke servieren Damen aus Ceylon in Saris Tee, in einer anderen Ecke fließen Coca-Cola und Sprite aus mechanischen Kühen, staunt der Berichterstatter Richard Mandel aus den USA. »Ein Paradies!« Fotografen stellen dekorativ den längsten Athleten, einen US-Basketballer von 2,24 Metern Körpergröße, neben einen der kleinsten pakistanischen Ringer mit 1,55 Metern. Unweit davon versuchen sich zwei Sportler lachend per Zeichensprache zu verständigen. Zwischendrin musiziert und tanzt eine Ballettgruppe aus Mexiko – mit Sombreros und wehenden Röcken.

Die wichtigste Redewendung im Dorf lautet: »*Do you change?*« Überall stehen die Bewohner in Trauben zusammen und tauschen Ansteckandeln. Es ist *der* Trend der ersten Olympiatage. »Tausche vier Amerikaner für einmal Germany«, gestikuliert ein US-Athlet. Der angesprochene deutsche Sportler will aber lieber zweimal Sowjets. Der Amerikaner steigt aus dem Handel aus – und ein Japaner dafür ein. Wenn man den Experten glauben darf, gehen sowjetische und britische Abzeichen am besten. Günter Zahn fährt extra nach München rein und besorgt sich Ansteckandeln – nur zum Tauschen: »An jeder Ecke hieß es ›change, change‹, man ist dauernd angesprochen worden.« Mancher beginnt mit nur einer Nadel und tauscht sich hoch auf 40 Stück. Schon früh wird sichtbar: Die Idee, die hinter dieser Vorzeigesiedlung des verdichteten Wohnens steht – Kommunikation zu erleichtern und zu ermöglichen –, diese Idee funktioniert.

München-Babylon hat sogar einen eigenen »Bürgermeister«, den Funktionär Walther Tröger. Die Stimmung sei hervorragend, stellt er zufrieden fest. Das liege auch an den Möglichkeiten, die erstmals in einem Olympischen Dorf geboten werden. Das futuristische Betongebirge am Rande des Münchener Olympiageländes ist Teil und Testament des Heiterkeitswunders. Es ist nicht nur eine kleine Stadt mit Banken, Postamt, einer Kirche und einem Ärztezentrum, es ist im Sommer 1972 die coolste City der Welt. *The place to be.*

Draußen spielt die Jugend der Welt an den populären Tischtennisplatten und Bodenschachfeldern, locht beim Minigolf ein, räkelt sich am Wasser und flaniert an Shops und Boutiquen vorbei. Im olympischen Sportgeschäft kann man, irre günstig, für 5,80 Mark ein Paar Tischtennisschläger kaufen oder für 14,80 Mark ein Tennishemd.

Drinnen laufen im Kino (209 Plätze) von morgens bis abends aktuelle Spielfilme aus 21 Ländern in mehreren Sprachen. Zur Weltpremiere des offiziellen NASA-Films über die Mondlandung *Moon Walk One* kommt ein leibhaftiger Astronaut ins Dorf: Jim Lovell, Kommandant der legendären Apollo-13-Mission. Beim Kinohit des Jahres, *Die rechte und die linke Hand des Teufels* mit Bud Spencer und Terence Hill, erweist sich der Saal als zu klein für die Nachfrage. Die Sportler drängen in das schon überfüllte Kino. Türen und Wände werden eingedrückt, das Foyer gleicht danach einem Trümmerfeld. Bürgermeister Tröger mahnt seine Schäfchen milde: »Ausgehobene und zerstörte Türen und Fenster sind letztlich kein Mittel, sich Einlass in überfüllte Veranstaltungen zu verschaffen.«

Im Dorftheater treten angesagte Entertainer wie Katja Ebstein und Daliah Lavi auf, in der Disco stehen unter anderem Frank Elstner und Dieter Thomas Heck als Gast-DJs an den Plattenreglern, Stars wie Rex Gildo schauen vorbei. Den »Bavaria Night Club« managt seit dem 1. August 1972 ein Weltenbummler, ein Ex-Sänger und Scheibendreher namens Mike Tuttlies – laut Selbstbeschreibung zuständig für »Tralala und Hopsassa«. Er beobachtet, wie die Australier sich die hübschesten Mädchen anlachen und die Osteuropäer wohl am liebsten Kopfhörer hätten, »so gebannt folgen sie den internationalen Klängen«.

Die Disco, die nach Olympia in einen Schulraum umfunktioniert wird, ist der Lieblingstreffpunkt der Dorfbewohner. Zur Not, bis die Wände wackeln: Ein US-Hammerwerfer erzwingt sich einmal Zutritt, indem er den deutschen Wachmann schroff zur Seite stößt. Dann wirft er ihn gegen die Wand, ein riesiges Stück löst sich aus der Deckenverkleidung. Das Besondere an dieser Story ist die Uhrzeit: Es ist 9 Uhr morgens.

Wer bei den Spielen zocken will, für den gibt es extra einen Raum mit 24 Spielautomaten. Höhepunkt im Kampf gegen den Lagerkoller: der Rennwagensimulator. Man sitzt in einem stilechten Formel-1-Flitzer der Marke Lotus und rast virtuell über zwei verschiedene britische WM-Pisten. Die Bestzeiten schaffen es sogar in die Berichterstattung der Zeitungen. »Der absolute Rekordhalter ist [der westdeutsche Sprinter] Gerd Wucherer. Seine Zeit: 0:55,0 Minuten. An zweiter Stelle steht der US-Superathlet Lee Evans. Er ist aber immerhin vier Sekunden dahinter«, protokolliert Mike Tuttlies in seiner Kolumne »Dorfklatsch« für ein Münchener Lokalblatt.

Für manchen ist das alles zu viel. Es gibt, sagt ein journalistischer Beobachter, eine Art Zweiklassengesellschaft im Dorf. Die einen haben ernsthafte sportliche Ambitionen, die anderen seien chancenlos – und genießen einfach die Stimmung bei diesem Sommerfest. Eine deutsche Sportzeitschrift berichtet: »Jürgen Colombo, Mitglied des deutschen Bahn-Vierers, führt nächtens Privatkriege gegen afrikanische Olympioniken. Der schlafbedürftige Radler fühlt sich in seiner Nachtruhe behindert, weil die Afrikaner mit Vorliebe den Platz vor dem Haus der deutschen Mannschaft als Treffpunkt für ihre nächtlichen Dorfpalaver benutzten. Colombo hat sich einen größeren

Vorrat an Plastiktüten zugelegt, die er dann mit Wasser füllt und anschließend aus seinem Fenster im ersten Stock in die Quasselrunden wirft.«

Insgesamt hat der Kampf gegen den Koller einen ziemlich stolzen Preis: »1,2 Millionen Mark ließen sich die Organisatoren die Kurzweil beim Olympia der kurzen Wege kosten. 959 Kulturunternehmer aus 28 Nationen treten großenteils zu halber Gage und für doppelte Werbewirkung auf«, schreibt der *Spiegel*.

Fast könnte man vergessen, dass schon an diesem Tag die ersten Goldmedaillen vergeben werden. Die allererste bei den Schützen auf der nagelneuen Anlage in Hochbrück, nördlich von München, gar nicht weit weg von Otl Aichers Designlabor. Erstmals, so heißt es im ungewollten Wortwitz einer Olympiapublikation, befindet sich die Wettkampfstätte der Schützen »nicht weit vom Schuss«, sondern nur sieben Kilometer oder 15 Fahrminuten vom Olympischen Dorf entfernt.

Es geht zünftig zu, die Fernsehkameras zeigen bayerische Besucher in Tracht bei der Ankunft auf dem großen Platz am Eingang. Zum Glück herrscht wenig Wind – die Disziplin heißt: Freie Pistole, 50 Meter. Die Experten im Publikum nehmen Platz hinter den Favoriten aus der Bundesrepublik, der DDR und der Sowjetunion, allesamt Leistungssportler von Weltrang. Doch das erste Gold gewinnt ein 38-jähriger Tankstellenbesitzer aus Schweden. Rangnar Skanåker holt 567 Ringe und siegt vor einem Rumänen und einem Österreicher. Es ist 11.08 Uhr, wie der deutsche TV-Moderator feierlich verkündet.

Danach ist der Olympiasieger zu Gast im Fernsehstudio der ARD. Skanåker sieht aus wie ein Wikinger, ein großer Mann mit Schnauzer. Der Sportler aus Schweden trägt ein gelbes Hemd und eine blau-gelbe Krawatte zum Anzug. Der ARD-Mann Hans-Joachim Rauschenbach versucht, mit dem Skandinavier ins Gespräch zu kommen: »Selbst der Computer sagte nichts über eine Favoritenstellung.« Der Schwede antwortet auf Deutsch, mit einem drolligen IKEA-Akzent: »Man kann sagen, ich bin überrascht, man kann auch sagen, ich bin auch nicht überrascht.« Er kommt sehr sympathisch rüber. »Ich habe drei Jahre trainiert«, einerseits. Andererseits »bin ich in Schweden ein Kaufmann. Ich verkaufe Benzin. Ich habe eine Tankstelle.«

Ein echter Amateur, wie edel, wie wahrhaftig, wie aus dem Bilderbuch der ehrwürdigen olympischen Bewegung. Bewegt greift Rauschenbach
dem Sieger an die Brust – und zeigt dem Publikum noch einmal die erste,
wirklich die erste Goldmedaille der Sommerspiele der XX. Olympiade in
München.

Von einer Medaille ist die deutsche Olympia-Auswahl der Fußballer noch
ein ganzes Stück entfernt. Die Partie gegen Malaysia gehört zum Vor-
rundenprogramm. Die Bundesrepublik läuft als haushoher Favorit auf. Bei
Stadionsprecher Detlev Mahnert von Lampenfieber keine Spur, er genießt
das Abenteuer Olympia. Vor dem Anpfiff schleicht er sich in die Kabine von
Malaysia. Seine improvisierte Begründung: Er müsse lernen, wie die Namen
ausgesprochen werden. Keine allzu schwierige Aufgabe: Es gibt vier »Abdul-
lahs« und zwei »Wongs« in der Startelf. Mahnert, nach eigener Aussage vom
Rassismus seines Vaters in Tirol geprägt, zeigt sich bei den Asiaten überrascht, »dass die alle wie normale Menschen aussehen« und es in der Kabine
genauso nach Massageöl riecht wie bei seinem alten Heimatverein SV Hall
in Österreich.

Da er ohnehin schon in den Katakomben ist, macht er sich nun auf den
Weg zur deutschen Umkleide. Diesmal hat er eine andere Ausrede parat: Er
brauche die Mannschaftsaufstellung. Das ist natürlich glatt gelogen, die
bekommt er als Offizieller pünktlich an den Sitzplatz geliefert. Trainer Jupp
Derwall denkt zunächst, er sei Journalist, und will ihn rausschmeißen lassen. Aber dann gibt sich der Fußballfan aus dem Ruhrgebiet als Stadionsprecher zu erkennen, und Derwall ist ausnehmend freundlich.

Die gute Stimmung des bundesdeutschen Trainers bleibt in der Kabine
zurück. Denn auf dem Platz tun sich seine Schützlinge, in schwarzen Hosen
und weißen Trikots, ausgesprochen schwer. Einer kommt überhaupt nicht
auf Touren: Uli Hoeneß vom FC Bayern München, der Star im deutschen
Team. Allerdings hat er gerade erst eine fiebrige Erkältung überstanden.
Nach 15 Minuten fühlt er sich hundemüde. Von der Sprecherkanzel sieht
Detlev Mahnert, wie die Gäste aus Malaysia in den gelben Hemden und
Hosen die scheinbar übermächtigen Gastgeber sogar ein paar Mal ärgern.
»Wütende Pfiffe für unsere Elf«, vermelden die deutschen Reporter zur
Halbzeit. Der erste Toreinsatz für Mahnert kommt in der 56. Minute. Die

Fußballgroßmacht Deutschland braucht dazu einen Abwehrfehler des Gegners. Als Schütze nennt der Sprecher aus dem Pott den Duisburger Ronald Worm, auch einer aus dem Ruhrgebiet. Der Frankfurter Jürgen Kalb und noch einmal ein Duisburger, Rudi Seliger, steuern weitere Treffer zum Endergebnis von 3 : 0 bei.

Zwölf Minuten vor dem Abpfiff verkündet Debütant Mahnert fehlerfrei – wie während der ganzen Partie – eine Einwechslung: ein junger Deutscher kommt aufs Feld, der sonst in der Schweiz beim FC Basel stürmt. Nur wenige Fans auf den Rängen dürften von ihm gehört haben, manche halten ihn sogar fälschlich für einen Eidgenossen. Dieser Angreifer wird in den nächsten Tagen zum besten Bundesdeutschen im olympischen Fußballturnier. Noch besser als Uli Hoeneß, der später einmal sein Vorgesetzter sein wird. Der Unbekannte rückt mit diesem Spiel in die Startelf auf und schießt dann in jedem Spiel von München 72 mindestens ein Tor. Sein Name: Ottmar Hitzfeld.

Nach dem Abpfiff stellt der ausgepumpte Uli Hoeneß fest, dass er sich mit seinem Einsatz keinen Gefallen getan hat. Detlev Mahnert aus Essen kann das nicht von sich behaupten, er ist bester Laune. Nach dem Spiel schlüpft er aus seiner Arbeitskleidung, einem giftgrünen Jackett, entworfen vom französischen Edelschneider André Courrèges. Nach Olympia trägt er es nur noch ein einziges Mal: als Kostüm im Karneval in Nordrhein-Westfalen.

Uli Hoeneß muss nicht nur die Last der deutschen Erwartungen tragen – als bekanntes Gesicht setzt der Blondschopf auch bei etlichen Goodwill-Auftritten sein Lächeln auf. Bereits vor dem Auftakt haben ihm die PR-Leute für Fotoaufnahmen das erste Tagesmenü des Olympischen Dorfes servieren lassen – mitten auf dem Rasen des Olympiastadions, dargereicht von der 19-jährigen Hostess Rosemary aus Kenia. Zur Auswahl standen: zwei Suppen, Wurst, Salat oder Fisch als Vorspeise, Lammkotelett, Truthahnrolle oder Kalbsfleischcurry mit Reis, Nudeln, Pommes frites, Bohnen, Spinat oder Spargel als Hauptgang plus verschiedene Desserts. Uli posiert neben einem Koch und lächelt, während die Ostafrikanerin ihm laut Bildunterschrift in der *Bravo* auf Kisuaheli freundlich anbietet: »Mimi ta saidia – ich helfe Ihnen testen.«

Vor 25 Jahren haben die Nachkriegsdeutschen noch gehungert, jetzt füttern sie die Welt. Die Essenszeiten in der Dorfmensa sind so großzügig bemessen wie die Portionen: Frühstück von 5.30 Uhr bis 12 Uhr, Mittagessen von 11.30 bis 18 Uhr und Abendessen von 17.30 Uhr bis ein Uhr nachts. Die Mensa ist ein großer Gleichmacher: Hier stehen auch bekannte Sportler wie der amerikanische Schwimmer Mark Spitz in der Schlange. Hinter dem Bauch von Olympia steckt eine High-Tech-Küche, die aussieht wie ein Raumfahrtzentrum. Denn nur dank automatisierter Abläufe lässt sich der Hunger der vieltausendköpfigen Dorfbevölkerung stillen.

Trotz sorgfältiger Planungen gibt es an diesem ersten Wochenende den ersten Ärger. Viele Athleten, die sich nach dem Frühstück ein Lunchpaket als Verpflegung für den Tag abholen, gehen davon aus, dass sie mittags auch noch ein warmes Essen erhalten. Das ist aber nicht eingeplant, die Bedienungen in der Mensa zucken ratlos mit den Schultern, geben dann aber in ihrer Not zusätzliche Portionen aus. Verhungert sei niemand, kommentiert die *Abendzeitung* trocken. Wem die drei klassischen Mahlzeiten nicht ausreichen, der kann sich übrigens an Erfrischungen aller Art laben, die den ganzen Tag über kostenlos verteilt werden.

Die Kleinstadt, die sich Dorf nennt, hat auch eine eigene Tageszeitung: *Village News*, das klingt für das globale Event angemessen international. Die Macher der offiziellen Dorfzeitung packen auf ihre durchschnittlich acht Seiten mal eine Story über Frisuren, mal fotografieren sie hübsche Mädchen und präsentieren das Ergebnis unter dem Titel »Girls, Girls, Girls«. Die Sportlerinnen wohnen – getrennt von den Männern – in 800 Apartments eines Hochhauses und in weiteren 800 Apartments eines Bungalowdorfes.

Dieses sogenannte Frauendorf ist umgeben von einem Zaun, der Männern den Zutritt versperren soll. Dazu fällt dem Team von Chefredakteur Jan Eberhard Vaubel nicht nur die Schlagzeile »Die drahtige Sex-Bremse« ein, die Reporter testen auch, wie leicht und locker man den Zaun überwinden kann. Man muss gar nicht besonders athletisch sein, ein simpler Trick tut es auch. Die deutsche Leichtathletin Heide Rosendahl beobachtet, dass im Frauendorf auffällig viele Männer unterwegs sind, die fast alle hilfsbereit einen Koffer schleppen: »Ein perfekter Vorwand.«

Wenn vom »Olympischen Dorf« die Rede ist, dann ist damit das große Hauptdorf der männlichen Athleten und des Amüsements gemeint. Auch hier scheint es beim Zugang 99 Wege hinein zu geben: Ein Tourist berichtet später in einem Leserbrief an die *Süddeutsche Zeitung*, dass zwei umgehängte Kameras ausreichen, um eingelassen zu werden. Der Journalist Edgar Fuchs gibt rückwärtsgehend Autogramme, bis er drin ist. US-Berichterstatter Richard Mandel schleicht sich als Jogger hinein: »Ich hätte, sagen wir, der Trainer der peruanischen Leichtathleten sein können.« Die *Abendzeitung* stellt neben das Foto einer weizenblonden Frau die Zeile: »Susanne schafft's auch ohne Paß.« Die Jurastudentin hat den BH weggelassen und mogelt sich nach Angaben der Zeitung ohne Passierschein in das Olympische Dorf.

Ankie Spitzer, die Frau des israelischen Fechttrainers André Spitzer, sagt in einer ZDF-Fernsehdokumentation: »André hatte einen Ausweis, ich nicht. Und weil nur der Eingang kontrolliert wurde, aber nicht der Ausgang, ging ich eben immer durch den Ausgang rein.« Während sie das tut, sagt sie höflich »Guten Tag« und wird zurückgegrüßt. Fernsehaufnahmen zeigen, wie Sportler in roten Trikots und gelben Trainingsanzügen über den Zaun steigen, am helllichten Tag. Ein bisschen so wie die Soldaten der Marines bei einem Einstellungstest. Ein Fuß auf den Zaun und dann rüber, so geht es schneller als am Eingang. Niemand hält sie auf.

Es gibt keine augenfällige Polizeipräsenz im Dorf. Und das ist so auch gewollt. Heiterkeit geht vor Sicherheit, niemand hat die Absicht, hier eine Mauer zu bauen. Die würde nämlich den Eindruck genauso zerstören wie umgehängte Maschinenpistolen, sagt Hans-Jochen Vogel, der frühere Oberbürgermeister und aktuelle Vizepräsident des Organisationskomitees. Manfred Schreiber, Polizeipräsident von München und Sicherheitschef von München 72, beugt sich dem Wunsch, die heiteren Spiele nicht durch den Anblick von Wachpersonal zu beeinträchtigen. In den Planungen verzichtet er »auf alle möglichen Reglementierungen, die unter Sicherheitspunkten üblich gewesen wären«. Das heißt vor allem: Man trifft auf keine uniformierte Polizei mit sichtbar getragenen Waffen im Olympischen Dorf und in den olympischen Stätten.

Die Bewachung vor Ort übernimmt der »Oly«, so lautet der Spitzname des offiziellen Ordnungsdienstes. Das deutsche Fernsehen berichtet: »Vor die Eingänge des Olympischen Dorfes haben die Väter Olympias den

Ordnungsdienst gestellt, es sind Beamte des BGS und der Polizeibehörden der Länder. 250 Wachmänner gekleidet in zivile Uniformen und ohne Schießeisen.« Passend zum fröhlichen Geist der Spiele tragen die Oly-Mitglieder hellblaue Anzüge, weiße Hemden, auf dem Kopf weiße Schiebermützen. Sie wirken wie Animateure auf einer Kreuzfahrt. Und ihre Befugnisse entsprechen laut *Spiegel* ungefähr denen eines Ordners auf dem Oktoberfest.

Die bewaffneten Polizeibereitschaften in Uniform warten hinter den Kulissen, hinter die kein Teilnehmer oder Tourist gucken kann, am anderen Ende der Gastgeberstadt – verborgen in Münchener Kasernen. Aus der Vogelperspektive der Fernsehkamera sieht die Armada ihrer Funkwagen auf dem Hof wie die Spielzeugautosammlung eines ordnungsliebenden Kindes aus: symmetrisch aufgereiht, entlang weißer Begrenzungslinien. Die Bundesrepublik und der Freistaat Bayern haben Einsatzkräfte aus allen Himmelsrichtungen zusammengeholt. In Zahlen: 8000 Polizisten, darunter 4000 aus anderen Bundesländern. Zur Kommunikation stehen ihnen 2000 Funkgeräte und 140 Funkkanäle zur Verfügung. »Einmalig in ganz Europa, ein vergleichbares Modell gibt es nicht«, brüstet sich Erich Kiesl, Staatssekretär im bayerischen Innenministerium. »Hier ist auch die Verbindung geschaffen zu ausländischer Polizei.« Die Aufgabe der Beamten: mögliche Störer aufhalten und so den reibungslosen Ablauf der Münchener Spiele sicherstellen.

Detlev Mahnert möchte das Olympische Dorf auch mal von innen sehen. Er schmuggelt sich an Bord des sowjetischen Mannschaftsbusses, der bis in die Siedlung rollt. Aussteigen, bitte. Es ist wirklich kein Problem, stellt er verblüfft fest, fast noch leichter als in die Kabinen von Malaysia und Deutschland zu kommen.

Der begehrteste Single von München 72 ist der
US-amerikanische Schwimmer Mark Spitz. Im
Wasser wie beim Flirten ist er in seinem Element.
»Wenn ich schwimme, denke ich immer daran,
dass am Ende des Beckens ein schönes Mädchen
auf mich wartet«, zitiert ihn eine Zeitung. Seine
Mutter glaubt, dass sich der Superstar in eine
Deutsche verguckt hat.

TAG 3
Montag, 28. August 1972

Ba-de-kap-pen-pflicht. Ein deutscher Bandwurm, für den man in anderen Sprachen der Welt drei oder vier Wörter benötigt. In den Schwimmbädern der Bundesrepublik herrscht Anfang der Siebziger zumeist die – Badekappenpflicht. Brav eingehalten, streng vom Bademeister überwacht. In der Münchener Olympiaschwimmhalle gilt die bundesdeutsche Regelung nicht. Bei ihren Wettbewerben dürfen die besten Schwimmer der Welt haargenau so an den Start gehen, wie es ihnen gefällt – mit Glatze wie der Deutsche Werner Lampe, mit glänzender Haarpracht wie Mark Spitz aus den USA.

Bei den Spielen, die Olympia in das Zeitalter der Moderne katapultieren, ist auch das Schwimmbad eine besondere Ingenieursleistung. In einer Publikation erklärt die Oberchemierätin Doktor Irmgard Alexander vom Münchener Wasserwerk das Innovative des Wettkampfbassins: Es hat eine durchgehende Wassertiefe von 2,50 Metern; spezielle Leinen trennen die Bahnen und wirken wie Wellenbrecher; und eine neuartige Finnenrinne am Rand schluckt im Nu aufkommende Wellen. Die Temperatur betrage konstant zwischen 25,5 und 26 Grad Celsius. Exakt 34 Weltrekorde werden hier in den nächsten Tagen aufgestellt, 84 olympische Rekorde teils pulverisiert.

Das schnellste Becken der Welt ist eine angemessene Bühne für den Mann, der sich anschickt, der Super-Mega-Giga-Star dieser Spiele zu werden: Mark Spitz aus den Vereinigten Staaten. Er sei ein biomechanisches Genie, sagt ein Rivale, er fühle das Wasser anders als die anderen. An diesem Montag greift Spitz nach zwei Goldmedaillen: über 200 Meter Schmetterling und mit der 4 x 100-Meter-Freistil-Staffel. Er wird als Medaillenanwärter gehandelt, egal, auf welcher Strecke er startet. Bei sieben Wettbewerben wird er antreten – kann jemand wirklich sieben Goldmedaillen bei einer Olympiade holen?

»Eisberg« nennen die Organisatoren im Olympiaführer ihre Schwimmhalle. Vier Fünftel des Bauwerks liegen unter der Erde. Die Tickets für die 7500 Sitzplätze der Wettbewerbe am Abend sind ausverkauft. »Staunen über den Zuschauer-Ansturm«, titelt die *tz* an diesem Morgen. Und: »Münchner ganz wild auf Olympia.« Sogar zu den »wenig interessanten« Vorrundenspielen der Wasserballer strömen rund 8000 Zuschauer, so die Zeitung. Die Begeisterung reicht weit über die Wettkämpfe hinaus, selbst beim Training der Leichtathleten wollen 10 000 Zaungäste einen Blick erhaschen. Von der Furcht, dass die Sitzplätze bei München 72 leer bleiben, ist wenig übrig geblieben. Das Kartenkontingent wird nahezu ausgeschöpft, an den Tageskassen sind nur wenige Tickets übrig. Viereinhalb Millionen Besucher kommen insgesamt nach München. Geschätzt 1,1 von 3,5 Millionen Eintrittskarten gehen an internationale Gäste. Das ist neuer Rekord für eine Olympiastadt.

Wer sich jetzt erst entscheidet, Mark Spitz zu sehen, hat zwei Möglichkeiten: als Käufer auf dem Schwarzmarkt oder als gelenkiger Zaungast. Aus dem Polizeibericht: »Der 19 Jahre alte amerikanische Student Brian A. wurde von Zeugen beobachtet, als er am 27. 8. 72 mittags im Schwimmstadion des Olympiaparks Eintrittskarten für die Olympiaveranstaltungen im Werte von 10 für 20 Mark anbot. In seinem Besitz wurden 53 Eintrittskarten für verschiedene Veranstaltungen vorgefunden.«

Über diese Anzahl an Tickets können die Beamten nur müde lächeln, die einen Italiener in der Innenstadt festnehmen: »Er hatte 1325 Olympiaeintrittskarten, die er zu überhöhten Preisen absetzen wollte, in seinem Besitz.« Der Clou, so die Ermittler: Die Karten hatte der Mann in seiner Eigenschaft als Reiseleiter unterschlagen.

Wer auf dem Schwarzmarkt leer ausgeht, kann sich unter die »Schwarzseher« mischen. Eine Lokalzeitung veröffentlicht einige Tipps: Zum Beispiel hat man aus 50 Metern Entfernung freie Sicht auf das Spielfeld der Hockeyanlage, wenn man auf dem Oberwiesenfeld bis zum Kusocinskidamm vorgeht. Wer einen kostenlosen Blick auf die Turnerinnen erhaschen möchte, muss sich im Schreibraum des Postamtes vor der Olympiasporthalle auf den Bauch legen – dann kann man durch einen Gitterrost angeblich etwas sehen.

Und die Schwimmhalle, wo am Abend die Spitz-Schau ansteht? Der »Eisberg« ist zu drei Vierteln verglast. Theoretisch also Chancen zuhauf.

Einige der Gucklöcher haben die Organisatoren inzwischen zukleben lassen. Aber es ist ein offenes Geheimnis: Wer mutig die Stahlgerüste entlangkraxelt, findet einige Stellen, an denen der Durchblick noch möglich ist.

Mark Spitz' Biografie klingt fast zu perfekt. Als hätte sie sich ein Drehbuchautor in Hollywood ausgedacht. Mark, der jetzt 22 ist, lernt das Schwimmen unter Palmen, am Strand von Waikiki, im Pazifischen Ozean vor Hawaii. »Sie hätten ihn sehen sollen«, sagt seine Mutter Lenore 1968 einem Reporter des *Time Magazine*, »er rannte los, als wolle er sich in die Fluten stürzen, um Selbstmord zu begehen.« Die prägende Figur in seinem Leben ist Vater Arnold, der ihn zum Sieger formt, ob der Junge will oder nicht. Den eisernen Willen packt Dad am liebsten in amerikanische Beschwörungsformeln: »*Swimming isn't everything – winning is.*« In den ersten Jahren seiner Laufbahn hört der junge Schwimmer oft: »Mark, wie viele Bahnen hat der Pool?« »Acht«. »Und wie viele Sieger gibt es?« »Einen, nur einen.« So steht es in den Memoiren des Schwimmers.

Für die Karriere des Sohnes rückt zur Not selbst die Religion ins zweite Glied. Die Familie Spitz ist jüdischen Glaubens. Um den Verwerfungen des Ersten Weltkriegs zu entfliehen, kommen die Familien von Marks Eltern im frühen 20. Jahrhundert aus Ungarn in die USA. Hier lernt Arnold Spitz in den fünfziger Jahren, dass manche Country Clubs und Universitäten keine oder nur strikt festgelegte Quoten von Juden aufnehmen. Nach dem Umzug von Hawaii auf das amerikanische Festland stellen Mark und seine beiden Schwestern fest: An der Santa Clara High School unweit des Silicon Valley gibt es genau drei Juden – und das sind sie selbst, die Geschwister Spitz.

Mark macht in Kalifornien große Fortschritte. Eines Tages geht der Schwimmtrainer zum Vater. Er weist darauf hin, dass Mark wegen der wöchentlichen Hebräischstunden das Training am Dienstag verpasse, was die Weiterentwicklung gefährde. Arnold sucht das Gespräch mit dem Rabbi und kehrt mit einem zufriedenstellenden Deal zurück. Wie er das gemacht habe, fragt der Coach nachher verwundert. »Ich habe ihm gesagt, dass auch Gott einen Sieger liebt.« Später lässt Mark Spitz wegen seiner Teilnahme an den jüdischen Sportwettkämpfen, der Maccabiade, sogar US-Meisterschaften ausfallen.

Ein jüdischer Schwimmer in blau-weiß-roten Speedos macht sich bereit, die ersten Olympischen Spiele auf deutschem Boden nach dem Krieg zu prägen. Und die Deutschen lieben ihn schon jetzt.

Das neue Image Deutschlands gewinnt an Kontur, das Heiterkeitswunder schreitet voran. »Es scheint einfach alles zu gelingen«, berichtet TV-Mann Thilo Koch an diesem Montag. München 72 ist überall: »Von früh bis spät wird geschwommen, gespurtet, gesprungen, Ball gespielt, geritten und gerudert. Die Bildröhren glühen.« *Beam me up, Olympia.* Die *Tagesschau*, beobachtet er, bringe immer weniger Weltnachrichten, Innenpolitik scheint es nicht mehr zu geben. »Olympia über alles.«

Zur Einschätzung von Koch passt die erste Meldung in der Tageszusammenfassung der wichtigsten Radionachrichten, ausgestrahlt vom Bayerischen Rundfunk: »Zwei Tage nach dem Beginn der Olympischen Sommerspiele in München wurden in Kiel die Segelwettbewerbe offiziell eröffnet. An der Feier nahmen mehrere hundert Sportler aus 43 Nationen und fast 20-tausend Zuschauer teil.«

In der Vorbereitungsphase diskutierten die Deutschen noch über den Bodensee oder den Chiemsee als olympisches Segelrevier. Aber das IOC bestand auf Wettbewerben auf offener See. Also spendierten die Organisatoren den Seglern ihren eigenen Hafen in Schilksee, an der Kieler Förde. Gesegelt wird draußen in der Ostsee auf drei Regattabahnen. Ausflugsboote werden als schwimmende Tribünen eingesetzt.

Das Segeln macht den nördlichen Olympiastandort Kiel zu einem Brennpunkt der royalen Klatschreporter. Spaniens Thronfolger Juan Carlos und Prinz Harald von Norwegen kämpfen hier als Olympioniken um Medaillen. Den größten Unterhaltungswert für die Presse besitzt der thailändische Thronfolger Prinz Bira Bhanubanda, 58 Jahre alt. Mit seinem Vorschotmann, dem 30-jährigen Paitane Chulgatuppa, bildet er ein äußerst unglückliches Duo. Ihre Bilanz darf vorweggenommen werden: Sie werden zu drei Wettfahrten antreten – und zweimal Letzter werden. Einmal bleibt ihnen dieses Schicksal nur erspart, weil ein Amerikaner disqualifiziert wird.

Der berühmteste Royal der Welt ist bei Olympia wider Erwarten nicht dabei. »Königin Elisabeth die Zweite von Großbritannien und Prinzessin Anne werden morgen nicht, wie geplant, nach München zu den

Olympischen Spielen kommen. Anlass der Absage ist offenbar der Tod des Prinzen von Gloucester, eines Vetters der Königin, der heute mit seiner Sport-Maschine abgestürzt ist«, berichten die Radioleute des Bayerischen Rundfunks in einer Eilmeldung. Ihren Ehemann, Prinz Philipp, erreicht die Nachricht im Stall der englischen Reiterequipe. Er ist bestürzt, will aber in München bleiben. Ob die gemeinsame Tochter, Prinzessin Anne, Olympia noch besucht, ist zu diesem Zeitpunkt fraglich. Sie sollte mit der Queen standesgemäß in Schloss Nymphenburg nächtigen.

Kaum jemand hat dem höchsten Ehrengast so entgegengefiebert wie die Münchener Society-Reporter. Mit wem sollen sie jetzt in den nächsten Tagen die Spalten ihrer Kolumnen füllen?

Arnold und Lenore Spitz wohnen während der Spiele in einer Pension in Garmisch-Partenkirchen. 15 Mark, inklusive Frühstück. Nach München zu den Wettkämpfen fahren sie täglich mit dem Zug, nach Deutschland sind sie mit einem günstigen Charterflug gekommen. »Sie benehmen sich sehr solide«, findet Pensionswirtin Maria Manderach. »Nie haben sie Sonderwünsche, dabei ist ihr Sohn doch so berühmt.« Bei den Rennen seien sie sehr aufgeregt, geben die Eltern Spitz zu. Selbst der Vater räumt ein: »Kurz bevor Mark am Ziel anschlägt, schwitze ich auch ein wenig.«

Das erste Einzelrennen von Mark Spitz sind die 200 Meter Schmetterling. Eine Strecke, an die Vater und Sohn keine guten Erinnerungen haben. Bei den letzten Olympischen Spielen 1968 tritt *Mark the Shark* als amtierender Weltrekordler an und sagt großmäulig fünfmal Gold voraus. Im Becken von Mexiko-Stadt wird aus dem Hai ein Goldfisch – nur ohne Gold. Bei den Einzelrennen holt er lediglich eine Silbermedaille. Der Tiefpunkt: Über 200 Meter Schmetterling belegt er im Finallauf den letzten Platz. Und genau diese Disziplin steht jetzt als Erstes auf seinem Programm – *psychouts* nennen die Amerikaner diese emotional aufgeladenen Situationen. Wer so eine Prüfung besteht, für den scheint danach alles möglich, auch siebenmal Gold bei Olympia. »Ich brauche das Selbstbewusstsein der frühen Rennen, um für die nächsten bereit zu sein«, sagt Spitz.

Dem Traum vom totalen Olympiatriumph hat er in den letzten Jahren alles untergeordnet. Er verlässt den Sonnenstaat Kalifornien und zieht in den Mittleren Westen der USA, in eine kleine Stadt im Nirgendwo.

Bloomington, Indiana. Der Grund: Jim Counsilman, Coach des Schwimmteams an der Indiana University, genießt den Ruf, besonders innovativ und erfolgreich zu sein. Der Doc, so sein Spitzname, therapiert das Großmaul – in der Provinz, fernab der Scheinwerferlichter. An der Universität ist der 1,83 Meter große Modellathlet Spitz eingeschrieben als »Pre-Dent«, das heißt, er arbeitet auf einen Bachelorabschluss hin mit dem Ziel, später Zahnarzt zu werden.

Im Olympischen Dorf könnten die Zahnärzte gut noch einen weiteren Kollegen brauchen. Sie arbeiten rund um die Uhr, 26 Mediziner sind in vier Schichten eingeteilt. Gedacht für Notfälle, so wie man das in der Bundesrepublik gewohnt ist. Aber bereits in den ersten Olympiatagen zählen die Zahnärzte mehr als tausend Behandlungen. Was ihnen auffällt: 70 Prozent der Patienten sind schwarze Sportler. Ein öffentlich-rechtlicher Fernsehreporter erklärt das Phänomen so: »Bei ihnen werden wahre Wunderdinge über die Qualität der deutschen Zahnheilkunde erzählt.« Mund-zu-Mund-Propaganda für Zahnärzte sozusagen, einer sage es dem anderen, und dann kommen selbst die, die gar keine Schmerzen haben. Vor den Kameras gibt ein bundesdeutscher Doktor über die internationalen Patienten zu Protokoll: »Zu bohren ist bei ihnen aber auch immer etwas. Die strahlend weißen Zähne täuschen.« Die Vorsorge in den Heimatländern, sagt er streng, sei ungenügend. Erkenntnis des Beitrags, frei nach dem – hier abgewandelten – Werbeslogan dieser Jahre: Mutti, Mutti, *Mommy, Mommy*, er hat wirklich gebohrt!

Das strahlende Lächeln von Mark Spitz wird durch einen mächtigen Schnauzbart gekrönt. Er behält ihn als »Rebellion«, während andere Schwimmer glattrasiert bis zu Brust und Beinen sind. Überhaupt geht der Alphamann, voll fokussiert auf den Sieg, in München keiner Konfrontation aus dem Weg. Journalisten weist er bei einem kurzen Termin schnippisch darauf hin: »Fünf Minuten hatte ich zugesagt, jetzt sind es schon neun.« Im Olympischen Dorf verschließt er zwei Tage vor den Wettkämpfen die Schiebetüren zum Nachbarzimmer seines US-Teamkollegen Gary Hall mit den Worten: »Es ist nichts Persönliches.« Und als ihn Kuhglocken im Freibad Grafing beim Training stören, findet er laut *Spiegel* Exil in der Olympiaschwimmhalle beim sowjetischen Team, das er ungeniert um eine Bahn bittet. Natürlich mit Erfolg, anders kennt es Mark Spitz nicht.

Zum Dank werden die Sowjets von ihm nach Strich und Faden verarscht. Spitz: »Einer der russischen Trainer sagte zu mir: Der Schnauzer, der bremst Sie doch beim Schwimmen. Nein, sagte ich. Ich hielt mir beide Zeigefinger in so einer Art V-Form vor das Gesicht. Wissen Sie, dadurch wird das Wasser von meinem Mund abgelenkt – und dadurch bin ich stromlinienförmiger und schneller. Der russische Trainer schaute mich verwundert an und fragte sich wohl: Wie können sich meine Schwimmer innerhalb von 24 Stunden bloß einen Schnauzbart wachsen lassen? Ich sagte: *Good luck.*«

Stoppen soll den Favoriten ein Bundesdeutscher: Erzrivale Hans Fassnacht aus Mannheim, der zur Vorbereitung selbst drei Jahre lang in den Vereinigten Staaten trainiert hat. Eine Art US-Deutscher, der sich drüben bis zum Anschlag geschunden hat. Von den Amerikanern hat er den unbedingten Siegeswillen übernommen, gewinnen um jeden Preis. Fassnachts Motto lautet: »Lieber sterben als verlieren.«

Es herrscht eine Stimmung wie beim Duell in einem US-Western: Nur einer wird übrig bleiben. Nach halb sieben werden die Zuschauer im »Eisberg« wissen, wessen Hoffnungen versinken.

Wer am Abend in der Schwimmhalle zuschaut, verpasst in der Münchener City eine Premiere: An diesem Montag ist erstmals während der Spiele Schluss mit dem Ladenschluss. Die Geschäfte schließen nicht um 18.30 Uhr, sondern erst um 20 Uhr. Das gilt bis zum 13. September 1972 nach den Olympischen Spielen – und ist für bundesrepublikanische Verhältnisse eine Shopping-Revolution. Bisher kennt man nur den »langen Samstag« einmal im Monat, eingeführt 1957. Jetzt setzt sich der Einzelhandelsverband für die olympischen Öffnungszeiten ein, während die Gewerkschaft Handel, Banken, Versicherungen strikt dagegen ist. Im Frühjahr 1972 haben mehr als tausend Beschäftigte gegen die Ausnahmeregelung protestiert.

Das Thema ist genauso umstritten wie aktuell. In einer seiner Ausgaben im Sommer 1972 druckt der *Stern* eine Karikatur: Eine Büroangestellte zieht sich am Schreibtisch Laufschuhe mit Spikes an. Ihr männlicher Chef grinst: »Na, wollen Sie vor Ladenschluss noch schnell ein paar Einkäufe machen, Frau Martens?« Im nebenstehenden Artikel veröffentlicht die Zeitschrift das

Ergebnis einer Umfrage: 49 Prozent wünschen sich längere Öffnungszeiten; 61 Prozent sind dafür, dass der Kaufmann selbst bestimmt, wann er schließt.

In München sind in diesem Sommer die Voraussetzungen für eine erfolgreiche Verlängerung der Öffnungszeiten nahezu ideal: Die Stadt hat eine neue Fußgängerzone. Zwischen Stachus und Marienplatz fährt keine Tram mehr wie früher, die Einheimischen und ihre Gäste können hier ungestört flanieren. Acht Wochen vor Beginn der Spiele, am 30. Juni 1972, haben 15 000 Menschen die offizielle Übergabe der Fußgängerzone in der Innenstadt gefeiert. Trotzdem steht das örtliche Personal an diesem Montag dem späteren Ladenschluss zu Olympia skeptisch gegenüber. Lohnt sich das wirklich? Eine Boutiqueverkäuferin: »Wir wollen heute mal ausprobieren, ob sich das rentiert. Wenn nicht, dann machen wir morgen Abend wieder um 18.30 Uhr dicht.« Die mächtigen Kaufhäuser, die in der City den Takt vorgeben, haben ihre Entscheidung laut *tz* schon getroffen: Sie wollen ihre Türen weiter pünktlich um halb sieben schließen. So wie immer.

Mark Spitz holt an diesem Montagabend zweimal Gold in einer Stunde. Mit zwei Weltrekorden. Mehr geht nicht. Der »Eisberg« kocht. Über 200 Meter Schmetterling besiegt der Amerikaner das Trauma von Mexiko – und seine Landsleute Gary Hall und Robin Backhaus. Hans Fassnacht wird Fünfter. Er schwimmt, als trüge er eine Bleiweste, spottet ein deutscher Reporter. Auch die Freistilstaffel der USA mit Spitz gewinnt problemlos vor den glattrasierten Sowjets, die auf die Schnelle keinen Schnauzbart mehr hinbekommen haben.

Gott mag vielleicht einen Sieger wie Mark Spitz lieben. Die Mädchen tun das auf jeden Fall. 3000 Briefe kommen während der Münchener Spiele bei dem Schwimmstar an. »Vergessen ist in diesen Tagen Karl-Heinz Köpcke, vergessen sind die Rolling Stones und Roy Black«, schreibt der Münchener Journalist Edgar Fuchs. Mark Spitz, so heißt es, habe kurz vor den Spielen die Beziehung mit seiner Freundin beendet. Jetzt macht der Sportler beim romantischen Reigen um seine Person gerne mit: »Ich liebe alle schönen Mädchen. Wenn ich schwimme, denke ich immer daran, dass am Ende des Beckens ein schönes Mädchen auf mich wartet.«

Vielleicht sogar Uschi aus dem Ruhrgebiet? Sie schreibt aus der Fürstenbergstraße in Essen einen Brief an den *Stern*: »Ist er verheiratet? Welchen

Mädchen-Typ mag er?« Die Antwort gibt Marks Mutter in einer Boulevard-zeitung: Ihr Sohn bewundere seit der Eröffnungsfeier Heidi Schüller aus *Germany*. Er finde die Sprecherin des olympischen Eids sehr attraktiv und möchte sie kennenlernen, so Lenore Spitz.

Die Weitspringerin von Bayer Leverkusen ist ein Flirtziel, das man nachvollziehen kann, sie besetzt in der Presse erfolgreich die Rolle der schönen Leichtathletin. »Wenn die Medizinstudentin Heidi Schüller die Betonhütten des olympischen Frauendorfes verlässt, drehen sich alle Män-ner nach ihr um«, schmachtet zum Beispiel der *Stern*. Sie hat, so wird ge-munkelt, für die Eröffnungsfeier sogar den Rock ihres Outfits gekürzt. Die Zahl der Interessenten steigt nach diesem öffentlichkeitswirksamen Auf-tritt stark an. Noch während der Spiele beantragt Schüller eine geheime Telefonnummer: »Sie können sich nicht vorstellen, was da Tag und Nacht los ist.« Ob Spitz diese Nummer hat, ist nicht bekannt, jedenfalls hört man nichts mehr von einem Flirt. Die schöne Deutsche und der Amerikaner mit dem Filmstarlook wären das Traumpaar dieser Spiele gewesen – und eine schöne Nachricht in der Rubrik »Vermischtes«.

In der *Bravo* wird der US-Champion im Olympiajahr mit dem sogenann-ten Starschnitt geehrt, einem Poster in Lebensgröße, das aus mehreren Ein-zelteilen besteht. Das ist sonst nur Idolen aus dem Filmgeschäft oder der Popmusik vorbehalten. Das bunte Konterfei des Schwimmers hängt bald in vielen deutschen Kinder- und Jugendzimmern über den Betten. Und nicht nur bei Mädchen.

Dietmar Holzapfel steht eigentlich nicht auf Männer mit Bart. Bei Mark Spitz macht er eine Ausnahme. Der 15-Jährige ist Mitglied im örtlichen Schwimmverein in seiner Heimatgemeinde Ingolstadt. Den attraktiven Amerikaner himmelt er nicht wegen seiner sportlichen Erfolge an, sondern wegen seines Aussehens. »Ein toller Typ«, schwärmt er, »was für ein Kör-per.« Der Teenager aus der bayerischen Provinz ist schwul.

Und damit beginnt an diesem gewöhnlichen Ort ein außergewöhnliches Leben, ein geheimes, im Schatten. »Niemand durfte wissen, dass ich homo-sexuell bin«, sagt er im Interview zu diesem Buch. »Und man wusste es auch von niemand anderem.« Das damalige Bild eines schwulen Mannes in der öffentlichen Meinung beschreibt er so: »Kinderschänder, Arschficker, völlig negativ.« Natürlich hatte man Angst, sich zu outen. Er hatte beste Freunde, aber mit denen offen reden? Viel zu riskant.

Es existiert in den Siebzigern keine nennenswerte Infrastruktur für Homosexuelle. Kein Internet, keine Magazine. In Ingolstadt gibt es einen Bekleidungsgeschäft, dessen Besitzer angeblich homosexuell ist, und so geht man lieber auf der anderen Straßenseite, damit keiner denkt, man sei schwul. Dietmar könnte die Zeitschrift *Du und ich* kaufen – aber wo soll er sie lesen, wo verstecken? Die erste schwule Sehnsucht stillt der Jugendliche mit dem Otto-Katalog, Abteilung: Unterhosenmodelle. Homosexualität ist ein Tabu. In düsteren Momenten, so berichtet er in der Rückschau, dachte er manchmal an Selbstmord.

Zur gesellschaftlichen Ächtung kommt die rechtliche Bedrohung. Sexuelle Handlungen zwischen Personen männlichen Geschlechts stehen nach Paragraf 175 des deutschen Gesetzbuches unter Strafe. Es drohen mehrere Jahre Gefängnis. Im Volksmund werden Homosexuelle bisweilen als »175er« bezeichnet. Das ist eine schlimme Beleidigung in der Nachkriegsrepublik. 1969 kommt es zu einer ersten Reform. Seitdem verstößt Sex unter Männern ab 21 Jahren nicht mehr gegen das Gesetz. »Homosexuelle Handlungen waren zwar nicht mehr strafbar, aber weiterhin geächtet«, erinnert sich der süddeutsche Aktivist Wolfgang Scheel in der *SZ* an die frühen siebziger Jahre.

Im Olympiajahr kommt ein Film ins deutsche Fernsehen, der das Tabu brechen will. Der Titel ist Programm: *Nicht der Homosexuelle ist pervers, sondern die Situation, in der er lebt* – so hat Regisseur Rosa von Praunheim sein Werk genannt. Ein berühmtes Zitat daraus lautet: »Raus aus den Toiletten, rein in die Straßen. Freiheit für die Schwulen!« Am 31. Januar 1972 läuft der Film spätabends im Dritten Programm des Westdeutschen Rundfunks mit anschließender Diskussionsrunde. Vorsorglich haben die Macher Extraschichten an den Zuschauertelefonen organisiert.

Als *Nicht der Schwule ist pervers, sondern die Situation, in der er lebt* ein Jahr später bundesweit ausgestrahlt wird, schert Dietmars Heimatsender, der Bayerische Rundfunk, aus. Im Freistaat läuft stattdessen ein finnischer Spielfilm. Wer in Bayern nicht der Konvention entspricht, hat es schwer. Dietmar Holzapfel: »Man musste im Burschenverein sein, eine Freundin haben. Wenn ein Kind kam, wurde geheiratet. Die Übergabe vom Hof wurde abhängig davon gemacht, dass es Erben gibt.«

In München ist das anders. Die bayerische Olympiastadt räumt alternativen Lebensentwürfen mehr Platz ein. »München war aus Ingolstädter Sicht für Schwule das Paradies«, sagt Dietmar Holzapfel in der Rückschau auf die siebziger Jahre. Es gibt da eine Sauna in der Türkenstraße – »und da bist du auf einmal unter 200 schicken Männern«. Endlich kann man leben, wie man möchte. Zum Beispiel knutschen im Englischen Garten oder einem bekannten Flecken an der Isar. »Da geht es zur Sache.« Beim Sex benutzt man keine Kondome. »Warum auch?« Von Aids weiß man damals noch nichts.

Zum »rosa Mythos« (Süddeutsche Zeitung) wird in München ein Wirtshaus unweit des Gärtnerplatzes. In der »Deutschen Eiche« versammeln sich in der Nachkriegszeit immer mehr Künstler und buntes Volk, so dass es einmal in einer Zeitung heißt, die »Deutsche Eiche« sei ein Homosexuellentreff. Die Wirtin, Ella Reichenbach, empört sich daraufhin legendär: »So ein Schmarrn, was die da schreiben! Bei mir verkehren 90 % Künstler und 10 % von Frauen enttäuschte Männer!«

Die »Deutsche Eiche« ist Gaststätte und Pension, bodenständig und bayerisch. Oben gibt es Zimmer mit Toilette am Gang. Der berühmteste Gast ist das deutsche Regiewunderkind, der Bundesfilmpreisträger (Katzelmacher) Rainer Werner Fassbinder. »Was er anfasst, haut hin«, schreibt der Playboy 1972 in einem Porträt über den 26-Jährigen. Er verliebt sich in den siebziger Jahren in Armin, einen Schankkellner der »Eiche«, und bezieht eine Wohnung gegenüber dem Wirtshaus. Spätestens von da an befindet sich in der Reichenbachstraße 13 die berühmteste Location für Homosexuelle in Süddeutschland.

Dietmars Story hat ein Happy End. Ihm gefällt es in München so gut, dass er später dort studiert. Er lernt zwei Menschen kennen, die sein Leben verändern: Sepp Sattler, die Liebe seines Lebens, und den Gastronomen Niki Holzapfel, der ihn adoptiert. Zu dritt kaufen sie, viele Olympiaden später, die heruntergekommene »Deutsche Eiche« für 3,3 Millionen Mark und sanieren sie komplett. Dietmar Holzapfel erlebt noch, wie die Schwulen sich die lang versagte Anerkennung erkämpfen – und wie die CSU zu Veranstaltungen in die »Deutsche Eiche« lädt. Die Partei, deren Vorsitzender Franz Josef Strauß Anfang der siebziger Jahre auf einer Wahlkampfveranstaltung stichelt: »Lieber ein kalter Krieger als ein warmer Bruder.«

Aus den politischen Meldungen der Nachrichtenticker vom Tage: »Oppositionsführer Barzel hat Bundeskanzler Willy Brandt vorgeworfen, die Olympischen Spiele zu parteipolitischen Zwecken auszunützen. In einer Presseverlautbarung erklärte Barzel, Brandt habe den Beifall der Zuschauer für die Mannschaften des Ostblocks zu einem Selbstlob für seine Politik umgemünzt. In Wirklichkeit habe dieser Beifall dem urbanen und aufgeschlossenen Wesen der Zuschauer entsprochen.« Regierungssprecher Conny Ahlers schlägt zurück: Barzels Angriff sei peinlich. Mit seiner Erklärung habe er den olympischen Wahlfrieden gestört.

Die Herren des ehrwürdigen IOC mögen unpolitische Spiele als Ideal anstreben. Aber Olympia ohne Politiker? Ist unrealistisch. »Die Politiade« überschreibt der *Stern* ein amüsantes Stück seines Reporters Hans Nogly. »Bei den Olympischen Spielen sind auch Regierung und Opposition ungeheuer im Rennen«, schreibt er. Hauptsache, man verliere die Konkurrenz nicht aus dem Blick. Denn in diesem Jahr erwarten die Parteien noch Bundestagswahlen, irgendwann im Herbst nach Olympia. Dauernd sind die führenden Politiker nun bei den Spielen unterwegs, bisweilen ähnelt das dem Wettlauf von Hase und Igel. »Strauß plant für den nächsten Morgen die Fahrt zum Eiskanal nach Augsburg«, berichtet Nogly. »Kanzler Brandt ebenfalls.«

Neben Kiel ist Augsburg der zweite externe Olympiastandort, an dem Medaillen vergeben werden. Ebenfalls am Wasser, aber im bayerischen Schwaben fließt es deutlich schneller: fünf Meter pro Sekunde. Im sogenannten Eiskanal finden die Wettbewerbe im Kanuslalom statt. Ein Publikumsmagnet, dicht an dicht drängen sich die Zuschauer an dem 660 Meter langen Kurs. Die Ostdeutschen gewinnen hier alle vier Goldmedaillen, was reichlich Anlass zu Spekulationen gibt. Eine davon unterstellt der DDR sogar Spionage im Sport. Der *Spiegel* berichtet im September 1972: »Wie die Wildwasserstrecke angelegt und mit welchen Handikaps sie ausgestattet wurde, fiel wesentlich in die Zuständigkeit des Vorsitzenden der sogenannten Olympia-Strecken-Kommission: Rudolf Landgraf aus Zwickau kannte den Parcours eher als alle anderen und ließ ihn in seiner sächsischen Heimatstadt naturgetreu nachbauen. Dort trainierte die DDR ihren Slalom-Kader, bis die Piste in Augsburg sieben Wochen vor Olympia freigegeben wurde.« Möglicherweise, ergänzt die *Welt* später, haben Stasi-Agenten die

Baupläne beschafft, so dass sozialistische Bautrupps im Winter 1971/72 in Zwickau-Cainsdorf eine Kopie der Kanustrecke anlegen konnten.

Einer weiteren Spur gehen die Journalisten Roman Deininger und Uwe Ritzer nach. In ihrem Buch *Die Spiele des Jahrhunderts* von 2021 führen sie einen neuen Protagonisten in die olympische Spion-Saga ein. Nach ihrer Darstellung hat der Nationaltrainer der DDR-Kanuten, Werner Lempert, den Augsburger Eiskanal im Herbst 1971 dreimal besucht. Das war anscheinend verblüffend einfach. Am Eingang habe der Mann einfach gesagt, er komme vom »Verband«, so Deininger und Ritzer. Und niemand habe gefragt, von welchem.

Nach Beendigung der Wettkämpfe wird aus der »Politiade« allabendlich die »Partyade«, wieder so eine *Stern*-Überschrift. Schon Anfang 1972 haben die Berichterstatter der *Neuen Deutschen Wochenschau* die Olympiastadt zur deutschen Ballhauptstadt erklärt. Originalton: »Wir bummelten durch Münchens ausgelassene Parties und belauschten Stars und Sternchen bei ihrer eingeübten Kür der Selbstdarstellung.« Während des internationalen Großereignisses namens Olympische Spiele gilt an der Isar nun erst recht: sehen und gesehen werden. In der Weltstadt mit Herz hetzt man von einer Party zur nächsten. Ausgehen erfordert Ausdauer.

München 72 besteht aus zwei Promiwelten: Einer dünnen Schicht, die durch göttliche Fügung oder nach dem Willen ihrer Mitbürger mächtig und wichtig ist, so formuliert es Bayerns Ministerpräsident Goppel. Diese Elite aus gekrönten und gewählten Häuptern versammelt sich, fein ausgewählt, in Residenzen und Renaissancegewölben. Viel häufiger trifft man auf den Partys allerdings auf die B-Variante, die breite Masse bundesdeutscher Prominenz von Roberto Blanco bis Ivan Desny und einheimischen Promis, die unter volkstümlichen Spitznamen bekannt sind, wie der »Poldi« (Prinz von Bayern) oder die »Angi« (von Hohenzollern).

Die Klatschreporter der Münchener Zeitungen vollbringen täglich Höchstleistungen. Die Liste ihrer Arbeitsnachweise ist so lang wie die olympischen Nächte. Sie finden heraus, in welchen Hotels Mick Jagger von den Rolling Stones (»Holiday Inn«) oder Hollywood-Star Kirk Douglas (»Bayerischer Hof«) einchecken, wer die deutsche Begleitung des saudi-arabischen Königs ist (Prinzessin Edda von Anhalt), was Monacos Fürstenkinder Caroline und Albert in einem Restaurant in der Altstadt essen (bayerische

Wurzelsuppen) und welche Formel-1-Legende die Nacht durchtanzt (Jackie Stewart im »Anyway«).

Der Zutritt zum »Anyway« ist begehrt. Wer reinkommt, der ist drin – in der Society der Olympiastadt. Einer will aber partout nicht dazugehören: Der bundesdeutsche Spitzenpolitiker Erich Mende wehrt sich gegen Berichte über »meine angeblichen Besuche in dem Münchener Nachtklub Anyway«. Für seine Berichtigung wählt das Mitglied der CDU/CSU-Bundestagsfraktion eine ungewöhnliche Form – er schickt der Zeitung *Express* in Düsseldorf einen Reim:

> *Ich kenne nicht das Anyway der Münchener Nacht!*
> *Dort habe ich bisher keine Stunde verbracht.*
> *Doch könnte es wohl mein Sohn Marcus sein!*
> *Vater Erich trinkt viel lieber ein Glas Wein!*
> *Oder zwei Bier.*
> *Und bleibt am liebsten hier –*
> *wie kann es anders sein –*
> *bei Margot in Bonn am Rhein!*

Mark Spitz ist an diesem Montag *man of the hour*, der Mann der Stunde, der Darling der Presse. Die Huldigungen reichen über den Eisernen Vorhang hinaus. Ein sowjetischer Journalist regt gegenüber einem US-Kollegen an, dass die Offiziellen sich den amerikanischen Wunderschwimmer einmal genauer anschauen sollten. Denn: »Er hat vielleicht die Gene eines Delphins.«

Erfolg, Ruhm und die Zuneigung der Frauen scheinen Spitz' Weg zur Unsterblichkeit bei München 72 zu pflastern. *Two down, five to go* – zweimal Gold geholt, fünfmal Gold fehlt noch. Morgen geht es weiter, sieben auf einen Streich sind möglich, davon sind alle überzeugt. Aber in 24 Stunden wird aus dem Sunnyboy ein Bad Boy. Mark Spitz landet kopfüber in einem Skandal, tiefer als das Becken in der Olympiahalle. Einem Skandal, der droht, seinen olympischen Traum vorzeitig zu beenden.

ALLES WAS MÄNNERN SPASS MACHT   AUGUST 1972 · 5 DM   C 6793 E

PLAYBOY
DEUTSCHE
AUSGABE

GESCHICHTEN
VON TENNESSEE
WILLIAMS,
ART BUCHWALD,
IRWIN SHAW UND
HEINRICH HEINE

DIE SCHÖNEN
MÄDCHEN
VON MÜNCHEN

DAS PLAYMATE DES
MONATS (ZUM
AUSKLAPPEN)

DIE LIEBE EINES
PAARES

FERIEN AUF DEN
SEYCHELLEN

DER C 111 VON
MERCEDES

ESTHER VILAR
ÜBER DIE
FREIHEIT DES
MANNES

Die Bundesrepublik macht sich nackig: Im Sommer 1972 erscheint die erste deutschsprachige Ausgabe des »Playboy«. Das Covergirl Gaby Heier zieht sich allerdings nicht aus – weil sie niemand gefragt hat, heißt es.

TAG 4
Dienstag, 29. August 1972

Holger Geschwindner und die deutsche Basketball-Nationalmannschaft wollen an diesem Tag ihren ersten Sieg bei den Olympischen Spielen in München holen. Endlich. Die Vorzeichen stehen gut: Die Riesen des Gastgebers treffen auf das Team der Philippinen, auf die »kleinen Filipinos«, so die Fachzeitschrift *Basketball*. Vier Deutsche sind zwei Meter groß oder größer, zwei weitere messen 1,99 Meter. Nur 2000 Zuschauer kommen in die Halle, das ist eine erste Enttäuschung. Sie sehen, wie die »flinken Ostasiaten« (wieder: *Basketball*) erst 14:8 führen, dann 20:14. Für die Bundesrepublik bahnt sich eine weitere Niederlage bei Olympia an. Von Heiterkeit ist in der deutschen Mannschaft zu diesem Zeitpunkt wenig zu spüren. Die verbliebenen Hoffnungen ruhen jetzt auf Geschwindner – dem Kapitän der Mannschaft, dem besten deutschen Basketballer. Einer, der nicht nur auf dem Court herausragt.

Der 26-Jährige studiert Philosophie, Mathematik und Physik mit dem Spezialgebiet Raketentechnik, so die *tz*. Und fährt Porsche zu einer Zeit, als deutsche Olympia-Amateure eher einen VW Käfer besitzen. Er spielt beim USC München und wohnt in einer WG mitten im Ausgehviertel Schwabing. Am Abend vor der ersten Niederlage bei Olympia 1972 gegen Puerto Rico, zwei Tage zuvor, haben er und seine Teamkollegen im Nachtleben zufällig die Spieler aus der Karibik getroffen. Man hat dann mit ihnen gemeinsam Boogie getanzt in einem Laden in der Nähe der Münchener Freiheit. Keine 24 Stunden, bevor sie als Gegner in der Basketballhalle aufeinander trafen. Holger Geschwindner ist der etwas andere deutsche Olympiateilnehmer.

Der Wahl-Münchener zieht als erster Bewohner in das Olympische Dorf ein – als Bettentester. Eine schöne Story für die Presse. Es gibt noch ein Foto vom Einzug: Geschwindner im gestreiften Hemd, die Ärmel hochgekrempelt, daneben Walther Tröger, der Bürgermeister des Olympischen Dorfes – im Jackett. Beide stammen sie aus Hessen, man kennt sich um drei Ecken. Die Organisatoren führen den stattlichen Basketballer in eine

Wohnung. Er muss sich in ein Bett legen – und anschließend in die Badewanne.

Wenig überraschend: Geschwindner findet alles zu eng. »Ich habe in diesem Moment nicht verstanden, dass da am Ende ja normale Leute einziehen werden«, schmunzelt er beim Gespräch für dieses Buch. Nach den Spielen werden die Apartments verkauft und vermietet – an Menschen, die nicht unbedingt 1,93 Meter und größer sind. Der prominente Bettentester macht für die Journalisten den Spaß mit und arrangiert sich mit der Inneneinrichtung. »An Olympia teilzunehmen ist für einen Amateursportler das Größte«, sagt er.

Geschwindner ist sich bewusst, wie wenig die Basketballer tun müssen, um dabei zu sein. »Im Vergleich zu Spitzensportlern aus der Leichtathletik, Schwimmen oder Turnen haben wir ja fast nichts gemacht, außer im Trainingslager ein paarmal die Berge hochrennen und ein paar Probespiele.« Nein, besonders ambitioniert oder gar professionell sei das alles nach modernen Maßstäben nicht gewesen.

Als der Verband vom 19. bis 23. Dezember 1971 zur Kadervorbereitung für Olympia lädt, antwortet einer der Nationalspieler: »Leider bekomme ich in der Zeit nicht frei. Ich arbeite in einer Apotheke, und mein Chef kann angeblich vor den Feiertagen auf keine Arbeitskraft verzichten.« Für einen anderen muss der Deutsche Basketball Bund einen Bettelbrief an das Oberschulamt Nord-Baden richten, »zu Händen Herrn Oberschulrat Klös«, und um Freigabe des Spielers ersuchen.

Das Nationalteam besteht aus Studenten und berufstätigen Freizeitsportlern, einige davon rauchen. Bei München 72 wollen sie alle unbedingt dabei sein. Es ist eine historische Gelegenheit. *Once in a lifetime.* Denn die Bundesrepublik Deutschland nimmt zum ersten Mal seit 1936 wieder am olympischen Basketballturnier teil, damals stand OK-Boss Willi Daume noch im Kader, eine Ewigkeit ist das her.

Geschwindners Team ist diesmal nur dabei, weil der Gastgeber automatisch einen Startplatz bekommt. Bisher haben sie bei Olympia zwei Spiele bestritten – gegen die Tanzfreunde aus Puerto Rico und gegen die Staatsprofis der Sowjetunion – und beide verloren. Jetzt liegen sie gegen die Philippinen hinten.

MEDAILLENSPIEGEL

Dienstagmorgen, 29. August 1972

	G	S	B
1. USA	3	2	3
2. DDR	2	2	3
3. Ungarn	1	1	2
4. Schweden	1	1	–
5. Australien	1	–	–
Nordkorea	1	–	–
...			
11. Bundesrepublik	–	1	–

Die *Sport-Illustrierte* sammelt die Erklärungsversuche der bislang gescheiterten bundesdeutschen Athleten und präsentiert sie auf einer Doppelseite. »Es war, als ob mich jemand an den Beinen festhält« (Schwimmer Hans Fassnacht). »Da waren Tore drin, die ich nicht kannte« (Kanusportler Ulrich Peters). »Meine Nerven haben das nicht durchgehalten« (Turnerin Ingrid Santer). »Da war plötzlich ein Schatten auf der Scheibe« (Schütze Gottfried Kunstermann). Beim Besuch im Olympischen Dorf trifft der Bundeskanzler am Mittag einige Mitglieder des westdeutschen Teams. In seinen persönlichen Notizen schreibt Willy Brandt anschließend, dass er mit einer »vermutlich bescheidenen Ausbeute an Medaillen« rechne.

Die olympische Stimmung im Land trübt das nicht. Das bayerische Wetter zeigt sich weiter von seiner besten Seite. Die Vorhersage für Dienstag: »Morgens nur vereinzelt Frühnebel. Tageshöchstwerte 17 bis 22 Grad.« Die Weltpresse lässt es weiter Komplimente regnen. »Die Olympischen Spiele symbolisieren den lebenden Friedenswillen des westdeutschen Volkes. Gegensätze zur Vergangenheit drängen sich unvermeidlich auf«, liest man in der *Japan Times* aus Tokio. »Wie eine umsichtige Hausfrau versteht Deutschland die Spiele mit jener Diskretion zu organisieren, die das Gütezeichen großer Familien ist«, kommentiert *Le Monde* aus Frankreich. »Sie verbreitet das Lächeln, das glauben lässt, dass alles ohne Anstrengung abläuft, und dass es keinen Krach in der Küche gibt.«

Erstaunlich bleibt, wie sehr die Nachkriegsdeutschen bereit sind, für Olympia das strenge Leistungsbewusstsein ihrer Aufbaujahre hintenan zu stellen. Das Wirtschaftswunder basiert auf harter Arbeit, das Heiterkeits-wunder erfordert Gelassenheit. Die *Abendzeitung* packt das auf der Titel-seite in eine Schlagzeile, die den Geist der frühen Olympiatage perfekt beschreibt: »Die anderen siegen – wir bleiben heiter«.

»Wir lassen nichts aus!« Holger Geschwindner verbringt in seinem Zwei-Mann-Zimmer im Olympischen Dorf nicht mehr Zeit, als er unbedingt muss. Lieber beobachtet er neugierig die Trainingseinheiten von anderen bundesdeutschen Sportlern, amüsiert sich in der Discothek im Dorf, wo die US-Amerikaner auf der Tanzfläche den Ton angeben, und sitzt in der Mensa mit Athleten aus aller Welt zusammen. Manchmal kann er nicht glauben, was er sieht: »Ein ausländischer Sportler war beeindruckt davon, dass der Orangensaft per Knopfdruck quasi aus der Betonwand kam. Der ist durch-gedreht und fing an, um den Saft herumzutanzen. Der konnte das nicht begreifen.« Und als Geschwindner in die Sauna geht, kommt gerade Kubas Schwergewichtsboxer Teofilo Stevenson heraus. »So einen Körper hatte man im Leben vorher kaum gesehen!« Die internationalen Gäste wiederum seien von den modernen Bauten wie dem Stadion ungemein beeindruckt gewesen, erinnert er sich, »und von den kurzen Wegen«.

Olympia hat einen ganz besonderen Stellenwert. Nur alle vier Jahre ver-sammelt sich eine auserwählte Gruppe zu den Spielen. »Die Zehntausend, die hierher kommen«, sagt der Westdeutsche, »gehören zu den Besten, zu-mindest in ihrem Heimatland.« Die Teilnahme oder gar ein Olympiasieg ist ihnen in fast allen Sportarten viel mehr wert als der Gewinn einer Weltmeis-terschaft. Das liegt an der Bedeutung der Spiele, die weit über die Arena und Aschenbahn hinausreicht: Sie sind auch ein Kultur- und Lebensereignis. Genau dafür ist Holger Geschwindner im Vorjahr, 1971, vom MTV Gießen zum USC München gewechselt. Um mittendrin statt nur dabei zu sein. *Once in a lifetime.*

Basketball in Deutschland ist Anfang der Siebziger vielerorts eine fami-liäre Angelegenheit. Die Vereine sind meist in Städten beheimatet, die eine Universität haben oder eine amerikanische Militärbasis. Oder manchmal beides. Vor Bundesliga-Auswärtsspielen übernachten die Gäste bei den Spielern der Heimmannschaft. Als der USC München im hessischen Gießen spielt, steigt anschließend eine furiose Party im Keller von Geschwindners

Eltern – für beide Mannschaften. Die Basketballer spielen in verschiedenen Vereinen, aber sie bilden eine große Gemeinde. Ihre Vorbilder sind die amerikanischen Spieler, die es nach Deutschland verschlägt, so wie John Ecker vom Meister TuS 04 Leverkusen.

Reich werden kann man mit der Sportart nicht, auch wenn die kleine Turnhalle des USC München 1971/72 häufig so voll ist, dass die Zuschauer fast schon auf dem Feld stehen. »Als ich zum ersten Mal – noch mit dem MTV Gießen – Meister wurde, hat uns der Friseur ein Jahr lang die Haare umsonst geschnitten«, sagt Geschwindner. »Das war unser Gehalt.« Deutschlands bester Basketballer zwei Generationen vor Dirk Nowitzki muss erkennen: Basketball wird niemals dein Beruf. Du kannst deinen Lebensunterhalt damit nicht verdienen, also hab damit so viel Spaß wie möglich.

In der Olympiastadt wohnt der Student in der Elisabethstraße 17. Mitten in Schwabing, dem Münchener Stadtteil, der legendär ist für sein Nachtleben. In Schwabing, wo sich Spaß, Sex und Spontaneität mischen. Der Stadtteil, der in keinem Reiseführer der Olympiatouristen fehlt, zum bundesrepublikanischen Mythos gemacht von einem Schätzchen aus Niederbayern.

Uschi Glas will sich nicht ausziehen. Und wird dadurch berühmt. Die Handlung des Spielfilms *Zur Sache Schätzchen* von 1968 verlangt von der Schauspielerin, dass sie auf einer Münchener Polizeiwache strippt. »Zu dieser Zeit musste ja jeder seinen Busen zeigen. Sonst war es kein Film«, bemerkt sie im Gespräch für dieses Buch, »und alle sagten, Uschi, du hast doch so eine schöne Figur.« Die 24-Jährige spürt den Druck – und sucht einen Ausweg. Gerade noch rechtzeitig hat sie eine Idee, wie sie ihre Haut retten kann. Die junge Aktrice macht sich auf den Weg zu einer feinen Adresse in der Münchener Altstadt: Miederwaren Krines. Hier gibt es noch echte Handarbeit. Und hoffentlich eine Lösung für das Problem von Fräulein Glas.

Am nächsten Tag gleitet ihr Minikleid wie vorgesehen bei der entscheidenden Filmszene im grellen Licht des Studios zu Boden. Aber die Kamera fängt nicht Uschis blanken Busen ein, sondern eine blütenweiße Corsage, die ihren Körper beschützt, ein heller Kontrast zu ihrem schwarzen Wuschelkopf. Maßgeschneidert im Familienbetrieb von Franziska Krines.

Der verhinderte Striptease wird umgehend zu einem Klassiker des deutschen Nachkriegskinos. Der Schwarzweißfilm *Zur Sache Schätzchen* erzählt die Story vom Gammler Martin (Werner Enke), der in den Tag hinein lebt, und der Bürgerstochter Barbara (Uschi Glas), die am Stadtrand in einer Villa bei den Eltern wohnt. Martin und Barbara treffen sich im Freibad, fummeln in der Tram, schieben spontan ein Zicklein in einem Kinderwagen durch den Tierpark und verbummeln in Schwabing den Tag. Weil sie es können. Weil sie etwas haben, das man in der Wirtschaftswunderrepublik gerade erst so richtig kennenlernt: Freizeit.

Zur Sache Schätzchen schreibt deutsche Filmgeschichte und -geschichten. 6,5 Millionen gehen ins Kino, um den Streifen zu sehen – mehr als zu James Bond. Regie führt, damals selten, eine Frau, die junge May Spils. Hauptdarstellerin Uschi Glas wird ein *household name*, wie man in Hollywood sagt, ein Name, den jede Familie des Landes kennt. Adoptiert als Bundesschätzchen. Es ist die Rolle ihres Lebens.

Der Kinohit setzt Schwabing ein Denkmal. Der Stadtteil wird auf Jahre zu einer Chiffre für das Lebensgefühl der späten Sechziger und das coole, lässige München – mit Uschi als hübschem Gesicht. »Der Film war nah dran. Wenn man pünktlich war und geduscht, galt man schon als Spießerin. Der Werner kam manchmal Stunden zu spät«, sagt sie. »Und in der Türkenstraße, wo die Wohnung einer der Figuren war, da waren wirklich noch diese Nachkriegshäuser, die man wiederaufgebaut hat. Das war so richtig dieses kleine Schwabing.«

Sie kennt das Szeneviertel nicht nur aus dem Film – sie wohnt mittendrin. Geboren 1944 in Niederbayern, »einem Notstandsgebiet, einem Entwicklungsland«, folgt Helga Ursula Glas ihren älteren Geschwistern in den Sechzigern in die Landeshauptstadt. Ihr erster Job, bevor sie bei einem Kinobesuch für die Leinwand entdeckt wird: Sekretärin in einer Kanzlei. Ihre erste Wohnung: eine Maisonette in Bogenhausen, sehr schön – und leider sauteuer. Dörte, eine Arbeitskollegin, und Uschi beraten sich, sparen ein bisschen und gründen eine Zwei-Mädel-WG in der Schellingstraße, nur ein paar Straßen entfernt von Holger Geschwindner. Die Jahre vor Olympia sind »eine ganz wilde, schöne Zeit. München war damals für junge Menschen der Nabel der Welt.« Die Leopoldstraße? »Da musste man einfach sein.«

Bei Tag sitzen sie in der Kanzlei an der Schreibmaschine, am Abend stürzen sie sich ins Nachtleben. »Drugstore«, »Blow Up«, natürlich das »Cafe

Europa«, »Schwabinger Kuhstall«, so heißen die Läden. Fräulein Glas hat nach eigener Aussage zu dieser Zeit keinen festen Freund – und jede Menge Appetit aufs Leben. Wenn das Geld im »Kuhstall« nicht mehr für den Gin Tonic reicht, fragt sie den griechischen Besitzer, ob sie anschreiben kann. Sie darf, eigentlich immer, erinnert sie sich. Beim Ausgehen ist der Minirock erste Wahl, aber sie verschwendet keinen Gedanken daran, ob ein Outfit jetzt sexy ist oder nicht. Das erinnert sie viel zu sehr an die Auseinandersetzungen daheim in Niederbayern. »Der Rock ist viel zu kurz«, warnte der Vater in Niederbayern die junge Uschi einst. »Wenn du sehen würdest, wie du aussiehst!«

Schwabing markiert in den Jahren vor Olympia eine der Frontlinien im Konflikt der bundesdeutschen Generationen. Und da geht es um mehr als nur um die Länge von Miniröcken.

Der Polizeibericht bringt im »Tip des Tages« einen Verkehrshinweis: »Wegen des 100 km Mannschaftsfahrens der Radfahrer ist die Autobahn München–Garmisch zwischen Wangen und Anschlußstelle Ohlstadt in beiden Richtungen gesperrt. Umleitung über B2 und B11.« Vier Bundesautobahnen führen laut Olympiaführer als »Hauptzufahrtstraßen« in die Gastgeberstadt: die E11 von Stuttgart/Karlsruhe, die E5 von Nürnberg, die E11 von Salzburg und die E6 von Garmisch. Autobahnen nach Deggendorf und Lindau existieren noch nicht.

Die westdeutsche Mannschaft, trainiert von Radlegende Rudi Altig, hofft an diesem dritten Wettkampftag auf den Gewinn der Bronzemedaille. An der Strecke, der Garmischer Autobahn, baut die Deutsche Bundespost für diesen einen Tag ein Sonderpostamt auf. Geld spielte keine Rolle, sagt Werner Schober aus dem Organisationsteam in der Rückschau dem Bayerischen Rundfunk. Die Postler geben insgesamt 790 Millionen aus, um die Spiele technisch auszurüsten. 100 000 Kilometer Leitungen werden verlegt und 3500 Kräfte aus dem ganzen Bundesgebiet rekrutiert. 30 Sonderpostämter sind an den Wettkampfstätten geöffnet – für Touristen und Journalisten. Während die internationalen Besucher dort Ansichtskarten, gern auch Speisekarten, Bierdeckel und Eintrittskarten verschicken (»Wir drücken ein Auge zu«, so Schober), kämpfen die Reporter gegen die Uhr. Fast wie Athleten.

Nach den Wettbewerben stürmen dann die Medienvertreter in die Postämter und tippen dort ihre Berichte auf Kofferschreibmaschinen, passenderweise von der Firma Olympia. Diese gehen dann als Fernschreiben hinaus oder werden telefonisch durchgegeben. Mobiltelefone sind unbekannt, Autotelefone haben nur hochgestellte Persönlichkeiten wie der Bundesinnenminister. Telefonate in ferne Länder seien kompliziert gewesen, gibt Werner Schober zu, da konnte es schon mal eine Stunde dauern, bis das Gespräch überhaupt zustande kam. Manche lange Zeitungsreportage für die Wochenendausgabe wird sogar mit der Post geschickt, in einem Umschlag mit einer Briefmarke.

Diese zeitgenössischen Jobbeschreibungen treffen ausschließlich auf die rasenden Reporter zu, die vor Ort im Einsatz sind. Ein Teil der rund 4000 internationalen Medienvertreter bleibt lieber im Pressezentrum nahe dem Olympiapark. Hier gibt es ein Restaurant für tausend Leute und Hunderte Hostessen, die nahezu alle Sprachen der Welt beherrschen, schier endlose Reihen von Telefonen und Schreibmaschinen, eine Bar mit zivilen Preisen, tiefe, gepolsterte Sitzmöbel und Dutzende von Farbfernsehern, auf denen man mehrere Wettkämpfe gleichzeitig verfolgen kann – wenn man will mit einem bayerischen Weißbier in der Hand. München 72 behandelt seine Journalisten besser als die Sportler.

Die westdeutschen Radfahrer begeben sich unterdessen im Süden von München hoffnungsvoll auf den Autobahnkurs zwischen Starnberger See und Isartal. Ihre Aussichten, beim Mannschaftszeitfahren eine Medaille zu holen, stehen nicht schlecht. Die bekannten Namen der Tour de France, allen voran Sieger und Superstar Eddy Merckx aus Belgien, fehlen heute. Als Profis sind sie bei Olympia von der Teilnahme ausgeschlossen.

Trotzdem geht es aus Sicht der Gastgeber wieder gründlich daneben. Die bundesdeutschen Radler fügen der bis dahin traurigen Olympiabilanz einen weiteren Misserfolg hinzu. Der Straßenvierer kommt mit mehr als sieben Minuten Rückstand und nur einem kleinen Vorsprung auf die Radsportneulinge aus Äthiopien nur als Zwanzigster ins Ziel. Die Deutschen haben noch nicht einmal eine Ausrede: Es gab keine Panne, keine Fehlentscheidung des Kampfgerichts. Trainer Rudi Altig sagt resigniert: »Jetzt können wir uns mit Faßnacht in ein Bett legen.« Fassnacht, dem Schwimmer, der am Tag zuvor im Duell gegen US-Boy Mark Spitz absoff. Am Abend greift der amerikanische Schwimmer nach der dritten Goldmedaille. Diesmal soll ihn ein anderer Deutscher stoppen, der dafür ganz besondere Vorkehrungen getroffen hat.

Holger Geschwindner, Jahrgang 1945, wächst in der Adenauer-Ära heran. Er besucht zunächst ein evangelisches Internat in Laubach in Oberhessen, nach dem Abitur muss er zur Bundeswehr. Er sei »in konservativer Soße getränkt, geschwenkt und von allen Seiten mariniert worden«, berichtet er im Interview zu diesem Buch. Das »Dritte Reich« findet im Unterricht kaum statt, niemand erzählt den Schülern, dass viele der Alten ihre schweren Verwundungen aus dem Krieg mitgebracht haben, etwa der Lehrer, der ein Holzbein hat. »Auch bei uns daheim war der Krieg nur selten ein Thema.« Seine Generation steht zwischen Alt und Neu, Kontinuität und Neubeginn. Geschwindner nennt es das »perfekte Chaos«. Alles schien »offen und möglich«.

Jetzt, in München-Schwabing, wollen er und seine Altersgenossen den Aufbruch wagen. Zu Geschwindners neugieriger und unkonventioneller Art passt das ohnehin besser. Sie gründen eine Wohngemeinschaft mit drei, vier Studenten. Die Utopie scheitert an der Realität des Alltags. Der eine füllt den Kühlschrank, der andere frisst ihn leer. Und wer spült eigentlich ab? »Wir wollten neue Regeln aufstellen, aber an ein paar Basics kam man nicht vorbei.«

Kompliziert ist das Thema der wechselnden Liebeleien. Die Frauen seien gleichberechtigt gewesen und hätten sehr genau gewusst, was und wen sie wollen, so Geschwindner. Die Verhältnisse, gesellschaftlich wie zwischenmenschlich, müssen in diesen Zeiten neu verhandelt und immer wieder aufs Neue geregelt werden. Manchmal hängt an der Wohnungstür eine Kinokarte – ein wenig subtiler Hinweis, dass das Apartment gerade »in Benutzung ist«. In anderen Worten: Bitte nicht stören! Man möge frühestens nach zwei, drei Stunden wiederkommen. Eine goldene Zeit für die liebe Sünde? Nun ja, es gab andere moralische Rahmenbedingungen, sagt der Basketballer. Als Sportler seien sie für die Frauen begehrenswert gewesen, schließlich waren ihre Körper gut durchtrainiert, »entsprechend war der Lifestyle« – in den Jahren nach Einführung der Pille und vor Aids. Wenn sie abends ausgehen, lautet für Geschwindner und seine Teamkollegen die zentrale Frage der Nacht: »Heimspiel oder Auswärtsspiel, mit oder ohne Frühstück?«

Das Studium des Lebens führt den Basketballer häufig vom Hauptgebäude der Uni zum Englischen Garten. Dort kann man die attraktiven Damen, bisweilen oben ohne, beim besten Willen nicht übersehen. »Wir waren nicht doof genug, nicht hinzugucken«, lacht Geschwindner. Ablenkungen allerorten, manchmal wird es ihm sogar zu viel. Wenn die Verführungen größer werden als das Lehrangebot an der Uni, flieht der Student im Sommer schon einmal zum Lernen heim nach Marburg in Hessen.

Südwestlich vom Englischen Garten liegt die Augustenstraße. Das Gebäude mit der Hausnummer 10 bietet den Nackedeis eine neue publizistische Heimat. Eine Gruppe von Redakteuren und Fotografen, Layoutern und Sekretärinnen arbeitet im Olympiasommer an der ersten deutschsprachigen Ausgabe des *Playboy*. Das Premierenheft erscheint im Olympiamonat August 1972 und kostet 5 Mark. Auf dem Titel: die blonde Münchnerin Gaby Heier, überraschend züchtig, bekleidet mit einem gelben T-Shirt, auf dem eine große »1« prangt. Sie hätte sich ausgezogen, aber angeblich habe sie keiner gefragt, sagt sie später.

Hüllenlos gibt es Anfang der siebziger Jahre bereits in Hülle und Fülle. Bekannte Marken wie *Stern* und *Quick* haben keine Scheu vor nackter Haut. Wenn der *Stern* über neue Ferientrends berichtet, kann man Wetten darauf abschließen, dass die Macher irgendeinen Kniff finden, Nackte abzubilden – zum Beispiel als Touristen im FKK-Urlaub. Das *Playboy*-Magazin mit dem Motto »Alles was Männern Spaß macht« will eine Nische im Zeitschriftenmarkt besetzen. »Männer zwischen 28 und 35« gibt Redaktionsdirektor Heinz van Nouhuys auf einer Pressekonferenz als Zielgruppe aus. »Erotik spielt dabei natürlich die Rolle, die sie im Leben des Mannes spielt.« Die bundesdeutschen Macher haben den Erotikanteil des ersten Heftes exakt ausgerechnet: »26,2 Prozent«. Die Zuhörer lachen, als sie das hören, van Nouhuys schmunzelt auf dem Podium. Man könne natürlich darüber streiten, ob dieser Anteil für jeden Mann funktioniere, gibt er zu. In ihrem Heft beantworten die Herausgeber die Frage nach den männlichen Konsumenten in einer großen Eigenanzeige so: »Was ist das für ein Mann, der den Playboy liest? Ein junger Mann, für den es nur eine Grenze gibt: die Weite des Himmels. Tatsache ist: Junge Männer, die aufsteigen, Männer, die Karriere machen, erreichen Sie am besten, am leichtesten im Playboy.«

Die längste Reportage im Augustheft ist ein Heimspiel. »Die Mädchen von München« feiert das Fräuleinwunder der Olympiastadt. Fotos von genau 27 zumeist unbekleideten Mädchen, Münchner Kindl und Zugereiste, werden auf einem Dutzend Seiten ausgebreitet. Die technische Zeichnerin Marlene aus Regensburg sei jetzt Fotomodell »dank der Gaben der Natur (Oberweite 92)«. Eine Doppelseite weiter wird gejubelt: »In München ist erlaubt, was gefällt.« Wieder umgeblättert, trifft man die Lehrerin Alberta, die sich ein attraktives Apartment in Schwabing leisten kann, weil sie ihr Gehalt als Fotomodell aufbessert. Ein weiteres Foto einer jungen Frau mit nacktem Busen im Gegenlicht ist untertitelt mit: »Barbara ist mit sich und München zufrieden: Denn sie liebt Flirts und hasst Arbeit.«

Das deutsche Arbeitsethos scheint dem neuen Hedonismus der siebziger Jahre im Weg zu stehen. »Am liebsten faulenze ich und schlafe lange«, gibt die Schülerin Helga zu. In dieser Stadt, sagt eine Studentin, zugezogen aus Offenburg, habe ein Mädchen drei Möglichkeiten: »Allein und völlig isoliert zu leben, jede Nacht mit einem anderen Mann ins Bett zu steigen oder sich eine nette Clique zu suchen.« Bildhübsche Frauen, wo man hinguckt, lässig und offen, einem Flirt selten abgeneigt, mit viel Freizeit. München – so darf und soll sich der Zielgruppenmann das Paradies vorstellen.

Ganz an den langen Haaren herbeigezogen ist der Mythos von *Munich's Next Topmodel* nicht. Das Organisationskomitee hat auf seiner weltweiten PR-Tour selbst mit dem Klischee der schönen Münchnerin gespielt. Mit einigem Erfolg: »München hat die hübschesten und bestangezogenen Mädchen in Deutschland.« Dies schreibt kein Revolverblatt, sondern die altehrwürdige *Times* aus London. Das mag Geschmackssache sein, die Fakten sehen so aus: Es gibt viele junge Frauen in München – und offenbar auch viel Sex. Im Jahr vor Olympia, 1971, ziehen laut *Playboy* 16 505 Mädchen zwischen 18 und 25 Jahren nach München. 3 Millionen Mark werden hier jedes Jahr für die Pille ausgegeben, das macht rund eine halbe Million Monatspackungen – bei rund 300 000 Frauen in München zwischen 15 und 45 Jahren.

Die erste prominente Deutsche, die sich für das neue Männermagazin auszieht, ist die Schauspielerin Christiane Krüger im Herbst 1972. Die *Playboy*-Bosse begeben sich auf die Suche nach den ganz großen Namen. Sie machen Uschi Glas ein verführerisches Angebot. »40 000 Mark, das war damals total viel Geld«, sagt Glas. In Worten: vierzigtausend Deutsche Mark. Zusagen? Absagen? Noch einmal drüber schlafen?

Das Schätzchen bleibt sich treu: Uschi Glas zieht sich nicht aus. Nicht für die Leinwand und auch nicht für den *Playboy*. Sie kann sich den Verzicht leisten. Im Olympiajahr 1972 ist aus der ehemaligen Sekretärin endgültig einer der populärsten Filmstars in der Bundesrepublik geworden. Sie arbeitet in England, Italien, Frankreich mit Stars wie Jean Gabin. Die Schauspielerin ist so beschäftigt, dass sie die Olympischen Spiele in ihrem geliebten München größtenteils verpasst. »Außer mal ein paar Minuten, hier und da, an einem Fernseher.« In Rom steht sie in einer italienisch-deutschen Coproduktion, halb Komödie, halb Western, unter der Regie von Mario Siciliano vor der Kamera. Glas spielt in *100 Fäuste und ein Vaterunser* an der Seite von Ron Ely die Rolle von Mrs. Gibbons.

Sie erinnert sich daran, dass sie in Italien in einem Apartmenthaus schläft, das zu einem Hotel gehört. Auch Romy Schneider dreht dort gerade einen Film. Die beiden Deutschen sind sich sympathisch. Romy kommt oft runter, die Frauen sitzen am Abend zusammen und diskutieren über Politik. 1972 ist ein turbulentes Jahr in der deutschen Nachkriegsdemokratie. Romy Schneider, so Uschi Glas, sei ein großer Fan von Willy Brandt gewesen. Und sie selbst? »Ich hätte es sein können, aber ich wollte das nicht. Alle in unserer Branche, im jungen Film, unterschrieben für Willy. *Ich bin für Willy. Willy, Willy.* Und da bekam ich schon einen dicken Hals, weil ich mir nichts vorschreiben lassen wollte.« Auch Romy Schneider schafft es in den nächtlichen Debatten nicht, Uschi Glas zum Umdenken zu bewegen.

Im Schatten von Schätzchens Schwabing gibt es Ende der sechziger, Anfang der siebziger Jahre noch ein weiteres Schwabing: das der Proteste, Krawalle und Kommunen. Die einzigen Opfer des bundesrepublikanischen Protestjahres 1968 kommen in Glas' Nachbarschaft ums Leben. An der Ecke Schelling-/Barer Straße wird im sogenannten Buchgewerbehaus die *Bild*-Zeitung gedruckt. In der Nacht zu Karfreitag stürmen Randalierer zunächst das Gebäude, am Abend eskaliert der Straßenkampf. Bei weiteren Ausschreitungen am Ostermontag wird ein Fotograf der Agentur Associated Press von einem Stein getroffen, einen Studenten trifft ein Holzbalken am Kopf. Beide erliegen ihren Verletzungen. Die Täter werden nie gefunden.

Zwei Namen des alternativen Schwabings kennt man im ganzen Land: Rainer Langhans und Uschi Obermaier. Die beiden sind eine Zeit lang ein Paar. Langhans, ein bunter Vogel mit schulterlangen Haaren, erschreckt die bundesrepublikanischen Spießbürger Ende der sechziger Jahre als Protagonist der Kommune 1 in Berlin. Dort gehört in Zeiten der freien Liebe angeblich jeder zum Establishment, der zweimal mit derselben pennt. Man teilt sich die Wohnung und die Drogen und das Bett. Vorzeigegesicht und -körper dieser neuen Lebensform ist das Fotomodell Obermaier, eine gebürtige Münchnerin. Dem öffentlichen Interesse ist es zuträglich, dass Uschi O. wenig Probleme mit dem Ausziehen hat.

Anfang der siebziger Jahre geht das Paar nach München. Man tut sich mit Künstlern zusammen, verbindet zwei Stockwerke eines Hauses miteinander und gründet in der Schwabinger Giselastraße die Highfisch-Kommune mit 17 Zimmern. Nicht Hai, sondern High, wie Langhans betont. Den Protagonisten schwebt eine Art Künstlerkommune vor, in der es vornehmlich um Drogen gehen soll – »um die Rettung und Weiterentwicklung dieses Hochgefühls«. Unweit der Kommune bleibt der Englische Garten ein beliebter Treffpunkt von Gammlern, Typen wie Tunichtgut Martin aus *Zur Sache Schätzchen*.

Die Marketingleute der Olympiastadt weisen das Image als *Hippie Capital* nicht etwa empört zurück – sie befördern und benutzen es manchmal sogar. »Wo Gammler und Hippies aus aller Welt in milden Nächten auf den Bäumen schlafen« – dieser Satz, so die Chronistin Simone Egger, stand bereits in einer offiziellen Werbebroschüre, mit der die Stadt München bei den Olympischen Sommerspielen in Mexiko 1968 auftrat.

Bei den Olympiatouristen fällt die Begeisterung für Schwabing überraschend verhalten aus. »Die Fremden meiden Schwabing«, schreibt der Reporter Clemens Sievert in der ersten Olympiawoche in einer Lokalzeitung. »In Münchens heiterem Amüsier- und Flanierviertel werden die heiteren Spiele abends nicht fortgesetzt. Aus Angst vor Wucherpreisen wagen sich die Besucher aus aller Welt offenbar nicht mehr ins einst so gerühmte Kneipenviertel.« Exklusive Restaurants und Discotheken melden sogar weniger Gäste als vor Olympia. Ein amerikanischer Besucher findet Schwabing »overboutiqued and discothequed«, vom alten Mythos sei wenig übrig. Immerhin: Für zwei Dollar bekäme man ein Gramm Hasch.

Der Wahl-Münchener Holger Geschwindner aus Schwabing startet mit seiner Mannschaft in der Basketballhalle eine famose Aufholjagd. In 150 Sekunden dreht die deutsche Auswahl die Partie gegen die Philippinen. Aus einem 14:20-Rückstand wird eine 33:20-Führung. Am Ende siegt die Bundesrepublik 93:74. Bester Schütze: Holger Geschwindner mit 24 Punkten. Es gibt zwei Punkte pro Korb, auch aus größerer Distanz. Für einen verwandelten Freiwurf erhält man einen Punkt. »Endlich erster Sieg«, hämmern die Reporter in ihre Olympia-Schreibmaschinen. Kann die Mannschaft aus Studenten und Freizeitsportlern bei München 72 vielleicht doch Großes vollbringen?

Drei Stunden nach dem Tip-Off der Deutschen betritt die Attraktion dieses Abends das Parkett in der Halle: Die USA haben bisher jedes Mal bei Olympia im Basketball Gold gewonnen, ununterbrochen stellen sie seit 1936 den Sieger, siebenmal hintereinander. In München gerät dieser einmalige Rekord ins Wanken. Schuld daran ist der Kalte Krieg.

Eine amerikanische Siegesserie hält auf jeden Fall an. Mark Spitz schwimmt über 200 Meter Freistil zu Gold. Er entledigt sich des Erfolgsdrucks gewohnt zügig – mit einem weiteren Weltrekord. Dem dritten in drei Rennen. Das Business im Becken verläuft ohne Komplikationen, das Business bei der anschließenden Siegerehrung sorgt für jede Menge Ärger und bleibt in Erinnerung.

Das liegt nicht an den Konkurrenten auf den Plätzen zwei und drei, die beide selbst Geschichte schreiben, jeder auf seine Art. Steve Genter aus den USA holt Silber – fünf Tage nach einer Lungenoperation, genäht mit 13 Stichen. Ein Wunder, staunen die Münchener Ärzte über seine Wiederauferstehung vom Krankenlager. Hinter Genter belegt Werner Lampe aus Bonn den dritten Platz. Er krault mit seiner Glatze effizient zu Bronze und erscheint zur Medaillenzeremonie mit einer grellblonden Perücke zum hellblauen Bademantel. Die Reaktionen auf seinen Auftritt reichen von Schmunzeln bis zu Kopfschütteln. »Potthässlich«, kommentiert Eberhard Stanjek von der ARD in der Rückschau den »Lampenschirm«. Wie beim Rennen können Genter und Lampe auch bei der Siegerehrung nicht mit Mark Spitz mithalten. Der Mann ganz oben auf dem Podium, der Goldmedaillengewinner, bricht ein Tabu. Niemand weiß, ob es Kalkül oder Zufall ist. Alle wissen: Es ist ein Skandal.

Die zumeist älteren Gentlemen des Internationalen Olympischen Komitees fürchten in ihrem Biotop zwei natürliche Feinde: Krieg und Kommerz. Und manchmal kann man sich nicht einmal sicher sein, in welcher Reihenfolge. Angeführt wird das Gremium seit vielen Jahrzehnten von dem reichen US-Bauunternehmer Avery Brundage, der sich beim Kampf für das olympische Ideal des unbefleckten Athleten von niemandem übertreffen lassen will. Sportler als wandelnde Litfaßsäulen sind ihm ein Graus, eine Verschmutzung der olympischen Umwelt. Als Leichtathlet hat sich Brundage früher die benötigten Sportgeräte zum Teil selber gebaut. 1912, also noch vor dem Ersten Weltkrieg, nahm er an den Sommerspielen in Stockholm teil.

Wenn er die reinen Werte Olympias in Gefahr sieht, dann langt der »letzte Amateur« (Brundage über Brundage) auch im Alter von 84 Jahren heftig zu. Das hat im aktuellen Olympiajahr bereits der österreichische Skistar Karl Schranz erfahren müssen. Brundage hat Austrias Nationalidol von den Winterspielen 1972 im japanischen Sapporo ausgeschlossen, rausgeschmissen mit einem Wumms, der in der Sportwelt mächtig nachhallte. Das angebliche Vergehen von Schranz: Bei einem Hobby-Fußballspiel trug der Skifahrer ein Trikot mit dem Werbeaufdruck einer Kaffeefirma.

Jetzt, auf dem Treppchen in der Münchener Schwimmhalle, hebt Mark Spitz das verbotene *Product Placement* auf ein ganz neues Level. Mit der linken Hand reckt er ein Paar blaue Adidas-Turnschuhe in die Höhe. Wie ein Skiläufer seine Skier nach der Zieldurchfahrt. Zweimal tut er das, vermerken die Reporter. Millionen von Fernsehzuschauern rund um den Globus werden Zeuge dieser offenkundigen Schleichwerbung – bei Olympia, der vermeintlich uneinnehmbaren Bastion gegen den Kommerz. Die berühmten drei Streifen sind gut zu erkennen. Fachleute schätzen den Marketing-Wert der Geste auf 100 000 Dollar.

Der Aufruhr ist gewaltig. Es gibt nun einen »Fall Mark Spitz«, einen »Skandal um Olympia-As Mark Spitz«. Die Schlagzeilen donnern um die Welt wie die Wellen an den Strand von Waikiki. Dem Amerikaner droht ein Tribunal vor Verbandsvertretern – und der Ausschluss von Olympia. Spitz ist laut eigener Aussage zunächst verblüfft und verängstigt. Seine drei bisherigen Siege drohen die finale Ausbeute des Mannes zu sein, der eigentlich siebenmal Gold anpeilt.

Spitz verteidigt sich mit einer merkwürdigen Story. Offensichtlich hat er auch diesmal den Bären dabei, den er vor ein paar Tagen dem sowjetischen Trainer aufgebunden hat. Er begründet seine Aktion so: »Das waren meine Glücksschuhe, die hatte mein Vater mir drei, vier Jahre vorher gekauft. Am ersten Tag hatte ich noch 30 Minuten zwischen dem Ende des Rennens und der Siegerehrung, die brauchte ich auch, um eine Pause einzulegen. Ich bin ja noch bei anderen Wettbewerben gestartet. Nach den 200 Meter Freistil heute waren es nur 10 Minuten bis zur Siegerehrung, und ich bin schlichtweg nicht pünktlich fertig geworden. Da habe ich die Schuhe in der Hand mitgenommen. Und dann hat der Schwimmpräsident mich aufgefordert, dem Publikum zuzuwinken. Und das habe ich dann gemacht.«

Wahrheit oder Notlüge? Karl Schranz, der Winter-Superstar, sagt zur Anklage gegen den Sommer-Superstar: »Ich möchte einmal sehen, ob Avery Brundage auch den Mut hat, gegen einen Amerikaner vorzugehen.« Der Österreicher steht prinzipiell auf der Seite von Spitz: »Er hat ja recht. Hier wurden Millionen für Sportstätten ausgegeben, und die, die darin Höchstleistungen vollbringen sollen, denen rechnet man jeden Pfennig vor. Den Amateur, wie ihn sich Brundage vorstellt, kann es heute einfach nicht mehr geben.« Ist das IOC aus der Zeit gefallen? Ja, findet auch Sportchef Peter Wiede in der *Abendzeitung*: Lohn für Leistung – dieses Gesetz regiere unsere Welt. Ausgerechnet im Sport solle es nicht gelten, obwohl hier die Leistung wirklich nachprüfbar ist. »Wir meinen klipp und klar, dass ein Olympiasieger heute seinen Marktwert auch persönlich nutzen darf«, schreibt er. Wiede schickt eine Spitze in Richtung des wohlhabenden Avery Brundage hinterher: Wer reich genug sei, könne sich natürlich den Luxus leisten, Amateur zu sein.

Mark Spitz bleibt in München auch bei der entscheidenden Anhörung unbesiegt. Es ist unklar, ob die Offiziellen seiner märchenhaften Begründung Glauben schenken – in jedem Fall lassen die Funktionäre um Avery Brundage den Schwimmer vom Haken. Der Fall wird nicht weiter verfolgt. Die einzige Strafe für Spitz: Am Ende der Sitzung muss er für einige Komiteemitglieder geduldig Autogramme schreiben. Als ihn draußen ein Reporter fragt, wie es lief, macht *Mark the Shark* deutlich, dass er nicht zu Kreuze gekrochen ist: »Ich weiß es nicht. Ich glaube, sie wollten mich nur mal kennenlernen.«

Mit dem Urteil beginnt Olympias Haltung gegen den Kommerz zu bröckeln, in ein paar Jahren wird sie zusammenbrechen. Nur gut, dass der olympische Frieden hält, das andere große Ideal der Bewegung – auch wenn im Sommer 1972 überall Konflikte zündeln, von Nordirland bis Vietnam. Die generelle Sicherheitslage vor Ort in München entspricht weiterhin dem Wetter und der Stimmung. Vorwiegend heiter.

Den Doppelpass zwischen Wettkampf und
Wahlkampf beherrscht in der ersten Woche von
München 72 niemand so gekonnt wie Bundeskanzler Willy Brandt, und das heißt: Privates wie
der Besuch der Schwimm-Wettbewerbe mit Sohn
Lars (rechts neben ihm) ist stets auch politisch –
und umgekehrt.

TAG 5
Mittwoch, 30. August 1972

Kein Besucher der Olympischen Spiele wohnt schöner als der Bundeskanzler. Oberhalb von Feldafing, am Westufer des Starnberger Sees, erhebt sich eine prunkvolle Residenz mit einem barocken Türmchen. Die Villa Waldberta ist umgeben von einem eleganten Park und einer zwei Meter hohen Mauer. Eine idyllische Oase, Bayern aus dem Bilderbuch. »Es ist ländlich ruhig, auf der Holzterrasse am Eingang blühen Ringelblumen, auf der steinernen vorn wuchern Geranien, in den hohen Bäumen rundum hängt noch der Tau«, schreibt Hannelore Schütz in der aktuellen Ausgabe der *Abendzeitung* über ihren Besuch bei Willy Brandt.

Das Haus am Hang hat drei Stockwerke und verfügt unter anderem über einen Wintergarten und ein Turmzimmer. Wenn sich der Kanzler an seinem Schreibtisch im Erker auf die Zehenspitzen stellt, kann er unten den See glitzern sehen. Eingerichtet ist das Haus mit barocken und modernen Möbeln, der Grundton ist antik. Bei einem Glas Traubensaft scherzt Brandt: »Ich habe schon vorgeschlagen, statt ein neues Kanzleramt zu bauen, einfach hierherzuziehen mit dem ganzen Laden.« Er nimmt noch einen Schluck. »Von Bayern aus regiert es sich schöner.«

Gearbeitet wird wie in Bonn, halt nur in einer Umgebung, in der die meisten stramm CSU wählen. Zwei Referenten hat der Bundeskanzler mitgebracht, eine Sekretärin sowie den »Zerhacker« – eine Apparatur, die das Mithören bei Telefonaten zwischen Feldafing und Bonn verhindert. Im Haus steht ein Fernschreiber, vor dem Haus ein Hubschrauber der Bundeswehr. Die Politik macht keine Pause, nur weil der Kanzler Olympia besucht. Beschützt wird der Gast von 18 Beamten der Landespolizei Bayern, im Park sind extra Scheinwerfer angebracht, die nachts die Villa in gleißendes Licht tauchen. Man könne hier sogar eine Kabinettssitzung abhalten, versichert Regierungssprecher Conny Ahlers. Feldafing, südlich von München, ist in diesen Tagen der wahre Regierungssitz der Bundesrepublik.

Brandt steht morgens gegen 8 Uhr auf, entnehmen wir der Berichterstattung, während sein Sohn Lars noch liegen bleibt. Sohn Matthias, der frühmorgens die Ruhe gern mit einer Kissenschlacht stört, ist mit seinem Freund Andreas zurück nach Bonn gefahren – das jüngste Kanzlerkind muss wieder in die Schule. Ehefrau Rut ist ohnehin zuhause geblieben, sie kümmert sich um den ältesten Sohn Peter. Der 23-jährige Politikstudent, gerade fertig mit seiner Magisterarbeit, ist krank und hat den Besuch der Eröffnungsfeier verpasst.

Umsorgt werden der Bundeskanzler und seine Familie in Feldafing von Christa Jäger. Die 22-Jährige ist Zimmermädchen, Hausdame und Serviererin in einer Person. Für den prominenten Gast findet sie nur lobende Worte: »Brandt ist einfach nett. Keine Extrawünsche, er macht gar keine Arbeit.« Nur einer sei unglücklich: Der von der Bundeswehr abkommandierte Koch habe sich ein voluminöses Buch voller Rezepte gekauft, um für den Regierungschef anspruchsvolle Mahlzeiten zu komponieren. Doch der Kanzler will eigentlich nur Hausmannskost. »Eintopf und Rinderschmorbraten und jeden Tag etwas Bayerisches«, so Jäger.

Am Gartentisch möchte der Kanzler – Zigarillo in der Hand – einen Witz loswerden. Er beweist, dass er – oder sein Stab – aufmerksam die Lokalnachrichten verfolgt: »Da hat kürzlich ein Japaner auf dem Viktualienmarkt eingekauft, da einen Pfirsich angefasst, dort einen Rettich, und zum Schluss nichts mitgenommen. Und die Marktfrau hat ihm grantig hinterhergemault: ›Saupreiß, japanischer‹.« Der Pressefotograf hält fest, wie Willy Brandt sich vor Lachen ausschüttet. »Heiter gestimmt«, steht als Bildunterschrift unter dem Foto. Herzliche Grüße aus dem Kanzleramt Süd.

Der Besitzer der Villa ist der Erfinder der heiteren Spiele – Willi Daume. Der Olympiaboss überlässt also seine Residenz dem Bundeskanzler. Das ist die eine Sichtweise, die andere lautet: Das ehemalige NSDAP-Mitglied Daume, Parteieintritt im Dezember 1937, übergibt die Hausschlüssel an Brandt, der vor den Nazis einst ins Exil flüchtete.

Die Ostsee ist aufgepeitscht, Willy Brandt seekrank. Der junge Sozialist entkommt den Nazis auf einem Fischkutter, in der Nacht vom 1. auf den 2. April 1933. Fünf Stunden bei hohem Seegang, von Travemünde nach Rödbyhavn in Dänemark. Dort gibt es keine Passkontrolle. Seit er den Kampf gegen die Hitler-Diktatur aufgenommen hat, trägt Herbert Ernst Karl Frahm aus Lübeck seinen *Nom de guerre*: Willy Brandt. Der 19-jährige

Flüchtling reist mit leichtem Gepäck: einer Aktentasche mit einigen Hemden und dem ersten Band des *Kapital* von Karl Marx sowie 100 Mark. Der Gang ins Exil ist die wichtigste politische Entscheidung seines Lebens. Als Adolf Hitler 1936 im Berliner Olympiastadion die Nazi-Spiele auf deutschem Boden eröffnet, lebt Brandt bereits seit drei Jahren in Norwegen, weit weg von der Heimat.

Nach dem Krieg schimpfen ihn seine Gegner in der nagelneuen Demokratie einen Vaterlandsverräter. Willy Brandt sagt dazu später, er könne nicht erkennen, »dass es eine nationale Pflicht gegeben hätte, sich einsperren oder totschlagen zu lassen«. Der Sozialdemokrat wird in der frühen Bundesrepublik zum Opfer von Schmähungen und Diffamierungen, kein westdeutscher Politiker muss in dieser Hinsicht so viel einstecken wie er. Dass CDU-Kanzler Konrad Adenauer von »Herrn Brandt alias Frahm« spricht, ist mehr als ein verbales Foul. Die konservativen Kräfte wollen den Oppositionspolitiker bewusst ausgrenzen. Seinen Aufstieg können sie verlangsamen, aber nicht aufhalten.

Den eigenen Anhängern gilt Brandt als deutsche Antwort auf John F. Kennedy, aber Teile der westdeutschen Bevölkerung tun sich dennoch schwer mit dem ehemaligen Emigranten. Zweimal tritt er als Kanzlerkandidat an, 1961 und 1965, zweimal verliert er. Aber er zerbricht nicht daran, einer wie er weiß schon lange, dass Niederlagen zum Leben gehören. Die Bundesrepublik mag noch nicht bereit sein für Willy Brandt – aber er hält sich weiter bereit für das Land.

Die Wahlnacht 1969 ist ein Krimi. Kanzler Kurt Georg Kiesinger von der CDU lässt sich bereits als Sieger feiern, aus dem Weißen Haus in Washington meldet sich Präsident Richard Nixon telefonisch mit Glückwünschen. »Im Kanzleramt hob ein großes Fest an, ein Blumenversender hatte Damen in roten Kostümen und mit einem Blumenmeer dort aufgebaut, die Kiesinger in Blumen ersticken lassen sollten«, beschrieb der bekannte ARD-Korrespondent Friedrich Nowottny die Szenerie. Dann geraten die Hochrechnungen ins Rutschen, die Zahlen drehen sich. Willy Brandt, bis dahin am Abend nahezu unsichtbar, wittert seine Chance und ruft umgehend beim FDP-Vorsitzenden Walter Scheel an. Das Ergebnis: Eine Regierungskoalition aus SPD und FDP sei möglich – und das verkündet der Sozialdemokrat dann öffentlich. In die Mikrofone der Berichterstatter.

Willy Brandt macht die Fenster des Landes weit auf und lässt frische Luft herein. Mehr Demokratie wolle er wagen, kündigt er in seiner Regierungserklärung am 28. Oktober 1969 an. Und: »Wir fangen erst richtig an.« Er ist der personifizierte Aufbruch – in Inhalt wie im Stil. Als erster Bundeskanzler spricht er auf einem Schriftstellerkongress, das Ehepaar Brandt lädt andere Gäste in den Kanzlerbungalow ein »als bisher in Bonn üblich«, sagt seine Frau Rut und meint: Kreative, Künstler, Wissenschaftler. Beim ersten Sommerfest bevölkern tausend Gäste den Garten des Palais Schaumburg, einer prächtigen Villa mit großzügigem Park, die als Kanzleramt dient.

Die Olympischen Sommerspiele passen hervorragend in diese Zeit des Aufbruchs. Bei seiner Regierungserklärung hat Brandt auch München 72 im Blick. »Wir haben damit die Chance«, ruft er den Bundestagsabgeordneten im Herbst 1969 zu, »der Weltöffentlichkeit das moderne Deutschland vorzustellen.«

Sportlich ist das »moderne Deutschland«, also die Bundesrepublik, noch auf der Suche nach dem Erfolg. Am Morgen des fünften Olympiatages verbreitet der Medaillenspiegel Tristesse:

MEDAILLENSPIEGEL

Mittwoch, 30. August, morgens

	G	S	B
1. USA	5	6	4
2. DDR	3	2	4
3. Sowjetunion	2	3	2
4. Australien	2	–	1
5. Ungarn	1	1	3
...			
14. Bundesrepublik	–	1	1

Nicht besser als den bundesdeutschen Athleten geht es den Münchener Wirten, Taxifahrern, Ladenbesitzern und Hoteliers. Die Reporterin Brigitte Zander veröffentlicht in einer Lokalzeitung die Ergebnisse ihrer Umfrage bei örtlichen Geschäftsleuten – unter dem Titel: »Rekorde gibt es nur im Stadion«. Die Hotels? »Privatzimmer und Hotelräume sind noch vorrätig«, meldet Fremdenverkehrsdirektor Otto Hiebl. Taxis? Viele Olympiatouristen benutzen öffentliche Verkehrsmittel wie die neue U-Bahn. Die Geschäfte? Die meisten Leute kommen nur zum Schauen. Die Parkhäuser? »Die Olympischen Spiele machen sich bei uns nur negativ bemerkbar«, stöhnt ein Sprecher des Parkhauses am Hofbräuhaus.

»Bratwurst Friedl« am Münchener Färbergraben immerhin meldet einen Rekord: Der belgische Gewichtheber Serge Reding schafft in der Gaststätte 42 originale Nürnberger Bratwürste vom Rost. Das Angebot von Geschäftsführer Rudi Hamprecht, einen doppelten Himbeergeist nachzutrinken, lehnt der Superschwergewichtler entschieden ab: »Training ist die beste Verdauung.«

Michael Verhoeven hat keine Zeit, ins Stadion zu gehen. Einige Wettkämpfe schaut er sich im Fernsehen an. Der 34-jährige Münchener hat zu tun. Wäre Michael Verhoeven ein Sportler, dann wohl ein Mehrkämpfer. Im Olympiajahr ist er Arzt. Und Filmregisseur. Und Schauspieler. Und Ehemann der Schauspielerin Senta Berger. Und Vater eines Neugeborenen.

Während des Sommers 1972 arbeitet Verhoeven hauptberuflich im Klinikum Rechts der Isar als Medizinalassistent in der Chirurgie. Sein Chef, Professor Maurer, ist gleichzeitig der Klinikdirektor. Verhoeven befindet sich im letzten Jahr seiner Ausbildung zum Arzt, er ist der Abteilung Gefäßchirurgie zugeordnet, operiert aber auch häufig in der Bauchchirurgie bei Professor Theisinger, einer weiteren Autorität. Wenn der junge Arzt keinen Dienst im Krankenhaus schiebt, kümmert er sich um seine schwangere Ehefrau.

Senta Berger ist ein internationaler Star. »Eine jüngere, schönere, intelligentere Anita Ekberg«, schwärmt eine italienische Zeitung im Frühjahr 1972. Die Schauspielerin tritt bereits in den sechziger Jahren in Hollywood-Filmen mit Weltstars wie Orson Welles und Kirk Douglas auf. Im September 1966 gibt sie Michael Verhoeven in München das Ja-Wort. Gemeinsam betreibt das Ehepaar auch eine Produktionsfirma, die Sentana.

Seit dem 20. Juni 1972 sind die beiden Eltern des kleinen Simon. Michael Verhoeven schaffte es nach einer Klinikschicht gerade noch ins Pasinger Krankenhaus. »Es war absolut neu und unüblich, dass ein Vater im Kreißsaal bei der Geburt seines Kindes dabei war. Aber ich war dabei und konnte meiner Frau die Hand halten«, vermerkt Verhoeven in seinen schriftlichen

Ausführungen für dieses Buch. »Das war auch unter Medizinern unüblich. Bei uns gab es aber die Besonderheit, dass der Geburtshelfer und Klinikleiter Doktor Karl Wirth mein Firmpate und ein enger Vertrauter der Familie war. Er gehörte fast schon selbst zur Familie.«

Noch eine Generation zuvor haben deutsche Väter in der Regel weder den Kinderwagen geschoben noch das Baby gewickelt. Neue Zeiten sind angebrochen. Der Kanzler, der den Aufbruch verkörpert, ist für Senta Berger und Michael Verhoeven ein Hoffnungsträger. Auch im Klinikum Rechts der Isar ist Willy Brandt ein Thema. Eines, das die jungen Ärzte bald in Bedrängnis bringt.

»Wir wollen ein Volk der guten Nachbarn sein.« Willy Brandt öffnet nicht nur die Fenster des eigenen Landes, auch die Türen zum Ostblock gehen auf. Er akzeptiert die Realitäten – und begründet darauf seine Visionen von Aussöhnung und Annäherung. Ein Jahr nach seinem Amtsantritt, 1970, schließt die Bundesrepublik Verträge mit der Sowjetunion und Polen ab. Brandt selbst reist mit Außenminister Walter Scheel im Dezember nach Warschau. Vor dem Mahnmal für die Opfer des Ghetto-Aufstands 1943 fällt Brandt spontan auf die Knie. »Dann kniet er, der das nicht nötig hat, da für alle, die es nötig haben, aber nicht da knien – weil sie es nicht wagen oder nicht können oder nicht wagen können«, beschreibt Hermann Schreiber den historischen Moment im *Spiegel*. »Dann bekennt er sich zu einer Schuld, an der er selbst nicht zu tragen hat.« Brandt, der einst vor den Nazis flüchtete.

Die Kritiker von Willy Brandts Politik schäumen: Sie sei ein Ausverkauf nationaler Interessen, eine Abkehr vom Ziel der deutschen Wiedervereinigung und die endgültige Aufgabe alter deutscher Gebiete im Osten Europas. Nach dem Kniefall lauert ein Angreifer dem Kanzler im September 1971 vor der Geschäftsstelle des Münchener Olympia-Organisationskomitees auf. Der Mann will gegen die Geste protestieren – und schlägt Brandt nieder. »Hängt die Verräter« liest man in den turbulenten Tagen bei Demonstrationen auf einem Transparent. Im Fernsehen sagen Bürger bei Umfragen in die Mikrofone: »Es ist ein Verbrechen, was die Brandt-Regierung macht.« Aus den Vertriebenenverbänden, erinnert sich SPD-Parteifreund Peter Glotz, hätten manche sogar gefordert: »Brandt an die Wand«. Die politische

Stimmung in der Bundesrepublik wird zusehends gereizter und strebt im Frühjahr des Olympiajahres einem Showdown entgegen.

Am 27. April 1972 hält ganz Deutschland den Atem an. Nach dem »Wunder von Bern«, dem WM-Sieg 1954, kommt es zu dem bis dahin größten Public Viewing der Nachkriegszeit: Die Deutschen unterbrechen die Arbeit, versammeln sich vor dem Radio oder dem Fernseher und verfolgen das Drama im Bonner Bundestag. Der CDU-Vorsitzende Rainer Barzel greift nach der Macht. Nachdem einige Abgeordnete der SPD/FDP-Koalition aus Protest gegen Brandts Politik zur Union gewechselt sind, ist sich Barzel sicher, genug Stimmen auf seiner Seite zu haben. Es kommt zum ersten konstruktiven Misstrauensvotum gegen einen Bundeskanzler. Eigentlich ist die Sache klar, so klar, dass Brandts Mitarbeiter Horst Ehmke im Kanzleramt schon alles für den Auszug vorbereitet. Dann wird das Ergebnis verkündet – und die Menschen an den Fernseh- und Radiogeräten erleben eine Überraschung, größer als in Bern. Barzel scheitert mit 247 Stimmen, ihm fehlen zwei Stimmen.

Willy Brandt bleibt Bundeskanzler. Aber eine Mehrheit hat er nicht mehr. Die Bundesrepublik ist geteilt. Nach Olympia wird es Neuwahlen geben.

»Oamoi neidappt reicht«, steht auf den Zündholzschachteln, die Professor Theisinger im Rechts der Isar unter den Ärzten und dem übrigen Krankenhauspersonal verteilt. »Das sollte heißen«, erklärt Michael Verhoeven, »einmal Willy Brandt gewählt, also in die Scheiße getreten, reicht.« Die Zündhölzer entfachen Wut in der Belegschaft. Während viele ältere Kollegen und Direktoren die Aktion mit Wohlwollen sehen, ballen die jungen Mitarbeiter die Faust in der Tasche. Offen dagegen vorgehen, das erscheint ihnen zu riskant. Denn ein Professor verfügt über viel Macht. Er kann sie jederzeit zur Strafe für ihre Brandt-freundlichen Positionen in der täglichen OP-Planung zurücksetzen, so dass ihnen am Ende notwendige Gallenoperationen und weitere Pflichteingriffe fehlen. Das würde die angestrebte Anerkennung als Facharzt verzögern.

Michael Verhoeven bekennt Farbe. Er findet, ein Arzt müsse zu seiner politischen Meinung stehen. So hat er das auch 1964 und 1969 während seiner Praktika in den Vereinigten Staaten erlebt. In München wird

Verhoeven im Olympiajahr von einem Kollegen angesprochen, den alle nur »Doktor Stock 1« nennen. Die Zahl hinter dem Namen verdankt er seinem Bruder, der auch in der Klinik als Arzt tätig ist. »Du hast leicht reden«, sagt Doktor Stock 1 also zu Verhoeven. »Du willst ja kein Facharzt für Chirurgie werden. Als Filmemacher kannst du offen zu Willy Brandt stehen. Aber ich kann das nicht ohne weiteres.«

Für einen Mediziner besitzt Verhoeven in der Tat einen ungewöhnlichen Lebenslauf. Er entstammt einer Künstlerfamilie, schon sein Vater war beim Film. Michael stand bereits als Kind vor der Kamera – bei Nachkriegsklassikern wie *Das fliegende Klassenzimmer*. Auf der Berlinale 1970 sorgte sein Antikriegsfilm *o.k.* für einen Skandal. Zum ersten und einzigen Mal werden daraufhin die Berliner Filmfestspiele abgebrochen.

Im Olympiasommer 1972, während er als Arzt arbeitet, läuft im deutschen Fernsehen ein »Tatort«, bei dem Verhoeven Regie geführt hat. In *Kressin und der Mann mit dem gelben Koffer* spielt auch sein Vater Paul Verhoeven mit – in einer seiner letzten Rollen. Im Sport wäre diese »Tatort«-Crew ein All-Star-Team: Das Drehbuch kommt von Wolfgang Menge, die Musik von Klaus Doldinger. In Nebenrollen sind die prominenten ARD-Reporter Ernst Dieter Lueg und Friedrich Nowottny zu sehen.

Senta Berger und Michael Verhoeven gehören zu den freien Geistern, die sich nach dem versprochenen Aufbruch sehnen. Bei einer Goodwill-Veranstaltung der deutschen Filmförderungsanstalt (FFA) begegnen sie dem Bundeskanzler persönlich. Brandt wirkt auf beide entspannt und gelassen. Die Atmosphäre erscheint ihnen eher privat als offiziell. »Wir hatten tiefgehende Gespräche«, sagt Verhoeven, »die gegenseitige Offenheit hat uns überrascht. Er war ein guter Zuhörer.« Die Männer verstehen sich auf Anhieb. »Sie flirteten beide ein wenig mit mir«, sagt Senta Berger nachher der *Zeit*. »Spielerisch.« Die Stimmung im Kanzleramt ist aufgeräumt.

Für den Bundeskanzler steht in den olympischen Tagen das vielleicht entscheidende Puzzlestück seiner Politik auf der Agenda: die Neuregelung des Verhältnisses mit dem anderen Deutschland, der DDR. Darum wird während der Spiele heftig gerungen, weit entfernt von München.

Aus den Manuskripten der Radionachrichten des Bayerischen Rundfunks – eine Zusammenfassung der wichtigsten Nachrichten vom 30. August 1972: »Die zweite Runde der Verhandlungen über einen Grundvertrag zwischen der Bundesrepublik und der DDR wurde am späten Nachmittag unterbrochen. Die Delegationen unter Leitung der Staatssekretäre Bahr und Kohl werden morgen erneut in Bonn zusammentreffen.« Hinzu kommt, dass der DDR-Staatssekretär Michael Kohl morgen dem westdeutschen Fernsehreporter Ernst Dieter Lueg ein Interview in der ARD geben wird. Das ist selten.

Eine weitere Nachricht, die Deutschland West und Ost betrifft, läuft in diesen Tagen über die Ticker der Agenturen: »Die Erschießung des Nürnbergers Rudolf Kühnle (32) und seiner Braut Vera Sandner (26) aus Cottbus in der DDR an der bulgarisch-jugoslawischen Grenze haben CDU/CSU und SPD scharf verurteilt.« Weiter heißt es: Der außenpolitische Experte der Union, Werner Marx, erklärt, während »alle Welt« von Entspannung rede, würden Deutsche »an den Grenzzäunen kommunistischer Staaten erschossen«.

Kühnle, Augenoptiker aus der BRD, hatte Vera Sandner aus der DDR, seine spätere Verlobte, bei einer seiner häufigen Reisen in den Ostblock kennengelernt, berichtet die *Abendzeitung* in einem ausführlichen Artikel. Es war ernst, so ernst, dass er sich im Februar 1972 von seiner westdeutschen Ehefrau scheiden ließ.

18 Monate hatte er die gemeinsame Flucht geplant – über die wenig bewachte Grenze zwischen Bulgarien und Jugoslawien. In der Nacht zum 24. August 1972 probierte es das Liebespaar südlich des bulgarischen Ortes Slibnica (Sliwniza) – zu Fuß. Erst nach Jugoslawien, dann weiter nach Österreich und von da in die Bundesrepublik. Das war anscheinend der Plan. Die Grenzsoldaten durchkreuzten ihn.

Der Tod von Rudolf Kühnle und Vera Sandner wird erst in den letzten Augusttagen, ungefähr eine Woche nach den Todesschüssen, öffentlich. Was nicht in den aktuellen Agenturmeldungen steht: Schon in den ersten drei Monaten des Olympiajahres gibt es in Berlin, der geteilten Stadt, drei Mauertote. Alle aus der Deutschen Demokratischen Republik, alle erschossen.

Jetzt, im Olympiasommer 1972, passieren 2000 DDR-Bürger die Grenze zur Bundesrepublik ohne Probleme. Das gab es noch nie seit dem Mauerbau. Mit einem grünen Sonderzug der Deutschen Reichsbahn kommt das offizielle Kontingent der Schlachtenbummler aus Ostdeutschland nach Bayern. Die erste Hälfte reist im August an, die zweite im September. Die Probleme beginnen erst mit der Ankunft im Freistaat. Denn die Quartiermacher der DDR haben für ihre Fan-Genossen abgeschiedene Orte in der Provinz ausgesucht: Oberaudorf und Kiefersfelden, idyllische Gemeinden unweit der Grenze zu Österreich. Bayern wie auf den Postkarten, konservativ und heimatverbunden, man wählt CSU und spricht Dialekt. Oiso, pack ma's. Die DDR-Touristen sind hier Exoten in einem fernen Land. Deutsche im deutschen Ausland. Herübergekommen im Sonderzug aus Pankow. Man hatte sie zuhause extra gewarnt und in Vorbereitungsseminaren eingeschworen. »Die Touristen der DDR treten in der BRD als bewusste Staatsbürger auf, die sich jederzeit und in jeder Situation bewusst sind, dass sie sich in einem Staat des imperialistischen Auslands aufhalten«, heißt es dazu in den offiziellen Vorschriften und Verhaltensregeln der DDR-Oberen, »sie befinden sich in einem Staat, der von politischen Gegnern regiert wird.« Von diesen Regeln haben die gastfreundlichen Oberbayern offenkundig nichts gehört. Hier heißt man in der Saison regelmäßig Touristen aus aller Welt willkommen.

In Kiefersfelden begrüßt Bürgermeister Franz Larcher, ein Zwei-Zentner-Mannsbild, die Gäste bereits am Bahnsteig mit einem Schnaps: »Probieren Sie doch mal unseren Enzian.« Etwa 300 Oberbayern bilden ein Spalier für die Brüder und Schwestern aus der »Zone«, spontan wird ein Klatschmarsch angestimmt. In Oberaudorf empfängt sie eine Trachtenkapelle am Bahnsteig mit den »Holzhackerbuam«. Im Ort hat Wirt Willi Holzhäuser sein »Kaiserstüberl« mit 200 DDR-Flaggen geschmückt.

Die oberbayerische Herzlichkeit und das große Medieninteresse verstören die Gäste aus der DDR. Sie versuchen Haltung und Abstand zu wahren. Ein *Stern*-Reporter beschreibt das deutsche Klassentreffen in Oberaudorf, wo ein DDR-Bürger nach der freundlichen Begrüßung vortritt. Mit Messerschnitt, Nylonhemd, Glencheckanzug. »Wir aus der Deutschen Demokratischen Republik freuen uns, in Ihrer schönen Landschaft weilen zu dürfen, und hoffen, Sie werden uns gute Gastgeber sein, wie wir uns bemühen werden, Ihnen gute Gäste zu sein. Auf ein gutes Zusammensein.« Anschließend werden die auswärtigen Deutschen per Lautsprecher zu den hiesigen ein-sortiert: Fremdenheim Anker sechs Personen, Pension Bergfried acht, Pension Annemierl sechs. Übernachtung mit Frühstück für 14,50 Deutsche Mark, mit Vollpension 23,50 Mark.

Die Reisegruppe Ost besteht größtenteils aus Männern oberhalb der 30. »Da standen sie nun, Sandalen an den Füßen, Schillerkragen über dem Ja-ckett, Hammer und Zirkel nebst den olympischen Ringen als Anstecknadel am Revers, zwei Coupons über je 5,50 DM (West) pro Tag in der Tasche«, beschreibt sie der Reporter vom *Spiegel* aus Hamburg.

Die 2000 Olympiabesucher aus der DDR sind die ersten jüngeren DDR-Touristen, die jemals in die Bundesrepublik fahren dürfen. Denn bis zum Mauerfall gilt für gewöhnliche Bürger der Republik Ost: Wer als DDR-Bür-ger etwas von der Welt sehen will, kann lediglich in den Ostblock reisen – oder muss warten, bis er das Rentenalter erreicht hat. Erst dann darf man in den Westen, ergraut und ausgestattet mit ein paar D-Mark, wie der *Spiegel* spottet. Ausnahmen von der Regel sind selten und nützen im Nor-malfall dem ostdeutschen Staat: Tenöre, die an westlichen Opernbühnen singen; Professoren an englischsprachigen Universitäten; Techniker, die im nichtsozialistischen Ausland Erfahrung sammeln – und jetzt eben die Schlachtenbummler bei den Olympischen Spielen. Ihr Auftrag ähnelt dem ihrer Sportidole: Flagge zeigen. Unten auf der Laufbahn treten die DDR-Athleten als »Diplomaten im Trainingsanzug« an, oben auf den Rängen unterstützen ihre Fans sie – als »Diplomaten mit Eintrittskarten«.

2000 DDR-Touristen auf bundesrepublikanischem Boden – das ist kein Ausflug, das ist Außenpolitik. Bereits 1969 begann die Führung in Ost-Berlin mit den Planungen. Das ursprüngliche Konzept sah zweimal 5000 Touristen vor, die für je eine Woche nach München kommen sollten. Dann erlebte die Führung, wie der SPD-Bundeskanzler Willy Brandt 1970 bei einem Be-such in Erfurt für seine Ostpolitik fast wie ein Popstar gefeiert wurde. Er-schreckt reduzierten die Verantwortlichen die Zahl auf zweimal tausend Personen. Jede Gruppe sollte für eine Woche nach München reisen und während dieser Zeit etwa zehn Veranstaltungen besuchen.

Was in vielen anderen Teilnehmerländern Olympias üblich sein mochte, gibt es in der DDR nicht: Eintrittskarten im freien Verkauf. Vielmehr gilt:

Wer von sich aus Interesse äußert, Olympia zu besuchen, macht sich verdächtig. Alle »Selbstbewerber« würden erfasst, so ein Stasi-Major. »Bei diesen Personen wird unter Einsatz unserer spezifischen Mittel und Methoden geprüft, ob sie sich für eine Fahrt nach München beworben haben, um unter diesem Vorwand die DDR ungesetzlich zu verlassen.« So beschreibt es Justus Johann Meyer 2010 in seiner kenntnisreichen Dissertation über den deutsch-deutschen Sport, die viele für dieses Buch wertvolle Einblicke enthält.

Wer darf am Ende zu Olympia? Die Zusammensetzung der Fangruppen stellen sich die Entscheider so vor: 40 Prozent Werktätige, 30 Prozent bewährte Sportfunktionäre und Sportler, 20 Prozent Jugendfunktionäre und FDJler sowie 10 Prozent Werktätige aus der Landwirtschaft. In dem Auswahlverfahren müssen die Kandidaten strengen Ansprüchen gerecht werden: Mitgliedschaft in der Partei oder einer Massenorganisation, Verdienste um die Entwicklung der DDR, mindestens 25 Jahre alt (außer FDJ), keine Vorstrafen, verheiratet. Chancenlos sind alle Bewerber mit Verwandten erstes Grades in der Bundesrepublik oder im »kapitalistischen« Ausland. Und auch mit Verwandten zweiten Grades, zu denen »enger Kontakt« besteht.

Ein Kriterium sticht heraus: Um die Fluchtgefahr zu reduzieren, darf bei Verheirateten nur einer der beiden Ehepartner nach München. Denn das wäre die größte anzunehmende politische Blamage: die Republikflucht eines DDR-Bürgers »ausgerechnet« während der Spiele bei den westdeutschen Kapitalisten. Von den sorgfältig ausgesuchten 2000 Touristen, das ist der Auftrag, sollen alle aus dem Feindesland in die DDR heimkehren.

Erst einmal müssen die Touristen von drüben in den Olympiatagen aber die Gastfreundschaft und die Gebräuche des oberbayerischen Klassenfeindes heil überstehen. Im südlichen Bayern findet während der Tage von Olympia ein einmaliger Feldversuch statt: Können sich die Deutschen Ost und West wandeln und annähern, wenn sie nebeneinander leben?

Der Bundeskanzler kommt im Sommer 1972 als Wahlkämpfer ins idyllische Bayern, nicht als Tourist. Niemand kennt da bereits das genaue Datum des Urnengangs, aber es gilt als ausgemacht, dass die Bundestagswahl noch vor Jahresende stattfindet. Für Brandt bedeutet das: München 72 – das ist

Wettkampf und Wahlkampf zugleich. Ein Novum. »Wahlkampf läuft auch in Feldafing«, lautet die passende Schlagzeile in der *tz*.

Der Sozialdemokrat ist vorbereitet: Aus dem Sommerurlaub 1972 in Norwegen, noch vor Olympia, bringt Brandt den korrigierten Vorentwurf eines Wahlprogramms mit. »Die Grundlinien für die Führung des Wahlkampfes habe ich mir auch überlegen können«, schreibt er am 5. August 1972 in seinen persönlichen Notizen. »Jetzt kann es also losgehen. Noch nicht nach außen, aber intern.«

Olympia bietet dem deutschen Bundeskanzler eine wunderbare Bühne. Eine Vorlage, wie man sie als Wahlkämpfer nur äußerst selten bekommt. Willy Brandt, vorübergehend wohnhaft in Feldafing am Starnberger See, hat großes Interesse daran, dass das Heiterkeitswunder seines Vermieters Willi Daume gelingt.

stern *magazin*

HEFT ... P: C 8041 G

Olympia
in Farbe:

Die
unvergeßlichen
Momente

Heide Rosendahl
im Glück

Darling oder Depp: Dazwischen gibt es für die
Weitspringerin Heide Rosendahl eigentlich kaum
etwas. Denn vom Superstar der bundesdeutschen
Leichtathletik wird Gold erwartet. Trotz des
gewaltigen Drucks bleibt die Weitspringerin im
Wettkampf ihres Lebens erstaunlich gelassen und
ermahnt das Münchener Publikum im entscheidenden Moment, ihrer bulgarischen Rivalin einen
ungestörten letzten Versuch zu gönnen.

TAG 6
Donnerstag, 31. August 1972

Karin Janz schläft schlecht in dieser Nacht. Vielleicht liegt es daran, dass die DDR-Turnerin unbedingt zeigen will, was sie kann. Wofür sie die ganzen Jahre hart trainiert hat. Um 3.45 Uhr wacht sie in ihrer Einzimmerwohnung im Olympischen Dorf auf, den Rest der Nacht schläft sie nur »in Raten oder gar nicht mehr«. Dann muss sie zur Behandlung, der linke Fuß bereitet ihr weiterhin Kummer – und Schmerzen. Sie wird am Abend mit einer Bandage in die wichtigsten Wettkämpfe ihrer Karriere gehen müssen.

Die Ärzte haben die Verletzung jeden Tag versorgt und den Kampf gegen die Zeit gewonnen. Karin Janz kann bei den Olympischen Spielen in München im Turnen antreten. In den vergangenen zwei Tagen hat sie zweimal Silber geholt, einmal mit der Mannschaft und einmal im Mehrkampf. In der ausverkauften Sporthalle hat sie erlebt, wie sich das Münchener Publikum verliebt hat – in eine Teilnehmerin aus der Sowjetunion. Olga Korbut ist 17 Jahre alt und wiegt 38 Kilogramm. Ein Lausbub, sagt ein ARD-Reporter. Zwei kleine kurze Zöpfe, links und rechts. Sie sieht aus wie 13, klein, graziös, hübsch. Bei den Spitznamen der Weißrussin sind sich die Reporter nicht einig: »Spatz von Minsk« oder »Spatz von Grondo«. Hauptsache: Spatz.

Dass hinter der kindlichen Fassade ein Vollprofi steckt, weiß Karin Janz längst. Vor den Spielen unternimmt Korbut eine Publicity Tour durch die USA, die auf viel Interesse in den Medien stößt. Ein geschickter Schachzug, findet ihre DDR-Konkurrentin, schließlich hat Turnen in den Bewertungen einen hohen subjektiven Faktor. In München will Darling Olga die Früchte der PR-Arbeit ernten. »Sie ist der Spaß in Person und jedermanns Liebling«, schreibt der *Stern*. »Sie kann sich kringeln vor Vergnügen.« Und zur Not auch herzergreifend weinen: In München hat sie nach einer verpatzten Übung in ihr rosa Handtuch geschluchzt – und die Herzen der Zuschauer gebrochen. »Die Vielgeliebte«, textet eine deutsche Sportzeitschrift.

Mit Starkult kann Karin Janz nichts anfangen. Mit Journalisten auch nicht so richtig. Die Sportlerin beschreibt sich selbst als: ruhig, zurückhaltend, diszipliniert, schüchtern. »Das finden Reporter nicht unbedingt toll«, sagt sie im Interview zu diesem Buch. »Ich musste nicht in der Zeitung stehen.« Zwar erreichen sie auch die Briefe von Fans, die lediglich mit »Karin Janz, 1 Berlin« adressiert sind – aber Homestorys sind nun wirklich nicht ihr Ding. In der Welt, in der sie groß wird, stellt man sich nicht selbst in den Mittelpunkt. Außerdem, fügt sie hinzu, habe sie sich in München auf die Wettkämpfe konzentrieren müssen.

Wenig überraschend: Diese Haltung irritiert die westlichen Reporter, als es zu einer der seltenen persönlichen Begegnungen kommt. Ein Gespräch sei nicht einfach, fast sei es ein Anti-Interview, schreibt Ingeborg Münzing in der *Abendzeitung*, räumt aber ein, dass ihr die offenkundige Abneigung der Turnerin gegen »Presserummel, Schleichwerbung, Publicity um jeden Preis« durchaus gefalle. Ihre *tz*-Kollegin Angela Pavel kommt zu ähnlichen Schlüssen. Sie findet Janz »selbstbewußt und unnahbar«, Gefühlsausbrüche seien eine Seltenheit. Immerhin: Die Turnerin, fasst die Reporterin zusammen, gelte als Aushängeschild für den DDR-Sport.

An diesem Abend trifft die eher introvertierte Karin im Rampenlicht der Olympiahalle auf den Publikumsliebling Olga. Bodenständigkeit gegen Glamour, eine Ostdeutsche mit einem kaputten Knöchel gegen eine Sowjetrussin in Top-Form. Und Millionen in Ost und West gucken zu.

Der Welt gefallen die Spiele bisher – und der Wahlkämpfer Willy Brandt kann seine Freude darüber nicht verbergen. Erst recht nicht, weil dieser Erfolg häufig mit seiner Person verbunden wird. Bei einem Interview in der frühen Phase von München 72 fragt ihn der Moderator im beige-grau gestrichenen Fernsehstudio: »Man hat den Eindruck, es ist eine Werbeschau, an der Sie teilnehmen müssen?« Willy Brandt, der in einem modernen Sessel vor einigen knallbunten Olympiapostern Platz genommen hat, antwortet: »Nein, das möchte ich jedenfalls, soweit es mich selbst angeht, vermeiden. Aber andererseits ist klar, hier sind Hunderte, Tausende Berichterstatter aus aller Welt, und wir wollen nun auch nicht unhöflich sein, sondern uns darüber freuen, dass sie, zumindest, was den Anfang angeht, doch alle recht zufrieden sind.« Nachher verewigt er sich auf der Autogrammtafel des Studios. Dort steht ein weiterer Reporter bereit und fragt den Wahlkämpfer mit einem Augenzwinkern: »Ich habe zwei Stifte – schwarz oder rot?« Der Politprofi Brandt spielt mit – und nimmt Rot.

Eine weitere Frage des TV-Moderators im Interview: Welche Sportveranstaltungen der Kanzler gerne sehen möchte? Die Replik: Leichtathletik, und wenn die Zeit reicht, noch Fußball und Turnen, in dieser Reihenfolge. Das passt. Alles, was dem Heiterkeitswunder noch fehlt, ist die erste Goldmedaille für die Bundesrepublik.

Das ist eine Aufgabe für eine Leichtathletin aus Leverkusen. Heute Nachmittag. Vor ausverkauftem Haus. Im eigenen Land. Heide Rosendahl muss heute die Hoffnungen einer ganzen Nation schultern.

MEDAILLENSPIEGEL
Donnerstagmorgen, 31. August 1972

	G	S	B
1. USA	7	9	6
2. DDR	5	4	6
3. Sowjetunion	5	3	3
4. Japan	3	1	1
5. Australien	3	–	1
...			
12. Bundesrepublik	–	3	3

Am fünften Wettkampftag beginnen die Wettbewerbe der Leichtathletik im Olympiastadion – der größten Show der größten Sportveranstaltung der Welt. Es ist die Konzentration auf den antiken Kern: laufen und springen und werfen. Fast wirkt es so, als würden die Spiele heute ein zweites Mal beginnen, als wären die bisher ausgetragenen Wettkämpfe nur die olympische Ouvertüre gewesen.

Die Vorfreude ist riesig. Das Stadion wird zweimal am Tag gefüllt – morgens zu den Vorentscheidungen und später zu den Entscheidungen. In den Kleinanzeigen bieten Ticketbesitzer ihre Fußball-Endspielkarten zum Tausch an »gegen Leichtathletik«. Die aktuellen Kartentipps der Münchener Zeitungen führen bei den wenigen verfügbaren Restkarten die Leichtathletik vor allen anderen Sportarten an erster Stelle auf. »Hallo AZ«, schreibt Susanne K. an ihre Zeitung. Sie hat Tickets für Werktage. »Meine Firma gibt mir für die paar Stunden nicht frei, sondern wir müssen einen Tag Urlaub nehmen. Wieso bekommt man nicht wenigstens einen halben Tag

frei oder kann die Olympiazeit für Überstunden nachholen?« Die achsel-
zuckende Antwort des Ratgebers: Leider seien nicht alle Firmen olympia-
freundlich. Ein paar Stunden frei bekämen allenfalls die Angestellten kleiner
Betriebe – »vorausgesetzt, der Chef ist selbst Sportfanatiker«.

Die Olympia-Organisatoren tun, was sie können: Einige Münchener
Kindergärten bieten in diesen Tagen Betreuung zu ungewöhnlichen Uhr-
zeiten an. In der Nachkriegsrepublik gehen die Buben und Mädchen norma-
lerweise vormittags in die Einrichtung, ab und zu auch nachmittags. Jetzt
zeigt Olympia, was möglich wäre: Von 8 bis 18 Uhr kann man seine Kinder
selbst am Wochenende in der Viktoriastraße (Tagespreis: 20 Mark) unter-
bringen, und in der Vonsbergstraße sogar von 7.30 bis 20 Uhr (23 Mark).
Eine bundesrepublikanische Revolution noch größer als der spätere Ladenschluss zu Olympia. Auch das Wetter trägt weiter seinen Teil zu den heiteren Spielen bei. »Im übrigen hat München seit Beginn der Olympischen
Spiele bis einschließlich Mittwoch fast 40 Stunden Sonnenschein zu ver-
zeichnen«, meldet der Deutsche Wetterdienst heute, an diesem letzten Tag
des Monats August.

Der Wunsch, beim bunten Völkerfest dabei zu sein, macht manchen
erfinderisch. Der 20-jährige Schüler Gerhard aus Nürnberg hat für die
Leichtathletik heute keine Karten, aber einen Plan. Mit einer eigenhändig
gefälschten Arbeitskarte passiert er zunächst die erste Kontrolle, dann die
zweite, aber bei der dritten Kontrolle im Ehrengastbereich ertappt ihn der
Ordnungsdienst dann doch. Gerhard wird der Polizei übergeben und noch
an diesem Donnerstag einem Schnellgericht zugeführt. Er gibt die Tat
sofort zu. Seine Begründung, festgehalten im Wortlaut des Münchener
Polizeiberichts: »Er habe sich zu dieser Fälschung entschlossen, weil es ihm
ansonsten nicht gelang, in das Stadion zu kommen.« Die Einlasskontrollen
sollen nun verschärft werden.

Im Olympiastadion ereignet sich das erste Drama schon am Vormittag.
Ingrid Mickler, die deutsche Weitsprung-Europameisterin von 1971, scheitert in der Qualifikation. Keinen einzigen gültigen Versuch bringt die amtierende Sportlerin des Jahres zustande. Ein Scheitern, mit dem niemand
gerechnet hat, weder Experten noch Zuschauer. Mickler ist raus – noch
bevor es am Nachmittag im Endkampf um Gold geht. Heide Rosendahl geht

zu ihr, spendet Trost, die beiden Frauen liegen sich heulend in den Armen, notieren die Journalisten. Rosendahl selbst hat sich leicht und locker für das Finale qualifiziert, kurz nach halb elf.

Die erste Bewährungsprobe hat sie zu diesem Zeitpunkt schon hinter sich: das Aufstehen. Heide Rosendahl kommt morgens schlecht aus den Federn. »Sechs Wochen lang habe ich das trainiert«, erzählt sie im Interview für dieses Buch. Um 6 Uhr ist sie heute in ihrem »Einzelzimmerchen« im Frauendorf aufgewacht, danach ins Bad gegangen. »Berühmt-berüchtigt« sei das, kommentiert sie trocken die moderne Sanitärausstattung, »das ganze Bad besteht aus einem Stück gegossenen Kunststoff. Und es ist immer nass darin.« Einen Kaffee? Nein, vor Wettkämpfen nie. Stattdessen Müsli.

Heide Rosendahl wohnt erst seit Montag im Frauendorf. Die Eröffnungsfeier hat sie lieber zuhause im Rheinland am Fernseher verfolgt, weil sie sich möglichst lange ungestört auf die Spiele vorbereiten will. Und dem Rummel vor Ort entgehen will. Ja, Franz Beckenbauer kann vielleicht ungestört über das Olympiagelände spazieren, aber Heide Rosendahl ganz sicher nicht. Überall folgen ihr Autogrammjäger, Fotografen und Journalisten. Sie verbirgt ihre Augen hinter einer Sonnenbrille, »wie Greta Garbo«, merkt jemand an. Als sie am späten Montagabend ihre Akkreditierung abholt, wird sie gefragt, ob sie denn noch Rosendahl heiße oder inzwischen heimlich geheiratet habe. »Die Leute wissen mehr als ich«, seufzt sie.

Ihr Freund ist ein bekannter Sportler: der Basketballer John Ecker, Star des deutschen Titelträgers TuS 04 Leverkusen, einer der Idole von Deutschlands Kapitän Holger Geschwindner. »Er war einer der ersten Amerikaner, die rüberkamen, um hier zu spielen«, sagt Rosendahl. Sie lernen sich auf dem Parkplatz vor der Sporthalle kennen, ein Bekannter stellt sie vor. Liebe auf den ersten Blick? Sie weiß es nicht. »Auf jeden Fall war er mir gleich sympathisch.« Die Verliebten haben 1972 noch jeder eine eigene Wohnung, erst später werden sie zusammenziehen und heiraten. Was sie gelernt hat: Die Beziehung zwischen zwei Leistungssportlern muss gut organisiert werden, »das ist manchmal eine echte Herausforderung«.

Deutschlands größter Leichtathletikstar managt sich selbst. Sie lebt und trainiert im rechtsrheinischen Leverkusen, der Heimat des Chemiekonzerns Bayer. Ihre Arbeitsstätte liegt auf der anderen Rheinseite in Köln: Die studierte Diplomsportlehrerin, Jahrgang 1947, unterrichtet als Dozentin an der Deutschen Sporthochschule im Westen der Domstadt. Ihre Studenten sind angehende Schullehrer und Trainer. Zwischen den beiden Städten pendelt sie mit ihrem VW Käfer über den Rhein hin und her. In der wenigen freien Zeit entspannt sie sich mit der Musik der Beatles, der Rolling Stones und den Liedern aus dem Musical *Jesus Christ Superstar*.

Im Sommersemester 1972 geht sie an der Uni auf halbe Stundenzahl, um sich auf Olympia vorzubereiten. Sie trainiert dreimal am Tag und imitiert den Zeitplan für München im Training, besonders für ihre zweite Disziplin, den Fünfkampf, der an zwei aufeinanderfolgenden Tagen ausgetragen wird. Sie arbeitet mit ihrem Coach Gerd Osenberg, aber dahinter steht kein Trainerteam, kein Physiotherapeut, kein Psychologe, kein Videoanalyst, kein Sportmediziner, niemand. Wenn die Top-Leichtathletin der Bundesrepublik gesundheitliche Probleme hat und zur Behandlung in die Uniklinik Köln geht, muss sie sich erst ein Rezept bei ihrem Arzt holen, »damit die das auch abrechnen können«. »Sehr umständlich« findet sie das, aber sie kriegt das hin. Mit der Rundumversorgung der amerikanischen College-Athleten und den Staatsprofis des Ostblocks hat das wenig zu tun. Die Bundesrepublik ist 1972 im Hochleistungssport bisweilen ein Entwicklungsland.

Das gilt nicht für ihre Zusammenarbeit mit dem Ausrüster Adidas. »Ich brauche Schuhe, in denen ich mich 100 Prozent wohlfühle.« Heide Rosendahl ist oft im Werk in Herzogenaurach und tüftelt mit den fränkischen Schustern an Spezialschuhen. Um das Absprungbrett optimal zu treffen, lässt sie die Dornen der Spikes nach hinten verlegen, anders als bei einem Sprintschuh. Aber großes Geld fließt auch hier nicht. Hochdotierte Sponsorenverträge wie die Superstars der nächsten Generationen hat Heide Rosendahl keinen einzigen. Sie ist Amateurin. Und das erklärt auch die Geschichte mit den Ringelsocken.

In der Zeit nach 1968 reichen schon zwei Accessoires aus, um die Athletin bei den Journalisten in eine Schublade mit den Hippies zu stecken: ihre Nickelbrille im Stil John Lennons und ihre rot-weißen Ringelsocken. Dabei ist Heide Rosendahl nicht alternativ, sondern pragmatisch. »Unsere Nationalmannschaft hatte weiße Trikots mit einem roten Brustring. Und da habe ich mir aus Amerika rot-weiße Socken mitgebracht, die ich ganz toll fand. Damals trugen ja alle anderen nur schlichtes Weiß. Auf die Socken bin ich häufig angesprochen worden, und dann meldete sich ein Damenstrumpf-Hersteller aus dem Allgäu und bot an, mir solche Socken zu machen. Und dann haben die mir 50 Paar geschickt«, sagt sie. »Und die musste ich erst mal aufbrauchen.« Sie lacht so fröhlich darüber, dass der Interviewer unwillkürlich mitlachen muss.

Am Mittag wird die nationale Hoffnungsträgerin in der Mensa im Olympischen Dorf einen Happen essen und sich danach ein wenig hinlegen. Ihr Trainer Gerd Osenberg wird später aus dem Männerdorf herüberkommen und sie abholen. Dann geht es auf den Einlaufplatz zum Aufwärmen. Lockermachen für das erste Gold der Gastgeber. Locker für ihren Beitrag zum Heiterkeitswunder. Der Druck ist groß genug.

Um die Mittagszeit geht Karin Janz im Olympischen Dorf spazieren. Irgendwie muss die Zeit vergehen, bis die Finals der Einzelwettbewerbe um 18.15 Uhr beginnen. Wo erforderlich, zeigt sie ihren Olympia-Ausweis mit der Nummer 09204 vor, die Vorderseite in Hellblau mit den olympischen Ringen und der Strahlenspirale. Auf dem Foto ist eine junge Frau in einem hellen Rollkragenpullover zu sehen, die langen Haare ordentlich zur Seite gekämmt. Daneben stehen die Angaben zur Person. Als aktuelle Adresse ist die Waldowstraße 53/54 in 1125 Berlin angegeben. Janz kehrt schließlich in ihre Einzimmerwohnung im Münchener Frauendorf zurück. Mittagsruhe, sie schläft endlich ein, diesmal tief und fest. Zehn Jahre hat sie sich auf diesen Tag vorbereitet.

Der erste Coach ist ihr Papa, das erste Gerät ein flach gestellter Balken an der frischen Luft. Turner sind ja nicht gerade Riesen, sagt Janz lächelnd im Gespräch. Ihr Vater, zum Beispiel, ist 1,65 Meter groß – und war in seinen Glanzzeiten selbst ein richtig guter Turner, dokumentiert auf reichlich Bildmaterial. Auf dem Hof zuhause im kleinen Hartmannsdorf übt der Sport- und Physiklehrer Guido Janz draußen mit seiner zierlichen Tochter Karin. »Es hat mir Spaß gemacht, etwas zu haben, wo ich meinem Körper sagen konnte: Nun mach mal!« Mit zehn Jahren schafft sie die Aufnahmeprüfung einer KJS – einer Kinder- und Jugendsportschule. Janz ist angekommen im Sportsystem der DDR und wird von nun an kontinuierlich gefördert. Nach einigen Jahren in der Lausitz wechselt die Turnerin in die Hauptstadt Berlin. Hier sind die Möglichkeiten besser.

Sie zieht in ein Internat im Stadtteil Hohenschönhausen, nicht weit weg vom bekannten Sportforum – aber für ein junges Mädchen ist das sehr weit weg von zuhause. Alle anderen im Internat sind älter als sie. Den Tagesablauf findet sie »hochgradig streng«, Schule und Sport wechseln sich stetig ab. Sie trainiert mindestens fünf Stunden am Tag, teilweise länger, Samstage inklusive. Nimmt sie die Entbehrungen wahr? Ja, tut sie. Stört sie das? Nein. Die Turnerin hat Freude daran, sich zu bewegen und etwas zu lernen. »Man hat nur dieses Leben gekannt. Und ich war nie ein großer Partygänger mit jedem Abend Disco und so. Für mich war es genau das richtige Leben.«

Akribisch führt sie ihr Trainingsbuch. Jede Seite fasst eine Woche mit vier Turngeräten zusammen, säuberlich getrennt nach Pflicht und Kür. Im Umkleideraum steht eine Waage, das Körpergewicht wird vor und nach dem Training notiert. Wöchentlich kommt sie auf bis zu zehn Einheiten, der Umfang liegt in den Wochen vor der Fußverletzung bei 25 bis 30 Stunden. Karin Janz ist gut organisiert. Und das gilt im Sport genauso für ihren Staat, die Deutsche Demokratische Republik.

»Jeder Mann an jedem Ort, jede Woche einmal Sport«, postulierte der Parteiführer Walter Ulbricht bereits 1959. Die kleine DDR fängt erst einmal klein an: Sie holt die Weltmeisterschaften der Kegler (1959) und Turnierangler (1961) ins Land und veranstaltet eine »Urlauber-Olympiade«, bei der 2,4 Millionen DDR-Bürger an 3600 Urlauber-Sportfesten teilnehmen. Darüber mag man im Westen lächeln, aber die DDR wärmt sich gerade erst auf, um die Bundesrepublik schließlich zu »überholen ohne einzuholen« – frei nach der häufig zitierten Losung von Ulbricht.

Aus Breiten- wird in rasantem Tempo Spitzensport, sorgfältig geplant, präzise exekutiert. Der ostdeutsche Staat investiert in Steine und Beine, in Infrastruktur und erstklassiges Personal. Der Schlüssel sind die engmaschige Suche nach Top-Talenten und die Förderung des Leistungssports. Ein Land mit nur 17 Millionen Einwohnern kann es sich nicht leisten, Talente zu übersehen. All das gerät so erfolgreich, dass irgendwann sogar der große Bruder Sowjetunion um Nachhilfe bittet. Gemessen an der Bevölkerungszahl liegt die DDR im Medaillenspiegel von München aktuell vorn.

In den Stadien und Hallen ist das Land eine Weltmacht. Hier erreicht es 1972 das selbstgesteckte Ziel des »Weltniveaus«, das ihm in vielen anderen

Bereichen abgeht. »Die DDR steht auf dem allerersten Platz der Sportnationen der Welt«, schreibt *Le Monde*. Im Leistungssport ist das sozialistische Deutschland ein Mercedes – und kein Trabant.

Karin Janz profitiert von diesem System – im Doppelpass von Sport und Schule, Sport und Studium. Während ihrer Karriere hat sie jahrelang Einzelunterricht erhalten, perfekt organisiert. Mit einem Klassenbuch unter dem Arm zieht sie von Raum zu Raum, von Lehrer zu Lehrer. »Also wenn man das mal ausrechnet, was das alles kostete?«, fragt sie sich selbst in der Rückschau, mit Staunen in der Stimme. Sie muss dafür nichts bezahlen. Ihr Abitur macht sie mit einem Schnitt von 1,5 – und schreibt sich für das Studienfach Medizin ein. Bei den Olympischen Spielen in München will sie nun etwas zurückgeben. »Zurückgeben beinhaltet, dass man eine sehr hohe Identifikation damit hat«, sagt sie. »Man bekommt etwas und möchte es zurückgeben.« Am besten Gold.

Im TV-Programm der Münchener *tz* von heute wird das Weitsprungfinale der Damen ab 15.30 Uhr mit den Worten angepriesen: »Heide Rosendahl ist nicht nur ein schnelles, sondern auch ein schönes Mädchen.« Die Leverkusenerin bringt eigentlich alles mit, was man als Liebling der Massen benötigt. Trotzdem fremdeln einige deutsche Medien mit der Weitsprung-Weltrekordlerin. Arroganz und Überheblichkeit werden der Sportlerin nachgesagt.

Der *Stern*, das Dickschiff der deutschen Zeitschriften, feuert vor Olympia eine Breitseite ab. »Die ungeliebte Primadonna«, lautet die Überschrift in drei fetten Zeilen. Im Text darunter erfährt man: »Heide Rosendahl hat es schwer. Bei den Sportlerinnen ist sie unbeliebt. Vom Publikum bekommt sie nicht den stärksten Beifall.« Unnahbar wie eine Königin sei sie, verlassen wie ein Waisenkind, heißt es in dem Artikel.

Die Athletin fühlt sich missverstanden: Wenn sie im Stadion sei, schalte sie völlig ab. »Und wenn bei mir etwas nach Schau aussehen sollte, dann mache ich das unbewusst.« Und die Attacke des *Stern* vor den Spielen? »Für einige Journalisten war ich Freiwild. Anfang der siebziger Jahre machte ein Fotograf des *Stern* in einer Kölner Diskothek ein Foto von mir im Minirock – von unten«, erzählt sie im Interview zu diesem Buch. *Upskirting* wird erst fünf Jahrzehnte später strafbar. Heide Rosendahl wehrt sich, sie verklagt die

Zeitschrift und gewinnt. »Da war der *Stern* natürlich verschnupft.« Die Presse tut sich schwer mit ihr – einer Athletin der neuen Generation, die sich nicht herumschubsen lässt.

Nach null Goldmedaillen in den ersten vier Tagen müssen selbst missgünstige Schreiber zugeben: »Sie ist die Hoffnung einer Nation, die es sich Milliarden kosten ließ, um zum zweiten Male auf deutschem Boden olympische Sommerspiele auszurichten.« Irgendjemand müsse nun den übermächtigen Brüdern und Schwestern aus der DDR Paroli bieten. Die verheißene Belohnung: Wenn Heide Rosendahl der Sieg gelingt, so die Medien, sei sie »Supergirl, berühmter als Uschi Glas«.

Auch *Bild* gibt zu Protokoll, dass Gold erwartet wird. Rosendahl nimmt es gelassen. »Wenn ich eine Leistung bringen will, dann muss Druck da sein. Deswegen muss man nicht nervös sein.« Heute ist das für sie schwerer als sonst: Das mit dem Mittagsschlaf haut nicht hin, die Nerven sind angespannt. Sie lässt sich »ein wenig ausstreichen« – damit ist eine kurze Massage gemeint.

Anderthalb Stunden vor dem Wettkampf betritt sie den sogenannten *Callroom*. Hier wird kontrolliert, ob alle Teilnehmerinnen anwesend sind, ob sie die richtigen Rückennummern tragen, ob die Spikes unter den Schuhen korrekt aufgezogen sind – und ob die Fingernägel der Damen nicht zu lang sind. Dann werden Rosendahl und ihre Rivalinnen ins Stadion geleitet. Ihren Eltern hat sie Karten für die Gegengerade besorgt. Sie schaut sich suchend um, dann entdeckt sie den Vater und die Mutter. Block U, Reihe 14. Blickkontakt, das fühlt sich gut an.

Um 15.36 Uhr tritt sie zum ersten Sprung an – als erste der Favoritinnen. Ein vermeintlicher Nachteil: Heide springt gewöhnlich lieber nach ihren Gegnerinnen. Jetzt muss sie vorlegen, »eine Hausnummer, damit die anderen wissen, ich meine es ernst«.

Rosendahl trägt das weiße Trikot mit dem roten Brustring und dem Bundesadler. Neunmal tippt sie mit dem linken Fuß auf, es folgen zwei Trippelschritte auf der Stelle. Dann 19 kraftvolle Schritte auf die Grube zu, den Absprung trifft sie gut, direkt vom Balken. Sichere Landung. Der Kampfrichter hebt die weiße Fahne – ein gültiger Versuch. Ein Aufschrei der deutschen Fans auf der Gegengeraden in der Nähe der Grube macht schon vor dem Vermessen deutlich, dass sie einen weiten Satz gemacht hat. Dann dreht sich die zweizeilige Anzeigetafel und zeigt den Zuschauern im ganzen Stadion: »1 0173« und unten »06,78«. Heide Rosendahl hat in ihrem ersten Versuch mit der Startnummer 0173 eine Weite von 6,78 Metern geschafft. Neue Weltjahresbestleistung und nur sechs Zentimeter unter ihrem eigenen Weltrekord. Das ist eine Hausnummer.

Als sie aus der potenziellen Goldgrube steigt, kann jeder im Stadion ihre Erleichterung sehen: Sie vollführt Freudentänze, hüpft auf und ab wie ein Schulmädchen. Von einer Primadonna ist nichts zu sehen. Doch der ersten Freude folgen schnell zweite Gedanken – und Unzufriedenheit, fast schon Reue. Heide Rosendahl ärgert sich über den Sprung, der ihr wahrscheinlich Gold bringen wird. Wirklich wahr.

»6,60 wären okay gewesen, aber 6,78 war mir gar nicht so recht. Für einen ersten Sprung war das viel zu weit«, erläutert sie. »Ich wusste, das reizt sie nur.« Gemeint ist ihre ärgste Konkurrentin, die Bulgarin Diana Jorgowa. Manche Experten haben sie nicht mehr auf der Rechnung, weil sie im Jahr zuvor ihr zweites Kind gekriegt hat. Rosendahl teilt diese Auffassung nicht: »Man kann nach einer Geburt wieder sehr schnell zur Weltspitze gehören.« Im vierten Versuch springt Jorgowa 6,77 Meter, nur einen Zentimeter weniger als Rosendahl. Der Vorsprung ist hauchdünn. Die Deutsche springt zwar die beste Serie ihres Lebens – alle Sprünge liegen zwischen 6,78 und 6,52 Metern – aber steigern kann sie sich nicht mehr. Ihr erster Sprung war ihr bester. Reicht das? Die Zweitplatzierte Diana Jorgowa hat noch einen Versuch, einen allerletzten, zehn Minuten nach der einheimischen Favoritin. Die Chance, Rosendahl den Tag zu versilbern. Und zu versauen. Jorgowa steht bereit. Die deutschen Fans toben. Es ist wahnsinnig laut.

Und da bringt Heide Rosendahl das Stadion zum Schweigen. Mit einer einzigen Handbewegung. Sie legt den Zeigefinger auf den Mund. »Ich wollte ausdrücken: Seid leise!«, sagt sie. »Lasst Diana in Ruhe springen.« Diamanten, so heißt es, können nur unter Druck entstehen. Das Fairplay der Sportlerin glitzert an diesem Sommertag hochkarätig. Rosendahl setzt sich hinter die Ruhebank ins Gras. Die Nervosität umklammert sie jetzt, sie kann nicht mehr hinschauen. Heide Rosendahl sieht noch den Antritt ihrer Konkurrentin, dann macht sie die Augen zu. Das Münchener Publikum wird ihr mit seinen Reaktionen die Nachricht von Gold oder Silber überbringen. Jorgowa landet in der Sandgrube.

»Jjiiaaauu«, kreischen die Zuschauer. Der Kampfrichter hat die rote Fahne oben. Die Bulgarin hat übergetreten. »Ich bin hochgesprungen«, erinnert sich Heide Rosendahl an die Sekunden danach, »Diana kam zu mir herüber und hat gratuliert.« Es ist vorbei, endlich vorbei, die nationale Kraftanstrengung geglückt. Die Eidsprecherin Heidi Schüller, der Schwarm von Mark Spitz, wird in diesem Weltklasse-Wettbewerb Fünfte.

Gold für Heide Rosendahl. Erstes Gold für die Bundesrepublik, erstes Gold für den Gastgeber. Ein perfekter Moment für die Olympiasiegerin, um erst mal eine zu rauchen, oder?

In der DDR wird der Gewinn von Gold, Silber, Bronze wissenschaftlich geplant – und vorhergesagt. Zumindest versuchen das die Experten des Forschungsinstituts für Körperkultur und Sport in Leipzig: Sie definieren für jeden Athleten und jede Disziplin eine konkrete Zielstellung. Für die Welt- und Europameisterin Karin Janz sieht die Prognose Medaillengewinne vor. Welche, das verrät sie nicht. Nur, dass sie so turnen will »wie in 80, 90 Prozent meiner Trainingsdurchgänge«. Auf dem Weg dorthin lässt sich die zielstrebige junge Frau nicht stoppen – weder von ihrer Fußverletzung noch von unbekannten Gefahren. Karin Janz erzählt dazu beim Gespräch für dieses Buch eine Geschichte.

In ihrem Haus im Frauendorf stehen am Aufzug in Massen kostenfreie West-Getränke wie Fanta und Sprite. Auch Janz nimmt eine Flasche mit in ihr Apartment und trinkt ein wenig von der Limonade. Als sie später erneut in die Wohnung zurückkehrt, kommt sie beim Anblick der geöffneten Flasche ins Grübeln: »Während des Tages war ich ja stundenlang nicht in meinem Zimmer.« Was, wenn ihr ein Unbekannter in dieser Zeit etwas in das Getränk kippt? Ihre Lösung: Sie nimmt jedes Mal, wenn sie unterwegs war, eine nagelneue Flasche von den Getränkekisten am Aufzug mit, manchmal mehrmals am Tag. »Auch wenn mir jemand draußen etwas zum Trinken angeboten hat, lehnte ich höflich ab«, erinnert sie sich. Beim Mittagessen in der Kantine geht sie in der riesigen Halle jedes Mal an einen anderen Schalter, damit man ihr Verhalten nicht berechnen kann. Keine Manipulation, kein Betrüger, niemand soll ihre Medaillenhoffnungen zerstören. Vier Chancen hat sie heute Abend: beim Pferdsprung, am Stufenbarren, am Schwebebalken und beim Bodenturnen.

Wie hältst du es mit denen *von drüben*? Der *Stern* aus Hamburg begibt sich im Olympiasommer auf die Spur der deutsch-deutschen Rivalität im Sport. Er engagiert Meinungsforscher und lässt ausgewählten Bundesbürgern diese Frage stellen: »Angenommen, in einem Sportwettkampf stehen vier von unseren Nachbarn in der Entscheidung: ein Schweizer, ein Tscheche, ein Österreicher und einer aus der DDR. Für welchen von diesen würden Sie die Daumen drücken?« Die Antworten sind in der Zeitschrift tabellarisch angeordnet: Für

den DDR-Sportler	47 %
den Österreicher	20 %
den Schweizer	15 %
den Tschechen	6 %
unentschieden	12 %

Die DDR-Touristen in Oberbayern bleiben unter sich. Viele machen ihr Bett selbst und benötigen beim Frühstück keine Bedienung. Wenn sie auf ein Bier gehen, dann mindestens zu dritt, den Kontakt zu Einheimischen meiden sie. Im Hotel »Alpenrose« in Oberaudorf stehen sie in der Gästeliste nicht mit Namen, vielmehr ist dort unisono »DDR« eingetragen. Gespräche mit Bundesbürgern kommen selten über das Wetter hinaus. »Sie sind vielmehr auf eine arge Weise ängstlich, mißtrauisch und unsicher«, schreibt der *Stern*. »Der andere könnte ein Agent, Provokateur sein, oder noch schlimmer: Sozialdemokrat.« Auf manchen Beobachter wirkt es so, als hätten die Besucher ihre Mauer nach Bayern mitgebracht.

Die Staatssicherheit der Deutschen Demokratischen Republik sieht das anders. In ihrem Bericht stellt sie fest, dass die Gesprächspartner aus der DDR offensiv, aber nicht immer geschickt auftreten. Ein Facharbeiter blafft einen westdeutschen Reporter an: »Ich gehe, wohin ich will – auf die Berge, durch die Leopoldstraße, ins Schwimmbad.« Ein Bauingenieur kontert die vermeintlichen Attacken fundamental: »Natürlich habt ihr zur Zeit die besseren Textilien, aber es wird sich zeigen, wer den besseren Menschen hat.« Besorgt stellt die Staatssicherheit fest, dass die Einzelbefragungen durch Journalisten zunehmen: »In den letzten Tagen trat die gezielte Bearbeitung von DDR-Touristen immer deutlicher hervor.« Das beschauliche Inntal wird für die Stasi zu einer Frontlinie im Kalten Krieg. Hinter jeder Pension lauert Propaganda.

Morgens fahren die Besucher aus der DDR, isoliert in einem Abteil, mit dem Zug nach München zu den Wettkämpfen, und abends geht es gemeinsam wieder zurück. Beim Besuch im Stadion oder der Sporthalle sitzen sie in Gruppen von zehn bis 30 Mann beieinander und warten bisweilen auf das Kommando zum gemeinsamen Winken. Selbst die Anfeuerungsrufe sind ihnen vorgeschrieben: »7 – 8 – 9 – 10 – Klasse«.

Bei Olympia mag es vorrangig um Sport und eine Gaudi gehen, für die ausgewählten Ostdeutschen geht es um mehr. »Wichtigste politische Aufgabe aller DDR-Touristen ist es, die Sportler der souveränen Olympiamannschaft der sozialistischen DDR auf den Wettkampfstätten in ihrer politischen Haltung, im Kampf um hohe Leistungen und um den sportlichen Sieg zur Ehre der DDR und der internationalen sozialistischen Sportbewegung zu unterstützen«, lautet der Marschbefehl aus Ost-Berlin.

Udo Lindenberg reist, so will es die Legende, 1972 in die Hauptstadt der DDR. Er trifft an der Friedrichstraße die dunkelhaarige Manuela und macht daraus einen Song, der ein Jahr später erscheint: »Mädchen aus Ost-Berlin« (1973).

> *Ich musste gehen, obwohl ich so gerne*
> *Noch geblieben wär'…*
> *Ich hoffe, dass die Jungs das nun bald in Ordnung bringen*
> *Denn wir wollen doch einfach nur zusammen sein*
> *Vielleicht auch mal etwas länger*
> *Vielleicht auch mal etwas enger*
> *Wir wollen doch einfach nur zusammen sein.*

In der Olympiahalle von München steht Karin Janz aus der DDR bereit zum Pferdsprung. Im lila-pink-farbenen Turnanzug, die Haare zum Dutt hochgesteckt, der mit einer weißen Schleife geschmückt ist. Wenn man sich eine Übung aussuchen sollte, die Gift für eine Bänderverletzung am Fuß ist, dann wäre es dieser Einzelwettbewerb. Man muss auf den Zentimeter genau anlaufen, wie eine Leichtathletin beim Hochsprung. Und dann landet das ganze Gewicht, die ganze Beschleunigung, das ganze Momentum auf beiden Füßen, von denen bei Karin Janz der linke in einer dicken Bandage steckt. Sie läuft an. 13 Schritte. Und dann ist sie in der Luft, die Einzige, die einen Yamashita mit ganzer Drehung turnt, einen gewinkelten Überschlag mit ganzer Schraube. Die Übung dauert vom Anlaufen bis zur Landung weniger als sieben Sekunden. Es fühlt sich an wie eine Ewigkeit, bevor Karin Janz auf ihren Füßen landet. Ein makelloser Stand, sie muss nicht korrigieren. »Der Sprung war wirklich perfekt, und das mit dem schlimmen Fuß.« Was Karin Janz noch nicht weiß: Die Kampfrichterin aus der Bundesrepublik wird der DDR-Athletin eine Zehn geben. Das ist im Kunstturnen die Höchstnote, die nur selten gezogen wird. Eine Zehn vom kapitalistischen Deutschland – für ostdeutsches Gold.

Während der Münchener Spiele wird es nicht gelingen, die Beziehungen zwischen der DDR und der Bundesrepublik neu zu regeln. Der vielleicht wichtigste Grund für die ausbleibenden Fortschritte zwischen Bonn und Ost-Berlin: Willy Brandt und seine Politik der Öffnung sind den Entscheidern in der DDR nicht geheuer. Sagt einer, der es wissen muss: Markus Wolf leitet den Geheimdienst der Deutschen Demokratischen Republik. »Willy Brandt war ja gefährlicher als Adenauer. Bei Adenauer waren die Verhältnisse klar, das war absolute Gegnerschaft«, sagt Wolf später in einem TV-Interview. »Aber Brandt war Antifaschist und kam nun mit Angeboten der Entspannung und der Verständigung, das wurde zunächst mit großem Misstrauen verfolgt.« Bei der Skepsis lassen es die DDR-Oberen nicht bewenden. Sie haben einen Spion im Umfeld des Bundeskanzlers platziert. Ganz dicht dran. Das ist mindestens so viel wert wie eine Goldmedaille in München.

»Wo kann ich mich kämmen und zurechtmachen?« Noch so ein schönes deutsches Wort: »Siegerehrungs-Bereitstellungsraum«. Tief im Bauch des Olympiastadions, im Raum mit der Nummer 21, lockert ein Figaro Heide Rosendahls Haare ein wenig auf, die Chefvisagistin trägt ein bisschen Rouge und grünen Lidschatten auf. Hostess Silvia aus Düsseldorf, 21 Jahre, ist überwältigt. Sie soll der Olympiasiegerin eine Limonade holen. »Mein Gott, ist die süß und natürlich«, raunt das Mädchen den Journalisten zu. Vor der Tür warten die Reporter in einer großen Traube – ihnen wird mitgeteilt, dass die Gewinnerin noch eine raucht und sich dann den Fragen stellt. »Das stimmte nicht«, stellt Rosendahl im Gespräch für dieses Buch klar. »Ich habe als Studentin in den Prüfungen geraucht, aber beim Sport gilt: kein Bohnenkaffee, keine Zigaretten. Also keine Zigarette nach dem Wettkampf!« Als sie herauskommt, gibt sie artig zu Protokoll, dass ihr Sieg hoffentlich als Signal wirkt. Der bundesrepublikanische Goldbann sei jetzt gebrochen.

Um kurz vor halb sieben steht Heide Rosendahl im Olympiastadion bei der Siegerehrung auf dem Podest, im lindgrünen Trainingsanzug. Die Hose, »ein fürchterlicher Schnitt«, hat eine schwäbische Firma extra für sie umgenäht. Heide kennt den Geschäftsführer. Ihr Trainer Gerd Osenberg erlebt die Krönung nicht mit ihr im Stadion – er ist bereits zur nächsten Athletin weitergeeilt. »Ich bin um 18 Uhr mit Liesel Westermann auf dem Trainingsplatz verabredet.«

Am Ende bittet die Gewinnerin die Zweite Jorgowa und die Dritte Suranova zu sich auf das oberste Treppchen. Unnahbar? Von wegen. »Ein Zentimeter genügte«, kommentiert die *Sport-Illustrierte* pointiert, »um das rotblonde Mädchen von der Galle ihrer Kritiker ins Herz zu verpflanzen.«

Und der *Stern*? Hebt Heide Rosendahl in der nächsten Ausgabe in Farbe auf die Titelseite – als erste Einzelsportlerin in der Geschichte des Magazins. Diesmal lautet die Schlagzeile: »Heide im Glück«. Wer die schwierige Beziehung zwischen der Zeitschrift und der Athletin kennt, muss schmunzeln: Auf dem Foto hält die Gewinnerin der ersten Goldmedaille für die Bundesrepublik den Zeigefinger vor die Lippen – so als würde sie ihre Kritiker endgültig zum Schweigen bringen.

Die Schwimmhalle liegt im Olympiapark nur einen Steinwurf von Rosendahls Stadion und Janz' Turnhalle entfernt. Mark Spitz schreibt im Becken heute seine Erfolgsgeschichte fort: Gold über 100 Meter Schmetterling und in der 4 x 200-Meter-Freistil-Staffel. Beides wieder mit Weltrekorden. *Five down, two to go.* Wer soll ihn auf dem Weg zu sieben Goldmedaillen noch aufhalten?

Die größte Aufregung erleben Marks Eltern an diesem Tag nicht auf der Tribüne, sondern bei der Anreise. Diesmal müssen sie nicht den Zug aus Garmisch nehmen. Der CDU-Kanzlerkandidat Rainer Barzel hat die Eltern des Champions eingeladen, in seinem Helikopter mit nach München zu fliegen. Alle Beteiligten wissen: Das hat mehr mit PR als mit Völkerfreundschaft zu tun. Was der Politiker nicht weiß: Lenore fliegt zum ersten Mal mit einem Hubschrauber. Als sie auf dem Kasernenhof in Garmisch einsteigt, lächelt sie gequält. Doch Absagen geht nicht mehr, sagt Arnold Spitz. Schließlich hat Barzel ihnen gestern Blumen geschickt. Der Helikopter geht in die Luft. Willkommen zum Wahlkampf *made in West Germany*.

Im Fußball verpassen die USA den Anschluss. Die deutschen Olympiakicker schlagen die Amerikaner mit 7 : 0. Der vorher kaum bekannte Ottmar Hitzfeld aus Lörrach an der Schweizer Grenze rückt immer mehr in den Mittelpunkt. Gegen die US-Boys steuert er im Olympiastadion ein Tor bei, vor zwei Tagen war er in Passau beim 3 : 0 über Marokko an allen drei Treffern beteiligt. Während seine Teamkollegen immer noch nicht so recht überzeugen, dribbelt der Stürmer mühelos in die Schlagzeilen: »Hitzfeld heizte Marokkos Elf ein«. Dank des Neulings wahrt die Bundesrepublik ihre Chance auf eine Medaille.

Ein paar Hundert Meter vom Stadion entfernt tobt die Olympiahalle schon wieder – diesmal vor Wut. Am Stufenbarren, davon ist die überwiegende Mehrheit der 12 000 Zuschauer überzeugt, ist ihrem Liebling Olga Korbut Unrecht geschehen. 9,8 lautet die Wertung, so wie zuvor bei Turischtschewa aus der Sowjetunion und Zuchold aus der DDR. Pfui! »Olga Korbut, UdSSR, wird nach ihrer allem Anschein nach unterbewerteten Leistung am Stufenbarren zum erklärten Massenliebling dieser Olympischen Spiele emporapplaudiert, -gebuht und -gepfiffen«, schreibt der Autor Martin Morlock danach in einer Olympiapublikation. Karin Janz aber hat gesehen, was viele Laien nicht bemerkt haben: Olga Korbut hat ihre Übung unsauber geturnt – erst beim Flickflack, dann beim Abgang.

Es dauert zehn Minuten, bis Janz' Teamkollegin Angelika Hellmann den Wettbewerb fortsetzen kann. Der Lärm ebbt nicht ab. Für die DDR-Turnerinnen wird die Halle zur Hölle. »Das ist unmöglich«, ärgert sich Janz. Auch ihre Konzentration wird durch Pfiffe gestört. Aber ihren entschlossenen Willen können die Tumulte nicht erschüttern. Ein Jahrzehnt später, in den Achtzigern, würde man sagen: Sie bleibt *cool*. Eine knappe halbe Minute braucht sie, um sich durch ihre Übung am Stufenbarren zu turnen – ihren Abgang steht sie fehlerfrei. Auf einem gesunden rechten und einem verletzten linken Fuß.

Gebannt warten die Zuschauer und die Athletin nun auf die Wertung. Die Halle vibriert, sie atmet – als sei sie ein Lebewesen aus Glas und Stein. Dann erscheinen die entscheidenden Zahlen. Eine Neun und noch eine. 9,9. Das reicht, hauchdünn. Karin Janz aus Hartmannsdorf im Spreewald ist zweifache Olympiasiegerin, die »Musterschülerin des Kunstturnens«, schreibt jemand. Als Zugabe holt sie später noch Bronze am Schwebebalken. Die Diskussion um die Wertungen und die Urteile der Kampfrichterinnen bieten für Journalisten und Fans noch einen Tag Stoff zum Kauen, bevor sie sich einem anderen Knochen zuwenden.

Was für die Ewigkeit bleibt: Zweimal Gold, zweimal Silber, einmal Bronze – Janz ist bis dahin die erfolgreichste Athletin beider deutscher Staaten bei diesen Olympischen Sommerspielen in München. Ihr Tagebuch schmückt Karin mit Pfeilen, die auf das Wort »Goldmedaille« zielen. Sie zieht auch einen Schlussstrich: Dieser aufregende Abend ist das Ende ihrer olympischen Karriere. Im Alter von 20 Jahren und sechs Monaten.

Eine Westdeutsche kann die Medaillenausbeute von Janz noch übertreffen: Heide Rosendahl. Für sie fangen die Spiele gerade erst an. Die Olympiasiegerin im Weitsprung hat in den nächsten Tagen zwei weitere Gelegenheiten für Gold: eine große beim Fünfkampf, eine kleine mit der 4 x 100-Meter-Staffel. Eine feuchtfröhliche Feier leistet sie sich heute nicht mehr. Nach der Dopingkontrolle und einigen TV-Auftritten kehrt sie in ihr Zimmer im Dorf zurück. Es sieht aus wie ein Blumenladen – ein Strauß ist dabei von Willy Brandt, einer von seinem Herausforderer Rainer Barzel. Heide versucht, ihren Freund John telefonisch zu erreichen, vergeblich. Sie liest noch ein paar Glückwunschtelegramme. Am Ende des Tages reicht ein Glas Sekt aus, und die Olympiasiegerin aus Leverkusen ist beschwipst.

Die DDR-Turnerin Karin Janz verlebt mit ihrer Mannschaft einen »echt lustigen Abend«. Für jede Medaille bekommt sie eine Flasche Sekt. »Wir hatten ganz schön zu tun, wenigstens einen Teil davon nach dem Abschluss der Wettkämpfe zu trinken«, merkt sie an. »Endlich fiel die Anspannung der Wettkampftage ab.« Die Doppelsiegerin aus der DDR wird noch einige Tage zum Sightseeing in Bayern bleiben. »Weil ich bis auf Training und Behandlung nichts gesehen habe«, sagt sie. »Ich habe mir wegen der Verletzung jeden Schritt gespart.« Aus der Teilnehmerin wird eine Touristin.

Woanders baut man noch.

München fähr[t] [DB]

Am 28.4.1972: Eröffnung des S-Bahn-Tunnels. Jetzt sind 400 km Münchner S-Bahn bereit. Für Sie!

Bahn frei für die Modernisierung Münchens: Als
Infrastrukturprojekt verdienen die Olympischen
Spiele 1972 in München eine Goldmedaille. Zur
lokalen Legende werden dabei insbesondere die
neuen S- und U-Bahn-Strecken. Bis heute wird
der Schienenverkehr besonders häufig genannt,
wenn gefragt wird, was von Olympia geblieben ist.

TAG 7
Freitag, 1. September 1972

Am Tag nach ihrem Siegesjubel macht Heide Rosendahl erneut einen Luftsprung: Auf dem Weg zum Mittagessen entdeckt sie überraschend ihre Eltern. Heinz und Margaret Rosendahl haben keinen Passierschein und schaffen es, das klingt inzwischen schon vertraut, trotzdem ins Olympische Dorf. Schnell ist ihnen ein Pulk von Reportern auf den Fersen. Kempinski-Direktor Hans-Jürgen Gores, zuständig für die Mensa, leistet pragmatisch Fluchthilfe: Ausnahmsweise darf das bundesdeutsche »Goldkind« *(tz)* seine Eltern mit zum Lunch nehmen. Während die Olympiasiegerin bei Kalbssteak, Rosenkohl und Salat mit amerikanischem Dressing einen seltenen Moment im Familienkreis genießt, macht nebenan eine schreckliche Nachricht die Runde.

Mitten im Olympischen Dorf hat ein junger Mann laut Presseberichten einen Selbstmordversuch unternommen. Der Schock in der sonst gut gelaunten Gemeinschaft ist groß. Es gibt zwei Versionen des Tathergangs, inklusive unterschiedlicher Altersangaben des Opfers. Der Student Horst H., entweder 20 oder 23 Jahre alt, soll aus Bremen stammen. In den Semesterferien arbeitet er in München für eine Transportfirma, der Job führt ihn oft ins Dorf. Und hier wollte er sich vom elften Stock eines Hochhauses in die Tiefe stürzen. Er hing schon halb über der Brüstung eines Balkons. Die Rettung kam von Bewohnern und Polizisten, die beruhigend auf ihn einredeten – bis er aufgab. Oder, wenn man der dramatischeren Fassung glauben will: Zwei Kolleginnen hielten ihn in letzter Sekunde an den Füßen fest und zogen ihn zurück in das Innere einer Wohnung. Einig sind sich die Zeugen beim Motiv: Liebeskummer. Horsts Freundin, die auch bei Olympia tätig ist, hatte ihn wohl zuvor verlassen.

Die Vereinten Sportnationen können aufatmen. Es bleibt vorläufig dabei: In der olympischen Kleinstadt, die sich Dorf nennt, ist bisher niemand eines unnatürlichen Todes gestorben. Im Polizeibericht ziehen die Beamten eine erste Bilanz. Ihre Zufriedenheit – gepaart mit Eigenlob – ist in jeder Zeile zu spüren: »Die Spiele der XX. Olympiade, die sich in der vorausschauenden Prognose von Außenstehenden auch die ›Kulmination der Diebe‹ genannt wurden, haben bisher nur eine Kriminalität auf Sparflamme gebracht. Der von Pessimisten erwartete Kriminalitätsanstieg ist bisher noch nicht eingetreten. Die Ursachen sind vor allem in der vermehrten Präsenz der Polizeistreifen auf den Straßen zu suchen, die insbesondere die Münchener Kriminellen und Stammkunden der Polizei abgeschreckt und örtlich vertrieben haben dürften.«

Das Augenmerk der Ordnungshüter liegt weiterhin auf Taschendiebstählen (»Den Damen wird empfohlen, auf den Verschluss ihrer Handtaschen zu achten«) sowie Fahnendiebstählen, die »keineswegs als Kavaliersdelikte« zu behandeln sind. Der Blick auf die verbleibenden Wettkampftage mahne weiter zur Wachsamkeit: »Völlig falsch wäre es, wenn der derzeitige Zustand die Bürger verleiten würde, in ihrer Vorsicht nachzulassen. Nach wie vor wird jeder Leichtsinn sofort von den Kriminellen ausgenutzt.«

Im Haus von Konrad Wirnhier stehen 300 Waffen, von der Pistole über die Büchse bis hin zur Flinte. Die Munition ist nicht verschlossen. Sie liegt im Gang, wo auch die Freunde seiner Kinder zur Tür hereinkommen. »Niemand wäre auf die Idee gekommen, etwas mitzunehmen«, sagt seine jüngste Tochter Heike Salzmann. Ihr Vater, den alle nur »Conny« nennen, ist Deutschlands letzte Hoffnung auf eine Medaille der Schützen bei diesen Olympischen Spielen.

Wirnhier tritt im Skeet-Schießen an. Es ist bereits der zweite von drei Wettkampftagen in dieser Disziplin. Draußen in Hochbrück zielt man auf Tontauben, die aussehen wie fliegende Untertassen. Wirnhiers schnellste Abschusszeit liegt bei drei Zehntelsekunden. Ehe Normalsterbliche die Taube überhaupt ausmachen können, ist sie bereits in der Luft zerplatzt, von seinem Schuss getroffen.

Der Mann aus Bayerns Osten lädt die Journalisten zu Wortspielen aus dem Wilden Westen ein. »Sheriff Wyatt Earp, Todesschütze Doc Holiday und Old Surehand würden ihre Flinten ins Korn geschmissen haben«, schreibt ein Reporter, »hätten sie jemals etwas von unserer Olympia-Hoffnung Konrad Wirnhier aus Pfarrkirchen gehört.« Ein anderer Schreiber findet, dass Conny aussehe wie eine bayerische Version von Ben Cartwright, dem Patriarchen aus der beliebten Fernsehserie *Bonanza*. Leger, männlich, herb und frisch, beschreibt ihn ein weiterer Journalist, der zu Besuch nach Pfarrkirchen kommt.

Bei den Münchener Spielen müssen die Ober-, Nieder- und alle anderen Bayern erleben, dass die internationalen Besucher ausschließlich auf das moderne Deutschland fokussieren – und der traditionelle Freistaat fast aus dem Blick gerät. Conny Wirnhier verbindet beide Welten. Ein Mannsbild, halb urwüchsiger Niederbayer, halb Weltbürger. Seine Heimat ist Pfarrkirchen, 11 000 Einwohner, mit einem großen Sportverein, dem TuS 1860. Ein Ort, dem noch etwas von der guten alten Zeit anhaftet, finden die Fremden, wenn sie vorbeischauen. Von den Einheimischen werden die auswärtigen Besucher skeptisch beäugt, frei nach dem Motto: Wen wir mögen, dem zeigen wir es. Und wen nicht – dem auch. An der Hauptstraße steht das grau verputzte Haus mit der Aufschrift »Büchsenmacherei Waffen – Wirnhier Angelgeräte«. Vorne der Laden, hinten die Werkstatt. Die Familie lebt im ersten und zweiten Stock.

Conny lernt seine Frau Erika bei der Leichtathletik im TuS 1860 kennen, er ist Kugelstoßer, sie mehrfache Regionalmeisterin im Laufen, bekannt als »Gazelle von Niederbayern«. Am Rande der Aschenbahn macht jemand ein Foto des verliebten Paares: Sie sitzen auf dem Rasen, im Partnerlook, beide tragen die gleichen Trainingsanzüge, er legt den Arm um ihre Schulter, zärtlich und stolz. Sie heiraten 1959. Drei Kinder bekommen die beiden: Sigrun, Gerwald und Heike. Nach dem Frühstück, erinnert sich die Jüngste, ging es jeden Tag erst einmal in die Werkstatt, »gucken, was da los ist«. Schießen ist im Hause Wirnhier *Family Business*. Conny ist leidenschaftlicher Waidmann, auf seiner 2000-Hektar-Jagd erlegt er Rehe und Böcke, am liebsten mit seinem Vater Josef, der auch jenseits der 80 immer noch ein respektabler Schütze ist. Im Winter dürfen die Kinder mit zur Treibjagd.

Pfarrkirchen, das ist ländliches Bayern, bäuerlich geprägte Provinz, 25 Jahre nach dem Krieg. In mancher Gegend des Freistaats sind in den sechziger Jahren nicht einmal die Straßen geteert, und die Krankenhäuser müssten dringend saniert werden. Es fehlt in einigen Landstrichen an höheren Schulen. Noch fünf Jahre vor Olympia liegt die Arbeitslosigkeit in Bayern (5,1 Prozent) deutlich über dem Bundesdurchschnitt (3,1 Prozent).

Von anti-autoritärer Erziehung im Stil von 1968 will der Vater nichts wissen. Sein Devise ist: Klare Ordnung, »sonst kommt der klare Donner«, so Heike Salzmann. Wenn die Kinder hinfallen, kommentiert Conny das mit den Worten: »Hat's dich geschmissen, dann musst du besser aufpassen.« Die Kindheit, erinnert sich die Jüngste, spielt sich neben der Werkstatt auf den Schießständen ab. Wirnhier kommt über die Jagd zum Sport. Als er dem Pfarrkirchener Jägerverein 1960 einen Schießstand für das Training der Fasanenjagd einrichtet, fängt er Feuer. Er bringt sich das Sportschießen selbst bei. Fünf Jahre später wird er zum ersten Mal Weltmeister. In Chile, auf der anderen Seite des Planeten. Und das ist erst der Anfang einer beeindruckenden Laufbahn. Tochter Heike: »Der Vater fährt weg und kommt als Sieger wieder. So kannten wir das als Kinder.«

Durch den Sport eröffnet sich Conny Wirnhier eine Welt jenseits von Niederbayern. Besonderen Eindruck hinterlässt die Reise nach Mexiko zu den Olympischen Sommerspielen 1968. Er kauft sich dort eine Gitarre, lernt Spanisch, na gut, ein bisschen Spanisch. »Der Papa sprach jede Sprache der Welt ein bisschen«, lacht Heike. Er spielt »spanische Sachen« und alles andere auch, von Johnny Cash bis zu Volksmusik. Zwischen den Wettbewerben gibt er für die Mexikaner niederbayerische Gesänge zum Besten und pfeift den einheimischen Damen hinterher. »Das hat nichts zu bedeuten«, versichert er einem Reporter, »wenn man einem Maderl sagen will, dass es fesch ist, dann pfeift man ihr nach. Dann weiß sie es und kann sich freuen.«

Im chaotischen, riesengroßen Mexiko-Stadt kommt er fast ums Leben: Am Tag vor dem Wettkampf fährt er einen Wagen zu Schrott – »als er Autofahren auf mexikanisch lernen wollte«, so ein Teamkollege. Am nächsten Tag trifft er im Wettbewerb 100 von 100 Tauben. Am Ende reicht es trotz der Nervenstärke nicht: Der zweifache Weltmeister holt in Mexiko nur Bronze.

Das ist vier Jahre her. Jetzt hat er noch einen Schuss auf Gold – bei den Olympischen Spielen dahoam. Obwohl das mit dem Dahoam so gar nicht stimmt: München, das ist für die Niederbayern eine Metropole wie Manhattan und fast genauso weit weg, der Weg über die Landstraße zieht sich ewig. Eine Autobahn in die Landeshauptstadt gibt es nicht. Und am Ende der Fahrt steht man in München meistens im Stau.

Im Olympiajahr führt die Bundesrepublik Tempo 100 auf Landstraßen ein. Die Autofahrer in München wären im Alltag schon mit der Hälfte zufrieden. In der bayerischen Landeshauptstadt gibt es die höchste Autodichte in der

Bundesrepublik: Schon 0,7 Prozent der zugelassenen 430 000 Kraftfahrzeuge genügen, um die wichtigste Verkehrsader der Stadt, den 28 Kilometer langen Mittleren Ring, zu blockieren, berichtet der *Spiegel*. In jedem Jahr kommen 30 000 Autos dazu. Beim Verkehr hört in München die sprichwörtliche Gemütlichkeit auf.

Mitten auf dem Marienplatz liegen die Haltestellen mehrerer Tramlinien. In der Kaufinger- und Neuhauser Straße, die später zur Fußgängerzone werden, stehen die Autos Stoßstange an Stoßstange. Der Stachus gilt als verkehrsreichster Platz Europas – obwohl er in München nur der fünftgrößte ist. »Ein heilloses Verkehrschaos«, urteilt die *Süddeutsche Zeitung*. Die Gastgeberstadt, ergänzt der *Spiegel*, hat schlechtere Luft als Industriereviere wie Ludwigshafen/Mannheim. 2350 Tonnen giftige Autoabgase und 100 000 Tonnen Industriestaub jährlich haben angeblich zur Folge: 300 Sonnenstunden weniger als im Umland.

Entlastung sollen die ersten beiden U-Bahn-Linien und eine neue S-Bahn-Strecke bringen. Was die wenigsten wissen: Sie werden schon geplant, bevor die Stadt 1966 den Zuschlag für die Spiele erhält. Bereits im Sommer 1963 beschließt der Stadtrat verbindlich den Bau der S-Bahn, im Januar 1964 den der U-Bahn. Olympia beschleunigt den Prozess. Und vereinfacht ihn, wie man das in einer deutschen Bürokratie für unmöglich gehalten hätte: Der Antrag zur Planfeststellung, den die Stadt München im März 1967 an die Regierung Oberbayerns schickt, besteht aus fünf Seiten.

Erst einmal nimmt das Verkehrschaos weiter zu. Die Münchener müssen jahrelang Baustellen und aufgerissene Plätze in der Altstadt hinnehmen. »Die Kaufingerstraße war ein einziges Loch«, erinnert sich der Reporter Stefan Klein in einer Dokumentation der *Süddeutschen Zeitung*, »Münchener, die einkaufen wollten, balancierten über irgendwelche Bretter.« Ein Hobbyfilmer hält das auf körnigem Farbfilm fest: Menschen, die sich an den Zäunen vorbeidrücken. Provisorische Schilder, die den Weg zu den Geschäften weisen. Ein Schutzmann, der auf einem Podest mitten auf der Straße steht, verzweifelt um Ordnung bemüht. Umleitungen und Einbahnstraßen im nervigen Wechsel.

Die Stadtoberen machen aus der Not eine Tugend: Weil die Innenstadt ohnehin eine einzige Baustelle ist, ziehen Oberbürgermeister Hans-Jochen Vogel und seine Planer den Bau der Fußgängerzone vor. Die Münchener granteln. Aus der Weltstadt mit Herz wird die Weltstadt mit Herzinfarkt. Wie soll das alles enden? Mit einem Happy End – findet der ehemalige Oberbürgermeister. In seiner Olympiakolumne für den *Sport-Informationsdienst* schreibt Hans-Jochen Vogel im Sommer 1972: »Gewiß ist, daß die Spiele für München bedeutende Vorteile mit sich bringen und daß die Stadt ihre Goldmedaille schon gewonnen hat.« München sei »zugleich schöner und farbiger geworden«. Die Stadt habe das »Geschäft des Jahrhunderts gemacht«, denn bezahlt haben die meisten Investitionen der Freistaat Bayern und die Bundesrepublik. Stolz verweist Vogel darauf, was neben den Sportbauten noch entstand: 275 000 Quadratmeter Straßenfläche, 1000 Sozialwohnungen, 1800 Studentenwohnplätze, 5000 frei finanzierte Wohnungen sowie drei Schulen mit 5600 Plätzen.

Der Politiker vergisst auch nicht, die »4,2 Kilometer U-Bahn« der sogenannten Olympialinie zu erwähnen. Die Fahrten unter der Erde sind damals ein Ereignis und bringen manche schier um den Verstand wie sonst nur der Föhn. Die Krankenschwester Anny Nothelfer ist »richtig benommen über soviel Schönes, ich kann das in Worten gar nicht zum Ausdruck bringen. Alles ist gewaltig und faszinierend. Wie ein großes Wunder ist dieses Projekt anzusehen. Es war das größte Erlebnis meines Lebens. Möge der liebe Gott mit seinem Segen immer mitfahren.« Das schreibt sie in einem Brief an die *Abendzeitung*. Und es geht – natürlich – um ihre erste U-Bahn-Fahrt.

Die offizielle Jungfernfahrt findet am 19. Oktober 1971 statt. Die ersten Züge fahren zwischen Goetheplatz und Kieferngarten, später dann bis zum Olympiazentrum. Es ist »das Infrastrukturprojekt dieser Zeit«, findet die *Süddeutsche Zeitung* in der Rückschau und spricht vom Beginn eines neuen Zeitalters. Während der Olympischen Spiele nehmen rund 4 Millionen Fahrgäste die U-Bahn. Als 38. Stadt der Welt legt München die Züge unter die Straßen. Das bayerische Millionendorf ist angekommen in der Liga von London und New York, Tokio und Paris. In der Weltklasse.

Das gilt während Olympia auch noch für anderen Verkehr. »Achtung Münchener und auswärtige Gäste!« In der Menzinger Straße 47 in Nymphenburg verpassen die Freier keinen Höhepunkt der Olympischen Spiele. Denn Petra, Katja und Denise bieten neben einem »ganz neuartigen Massagefühl durch Wellenmassagen« auch eine Hausbar – und einen Fernseher, an dem Kunden die Sportwettbewerbe live verfolgen können. Eine Parkmöglichkeit ist auch vorhanden, geöffnet ist von 11 bis 24 Uhr.

Das hier zitierte Angebot besteht aus insgesamt acht Zeilen und erscheint während der Spiele im Anzeigenteil einer lokalen Boulevardzeitung. Interessierte können für einen Termin die Telefonnummer 177688 anrufen. »Dank Olympia hat die Bayern-Hauptstadt Anschluß gefunden an erotisches Welt-Niveau«, kommentiert der *Spiegel* aus Hamburg, der Heimat der Reeperbahn. »Was in Berlin und New York, Rom und Paris längst Usus ist – Liebe per Annonce, An- und Abruf – wird nun auch in Bayern Brauch.«

Prostitution ist 1972 sittenwidrig, sprich: illegal. Laut einem Urteil des Bundesverwaltungsgerichts von 1965 steht die Betätigung der Dirnen auf einer Stufe mit Berufsverbrechern. Callgirl-Agenturen, Nachtclubs und Bordelle können sich nicht offiziell als Gewerbe anmelden. Weil die Nachfrage dennoch vorhanden ist, werden die Dienstleistungen verschleiert angeboten. Wohin das führt, kann man während der Spiele vornehmlich in den Anzeigenspalten von *Abendzeitung* und *tz* nachlesen.

Fotomodelle. Hostessen. Masseusen. Kosmetikerinnen. Unter diesen Jobbezeichnungen bieten Dutzende Frauen täglich ihre Dienste an. Sie gehen davon aus, dass die Kunden wissen, was gemeint ist. »Charmante Hostess für alle Gelegenheiten«. »Junge Kosmetikerin kommt«. »Massage entspannt«. »Wunschmassagen«. Das Angebot ist riesig und beinhaltet auch Innovationen: »Neu!«, schreit eine Annonce in fetten Lettern, »Wird vorgeführt! Entspannungsmassage-Apparate!« Hightech als Alleinstellungsmerkmal, sozusagen. Das Wort »Sex« steht in den Kleinanzeigen übrigens nie.

Die Polizei hat das Olympiagelände zum Sperrbezirk erklärt. Das Ziel sind laut *Abendzeitung* »saubere Spiele«. Doch Schätzungen gehen davon aus, dass zu den 5000 in München ansässigen Huren weitere 6000 Kolleginnen zur Olympiade angereist sind. Die Welt kommt: Junge Französinnen und quirlige Brasilianerinnen und Señoritas aus Mexiko versprechen der Kundschaft regional typische »Massagen«. Die erotische Offenheit überschreitet Länder- und Geschlechtergrenzen: Auch »Kavaliere« und »junge Gesellschafter für höchste Ansprüche« schalten Anzeigen. Am Wochenende wird durchgearbeitet.

Einige käufliche Damen locken mit der Nähe zu den Wettkampfstätten – den behördlichen Anweisungen zum Trotz. »Neu am Olympiagelände« signalisiert eine Offerte, auffällig gesetzt mit weißen Buchstaben in einem schwarzen Kasten. »Peggy massiert mit zarter u. strenger Hand, ganz nach ihrem Wunsch.« Wie nahe die älteste Disziplin der Welt den sportlichen Wettbewerben tatsächlich kommt, bleibt offen. Eine Kollegin von Peggy verkauft der angepeilten Zielgruppe von Touristen bereits eine rund sechs Kilometer entfernte Adresse an der Leopoldstraße in Schwabing als: »Nähe Olympiagelände«.

Olympia *sells*. Als Marketing-Instrument spielt die Sexindustrie immer wieder mit den einschlägigen Begriffen und Gebräuchen des Sportfests. »Hier ist die olympische Flamme«, meldet sich eine Hure in der Münchener Drygalski-Allee 118, schreibt der *Spiegel*. Und ein Kino in der Sonnenstraße annonciert den Fummelstreifen *Mädchen die nach München kommen* mit der zweisprachigen Verkaufszeile »Das geheime Sex-Leben der Olympia-Stadt / The secret sex-life of the olympic-city«. Die Anzeige preist als Mitwirkende: Ingrid Steeger, eine bundesrepublikanische Fernsehgröße.

Und die Athleten, die edelmütige Jugend der Welt? Erkunden das Münchener Nachtleben in all seinen Facetten; insbesondere die Teilnehmer, die in den ersten Tagen bereits in den Vorrunden-Wettbewerben ausgeschieden sind. Sie haben viel Zeit und Energie übrig. Verena Müller-Rohde und Susanne Rieger berichten in *Das Olympia 72 Lesebuch* von einem Münchener Taxifahrer, der sich an eine von außen unscheinbare Tiefgarage an der Dachauer Straße erinnert – ein Treffpunkt für Freier und Huren in Olympiazeiten. Der Geheimtipp machte auch unter den männlichen Sportlern die Runde. »Dort war so ein Kontakthof für Prostituierte. Durch die Tiefgarage ist man reingegangen, kam so in das Haus, und dort waren dann die Wohnungen der Madln«, sagt der Taxler, der während der Spiele einige Touren dorthin fuhr.

In einem Beitrag für den *Playboy* nennt ein Insider Preise. Ulrich Althoff leitet den Schwabinger »Allround Hostessen Service«. Mit den Olympia-Hostessen hat das nichts zu tun. 80 Mädchen hat der Unternehmer nach eigenen Angaben unter Vertrag – »Sekretärinnen, Studentinnen, Masseusen und Verkäuferinnen«. Für fünf Stunden müsse der Kunde mit 150 Mark rechnen, davon gingen 50 Mark an die Mädchen. Das Geschäft in der Grauzone zwischen Konversation und Koitus beschreibt er als äußerst lukrativ. Er verdiene mehr als bei seiner früheren Tätigkeit als PR-Direktor, und da waren es bereits 8000 Mark monatlich. Das ist 1972 eine kaum vorstellbare Gehaltssumme. Althoff, der moderne Kunst von Andy Warhol und Richard Hamilton sammelt, sagt locker dahin: »Ich würde meinen Job als eine Art Freizeitvermittlung bezeichnen.«

Die Realität von Münchens Straßenhuren hat mit dem luftigen Zitat Althoffs nichts gemein. Dazu reicht ein Blick in den Polizeibericht während der Spiele: Eine Prostituierte wird an ihrem Standplatz an der Landsberger Straße von Kugeln getroffen – sie erleidet einen Oberschenkeldurchschuss.

Ein paar Tage später wird eine Kollegin in einen heftigen Kampf verwickelt, als ein Freier ihr auf der Rückfahrt vom »durchgeführten GV« ihre Handtasche rauben will. Der Täter verliert die Kontrolle über den Wagen und fährt gegen einen Baum. Anschließend flüchtet er zu Fuß. Das Geschäft der Sexarbeiterinnen auf der Straße ist lebensgefährlich.

Im grünen Norden der Olympiastadt, auf der Schießanlage im Nadelwald, holt Konrad Wirnhier heute 73 von 75 möglichen Tauben – kein überragendes Ergebnis, aber damit bleibt er vorläufig im Geschäft. Und das ist bemerkenswert genug, denn der 35-Jährige laboriert seit drei Jahren an einer langwierigen Ellenbogenverletzung, einem »Tennisarm« – für einen Schützen eigentlich das Aus. »Er hat Meisterschaften ausgelassen«, sagt die Tochter, »und viel Zeit bei Ärzten verbracht.« Wirnhier muss vor Olympia kämpfen, um wieder fit zu werden und den Anschluss zu halten.

Doch der Altmeister hat einen Trumpf im Ärmel, der ihn im Kreis der Weltelite herausragen lässt: Conny Wirnhier ist der Einzige, der seine Waffe selbst baut. Auch diesmal, für Olympia. Mit seinen eigenen Händen, daheim in Pfarrkirchen, in der Werkstatt. Er ist Top-Sportler und exzellenter Handwerker zugleich. Und ein pfiffiger Geschäftsmann, der schon früh über die Landesgrenzen hinausschaut.

Der Niederbayer verfügt über eine besondere Fähigkeit, ein Talent: Er kann Flinten auf den Leib schneidern, von Anfang bis Ende. Seine Kunden haben mal dicke Backen, mal dünne Hälse, jeder Schütze ist anders gebaut.

Er passt den Schaft individuell an den Körper an. Wie einem Bildhauer gelingt es Wirnhier, die perfekte Form aus einem Stück Holz herauszuschälen. Seine Waffen sind begehrt und kosten bis zu 8000 Mark. Pro Jahr legt er rund 70 000 Kilometer mit dem eigenen Wagen zurück, viele davon geschäftlich.

Der Familienurlaub, sagt Heike, ging immer nach Italien – sei aber in Wirklichkeit eine Art längere Dienstreise zu den bevorzugten Geschäftspartnern des Vaters gewesen. In Gardone Val Trompia in der Provinz Brescia, zwischen Lago d'Iseo und Gardasee, sitzt die Firma Gamba, ein traditioneller Waffenhersteller. Hier, in der Hochburg der italienischen Schützen, besorgt sich Wirnhier die Materialien und die Expertise, die er für seine Manufaktur braucht. *Made in Pfarrkirchen* ist auch ein Stück weit *made in Italy*.

Auf den Waffen des internationalen Geschäftsmanns und Büchsenmachers findet sich zunächst der Schriftzug »Wirnhier«, später das geschwungene Kürzel »Cowi«. In der Welt der Schützen sind das Markenzeichen. Dem Weltklasse-Athleten Wirnhier fehlt das höchste Gütesiegel noch – die Goldmedaille bei Olympischen Spielen. Nach zwei von drei Wettkampftagen bei München 72 liegt er auf dem zweiten Platz, nur einen Punkt hinter Michael Buchheim aus der DDR.

Die Anlage in Garching-Hochbrück hat 24 Millionen Mark gekostet, ein sagenhafter Preis für eine Randsportart, da wird man doch etwas Zählbares erwarten können. Bisher haben die olympischen Schützen in der Öffentlichkeit allerdings nur mit zwei Nachrichten Aufsehen erregt: zum einen mit dem umstrittenen Zitat des nordkoreanischen Olympiasiegers im Kleinkaliber, Ho Jun Li, zu seiner Motivation: »Ich schoß so, als wäre ich an der Grenze und die Scheibe der feindliche Soldat.« Zum anderen mit der frustrierenden Ausbeute der westdeutschen Gastgeber, die trotz der optimalen Bedingungen bisher keine Medaille geholt haben.

Das kann sich ändern, wenn morgen der bayerische Ben Cartwright bei seinen letzten Olympischen Spielen seinen letzten Schuss am letzten Tag der Schießwettbewerbe abgibt. Der Mann, dessen Ellenbogen gerade verheilt ist. Der Mann, von dem ein Reporter schrieb: Sein Zielwasser ist Bier. Es wird spannend wie im Finale des Westerns *Zwölf Uhr mittags*. Der Cowboy aus Pfarrkirchen ist bereit für den Showdown. *High Noon* in Hochbrück.

Aus den Radionachrichten des Bayerischen Rundfunks: »Sie hören nun eine Zusammenfassung der wichtigsten Nachrichten des Tages. Neuer Schachweltmeister ist der 29 Jahre alte Amerikaner Bobby Fischer. Bei einem Stand von 12,5 zu 8,5 Punkten für Fischer gab der sowjetische Verteidiger Boris Spasski den Kampf auf.«

Wenn die Hörer bei einer Meldung vom Schach an die geistige Ertüchtigung von gebildeten Gentlemen denken – dann liegen sie in diesem Fall völlig daneben. Das Duell am Brett zwischen dem Amerikaner und dem Russen ähnelt eher einem sportlichen Stellvertreterkrieg der verfeindeten Supermächte. Zwischen den Großmeistern werden Beschimpfungen und Spionagevorwürfe ausgetauscht. Die Auseinandersetzung am kühlen nordwestlichen Rand Europas, in Reykjavík, steht sogar vor dem Abbruch. Wohlgemerkt: beim Schach. Schlimmer kann es im Sport zwischen den USA und der UdSSR nicht mehr kommen, da sind sich die Beobachter aus Ost und West ausnahmsweise einig.

Sie irren. Der nächste Schauplatz des Duells zwischen Kapitalisten und Kommunisten ist *Munich, Germany*. Das einzige Land in Europa, in dem die Einflussbereiche beider Mächte durch die Binnengrenze einer Nation markiert werden. In einer Woche wird in München der Kalte Krieg bei Olympia heiß laufen – wenn die Vereinigten Staaten und die Sowjetunion im Basketballfinale der Herren aufeinandertreffen. In einem Spiel, das Hollywood später als Filmstoff dienen wird.

John Akii-Bua braucht einen Drink. Oder zwei. Der Leichtathlet aus Uganda hat am Nachmittag im Olympiastadion das erste Halbfinale über 400 Meter Hürden gewonnen und zieht damit in das Finale ein. Jetzt, in der Nacht vor dem wichtigsten Rennen seines Leben, schlägt sein Herz wie ein Maschinengewehr, sagt er. Er ist nervös und versucht, sich abzulenken. Vergeblich, selbst ein Besuch in der Disco des Olympischen Dorfs hilft nicht. Rastlos kehrt John in sein Zimmer zurück – und wartet auf die entscheidende Meldung der Nacht: die Verteilung der Bahnen für den Endlauf. Sein britischer Coach Malcom Arnold überbringt dann schlechte Nachrichten: *Lane One* – John Akii-Bua muss auf Bahn 1 starten, der ungeliebten Innenbahn, eigentlich ein Fluch, es ist die wohl schwierigste Bahn für diese Strecke. Als Arnold den Gesichtsausdruck seines Schützlings sieht, besorgt er umgehend vier Flaschen Sekt. Oder Champagner, so genau weiß das keiner. Der Athlet nimmt zwei Pullen, eine trinkt er sofort leer. In der Nacht schläft er zwei Stunden.

John Akii-Bua und Conny Wirnhier haben auf den ersten Blick wenig gemein. Ein Schwarzer und ein Weißer, ein Afrikaner und ein Deutscher, ein Polizist aus Uganda und ein Geschäftsmann aus Bayern, zwei von entgegengesetzten Enden der Welt. Aber bei näherer Betrachtung sind einige Dinge zu erkennen, die beide verbinden. Sie sind der Gemeinschaft zuhause verpflichtet. Familienmenschen, für die Heimat kein alter oder neuer Begriff ist, sondern einer, der sie definiert. *It takes a village.* Es braucht die Gemeinschaft, um einen Sieger hervorzubringen. Sie sind Repräsentanten ihrer Kultur – und Exoten, die ihren Sport auf besondere Weise prägen. Einer mit dem selbstgebauten Gewehr, der andere mit einem ganz eigenen Laufstil. Und sie stehen beide vor der Chance ihres Lebens.

John und Conny greifen nach Gold. Für Uganda und für die Bundesrepublik, für den Stamm der Langi im Osten Afrikas und für Pfarrkirchen im Osten Bayerns.

*Das Beste kommt zum Schluss: Als er die
Konkurrenz aus Europa und Amerika hinter sich
gelassen, einen Weltrekord geschafft und einen
Olympiasieg eingefahren hat – da legt John
Akii-Bua erst so richtig los. Auf seiner Ehrenrunde
durchs Stadion hüpft der Mann aus Uganda noch
einmal über die Hürden, reißt die Beine hoch und
verströmt gute Laune im Publikum –ein äußerst
heiterer Moment der heiteren Spiele.*

TAG 8
Samstag, 2. September 1972

Die britische Prinzessin Anne ist mehr als nur eine berühmte Pferdenärrin. Unter Experten gilt die Tochter der Queen als eine Vielseitigkeitsreiterin von internationalem Rang. Jetzt macht sich eine französische Theatertruppe in München über den sportlichen Royal lustig. »Prinzessin Anne« reitet auf einem Vierbeiner über das Olympiagelände. Das Publikum *is amused*, denn das Tier ist kein majestätisches Ross, sondern »eine gebändigte Sau« *(Abendzeitung)*. Von der echten Anne ist weit und breit nichts zu sehen. Es ist eine Parodie, aufgeführt von der Pariser Gruppe »Le Grand Magic Circus«. Eine Kritik am modernen Sport und an Olympia, angesiedelt zwischen Satire und Skandal.

In einer weiteren Darbietung der Franzosen tanzen Affen durcheinander, und ein als Athlet verkleideter Schauspieler trägt einen Plastikbusen. Später werden die Hosen runtergelassen. Beide Nummern, schreibt Andreas Müller in der *Abendzeitung*, »erregten den Anstoß der Ordnungshüter«.

Noch eine Zugabe gefällig, diesmal vielleicht aus einem anderen Land? Ein japanischer Künstler, beobachtet ein *Spiegel*-Journalist, »jagt ein Rudel schöner Nippon-Hexen in ein ekstatisches Terror-Spiel, lässt, zu lasziver Ritual-Musik, peitschen und tanzen« – bis alles in einer Art Friedensfeier aufgelöst wird.

Nicht weit davon unterhält ein Clown die Erwachsenen und die Kinder: Seine große Tuba gibt keinen Ton von sich, weil sie mit Lumpen vollgestopft ist. Als der lustige Musikant sie herauszieht, Stück für Stück, kommen am Ende echte Wiener Würstl zum Vorschein. Die Kleinen jauchzen. Wieder ein paar Schritte weiter trommeln Münchener Buben und Mädchen auf einem riesigen Schlagzeug, der »Metallophonie«. Oder sie trampeln fröhlich auf dem »Fußharmonium«, einer Abfolge von im Boden angebrachter Tafeln, die Töne ausspucken. Kunst als Volkssport für jedermann. Willkommen auf der olympischen Spielstraße.

Hinter dem Olympiastadion, am Nord- und Südufer des Olympiasees, liegt der einzige Ort, an dem die Spiele in diesen Tagen wirklich genau das sind: Spiele. Eine Broschüre beschreibt das Programm der Spielstraße so: »Straßen-, Pantomimen-, Puppen-, Marionettentheater. Audiovision, Multimedia, Mitspielmöglichkeiten des Publikums, Musik, Tanz und Folklore.« Eine Mischung aus Theatertreffen und Volksfest, Abenteuerspielplatz und Karneval der Kulturen. Vielleicht das Wichtigste für die Besucher: Man braucht keine Tickets, das Spektakel ist kostenlos. Für viele Familien aus München und dem Umland ist ein Besuch der Spielstraße ihre persönliche Olympiateilnahme.

Bereits drei Jahre vor Eröffnung der Spiele, 1969, träumte Münchens Kulturreferent Herbert Hohenemser davon, dass sich im Olympiapark »Muskeln und Musen liieren«. Nach den Worten des OK-Präsidenten Willi Daume soll die Spielstraße dazu beitragen, während der Olympischen Spiele die klassische Einheit von Sport und Kunst wiederzubeleben. »Sie soll zeigen, dass Olympische Spiele ein fröhliches, echtes Fest der Jugend sind.« Auf dem Oberwiesenfeld werde es eine Art »Kurzweil-Stadion« geben, beschreibt der *Spiegel* die Ambitionen.

Die Deutschen nehmen die Fröhlichkeit ernst: 55 Buden, 30 Szenepodien und Showterrassen werden errichtet, 100 Lautsprecher und 400 Scheinwerfer installiert und 50 Filme sowie 1600 Dias vorgeführt. Der Mittelpunkt, das Theatron mit seiner 600 Quadratmeter großen Seebühne, bietet Platz für 900 Zuschauer. Aus allen Himmelsrichtungen kommen Ensembles nach München, insgesamt sind 543 Künstler aus 19 Ländern vor Ort. Der Leiter der Spielstraße reist aus dem nordrhein-westfälischen Essen an – der Theatermann Werner Ruhnau. Er hat knapp 3 Millionen Mark zur Verfügung, das sind etwa 0,15 Prozent des Olympiabudgets von annähernd 2 Milliarden Mark. Ob das Geld gut angelegt ist, darüber streiten die professionellen Kritiker tagelang mit Verve. Ihre Urteile reichen von einem »Streifen Urlaubsstrand der unteren Güteklasse« bis zur »heiteren Kunst-Kirmes«.

Den Einheimischen sind die Kritiken des Feuilletons wurscht. Sie schließen die Spaßmeile ins Herz, besonders am Wochenende. Hier würden sie alle wieder zu Kindern, jubelt eine örtliche Zeitung. »Mir macht es hier ungeheuren Spaß«, sagt Katja, 23 Jahre, »hier wird man richtig gelöst und locker.« Der neunjährige Andi sagt: »Das macht hier eine richtige Freude.« So etwas fehle bei ihm im Hinterhof, deshalb würde seine Mutter ihm auch erlauben, von der Tengstraße, wo sie wohnen, alleine herüberzukommen.

Mit viel lokalem Zuspruch im Rücken zündet die *Abendzeitung* in der Ausgabe dieses Samstags die nächste Heiterkeitsstufe. »Die Münchener sind von der Spielstraße begeistert«, verkündet die Überschrift. »Sie fordern: Laßt uns doch weiterspielen.« Über Olympia hinaus, heißt das, also Spielstraße *forever*. Mehr Lob können die »Spiele für alle« *(tz)* kaum bekommen. Oberbürgermeister Georg Kronawitter, Nachfolger von Hans-Jochen Vogel, hört die Signale des Wahlvolkes und versichert umgehend, die Einrichtung einer dauerhaften Spielstraße zu prüfen. Während Olympia besuchen insgesamt 1,2 Millionen Menschen das bunte Experiment.

Die Gaudi rund um den Olympiasee ist ungefähr so viel »1968«, wie die Organisatoren sich trauen. So viel, wie ihre Furcht vor politischem Protest und angeblich drogenverseuchter Jugend zulässt. Bereits im Vorfeld der Spiele hat man aus Sicherheitsgründen Popmusik-Festivals im olympischen Sommer verboten und den Vorschlag einer »Rock-Olympiade« als Begleitprogramm blockiert, die berühmte Bands wie Led Zeppelin, die Rolling Stones und Frank Zappa nach München gebracht hätte.

Die Anlage der Spielstraße war der kleinstmögliche Nenner, auf den man sich einigen konnte. Zwar darf man hier jetzt den Leistungssport, das sportliche Wettrüsten, mit Ironie und Witz überziehen, aber den Olympiabossen bleibt die Spontaneität, die kreative Energie der Avantgarde, weiterhin suspekt. Sie fürchten im schlimmsten Fall einen Kontrollverlust – und die Künstler spüren das. Jerome Savary, der Chef der Theatertruppe, die Prinzessin Anne auf die Sau gehoben hat, sagt: »Wir sind hier nur eine Art Alibi. Man hat uns engagiert, um sagen zu können: Seht her, 1936 waren wir Nazis, jetzt sind wir liberal.« Für ihn ist die Spielstraße der Ort für den »eingeplanten Protest«.

Viel Widerstand gegen München 72 gab es in den vergangenen Jahren ohnehin nicht – auf jeden Fall weniger, als man nach dem lauten Aufbegehren der Achtundsechziger hätte erwarten können. Die Proteste erinnern eher an launige Studentenstreiche. So stürmt das »Anti-Olympische Komitee« (AOK) im Vorfeld der Spiele mit 30 Spaßaktivisten das Drehrestaurant des Olympiaturms und entkommt mit komödiantischem Timing der herbeigerufenen Polizei. Die Pläne des AOK und seine leistungsverweigernde Philosophie sehen unter anderem eine »Gammler-Olympiade« mit Disziplinen wie Sandburgenbauen, Weitspucken und Kopfwackeln vor. Das passt durchaus in den Zeitgeist, wie die beliebte ZDF-Fernsehserie *Der Bastian* belegt. Der Held, gespielt von Horst Janson, pflegt als Hobby den Rückwärtslauf im Olympiapark.

Einen Steinwurf von der Spielstraße entfernt, in der Mensa des Olympischen Dorfes, ist John Akii-Bua nicht nach Lachen zumute. Der Hürdenläufer aus Uganda kann heute, am Tag des Finales über 400 Meter Hürden, kaum feste Nahrung zu sich nehmen. Es ist die verdammte Nervosität und vielleicht auch der Sekt von gestern Abend. Sein Coach Malcolm Arnold fragt ihn: *Are you alright?* Er fragt es bestimmt noch hundert Mal, zumindest kommt es John so vor. Es ist ihr letztes Rennen zusammen. Arnold hat vor den Spielen entschieden, seinen Vertrag in Ostafrika nicht zu verlängern.

Vor einigen Jahren hatte der Trainer auf eine Zeitungsanzeige geantwortet. »Uganda National Athletics Coach« stand als Überschrift in einem rechteckigen Kasten. Am 1. Januar 1968 sollte die Arbeit beginnen, verlangt wurden ein Sportlehrerdiplom und die Bereitschaft zu »*extensive travelling*«, ausgiebigen Reisen durch das ganze Land. Als Jahresgehalt wurden 2000 Britische Pfund ausgelobt, plus 25 Prozent, wenn der Vertrag erfolgreich erfüllt würde. Jetzt ist das Ende nahe, hier in München bei den Olympischen Sommerspielen 1972.

John Akii-Bua spricht von Arnold als »Musungu«, was auf Kisuaheli etwa »weißer Mann« bedeutet. Am Anfang seiner Tätigkeit musste sich der britische Coach in Afrika gegen Anwürfe wehren, weil diese herausgehobene Position an einen Weißen gegangen war. Er verteidigte sich in einem ausführlichen Zeitungsinterview und erklärte: »Ich bin hier, um einen Job zu erledigen, und das werde ich mit guten Ergebnissen tun.« Angst kannte er nicht. Was hatte er, ein junger Mann aus Northwich im Nordwesten Englands, schon zu verlieren? »Es war ein Abenteuer«, sagte er in einem späteren Interview. »Selbst wenn ich in Uganda Mist gebaut hätte, niemand hätte wohl je davon erfahren.« Zu Vertragsbeginn, 1968, war Malcolm Arnold 27 Jahre alt. Sein Arbeitgeber, der ugandische Staat, war erheblich jünger: Die ehemalige britische Kolonie hatte erst sechs Jahre zuvor, 1962, die Unabhängigkeit erlangt. Ein junges Land, von dem viele im Westen nicht wissen, wo es auf der Weltkarte zu finden ist. Zwei einheimische Männer werden das Anfang der siebziger Jahre ändern: John Akii-Bua und Idi Amin.

John Akii-Bua wird am 3. Dezember 1949 in Lira im Norden Ugandas geboren – als eines von 43 Kindern eines Häuptlings, der acht Frauen hat. Andere Quellen sprechen von 36 Kindern und neun Frauen. Das Familienoberhaupt vom Stamm der Langi lässt den Nachwuchs gern um Süßigkeiten laufen. John geht fast immer leer aus. »Ich war nicht schnell genug.« Die Großfamilie wächst mit der Natur auf. Der Vater gilt als vorzüglicher Jäger. Bei den Langi ist das eine wichtige Währung für den Status eines Mannes, erklärt der Sohn in den biografischen Notizen, die er später anfertigt. Sie bilden die Grundlage für den exzellenten Dokumentarfilm *The John Akii-Bua Story. An African Tragedy*, dem wir die meisten Erkenntnisse über sein Leben verdanken.

Schon in jungen Jahren wird John an die Landwirtschaft herangeführt. Er hasst das frühe Aufstehen um halb sechs, aber die Ochsen müssen raus. Die Gegend ist voller Dornen und Schlangen – er besitzt keine Schuhe, die ihn dagegen schützen könnten. Mit der liebevoll gepflegten Legende vieler ostafrikanischer Athleten, die angeblich in idyllischer Natur ihre Berufung als Läufer fanden, kann und will John Akii-Bua nicht dienen. Bei ihm muss der Zufall eine Extrarunde laufen.

1964 stirbt der Vater, John verlässt die Schule. Er muss nun zügig Geld verdienen, um die Mutter zu unterstützen. Dafür zieht er in die Hauptstadt Kampala, lebt zunächst in einem Slum bei einem Cousin und jobbt in einer Bar. Seinen Aufstieg verdankt er dem Sport: Bei einem Fußball-Probetraining beeindruckt er die anwesenden Ausbilder der Polizei. Sie rekrutieren ihn auf der Stelle – und reichen ihn umgehend an die Leichtathleten weiter. Er steht jetzt täglich um 5.45 Uhr auf, das ist so vorgeschrieben. Das Training im »Police Track Club« folgt einem strengen Reglement – und zahlt sich aus. Bei den Leichtathletik-Meisterschaften der Polizei gewinnt er fünf von sieben Wettbewerben. Die Preise? Ein Taschenwecker, Decken und eine Teekanne.

Vier Jahre nach dem Tod des Vaters verfehlt der 18-jährige Akii-Bua über 110 Meter Hürden die Qualifikation für die Olympischen Spiele 1968 in Mexiko-City. »Er war nicht gut genug«, sagt Malcolm Arnold. Unter dem neuen Trainer der ugandischen Leichtathleten wurde er es – dank einer revolutionären Idee. John Akii-Bua soll auf die 400-Meter-Hürden-Strecke wechseln. Eine Umstellung, als würde man einen Fiat 500 zu einem Formel-1-

Rennwagen umbauen. Oder ein Kind aus dem heimischen Swimming Pool ins offene Meer scheuchen. Der Hürdenlauf über 400 Meter gilt als *maneater*, eine Strecke so brutal, dass sie den Athleten zu verschlingen droht. »Man muss den Schmerz umarmen«, beschreibt ein Konkurrent die Tortur. »Du bist unendlich kaputt und musst noch über die Hürden.«

Während seine Konkurrenten sich seit Jahren in dieser Disziplin üben, läuft John die 400 Meter Hürden erstmals bei einem internationalen Wettkampf im Sommer 1970. Er wird Vierter. Jetzt, bei den Olympischen Spielen in München, träumt er von mehr. Einer Medaille für Uganda.

Die Boulevardzeitung *tz* entsendet ihren Reporter Thomas Koch nach Pfarrkirchen. Seine Aufgabe: Sollte Conny Wirnhier im Skeet-Schießen Gold gewinnen, wird der Journalist aus dem Epizentrum des Jubels berichten – dem Haus der Familie Wirnhier in der Passauer Straße 17. Die Eltern des Olympiateilnehmers, der 84-jährige Josef und die 75-jährige Maria, passen an diesem Samstag auf die Enkel Sigrun, Gerwald und Heike auf. Zu dem besonderen Anlass haben sie sich im Wohnzimmer versammelt. »Dort durfte man eigentlich nur am Sonntag rein«, erinnert sich Heike. Es gibt einen Plattenspieler, ein Radio, einen extra für Olympia angeschafften Farbfernseher, eine Couch und den Sessel, in dem der Großvater seine Pfeife raucht. Die Journalisten bringen sich am Telefon mit der Wählscheibe in Stellung. Ganz still, »mucksmäuschenstill«, müssen die Kleinen jetzt sein, das versteht Heike, auch wenn sie noch ein Kind ist. Denn heute ist »der Papa« im Fernsehen.

Conny Wirnhier hat nur einem Familienmitglied erlaubt, nach Hochbrück auf die Schießanlage zu kommen: seiner Frau Erika. Niemand soll seine Konzentration stören. Wirnhier baut auf eine Technik, die noch weitgehend unbekannt ist. Er betreibt autogenes Training. »Das heißt«, erläutert er, »man übt, an gar nichts zu denken. Ich kann in jeder Wettkampfpause schlafen und schlichtweg auf alles pfeifen.« Der Leistungssportler hat verinnerlicht, dass auch der Kopf beim Schießen eine Waffe sein kann. Um das Reaktionsvermögen zu schulen, spielt er Tischtennis. Zum Ausgleich – und das kann man glauben, wenn man mag – wird gejodelt.

Unter den Tribünen der Schießanlage befinden sich Katakomben. Sie sehen ein wenig aus wie die Gänge eines Atomkraftwerks. Während des

Wettbewerbs zieht sich Conny Wirnhier immer wieder hierhin zurück. In die Stille der Betonwände unter der bayerischen Erde. Es ist sein letzter olympischer Wettbewerb – und er will sich nachher nicht vorwerfen müssen, seine Chance verplempert zu haben.

»Du hast keine Chance, aber nutze sie.« Der deutsche Schriftsteller und Filmregisseur Herbert Achternbusch prägt in den siebziger Jahren dieses inzwischen berühmte Zitat. Auf wenige Protagonisten der Olympischen Spiele in diesem Jahrzehnt trifft es so zu wie auf John Akii-Bua aus Uganda in München 1972. Er überspringt alle Hürden, die ihm das Leben hinstellt. Und das sind gerade in Ostafrika einige.

Er muss auf Graspisten statt auf Tartan- oder Aschenbahnen trainieren. Es dauert ewig, bis Schuhe mit Spikes aus dem fernen Europa ankommen. Laut *New York Times* besitzt er zwei Jahre lang nur ein Paar Rennschuhe, und bei einem Schuh fehlt ein Spike. Als er gegen alle Widerstände 1971 in Kampala auf Gras unter 56 Sekunden läuft, wollen das die Journalisten aus dem benachbarten Kenia nicht wahrhaben. Einer höhnt: Wahrscheinlich hat man in Uganda einen Wecker genommen, um die Zeit zu stoppen. Coach Malcolm Arnold bleibt gelassen. Er weiß: Es kommt nicht auf die Ausstattung an, sondern auf die inneren Werte – den Charakter, den Willen, den Fleiß. Und da lässt sich sein Schützling von niemandem übertreffen.

Ehrfürchtig nennt man seine Trainingseinheiten *Monster Sessions*: Mit einer 25 Pfund schweren Bleiweste läuft er querfeldein durch das Bergland. Er wiederholt mehrfach Sequenzen von 600 Metern, bei denen auf den letzten 100 Metern Hürden stehen. »A man killer«, sagt ein Experte. Die Hürden lässt er manchmal zehn Zentimeter höher aufbocken als in Wettkämpfen, um seine Sprungkraft zu steigern. Fernsehbilder aus der Vorbereitung zeigen einen durchtrainierten, entschlossenen Athleten mit nacktem Oberkörper auf einer Graspiste in der Provinz. Es wirkt wie eine Szene aus einem Kinofilm. Jenseits von Afrika keimt eine der größten Überraschungen der Geschichte Olympias. Aber noch weiß das niemand außer »Musungu«.

Die Experten reiben sich die Augen, als sie Akii-Bua beim Pan-Africa–USA International Track Meet 1971 in Amerika auf einer Tartanbahn sehen. Er schafft die 400 Meter Hürden in weniger als 49 Sekunden. Die Zeit mag beeindruckend sein, doch was die Beobachter fassungslos macht, ist Johns

Technik. Weltklasseläufer wie der Olympiasieger von 1968, David Hemery aus Großbritannien, laufen die 400 Meter Hürden wie ein Uhrwerk. Zwischen den Hürden macht der Weltrekordinhaber jedes Mal exakt 13 Schritte, ab der sechsten Hürde wechselt er auf eine Frequenz von 15 Schritten. Der Grund: Hemery will vor jeder Hürde immer mit demselben Bein abspringen, seinem starken »Hürdenbein«. Noch nie hat man jemanden gesehen, der gleich zwei Hürdenbeine hat und einfach so, mal mit rechts, mal mit links, abspringt – bis John Akii-Bua kommt. »Ihm ist wurscht, mit welchem Bein er an welcher Hürde ankommt«, staunt Martin Lauer, ein bekannter deutscher Hürdensprinter. Er springe halt über die Hürden wie ein afrikanisches Eichhörnchen, lacht John.

In seiner Heimat Uganda verfinstert sich die Stimmung. Das Militär hat im Januar 1971 die Regierung gestürzt. Der neue Herrscher heißt Idi Amin. Ein Koloss, 1,93 Meter groß und 120 Kilo schwer. Bald wird ihn die ganze Welt kennen. Erst als energischen Anführer, dessen Putsch zunächst von den westlichen Mächten willkommen geheißen wird – manchem war Uganda vorher zu nahe an die Sowjetunion gerückt. Später verbreitet er Schrecken als blutrünstiger Herrscher, der Minister an Krokodile verfüttert. Den »Horrorclown unter den Despoten« nennt ihn der *Spiegel*.

Vor den Münchener Spielen gibt John Akii-Bua ein Interview. Er trägt einen roten Trainingsanzug mit dem Logo des deutschen Sportartikelherstellers Puma auf der Brust. Der Reporter will zunächst die Steilvorlage nutzen, dass der Olympiateilnehmer in Polizeidiensten steht.

»Also können Sie auch Räubern hinterherrennen?«

»Ja, wenn es auf die Fußarbeit ankommt, kann ich sie verfolgen.«

Dann wird ihm eine Frage gestellt, bei der John auf der Hut sein muss. Ob er denn eine Medaille für sich oder die Mannschaft gewinne? Seine Antwort hört sich halb nach Vorsicht, halb nach eilfertigem Patriotismus an: »Es wird für ganz Uganda sein, denn in den Spalten der Medaillenspiegel, wo es zählt, wird zu lesen sein, dass Uganda Gold gewonnen hat. Niemand wird schreiben, dass Akii-Bua Gold gewann.«

Es klingt fast so, als wolle er Idi Amin nicht reizen. Denn der Diktator duldet niemanden neben sich, weder in der Politik noch anderswo.

Die Bundesrepublik fügt ihrer Medaillenausbeute eine Goldmedaille hinzu – auf einer neuen Wettkampfstätte nördlich von München. Nein, die Rede ist hier noch nicht vom Schützen Conny Wirnhier. Etwa vier Kilometer Luftlinie von der Hochbrücker Schießanlage entfernt siegt der Vierer mit Steuermann im Rudern auf der Regattastrecke im benachbarten Oberschleißheim.

Steuermann Uwe Benter, Schlagmann Peter Berger, Hans-Johann Färber, Gerhard Auer und Alois Bierl lassen die Ruderer der DDR nach zwei Kilometern mit einer Länge Vorsprung hinter sich. Von der 250-Meter-Marke an gleicht ihr Rennen vor 30 000 Zuschauern einem langgezogenen Spurt. Den außergewöhnlichen Kräften verdankt die Besatzung ihren Spitznamen, den jeder westdeutsche Sportfan 1972 kennt: der »Bullen-Vierer«. Noch etwas ist besonders an ihrem Triumph: Monatelang konnten sie gar nicht zusammen trainieren, weil die Amateure über das ganze Land verstreut studieren und arbeiten. Ihr Teamgeist, so heißt es verklärend, sei noch stärker als ihre Muskeln. Nur ihr eigener Trainer hätte sie beinahe auf dem Weg zu Gold gestoppt. Vor dem Halbfinale hatte Coach Karl-Heinz Bantle den Steuermann Uwe Benter losgeschickt, Essen für das Team zu besorgen. Während der unterwegs ist, zieht die Jury den Start des Rennens vor. Der Crew droht ohne Benter die Disqualifikation – doch ein Polizeiwagen mit Blaulicht schafft den Steuermann rechtzeitig zum Start herbei.

Die Goldmedaille des »Bullen-Vierers« bleibt die einzige der Bundesrepublik bei den Ruderwettbewerben. Der Achter des legendären Trainers Karl Adam ist dagegen abgesoffen. Das westdeutsche Paradeboot, so etwas wie die Fußball-Nationalmannschaft auf dem Wasser, landet auf dem enttäuschenden fünften Platz.

Jetzt richten sich alle Augen auf Wirnhier. Der Wettbewerb im Skeet-Schießen endet erst einmal ohne einen Sieger. Drei Männer haben nach dem dritten Durchgang je 195 Punkte: Konrad Wirnhier aus Niederbayern, Eugeni Petrov aus der Sowjetunion und Michael Buchheim aus der DDR. Ein Stechen muss entscheiden. Jeder Teilnehmer wird 25 Schuss auf die Tontauben abgeben.

Der sportliche Wettkampf Skeet kommt der Flugwildjagd am nächsten. Aber natürlich sieht eine Tontaube nicht aus wie ein Vogel. Es ist eine

Scheibe von elf Zentimetern Durchmesser. Bei Olympia ist der Sockel schwarz lackiert, der obere Teil weiß. Eingraviert sind die Inschrift »München 1972« sowie die olympischen Ringe. Die Scheibe liegt leicht in der Hand. Sie wiegt weniger als ein massiver Schlüsselbund.

Die Tonscheiben – oder Wurfscheiben – kommen aus Maschinen, die im Halbkreis aufgestellt sind. Anfänger beim Tontauben-Schießen werden gewöhnlich überrascht vom Rückstoß des Gewehrs. Hat man das gemeistert, lernt man, dass es auf die Koordination von Körper und Geist ankommt. Die Scheiben werden entweder einzeln (im Fachjargon: »gehende« und »kommende«) oder gleichzeitig (»Doublette«) herausgeschleudert. In beiden Fällen geht alles wahnsinnig schnell.

Konrad Wirnhier will der Welt noch einmal zeigen, dass er nach wie vor schießen kann wie »Jennerwein« (*Süddeutsche Zeitung*), der legendäre Wilderer. Das Stechen beginnt. Petrov, Olympiasieger von 1968, verfehlt die dritte Taube. Der Ostdeutsche Buchheim die siebte und fünfzehnte. Wirnhier trifft sie alle. 25 von 25.

Die Jagdhornbläser aus seinem Heimatort intonieren an Ort und Stelle »Die Jagd ist aus«. Ehefrau Erika erklärt die Laufbahn ihres Mannes umgehend für beendet: »Jetzt hat er alles gewonnen, jetzt ist Sense.« Mit dem letzten Schuss seiner Olympiakarriere gewinnt der mehrfache deutsche, Europa- und Weltmeister die Goldmedaille. Endlich. Die Schützenfunktionäre schleppen ihn zu einer bereitgestellten Flasche Sekt. Conny hat sie alle vor der totalen Blamage bewahrt. Sein trockener Kommentar dazu: »Nun stehen wir wenigstens nicht völlig nackt da. Zu einem Unterhöschen hat es noch gereicht.« Im Gewühl klaut jemand dem Olympiasieger die Startnummer – dieses Souvenir wird er seinen Kindern diesmal vom Wettkampf nicht mitbringen können.

Zuhause in Pfarrkirchen springt der Nachwuchs für den Zeitungsfotografen auf und reckt dabei jubelnd die Arme in die Höhe. Klick, klick. Unter der Zeile »Hurra, Papa hat die Goldmedaille abgeschossen« erscheint das Bild am nächsten Tag großformatig in der *tz*. Im Ort wird, so berichtet der Bayerische Rundfunk, ein Podium für den feierlichen Empfang errichtet. »Pfarrkirchen grüßt seinen Olympiasieger« steht auf dem Banner. Der Reporter kommentiert: »Die Stadt Pfarrkirchen zieht ihr Festtagsgewand an. Es wird geflaggt, Ehrensache, weiß-blau, in den Kirchenfarben, Vereinsfarben und was es sonst noch an buntem Tuch gibt.« *Yes, it takes a village*, es braucht die Dorfgemeinschaft, damit aus einem Bub ein Olympiasieger werden kann.

Es ist die letzte Kabinenpredigt – und seine beste. Malcolm Arnold braucht nur einen Satz, der die Anspannung der vergangenen Nacht und dieses Tages auflöst. Er gräbt sich tief in die Erinnerung von John Akii-Bua ein. Zehn Minuten vor dem Endlauf über 400 Meter Hürden im Olympiastadion sagt der scheidende Coach: »Du bist im Finale, eine davon gehört dir.« John nickt, er versteht ihn sofort, der »Musungu« muss nicht hinzufügen, dass er Medaillen meint.

Es wird nicht einmal knapp. Auf den letzten 80 Metern überholt der Afrikaner die Favoriten aus dem Westen, David Hemery (GB) und Ralph Mann (USA). Das harte Training zahlt sich aus. Als er sicher im Ziel ist, kämpfen sie hinter ihm noch um Silber. Er verbessert den Weltrekord um fast drei Zehntelsekunden auf 47,82 Sekunden. Sagt die digitale Zeitmessung, einen Wecker hat hier niemand. Es ist das erste Mal, dass auf dieser Welt jemand die 400 Meter Hürden unter 48 Sekunden meistert. Das erste Gold für den afrikanischen Kontinent auf einer Strecke unterhalb von 800 Metern. Und das erste Gold für Uganda. »*A new era*«, schreit ein Kommentator ins Mikrofon.

Nach dem Rennen fügt John Akii-Bua den vielen *Firsts* noch eines hinzu. Aus einem Gefühl heraus, erzählt ARD-Mann Eberhard Stanjek in der Rückschau, führt der Sieger etwas ein, was später gang und gäbe wird: die Ehrenrunde. Es ist anscheinend das erste Mal bei Olympia, dass der Sieger noch einmal eine komplette Runde läuft und im Beifall badet. Der Mann im roten Dress des ugandischen Teams ist weit über das Ziel hinausgeschossen, jetzt hüpft er mal über eine Hürde, mal lässt er lachend eine aus. Und manchmal springt er sogar über eine Hürde, die nur in seiner Vorstellung existiert. Die Zuschauer und die Fotografen sind begeistert. Dieser Samstagnachmittag bringt einen magischen Moment hervor, in dem die heiteren Spiele ihrem Namen alle Ehre machen.

Es ist nahezu unmöglich, die Freude des Siegers nicht zu teilen. In weniger als einer Minute ist John Akii-Bua zum Vorzeigegesicht Ugandas in der Welt geworden. Einem gefällt das überhaupt nicht: Idi Amin. Laut

Spiegel hat der Diktator verboten, das Rennen im nationalen Fernsehen zu zeigen. Viele Menschen in Uganda kennen den Augenblick, der ihr Land auf die Weltbühne befördert, nur aus Erzählungen oder vielleicht aus dem Radio. Der Goldmedaillengewinner mag in der Heimat nun ein Volksheld sein, aber der Diktator herrscht mit der Gewissheit, dass »niemand so schnell rennt wie eine Kugel«.

Idi Amin wird John Akii-Bua im Leben nach München einige Hürden hinstellen, die selbst der Olympiaheld nicht überspringen kann.

Vor einer Woche fand im Stadion die Eröffnungsfeier statt. Einen Samstag später wird in verschiedenen Zeitungen eine Halbzeitbilanz gezogen.

»Die vielen Münchener, die in Urlaub und weit weg flüchteten, aus Angst vor Verkehrschaos, Sporthysterie und olympisch-babylonischen Menschenmassen, sollen es nun aus der Ferne hören. Diese heiteren Spiele sind – es ist kaum zu fassen – heitere Spiele geworden«, schreibt Werner Meyer in der *Abendzeitung*. »Es ist nicht alles halb so schlimm, es ist viel hübscher als gedacht.« Das vorläufige Fazit des bundesdeutschen Heiterkeitswunders trifft die Gemütslage der meisten: Alle Systeme laufen störungsfrei, die Hardware der Wettkampfstätten genauso wie die Software der fröhlichen Stimmung.

Auf ihre Titelseite haben die Redakteure der *Abendzeitung* an diesem Samstag die Schlagzeile gepackt: »So viele Zuschauer gab's noch nie – Sturm auf Olympia«. Der Kommentator schließt mit dem Satz: »Wir sehen in die letzte Olympiawoche in der Hoffnung, auch sie möchte so werden, dass wir sie nicht vergessen werden.«

Die zweite Woche der Spiele wird sich tief in die Erinnerung brennen, dieser Wunsch des Autors wird in Erfüllung gehen. Aber anders als von ihm und allen anderen erhofft.

Breitensport? Daumen hoch – gefällt mir! Angeregt
durch die breit angelegte Initiative »Trimm Dich
Fit« mit dem heiteren Maskottchen Trimmy
entdeckten Millionen von Bundesbürgern Anfang
der siebziger Jahre, wie viel Spaß Sport machen
kann, und bezwangen ihre ärgsten Angstgegner:
Übergewicht, Herzkrankheiten und den berühmt-
berüchtigten »inneren Schweinehund«.

TAG 9
Sonntag, 3. September 1972

Die Nacht vor dem Wettkampf verbringt Klaus Wolfermann im alten Kinderzimmer seiner Ehefrau Friederike. In der Wohnung seiner Schwiegereltern im dritten Stock eines Hauses an der Pullacher Straße im Münchener Stadtteil Thalkirchen. »Früher hing hier ein Foto der Everly Brothers über dem Bett«, bemerkt Frau Wolfermann im Gespräch für dieses Buch. »Mein Vater hat immer geschimpft, wenn er hereinkam: Was willst du mit den langhaarigen Typen?« In ihrer Kindheit teilte sich Friederike das kleine Zimmer mit ihren Schwestern Ingrid und Evi. In den Herzen der Mädchen muss das Gesangsduo der Everly Brothers später Platz für handfeste Leichtathleten machen. Ingrid heiratet einen Hammerwerfer, Friederike einen Speerwerfer: Klaus Wolfermann, der an diesem Nachmittag im Olympiastadion zum Endkampf antreten wird.

Zwei Tage zuvor hat sich Wolfermann sein Zimmer im Olympischen Dorf angeguckt. »Ich bin dann sofort weg«, sagt er uns im Interview zu diesem Buch, »das war mir zu viel Trubel.« Er geht zu seinen Schwiegereltern. »Daheim schmeckt die Suppe, wie sie schmecken soll.« Er sei vor Wettkämpfen, räumt der Sportler ein, nicht immer leicht zu nehmen. Die Nervosität, der Stress, die Anspannung – das könne man eigentlich nur den Liebsten zumuten. Zwischen acht und halb neun macht die Schwiegermutter an diesem Sonntag Frühstück, es gibt Honigsemmeln. Die Familie ist die Festung des gebürtigen Franken Wolfermann.

Als er Friederike Sell am 3. Juli 1967 auf einem Sportfest kennenlernt, ist es Liebe auf den ersten Blick. Keine sechs Monate später, im Dezember 1967, heiraten beide. »Ohne schwanger zu sein«, stellte die junge Frau Wolfermann klar. 1970 bekam sie eine Tochter, Karen, blieb zuhause und kümmerte sich um die Hausarbeit. Klaus Wolfermann griff höchstens hin und wieder zum Staubsauger. Niemand dachte sich etwas dabei. »Ich habe mich nicht zurückgesetzt gefühlt«, sagt Friederike Wolfermann. »Geld verdienen war Männersache. Damals blieb in Westdeutschland fast jede Frau mit Kind zuhause.«

Ihr Mann schafft es, den Sport zum Beruf machen. Sie ziehen nach Burgkirchen, mehr als 100 Kilometer östlich von München. In der Provinz wird Klaus Wolfermann Sportlehrer beim SV Gendorf, einer Art Werksklub für die örtlichen Farbwerke Hoechst. »Die Doktoren, die Lehrlinge und die Feuerwehr wollten auch fit sein«, lacht er. Die Tätigkeit lässt sich gut mit dem Leistungssport verbinden. Ein Arbeitstag als Sportlehrer, zum Beispiel der Montag, sieht bei Wolfermann so aus: Um 9 Uhr beginnt das Training mit der Feuerwehr, anschließend zwei Stunden Speerwurf, kurze Mittagspause, zweite Trainingseinheit, dann Kinderturnen, Leichtathletik und abends Skigymnastik. Um 22 Uhr kommt er todmüde nach Hause. Er nimmt nur den Sonntagnachmittag frei. »Der schönste Tag der Woche«, findet seine Frau. Die Sporthilfe, eine Organisation zur Unterstützung des bundesdeutschen Leistungssports, überweist für Wolfermann jeden Monat 100 Mark – direkt an den örtlichen Metzger, weil Fleisch zu dieser Zeit eine erhebliche Menge der Nahrung ausmacht, die ein Speerwerfer täglich zu sich nimmt.

Der Tagesablauf des Olympiateilnehmers Klaus Wolfermann spiegelt den Zeitgeist in der Gastgebernation akkurat wider: In der Bundesrepublik Deutschland legt man mindestens genauso viel Wert auf den Breiten- wie auf den Spitzensport. Schuld daran ist auch eine kleine Comic-Figur, die lange vor der Gründung von Facebook den hochgereckten Daumen bekannt macht.

Mit leicht apokalyptischem Tonfall kommentiert der Sprecher die bewegten Bilder des Schreckens. Zu sehen sind übergewichtige Deutsche, allerorten. »Wir gehören zu den fettesten Völkern der Welt«, müssen sich die Deutschen in einem Fernsehbeitrag anhören. »Psychologen sagen: wegen der Hungerjahre nach 1945.« Das Wirtschaftswunder schlägt den Bundesdeutschen auf den Bauch und auf das Herz. Ein Drittel der Männer sind 1969 übergewichtig, bei den Frauen sogar 40 Prozent. Im Kampf gegen Wohlstandsspeck und Kreislauferkrankungen startet der Deutsche Sportbund Anfang der Siebziger die Initiative »Trimm Dich Fit«.

Das Gesicht der Kampagne ist das Maskottchen »Trimmy« – ein Strichmännchen mit Kastenkopf und Dauerlächeln. Seine Sportbekleidung passt in die Zeit: ärmelloses weißes Trikot, kurze rote Sporthose, blaue Turnschuhe. Es sei bekannter als der Bundeskanzler, sagen die Strategen des organisierten Sports stolz, die sich das alles ausgedacht haben. Die Zahlen sind in der Tat beeindruckend: Die bevorstehenden Olympischen Spiele 1972 bescheren der Trimm-dich-Bewegung einen Boom. 93 Prozent der Bevölkerung und sogar 99 Prozent aller Jugendlichen kennen die Trimm-dich-Aktion. Geworben wird bevorzugt mit Reimen wie: »Beim Trimm-Trab das vernünftge Maß – nützt der Gesundheit und macht Spaß.« Immer im Mittelpunkt: Trimmy mit seinem Du-schaffst-das-Daumen. Er taucht sogar auf Bierdeckeln auf, wohlgemerkt: für eine Gesundheitskampagne.

Sport für alle, das ist die Losung. Bewegt euch, egal wo. Farbfernsehbilder zeigen die bundesrepublikanische Bevölkerung im Büro, auf Hochhausbalkonen und im Wohnzimmer – streckend und dehnend und ächzend. Bundesinnenminister Hans-Dietrich Genscher, in der Regierung für den Sport zuständig, macht den Vorturner, im weißen Trainingsanzug an der Rudermaschine. Zahlreiche Städte und Gemeinden reiten auf der Trimm-dich-Welle und richten Trimm-dich-Pfade ein. Natürlich wird in Deutschland auch beim Freizeitsport ordentlich Buch geführt. Auf der Trimmspirale, so etwas wie einer Punktekarte, wird das Trimmpensum vermerkt. Wer 100 Punkte hat, hat etwas Eigenes: eine Art Breitensportdiplom.

Es ist die bis dato erfolgreichste Sozialkampagne in der Geschichte der Bundesrepublik. Es ist eine Zeitenwende, ein perfekter Sturm. Danach wird der Sport neu gedacht und praktiziert. Denn: Zum einen haben die Menschen nun mehr freie Zeit als je zuvor. Zum anderen dient der Sport nicht mehr ausschließlich nur dem Wettbewerb. Bisher ging es hauptsächlich darum, sich mit anderen zu messen, zu siegen oder zu verlieren in einer Auseinandersetzung nach festen Regeln.

Diese Philosophie ließ wenig Raum für Individualsport, die körperliche Ertüchtigung fand streng organisiert in den Sportvereinen der Republik statt. Das ändert sich jetzt. Getragen von der neuen Fitnesswelle können die Väter und Mütter und Kinder des Wirtschaftswunders nun lostraben oder losturnen oder losplantschen, wann und wo sie Lust haben. Das Versprechen der Kampagne wird eingelöst: Sport ist jetzt wirklich für alle da. »Also auch für die Übergewichtigen, Älteren und Leistungsschwachen«, schreibt der *Spiegel*.

Ohne um Begrifflichkeiten zu streiten: »Trimm Dich Fit« hat den Breitensport nicht erfunden – aber die erfolgreiche Kampagne gibt dem Sport als Freizeitbeschäftigung einen ungeheuren Schub, der weit über München 72 hinaus anhält.

Die Sportanlage von Burgkirchen-Gendorf ist eine Heimat des Breitensports. Es gibt eine Tribüne mit Sitzsteinen und eine Aschenbahn. Im Winter muss Klaus Wolfermann manchmal einen halben Meter Schnee wegräumen, bevor er den Speer werfen kann. An die Ausstattung für Spitzensportler hat irgendwie keiner gedacht. »Sportgeräte für das Krafttraining hatten vielleicht andere, ich hatte die nicht«, sagt der Olympiateilnehmer in der Rückschau. Ein Ingenieur von Hoechst hilft ihm, Zug- und Hebegeräte zu konstruieren. Er trainiert unterdessen mit Eisenstangen, »brutal« sei das. Erst 1971 bekommt Gendorf eine Speerwurfanlage, zum Teil vom Werk finanziert, zum Teil von der Sporthilfe. Seit 1967 stellt die Firma Puma aus dem fränkischen Herzogenaurach Wolfermann die Sportbekleidung, Geld erhält er nicht.

Im Frühjahr stemmt er 70 Tonnen Gewicht pro Woche. Als der Speerwerfer die Trainingspläne vor Ort immer wieder überzieht und »viel zu viel macht«, rät ihm der Bundestrainer Professor Doktor Hermann Rieder, die Zusammenarbeit mit einem Psychologen zu erwägen. Wolfermann macht sich auf den Weg zu einem empfohlenen Fachmann in Fürstenfeldbruck bei München. »Der war sensationell, aber eher spezialisiert auf die Piloten am Flugplatz dort«, sagt er nachher. »Das war nix für mich.« Einer der wenigen, auf die er ein bisschen hört, ist ein Ernährungswissenschaftler in Heidelberg. Der Mann hat eine Theorie: »Du bist klein und explosiv«, belehrt er den Athleten. »Du musst mehr Fleisch am Tag essen.« Die vorgeschlagene Menge: zwei Kilo. Zuhause schlägt Friederike Wolfermann die Hände über dem Kopf zusammen. Wer soll das alles zubereiten? Um nicht nur Steaks zu braten, experimentiert sie mit chinesischen Rezepten, »wo auch viel Gemüse untergebracht wird«. Als Inspiration dient ihr ein asiatisches Restaurant in der Gegend.

Mangels eines professionellen Heimtrainers ist Friederike Wolfermann das Eine-Frau-Funktionsteam des Amateursportlers Klaus Wolfermann: Ernährungsexpertin mit den richtigen Rezepten, Psychologin mit Lob und Kritik – und Videoanalystin mit einer Kamera des Herstellers Akai. Mit dem neuen Gerät, zur Verfügung gestellt von der Sporthilfe, filmt sie den Bewegungsablauf ihres Ehemanns beim Wurf. Die junge Mutter lernt in ihrer Rolle schnell dazu. »Sie sagte dann klar und deutlich: Da hast du jetzt Mist gebaut«, erinnert sich Klaus Wolfermann. Für das Ausgraben der Speere hat der Athlet in Gendorf allerdings einen Spezialisten: Cockerspaniel Adamo.

Im Olympiajahr macht Wolfermann beim Speerwerfen nur noch selten »Mist«. Kurz vor den Münchener Spielen übertrifft er bei einem Wettkampf die Marke von 90 Metern. Dahinter beginnt die absolute Weltklasse. Glücksbringer Adamo bekommt zum Dank einen Riesenknochen. Der bodenständige Sportlehrer Wolfermann arbeitet bis eine Woche vor Olympia noch regelmäßig in Gendorf. Einer wie er braucht am entscheidenden Tag keinen Shuttle-Service zum Olympiagelände. Er steigt in seinen VW Variant und fährt von der Wohnung der Schwiegereltern quer durch München zum Olympiagelände. Er parkt am Olympischen Dorf. Es sind noch vier Stunden bis zu dem Wettkampf, der sein Leben verändern wird.

Das offizielle Programm kündigt an diesem Sonntag für den Nachmittag von 14 bis 18.20 Uhr folgende Entscheidungen im Stadion an: 50 Kilometer Gehen (M), Speer (M), 10 000 Meter (M), Fünfkampf (F) und 800 Meter (F). M = Männer, F = Frauen. In vier dieser fünf Wettbewerbe wird die Bundesrepublik bis zuletzt um Gold kämpfen. Die Fünfkämpferin Heide Rosendahl aus Leverkusen kennt die ganze Welt schon als Olympiasiegerin im Weitsprung, die 800-Meter-Läuferin Hildegard Falck aus Wolfsburg und den Geher Bernd Kannenberg aus Fürth werden die Fans heute erst richtig kennenlernen. Und natürlich Klaus Wolfermann aus Burgkirchen-Gendorf, der vor 80 000 Zuschauern im Stadion auftritt. Und vielen Millionen überall an den Fernsehschirmen.

Im Gefängnis glotzen sie in zwei Schichten. »Wer das Pech hat, während der Spiele im Knast zu brummen, braucht kein Sportmuffel zu sein«, berichtet Heider Tietz in der *tz*, »die Olympiade findet auch hinter Gittern statt.« In der Justizvollzugsanstalt Stadelheim schauen jeweils 50 Insassen eine Stunde lang das Sportprogramm, dann sind die nächsten dran. Der Grund für den fliegenden Wechsel: Platzmangel. Auch im Gefängnis von Straubing praktizieren sie die Rotation. Dort haben die Beamten etwa 500 Insassen in zwei Gruppen aufgeteilt – die eine guckt an den geraden, die andere an den ungeraden Tagen. In der JVA Landsberg dürfen die Gefangenen jeden Tag zwei Stunden lang die Übertragungen verfolgen. Das Bild wird auf eine große Leinwand im Speisesaal projiziert.

Draußen in der Freiheit kennt der TV-Konsum während der Spiele kaum Grenzen. Laut *Stern* erwarten Versicherungsexperten während der Olympiade »ein sprunghaftes Ansteigen der Brände von Fernsehgeräten«. Hauptursache dafür: »übermäßiges Fernsehen«. Die TV-Mechaniker ächzen unter dem Boom. Manchmal brauche es nur einmal kurz auf dem Bildschirm zu flackern, schon werde ein Mechaniker geholt, klagt der Münchener Expreß-Fernsehdienst in der *tz*. Allein an einem einzigen Werktag seien 300 telefonische Reparaturaufträge eingegangen. Es komme vor, dass Leute gleich bei vier Firmen bestellen. »Wenn die Reparatur zu lange dauert, kaufen sich viele Kunden kurzentschlossen ein neues Gerät.«

Für München 72 schaffen viele Deutsche erstmals einen Farbfernseher an. »Sternstunden für Farbfernsehfreunde«, verspricht zum Beispiel die Werbung von Telefunken mit ihrem System »PALColor«. Die Firma konkurriert auf dem wachsenden Markt mit bekannten Namen wie Philips, Loewe-Opta, Grundig, Körting (Neckermann) und der Prestigemarke Nordmende. Alle versprechen Innovationen: flachere Bildröhren, schärfere Bilder – und eine Tonbuchse, mit der das Tonbandgerät oder die HiFi-Anlage an den Fernseher angeschlossen werden können. Die Festpreise für Top-Geräte liegen zwischen 1500 und 2500 Mark, das entspricht mehreren Monatslöhnen eines Arbeiters. Das Olympiaprogramm, das man an den nagelneuen Flimmerkisten verfolgen kann, ist revolutionär – technisch, inhaltlich und von der schieren Menge her.

Zweimal in der Geschichte der Olympischen Spiele denken die Macher das bewegte Bild ganz neu: in Berlin 1936 und in München 1972. Als die Welt zu Gast im »Dritten Reich« war, verheiratete die Filmemacherin Leni Riefenstahl den Sport mit der Emotion. Eine Hochzeit, die heute selbstverständlich scheint. Man bewunderte Unterwasseraufnahmen beim Turmspringen, perfekt ausgeleuchtete Muskeln wie bei griechischen Statuen und begeisterte Massen im Rund. »Solche Bilder hat man zuvor nie gesehen«, schreibt Wiebke Brauer in ihrem *Spiegel*-Artikel »Die Frau, die den perfekten Nazi-Körper schuf«. Riefenstahl fing den Jubel und die Enttäuschung, den Schweiß und die Tränen hautnah mit der Kamera ein. Sie schnitt in raffinierten Rhythmen: die Menge gegen den Muskel, die Arena gegen den Athleten. Sie machte aus dem Ereignis ein Erlebnis.

Dafür überschritt sie technische Grenzen, die ihre Zeitgenossen für unverrückbar hielten: Die Regisseurin packte die Kameras auf Schienen und in Aufzüge und ließ sie in Gräben verschwinden. Keiner konnte den gewaltigen Aufwand so recht beziffern. Eine Schätzung ging von 45 Kameramännern und einem Budget von 2,8 Millionen Reichsmark aus. Es war: *Fernsehen über alles*. So hatte man Olympia noch nie gesehen.

36 Jahre später läuft im Olympiamonat August 1972 in der ARD die Sendung *Was bin ich?*, Untertitel: »Heiteres Beruferaten mit Robert Lembke«. Es ist unklar, ob die populäre Unterhaltungssendung vorher aufgezeichnet wurde. Denn Lembke, ein bekanntes TV-Gesicht mit dicken Brillengläsern, hat aktuell einen zweiten Job, der ihm alles abverlangt. Der Quizmeister, Jahrgang 1913, ist der Geschäftsführer des Deutschen Olympiazentrums Radio Television (DOZ). Mit anderen Worten: der Fernsehboss von München 72. Ein Mann mit viel Macht und noch mehr Verantwortung – obwohl er niemals Management oder Technik studiert hat.

Als der Herr über die bewegten Bilder bei den zweiten Sommerspielen auf deutschem Boden seine Arbeit aufnimmt, gehören Riefenstahls Innovationen zum Standardrepertoire einer modernen Sportübertragung. Geld hat auch er genug, 100 Millionen werden über einen Zeitraum von sechs Jahren investiert. Lembke, der sich im Krieg vor den Nazis in einem bayerischen Dorf versteckte, besitzt etwas, das die NS-Propagandisten liebend gern gehabt hätten: ein weltweites Live-Publikum. München 72 findet auf Bildschirmen rund um die Uhr statt, quer durch alle Zeitzonen. Die Tageszeitung *Die Welt* nennt es »das größte elektronische Spektakel aller Zeiten«.

Robert Lembke erschafft keine Visionen wie Riefenstahl, sondern ein Programmschema. Mit seiner Crew bringt er auf den Weg, was seitdem als neuer Standard gilt: die ganze Welt als Zielgruppe. Der Beginn der Eröffnungsfeier wird auf 15 Uhr festgesetzt, damit sie rund um den Erdball zu halbwegs günstigen Zeiten empfangen werden kann (New York: 9 Uhr, Tokio: 23 Uhr). Die spannendsten Disziplinen werden nach den Grundsätzen einer effektvollen Dramaturgie über das 16-Tage-Programm verteilt. Die Entscheidungstermine werden derart entzerrt, dass möglichst viele Schlusskämpfe und Finals direkt übertragen werden können. Ein Fest voller Höhepunkte, Tag für Tag, Stunde für Stunde, das ist die TV-Philosophie von München 72. Es ist: »Das totale Fernsehen«. So steht es auf der Titelseite des *Spiegel* im Olympiasommer.

Auf zwölf Seiten legen die Autoren des Nachrichtenmagazins dar, wie kompromisslos Robert Lembke die längste Show der Fernsehgeschichte für das größte TV-Publikum aller Zeiten realisiert. 1200 Stunden Sport werden produziert. Selbst Randsportarten, die zwischen den Spielen ein stilles Dasein fristen, fangen die Kameras in aller Ausführlichkeit ein: Militaryreiten (in Riem), Wasserball (im Dantebad) oder Kanuslalom (in Augsburg). Alles wird übertragen, auch der »Weitsprung eines Mister Wotumba aus Malawi« (O-Ton Lembke). Für spannende Live-Übertragungen befördert der Quizmaster das ehrwürdige Motto »Dabeisein ist alles« auf den olympischen Müllhaufen: Die Kameras seien stets auf die ersten drei zu richten, »wenn einer Vierter ist, dann hat er halt Pech gehabt«. Auch wenn es ein Deutscher ist. Der Held soll sichtbar werden, sagt einer aus Lembkes Mannschaft. Das hätte Leni Riefenstahl nicht schöner sagen können.

Die Münchener Produktion sprengt alle bis dahin bekannten Grenzen des Fernsehens. Die Journalisten greifen zu Sprachbildern aus dem Krieg und der Raumfahrt. »Elektronischen Aufwand wie in einem Raketenabschußzentrum«, konstatiert der *Spiegel* und porträtiert den TV-Boss 1972 als »Oberkommandant Lembke bei seiner TV-Schlacht zu Land, zu Wasser und in der Luft«. Den 58-Jährigen ficht das nicht an. Für Luftaufnahmen lässt er eine Panoramakamera auf dem Olympiaturm installieren, leiht sich von europäischen Nachbarn teure Übertragungswagen aus und ringt dem Organisationskomitee nach langen Kämpfen weitere 33 Kameraplätze in den Wettkampfstätten ab.

Für exklusive Impressionen aus dem Stadion mieten die TV-Macher eine Spezialkamera aus Frankreich. Die dafür benötigte Drei-Mann-Crew erinnert die Autoren des *Spiegel* an ein Team von Apollo-Astronauten. »Der erste filmt, der zweite schleppt einen 60 Pfund schweren Rucksack mit dem Sendegerät, der dritte richtet die Antenne.« Erstmals bei Olympia werden Zusatzinformationen wie die Schlagzahlen der Ruderer oder die Treffer der Fechter eingeblendet – von einem »Videographen«.

Dieses »totale Fernsehen« verlangt Opfer. Von Frühjahr 1972 an werden im öffentlich-rechtlichen Fernsehen Großprojekte gestoppt. In Stuttgart muss der dort ansässige Sender den Umbau seines Funkhauses zurückstellen. Die Zuschauer müssen auf Lieblingssendungen verzichten – im Sommer 1972 besteht das Gegenprogramm im deutschen Fernsehen vorwiegend aus Wiederholungen. Kameraleute von bekannten Unterhaltungsshows wie dem *Goldenen Schuss* werden nach München beordert. Der Westdeutsche Rundfunk verhängt eine Urlaubssperre. Alles, was laufen und sprechen könne, so Ernst Huberty von der ARD-*Sportschau*, werde vor einem Mikrofon stehen. Im TV-Abschlussbericht der Olympischen Spiele wird die Ermüdung des Personals offiziell erwähnt. Die Bundeswehr hilft aus: Für den Transport von Filmaufnahmen sind unter anderem ein Wasserflugzeug vom Typ DO 28, sechs Barkassen der Marine, zwei Kurierboote und 30 Feldjäger auf Motorrädern abkommandiert.

Ein Dutzend Jahre vor dem Start des Privatfernsehens verfolgen Lembkes Strategen eine Dramaturgie, die RTL und SAT.1 vorwegnimmt. »Wenn die Ruderer zusammenbrechen oder Hildegard Falck auf die Schnauze fällt – dann gehört das genauso ins Fernsehen wie die knappen Höschen der Sprinterinnen und der große weite Hut beim Reitturnier auf der Tribüne«, wird ein leitender Mitarbeiter im *Spiegel* zitiert. »Wenn ein Pudel ins Stadion rennt und Zigtausende lachen, kommt er selbstverständlich ins Bild.« Ein anderer fügt hinzu: »Immer nur Knall, Schuß, bumms, raus, weg – das wäre ja zu langweilig.« Für den Sport wird ein buntes Allerlei der Genres angerührt, mal Krimi, mal Kitsch.

Nur wenige Erdenbürger werden sich dem TV-Spektakel *made in West Germany* entziehen können. Die Vertreter des Deutschen Olympiazentrums Radio Television sind vor den Spielen fleißig auf Reisen, um die Übertragungsrechte in alle Himmelsrichtungen zu verkaufen. Am meisten zahlen die Amerikaner, am wenigsten die Ostblockstaaten und die sogenannten Entwicklungsländer. Einige afrikanische Staaten bekommen die Bilder kostenlos. Im Abschlussbericht steht über die Verbreitung des Olympiaprogramms: »Nur wenige Länder, die über Fernseheinrichtungen verfügen, übertrugen nichts von den Olympischen Spielen: Albanien, Bermuda, Paraguay, Samoa, Syrien, Yemen.« Eine Gruppe interessiert Robert Lembke, den »mächtigen Bilderbeschaffer« *(Spiegel)*, überhaupt nicht: die Zuschauer vor Ort. Sie seien nur eine Stelle hinter dem Komma, findet er. In seinen Augen sind sie bestenfalls Komparsen, eine Kulisse aus Fleisch und Blut. Im schlimmsten Fall: eine Störung. In jedem Fall sieht man bei diesen Spielen am Schirm mehr als im Stadion.

Friederike Wolfermann will ins Stadion – darf aber nicht rein. Am Tag, als ihr Mann um Gold kämpft. »Man bekam nicht einfach so eine Karte für Olympia, die wurden [zum Teil] verlost«, erzählt sie. »Mein Vater hat für Klaus' Tag eine gekriegt, ich nicht.« Damit sie das Finale der Speerwerfer nicht verpasst, steckt ihr der Ehemann seinen Olympia-Ausweis zu. Sie steckt ihn in die Brusttasche ihres Polokleids, er lugt ein wenig hervor.

Am Eingang zur Athletentribüne stellt sich ihr ein Kontrolleur in den Weg, greift ungeniert in ihre Brusttasche und zieht den Ausweis hervor. »Das sind aber nicht Sie!« Ein handfester Konflikt droht. Erst der scheue Hinweis auf den Namen »Wolfermann« lässt den Ordner weich werden. Er hat Mitleid mit der jungen Frau, sie darf passieren – und im Stadion bleiben.

Hoffnungen auf einen Sieg des westdeutschen Speerwerfers wären vermessen. Unter den Experten gelten bei diesen Spielen zwei Favoriten auf Gold als todsicherer Tipp: die USA im Basketball der Herren und Janis Lusis aus der Sowjetunion im Speerwerfen, der Konkurrent von Klaus Wolfermann. »Das Wort Konkurrent würde ich nicht einmal benutzen, weil er vier Jahre lang so dominierend war«, stellt der Deutsche die Kraftverhältnisse klar. Manche Journalisten nennen Wolfermann einen »Silbermann«, und das ist keine Beleidigung. Denn Lusis, gebürtig aus Lettland, wirft in einer anderen Liga: Im gesamten Olympiajahr hat er noch keinen Wettkampf verloren, und er hält zudem den Weltrekord. Seine Familie gilt als Speerwurfadel: Ehefrau Elvira gewann unter ihrem Mädchennamen Ozolina diese Disziplin bei den Spielen in Rom 1960, er selbst triumphierte 1968 in Mexiko-Stadt. Janis und Klaus sind lose befreundet, soweit dies im Sport möglich ist.

Als Friederike Wolfermann ihren Platz im Olympiastadion einnimmt, ist Bernd Kannenberg von der LAC Quelle Fürth schon über die 50-Kilometer-Distanz der Geher unterwegs. Unter »Gehen« wird im Sport eine Bewegung verstanden, bei der – im Gegensatz zum Lauf – »immer ein Fuß auf dem Boden sein muss«, klärt eine Fachpublikation auf. »Einer der beiden Stützpunkte, die Spitze des hinteren oder die Ferse des vorderen Fußes, muss stets am Boden sein.« Die Geher gelten daher einigen als »verhinderte Läufer«. Wegen ihres watschelnden Gangs werden sie belächelt, bisweilen sogar ausgelacht.

Wenn der 30-jährige Kannenberg nach etwa vier Stunden von der Münchener Stadtstrecke in das Olympiastadion zurückkehrt, wird niemand mehr lachen. Vor drei Jahren war er noch einer von vielen Tausend anonymen Teilnehmern bei Volksmärschen. Dann entschied er sich, das Gehen ernsthaft zu betreiben. Der Oberfeldwebel der Bundeswehr ist in Sonthofen im Allgäu stationiert. Mit täglichen Gewaltmärschen von bis zu 60 Kilometern hat er sich dort auf Olympia vorbereitet. »Er trainiert genauso viel wie ich, aber schneller«, lobt sogar sein DDR-Rivale Christoph Höhne. Im Mai 1972 hat Kannenberg die Weltbestzeit um acht Minuten verbessert. Minuten, nicht Sekunden. Der größte Gegner des westdeutschen Soldaten ist heute der Sowjetrusse Weniamin Wassilijewitsch Soldatenko. Der Nachname bedeutet übersetzt etwa: kleiner Soldat.

Der »goldene Sonntag« bezeichnet in manchen Regionen den letzten verkaufsoffenen Adventssonntag vor dem Weihnachtsfest, wenn im Handel die Kassen klingeln. Die Leichtathleten der Bundesrepublik feiern ihren »goldenen Sonntag« im September 1972 im Olympiastadion von München. Drei Goldmedaillen holen sie an diesem Nachmittag. So groß ist der Jubel, so völlig aus dem Häuschen sind Akteure und Arena, dass sich selbst die Beteiligten in der Rückschau nicht mehr über die Reihenfolge der Siege einig sind. Viel voneinander mitbekommen haben sie ohnehin nicht, zu fokussiert waren sie auf ihren jeweiligen Einzelwettbewerb.

Klaus Wolfermann kommt sich vor »wie ein Pferd mit Scheuklappen«. Hildegard Falck sagt: »Wenn ich den Startschuss höre, dann lege ich innerlich einen Schalter um. Ich nehme die Umgebung erst wieder wahr, wenn mein Lauf vorbei ist.« Und Bernd Kannenberg arbeitet sich zu dieser Zeit noch quer durch die Olympiastadt, Schritt für Schritt, immer seinen Gegner Soldatenko neben sich. Während er auf dem langen Rückweg ins Stadion ist, verpasst er zwei Entscheidungen, die später in jedem Sammelband zu Olympia ausführlich dargestellt werden.

Das Speerwerfen findet vor der Südkurve statt. Die deutschen Fans stehen dichtgedrängt am Zaun. Im fünften Durchgang verlängert Klaus Wolfermann den Anlauf und schleudert die 800 Gramm schwere und 2,10 Meter lange »Zigarre« über die weiße Linie, die 90 Meter markiert. Der Wurf sitzt. »Voll getroffen, wie die Speerwerfer sagen«, so der Bayer. Er versteht sofort, was das bedeutet: die Führung im Wettbewerb. 90 Meter und 48 Zentimeter. Der 26-Jährige jubelt, rennt los, die Fans schreien.

An der Reaktion von Janis Lusis kann man bereits eine Vorentscheidung erkennen: Hektisch wirft er seinen angeknabberten Apfel weg. Klaus Wolfermann ist nicht nur ein famoser Wurf geglückt, es ist ihm auch gelungen, was bisher niemand geschafft hat: die Nerven des haushohen Favoriten freizulegen. Im entscheidenden sechsten Versuch unterläuft Lusis, dem besten Speerwerfer aller Zeiten, ein technischer Fehler. Die deutschen Fans halten den Atem an. Dann sehen sie das Ergebnis, in der Südkurve und im ganzen Stadion: 90,46 Meter. Zwei Zentimeter weniger als der Deutsche, genau erfasst mit einer erstmals eingesetzten elektronischen Weitenmessung. Gold für die Bundesrepublik! Wolfermann ist der Sieg nicht mehr zu nehmen, nach ihm werfen nur noch schwächere Konkurrenten. Und was macht der Sportlehrer aus Burgkirchen-Gendorf im größten Moment seiner Laufbahn, vor den Augen der Welt? Wolfermann, mit mächtigem Bart und im blauen Trainingsanzug, geht auf Lusis zu und zuckt mit den Schultern, sorry. »Entschuldigung, dass ich gewonnen habe, habe ich ihm gesagt«, berichtet er nachher. »Ich hatte einen Heidenrespekt vor ihm. Er war ja in der Hierarchie weiter oben, da herrschte ja noch Zucht und Ordnung.«

Jetzt hält es auch Friederike Wolfermann nicht mehr auf ihrem Tribünensitz. Der Ordner von vorhin steht auf einmal vor ihr: »Wollen Sie zu Ihrem Mann?« Er führt sie durch die Katakomben des Stadions an allen Kontrollen vorbei. Feierlich erklärt er jedem, den sie passieren: »Des is am Woifermo sei Frau!« Im Vorraum der Dopingkontrolle sind sie am Ziel. Den Moment, als sie ihren Mann entdeckt, hält der Reporter Rolf Gonther fest: »Ich sah, wie Frau Friederike Wolfermann ihrem Mann um den Hals fiel und ihn abküßte. Wie ein Liebespaar eng umschlungen standen sie in der Ecke des Bereitstellungsraumes und konnten ihr Glück noch nicht fassen.« Klaus Wolfermann ist jetzt berühmt, und das bleibt er von nun an sein ganzes Leben lang.

Gefeiert wird mit der Familie und Freunden. Ein alter Freund, der ägyptische Speerwerfer Atef Ismail, bringt im Laufe des Abends das erste Präsent vorbei: eine Pistole aus dem 18. Jahrhundert. Er lebt in Heidelberg und betreibt am Neckar ein Lokal, das »Shepards Inn«, in dem die Speerwerfer und Kugelstoßer die Abende nach den Lehrgängen verbringen. Er gehört zu dem bunten Völkchen von Wolfermanns ausländischen Sportsfreunden. So wie Janis Lusis, der heute verloren hat – aber in Klaus Wolfermann einen Freund fürs Leben gewinnt. Im nächsten Jahr, 1973, werden Janis und Elvira die Familie Wolfermann in Süddeutschland besuchen und zwei Wochen bleiben. Ein Novum für ein Sportlerehepaar aus dem Ostblock.

Ungefähr in dem Moment, in dem der Speerwerfer Wolfermann zum entscheidenden Wurf ansetzte, verpasste Heide Rosendahl im 200-Meter-Lauf, der letzten Disziplin im Fünfkampf, den Gesamtsieg in diesem Wettbewerb. Diese Goldmedaille hätte ihr nach eigener Aussage noch mehr bedeutet »als die im Weitsprung«. Am Ende landet sie äußerst knapp hinter der Britin Mary Peters. Heide, mit Gold und Silber bisher die erfolgreichste Westdeutsche in München, zeigt sich als faire Verliererin: »Was für ein Tag! Ich freue mich so, dass die anderen [Bundesdeutschen] gewonnen haben.« Eine deutsche Sportzeitschrift illustriert dieses Zitat mit einem Foto vom Tage: Heide Rosendahl in inniger Umarmung mit der frischgebackenen 800-Meter-Olympiasiegerin Hildegard Falck.

Im Vorfeld der Spiele sorgt Falck, eine 23-jährige Sportlehrerin, für eine Menge Schlagzeilen. Manches ist Pech, manches selbstverschuldet. Bei den Europameisterschaften in Helsinki 1971 kollidiert Falck unglücklich mit ihrer DDR-Rivalin Gunhild Hoffmeister und scheidet aus. In einer Story im *Spiegel* nennt sie Männer im Sport ohne konkreten Anlass »feige«. Vor den Spielen unterliegt sie bei den Deutschen Meisterschaften der jungen Sylvia Schenk – obwohl Falck den Weltrekord hält. Die deutschen Fans beginnen an ihr zu zweifeln. Kann sie wirklich liefern, wenn es darauf ankommt? Das Rennen gibt den Skeptikern zunächst recht. Es kommt zweimal zu brenzligen Situationen: Einmal ist sie im Läuferfeld eingeschlossen, ein anderes Mal kommt ihr eine Konkurrentin gefährlich nahe. Die Zuschauer denken sofort mit Bangen an den Crash von Helsinki. Hildegard Falck behält die Nerven, viel Zeit zum Grübeln hat sie ohnehin nicht, das Tempo ist irrsinnig hoch. 150 Meter vor dem Ziel tritt sie an und läuft außen an allen vorbei. Sie führt, doch Niele Sabaite aus der Sowjetunion kommt ihr immer näher.

Falcks Siegesformel passt zur knappen Entscheidung: »Ich hatte mir vorgenommen, dieses Rennen erst fünf Meter nach dem Ziel zu beenden.« Sie gewinnt mit hauchdünnem Vorsprung und neuem olympischen Rekord. Das zweite Gold für die Bundesrepublik an diesem Nachmittag! Auf die Siegerehrung muss Falck ein bisschen warten. Denn die nach ihr ins Ziel eingelaufene Sabaite hat einen Kreislaufkollaps erlitten – nach dem schnellsten 800-Meter-Frauenfinale in der Geschichte Olympias.

Der Geher Bernd Kannenberg holt an diesem »goldenen Sonntag« das dritte Gold für die Gastgeber. Mit letzter Kraft lässt er den Sowjetrussen Soldatenko auf der Straße hinter sich. »Ich hätte mich nicht getraut, stehen zu bleiben. Die Leute hätten mich vermutlich weitergeschubst.« Das Publikum im Münchener Stadion empfängt ihn mit ohrenbetäubendem Jubel. Die beste Nachricht erreicht den Oberfeldwebel hinter der Ziellinie. Bundesverteidigungsminister Georg Leber befördert ihn »mit sofortiger Wirkung« zum Hauptfeldwebel. Ein politischer Gefallen, den man eher in sozialistischen Staaten verorten würde, wo sich Militär und Leistungssport nahe stehen? Nein, versichert der westdeutsche Olympiasieger energisch. Ohne den ganzen Trainingsaufwand wäre er schon lange vorher befördert worden.

Dreimal Gold für die Bundesrepublik, innerhalb von »siebzig Minuten« (Abendzeitung). Doch: Wer jetzt ein überschwängliches Fahnenmeer in Schwarz-Rot-Gold erwartet, der täuscht sich. Massenhaft Mützen und Hüte, Schals, Shirts und Flaggen in Deutschlandfarben? Fehlanzeige. Auf den Fernsehbildern kommen sie an diesem Sonntag im September 1972 kaum vor. Eine Ehrenrunde mit Flagge? »Die Gesellschaft war noch nicht so weit«, sagt Klaus Wolfermann. »Es war nicht üblich«, ergänzt seine Frau Friederike. »Es war eine Zeit, als man sich nicht damit geschmückt hat, Deutscher zu sein. Man hat sich eher im Hintergrund gehalten.«

27 Jahre nach dem Zweiten Weltkrieg tun sich die Bundesdeutschen schwer mit dem Patriotismus. Das gilt auch für ihre Armee, die Bundeswehr. Daran ändert eine Goldmedaille nichts.

Die Macher der *Neuen Deutschen Wochenschau* (kurz: NDW) packen die aktuellen Probleme der Bundeswehr in bewegte Bilder. Auf der einen Seite zeigen sie junge Männer mit tanzenden Mannequins, mit Sportwagen und im Wintersport mit einer Zigarette im Mundwinkel. Auf der anderen Seite einen jungen Mann, der in einer Kleiderkammer einen Stahlhelm anprobiert und seinen Spind einräumt. Schnitt. »Wir üben jetzt das Hinlegen. Robben. Aufstehen«, sagt ein Unteroffizier auf dem Hof. Seine Anweisung wird von den jungen Rekruten mit skeptischem Gesichtsausdruck wortlos zur Kenntnis genommen. Der Kommentator des Stücks spricht Klartext:

»Das Image der militärischen Uniform ist verblasst, hat an Bedeutung verloren.«

»Die heutige Jugend, die ihre Umwelt und sich selbst in Frage stellt, hat ein anderes Verhältnis zum Wehrdienst in Uniform.«

»Heute verherrlicht man den Konsum, früher Helden und Vaterland. Die Uniform umgab ein besonderer Glanz.«

Die drei Zitate stammen aus einem NDW-Beitrag von 1971. Sie zeichnen, um im Bild zu bleiben, die Frontverläufe in der Debatte um die Rolle der Armee in der westdeutschen Gesellschaft nach. Die Diskussion berührt Vergangenheit, Gegenwart und Zukunft gleichermaßen: Der Gedanke vom Gehorsam sei von gestern, im Hedonismus von heute wirke das Militär wie ein Fremdkörper, und wer weiß, ob man in Zeiten der Entspannungspolitik die Bundeswehr morgen überhaupt noch brauche. Hintergrund der Erörterung: Anfang der siebziger Jahre gilt in der Bundesrepublik für junge Männer eine allgemeine Wehrpflicht von 18 Monaten. Gleichzeitig findet eine Abstimmung mit den Füßen statt. Immer häufiger finden westdeutsche Männer den Weg in die Kaserne nicht mehr, sondern »dienen« stattdessen im Altenheim, einer Behinderteneinrichtung oder einem Hospital. Die Zahl der sogenannten Kriegsdienstverweigerer steigt von 5963 im Jahr 1967 auf 33792 im Olympiajahr. Ein Verweigerer mit langen Haaren gibt der *Neuen Deutschen Wochenschau* zu Protokoll: »Ich halte Gewalt zur Lösung von Problemen für völlig sinnlos, und es ist mir unmöglich, in einem bewaffneten Konflikt oder auch an dessen Vorbereitung aktiv mitzuwirken.«

Im Mai 1972 macht eine Anordnung des Verteidigungsministers deutlich, wie sehr die Bundeswehr mit dem Zeitgeist ringt – und den Kampf zu verlieren droht. Der »Haare frei«-Erlass gebietet ein neues Längenmaß: nicht über den Kragen, nicht über die Augen, nicht über die Ohren. In den pointierten Worten des *Spiegel*: »Ab sofort waren die schulterlangen Locken der German Hair Force zu kappen.« *Bild* schreibt: »Schluß mit langen Haaren!« Die Reaktionen der jungen Soldaten reichen von Erschütterung über Zorn bis zu Resignation.

Die Herren in Olivgrün haben im Olympiajahr offenkundig ein Imageproblem. Die Spiele von München kommen den Strategen der Bundeswehr gerade recht. Sie bieten eine einmalige Chance, den Ruf aufzupolieren. Willi Daume, quasi der General über München 72, gibt frühzeitig die Marschrichtung vor: »Ohne Hilfe der Militärs können heute keine Olympischen Spiele mehr veranstaltet werden.« Die so Gepriesenen erkennen sofort die »Möglichkeit einer Selbstdarstellung, wie sie in der zurückliegenden Zeit in einem solchen Umfang nicht möglich war«, so Karl-Wilhelm Berkhan, Staatssekretär im Verteidigungsministerium.

Die Bundeswehr führt nun eines der erfolgreichsten Manöver ihrer jungen Geschichte durch. Mehr als 20 000 Soldaten rücken – laut Bundeswehrappell – zur »Erfüllung einer nationalen, freudigen Pflicht« an. Es gibt zehn Mark Sonderzulage täglich. Die westdeutsche Armee besetzt bei Olympia alle neuralgischen Punkte – von München bis zum Segelrevier in Kiel. Die Soldaten fahren Presse und Prominente umher, hissen Flaggen und bekochen das offizielle Jugendlager der Spiele. Sie kontrollieren Karten, bedienen Aufzüge oder sichern den Marathonlauf als Streckenposten. Die Bundeswehr stellt auch die Möbel für die olympischen Unterkünfte zur Verfügung. »52 000 Schränke, 46 000 Betten und 31 500 Polstermöbel«, zählen die Reporter des *Spiegel* auf. Kostenpunkt: 55 Millionen Mark. Selbst die Fotos, die im TV-Zentrum für die Akkreditierungsanhänger gemacht werden, knipst ein Rekrut. Selten zuvor stieß man im zivilen Leben der Bundesrepublik so häufig auf Bundeswehrsoldaten.

Einen Sonderauftrag erhalten die Militärmusiker, vermeldet der *Stern*. Elf Kapellen mit mehr als 600 Musikern studieren exakt 123 Nationalhymnen ein – ein internationaler Friedensdienst, der zu skurrilen Situationen führt. Die Herausforderungen sind vielfältig: Noten treffen ohne

Angaben zu Takt und Rhythmus ein, übersandte Tonbänder enthalten mehrere Stücke, doch niemand weiß, welches das richtige ist. Manches Teilnehmerland besitzt zwei Hymnen, wiederandere müssen noch ein Stück auf die Schnelle komponieren. Einige internationale Ansprechpartner singen den westdeutschen Soldaten ihre nationale Weise einfach am Telefon vor. Und das südamerikanische Bolivien gibt bei den Musikern der Bundeswehr sogar eine neue Nationalhymne in Auftrag.

Einen Orden gibt es für den Olympia-Einsatz der vielen Soldaten nicht. Die Nachricht, dass jeder beteiligte Soldat eine Olympia-Verdienstmedaille erhält, die an der Uniform getragen werden kann, entpuppt sich als Falschmeldung. Eine Medaille erhält der Hauptfeldwebel Bernd Kannenberg. Am Abend gibt der Olympiasieger seinen Kameraden eine Runde aus. Aber es muss schnell gehen, er hat noch einen Termin in einer Sportsendung des ZDF.

MEDAILLENSPIEGEL

Sonntag, 3. September 1972, abends

	G	S	B
1. Sowjetunion	21	20	14
2. USA	19	21	18
3. DDR	16	9	16
4. Japan	10	6	8
5. Bundesrepublik	6	6	8

»Hier ist die Goldgrube«, meldet sich ein bundesdeutscher Funktionär an diesem Sonntag fröhlich am Telefon im Olympiastadion. »Goldregen« – jubeln die Schlagzeilenmacher der Zeitungen. Das »riesige Public-Relations-Unternehmen für die Bundesrepublik« (TV-Boss Robert Lembke) wird nun auch von sportlichen Erfolgen gekrönt. Es ist ein Sommermärchen, in Deutschland, das erste seiner Art. Was soll jetzt noch kommen? Wer will das noch toppen? Ein Schulmädchen. Aus dem Rheinland.

Noch ist die 16-jährige Ulrike Meyfarth lediglich ein Nachwuchstalent im Hochsprung. Dass ihr schon in München die große Bühne gehören und sie einen magischen Moment erzeugen würde, das erwartete wohl niemand von dem Teenager.

TAG 10

Montag, 4. September 1972

Ulrike aus Wesseling ist 16 Jahre alt. Ein deutscher Teenager, noch zu jung, um wählen zu dürfen oder ein Auto zu fahren. Morgens steht sie um 6 Uhr auf, manchmal wird es halb sieben. Im Kinderzimmer stehen ein Bett, ein Kleiderschrank mit zwei Türen und schräg vor dem Fenster der Schreibtisch. Daneben, in den Regalen, die üblichen Bücher für ein Mädchen in diesem Alter in dieser Republik: diverse Bände von Hanni und Nanni oder Putzi. Darunter eine Couch, die man aufklappen kann. »Uralt«, lächelt Ulrike bei der Beschreibung ihres Zimmers beim Interview zu diesem Buch. An der Wand hängen einige selbstgemalte Bilder, »Kunstwerke« wird sie ein Reporter später in einer Homestory nennen.

Um 7.20 Uhr nimmt sie morgens die Straßenbahn. Immer am linken Rheinufer entlang, Richtung Norden zu ihrem Gymnasium in Köln-Rodenkirchen. Um 14 Uhr kehrt sie aus der Schule zurück. Der Vater ist Ingenieur, die Mutter Hausfrau. Sie kocht mittags für die Kinder, die ältere Tochter Ulrike und den jüngeren Sohn Wolf-Dieter. »Das Essen steht immer auf dem Tisch, wenn wir heimkommen«, sagt das Mädchen. Dreimal die Woche geht die Schülerin zum Sport beim TV Wesseling. Im Februar legt der Karneval die Gegend lahm, der kleine Ort hat seinen eigenen »Zoch«.

Am liebsten trägt die Schülerin Blue Jeans. Und Röcke? Eher selten, und wenn, dann weder mini noch maxi. Musik spielt keine große Rolle, den Plattenspieler der Eltern im Wohnzimmer nutzt sie selten. Ulrike mag es ruhig. Sie sei ein zurückhaltender Typ, sagt sie. Jemand, der schlecht Nein sagen kann. »Ich bin ziemlich schüchtern.« Einen Freund hat sie noch nicht. Ab und zu kauft sie sich die *Bravo*, die Jugendzeitschrift, die alle lesen, oder lässt sie sich kaufen. Der größte Star, häufig abgebildet auf den Seiten, ist die Schauspielerin Uschi Glas, »die kennt ja wirklich jeder«. Es ist: eine fast ganz normale Kindheit in der Bundesrepublik 1972. Fast.

An diesem Montag, hat Ulrike Meyfarth schulfrei. Sie steht im Münchener Olympiastadion und schaut sich von unten die Latte der Hochsprunganlage an. 1,90 Meter sind aufgelegt.

Wer wissen will, wie die Teenager im Olympiajahr ticken, kommt an der *Bravo* nicht vorbei. Ihre Auflage bewegt sich in den Siebzigern nur knapp unter der 2-Millionen-Grenze. Das Blatt macht Stars, befördert Trends und spiegelt die Gesellschaft der Unter-20-Jährigen wider. Wer auf der Titelseite auftaucht, darf von sich mit Fug und Recht behaupten, ein Idol der Jugend zu sein. Dazu gehören 1972 zum Beispiel Pierre Brice, Udo Jürgens, Horst Janson, Uschi Glas, Chris Roberts, Fritz Wepper, Marianne Rosenberg, Mick Jagger, Mark Spitz und wieder Uschi Glas.

Der Vorrat an exklusiven Storys für die junge Leserschaft der *Bravo* scheint unerschöpflich. Schlagerstar Roy Black hat fünf Betten an verschiedenen Orten stehen – und »die sind immer gemacht«. Der Fußballer Günter Netzer führt ein Doppelleben: »Am Ball ein Rebell – zuhause ein Träumer«. Die Schauspielerin Susanne Uhlen heiratet heimlich mit 17 Jahren im schottischen Hochzeitsparadies Gretna Green. Rosi (15) und Herbert (18) sind eines der jüngsten Ehepaare in Deutschland und haben gemeinsam Baby Helmut. Im Artikel »Von der Schulbank gleich ins Ehebett« erzählen sie ihre Geschichte. Und in den USA gilt ein 14-jähriger Leadsänger als »kleiner Mann mit großer Zukunft«. Sein Name: Michael Jackson.

Einen Platz auf der Titelseite und viele Seiten mitten im Heft bekommen im Olympiajahr zwei italienische Schauspieler, die mit einem neuen Genre für Aufsehen sorgen: Terence Hill (bürgerlich: Mario Girotti) und Bud Spencer (Carlo Pedersoli) treten in besonders komödiantischen Spaghettiwestern auf. Damit schaffen sie es in die Kinocharts – und in den *Stern* der Erwachsenen. »Brutalität im Western-Saloon fröhlich serviert«, heißt es in der Story in der Hamburger Zeitschrift. Der kommerzielle Erfolg ist beeindruckend. Aktuelle Filme des Duos wie *Die rechte und die linke Hand des Teufels* und *Vier Fäuste für ein Halleluja* hätten mehr als 9 Millionen Mark eingespielt, vermeldet der *Stern* in der ersten Augusthälfte 1972.

Der Film des Jahres kommt aus Hollywood und erreicht Deutschland etwas später: *Der Pate* mit Marlon Brando. Die Vorpremieren finden pünktlich zu den Olympischen Spielen statt und werden prominent in einer Zeitungsanzeige angekündigt: »München begrüßt zwei einzigartige Ereignisse: die Olympischen Spiele und den erfolgreichsten Film aller Zeiten.« Der so angepriesene Streifen ist ungewöhnlich lang: knapp drei Stunden. Das heißt, er kommt pro Tag auf weniger Aufführungen in den Kinos. Kein

Theaterbesitzer werde an diesem Film auch nur einen Pfennig verdienen, warnt der *Spiegel* vor einem Flop. Am Ende spielt *Der Pate* mit allen Wiederaufführungen rund 245 Millionen Dollar ein – bei einem Budget von 6 Millionen. Natürlich berichtet auch die *Bravo* über den Film.

Das Repertoire der Jugendzeitschrift reicht über die Unterhaltung weit hinaus – vom Design (»Mach das Beste aus Deiner Bude‹ – Bravo stellt zwei Zimmer vor, in denen man sich wohlfühlen kann«) über Spartipps (»Bravo-Sparfibel«) bis zur Mode. Im Olympiajahr liegen Hellblau und Rosa im Trend (»Für Häschen kommen rosa Zeiten«). Wuschelwesten zum Häkeln »sind die Besten« und werden mit einer Anleitung zum Selbermachen versehen. Passend zum Olympiamonat September flattert internationale Mode aus dem Morgenland ein, »bunt und billig wie im Basar«: Blusen, Flatterhosen und Röcke. Die Röcke sind in den frühen Siebzigern ein Politikum: Mini oder Midi (bis über die Waden) oder Maxi (da sinkt der Saum noch weiter). Im Fernsehen interviewt ein Moderator eine Kollegin zum Thema: »Wollen Sie als Journalistin für den Minirock auf die Barrikaden gehen?« Ihre spontane Antwort: »Ich würde das furchtbar gerne tun.« In Dortmund kommen rund 6000 Frauen und Mädchen zu einer Demonstration für den Minirock. Auf den Plakaten stehen ihre Losungen: »Omi ist klasse, Oma trägt Mini«, »Nackte Beine sind schöner als nackte Füße« und »Mini macht müde Männer munter«. Vor allen Leuten wird ein Maxirock mit Schere zum Mini gestutzt. Eine Frau sagt: »Man kann uns nicht aufdiktieren, was man tragen muss.« Später lassen die noch kürzeren Hot Pants die Debatte fast schon spießig erscheinen.

Das Thema »Olympia 1972« erzählt die *Bravo* zielgruppengerecht. Ihre Reporter schreiben über den Mädchenliebling Mark Spitz, testen die Unterkünfte der Athleten, berichten über die hübsche Münchnerin Uschi Badenberg als »Miss Olympia« und stellen mit großem Aufwand die »Pop-Kostüme« vor – zehn Stars der Hitparade schlüpfen für ein Foto in die Uniformen der offiziellen Olympiahelfer. Bei einem großen Medaillen-Tipp-Spiel winken als Gewinne mehrere Langspielplatten von Chris Roberts.

Die Leserin Ulrike Meyfarth aus dem Rheinland wird ein Stück in Heft 34 besonders interessant finden. Dort erscheint in der Rubrik »Olympia-Sonderdienst« der *Bravo* der Artikel: »Die Geschichte eines verrückten Sprunges – Wie Dick den ›Flop‹ erfand.«

Im Olympiastadion wendet Ulrike Meyfarth nun ihren Blick von der Latte ab. Sie macht sich bereit für ihren Sprung über 1,90 Meter. Warum sie vorher die Latte so lange anstarrt? »Ich bin noch nie so hoch gesprungen«, sagt sie. »Ich musste mich erst mal an die Optik gewöhnen.« Zu diesem Zeitpunkt hat die junge Hochspringerin eine Entwicklung im Eiltempo hinter sich, die im Wohnzimmer in Wesseling beginnt und die passend zum aktuellen Raumfahrtzeitalter mit einer Rakete verglichen werden kann, die mit Höchstgeschwindigkeit in neue Sphären vorstößt.

Als ihre prominenten Gegnerinnen von heute als Erwachsene an den letzten Sommerspielen 1968 in Mexiko teilnehmen, ist Ulrike Meyfarth gerade zwölf Jahre alt. Die Schülerin sitzt zuhause mit Mama und Papa vor dem »Buntfernseher«, wie das Kind ihn nennt. Im Hochsprung der Männer probiert der Amerikaner Dick Fosbury etwas scheinbar Verrücktes. Er läuft in einem weiten Bogen an und windet sich mit dem Rücken über die Latte. Üblich ist damals eine andere, konservative Technik: der Straddle, bei dem man im Scherensprung mit den Beinen voran die Latte überwindet. Fosbury holt mit seiner Innovation die Goldmedaille im Hochsprung. Die Technik wird als »Fosbury-Flop« bekannt, oder kurz: Flop. Ulrike findet das toll – und macht es ihm nach.

Im Olympiajahr 1968 beginnt sie mit der Leichtathletik beim TV Wesseling. Mit 13 Jahren schafft sie 1969 die Höhe von 1,57 Metern, im Jahr 1970 springt sie 1,68 und 1971 schon 1,89 Meter. Nicht immer liegt eine weiche Matte auf den Sportplätzen bereit, deshalb muss Meyfarth »aus Überlebensgründen« manchmal auf den Straddle ausweichen, damit sie sich den Rücken nicht kaputt macht.

Vor den Münchener Spielen 1972 beziehen die bundesdeutschen Hochspringerinnen ein Trainingslager in Schorndorf im Allgäu. Ulrike schwänzt mit Erlaubnis vier Wochen die Schule. »Mir graut davor, den ganzen Stoff nachholen zu müssen«, sagt sie. Zwei weitere Hochspringerinnen sind in Bayern an ihrer Seite: Ellen Mundinger und Renate Gärtner. »Wir waren immer zusammen.« Die 16-jährige Meyfarth ist die Nummer drei in dieser Konstellation. Von der Weltklasse ist so weit entfernt wie Wesseling von Schorndorf, mindestens.

Zur Ablenkung besuchen die Sportlerinnen das Märchenschloss Neuschwanstein und Kloster Andechs. Am Ammersee gehen sie segeln. Gemeinsam wohnen sie in einer urigen Pension und essen abends, was auf der Karte steht. »Wenn es Haxe ist, dann ist es eben eine Haxe.« Zur Eröffnungsfeier fährt das Trio nach München, kehrt aber anschließend nach Schorndorf zurück. Erst zwei Tage vor dem Wettkampf beziehen die drei ihre Zimmer im Dorf. »Das olympische Dorf war voll von fremden Gesichtern, Gewändern, Frisuren und Farben«, gibt Meyfarth in ihrer Biografie zu Protokoll, »meinen Hochsprung hatte ich darüber fast vergessen. Ich freute mich schon auf den Tag danach, wenn ich endlich Zeit haben würde, auf Entdeckungsreise zu gehen.«

Am Wettkampftag geht sie mit ihren Teamkolleginnen zwischen 12 und 13 Uhr hinüber zum Olympiastadion. Die ersten Springerinnen fangen niedrig an. Ulrike beginnt mit 1 Meter 71. Ganz leicht geht das. Es wird heute nicht mehr viel schwerer. Noch nie hat eine 16-Jährige in der Leichtathletik bei Olympia gesiegt. Seit 1896. Mit 16 ist man in Deutschland noch ein halbes Kind, volljährig wird man 1972 erst mit dem Erreichen des 21. Lebensjahres.

Juliane Werding aus Essen ist 16 Jahre alt. Wie Ulrike Meyfarth. Und auch sie würde gern vier Wochen die Schule schwänzen. Geht aber nicht, weil ihre Lage an der Beatae-Mariae-Virginis-Schule gerade – in ihren eigenen Worten – »weiterhin ernst, aber nicht hoffnungslos« ist. Ob sie versetzt wird, sei nicht sicher. Und wenn sie tatsächlich sitzenbleibt, bekommt sie Ärger mit dem Vater, der ihr bereits gedroht hat: »Juliane, du darfst nicht mehr singen.« So steht das alles jedenfalls in der *Bravo*.

Es wäre jammerschade, wenn das Mädchen aus der zehnten Klasse nicht mehr musizieren dürfte. Denn: Juliane Werding ist momentan Deutschlands erfolgreichste Liedermacherin. Sie hat einen der großen Hits des Olympiajahres gelandet, vielleicht sogar den größten: »Am Tag, als Conny Kramer starb«. Sie ist da, wo Ulrike Meyfarth erst hin will: an der Spitze. Der Song steigt in den Charts auf Platz 1 und hält sich 14 Wochen in den Top Ten. Er verkauft sich eine Million Mal.

Das Lied ist schwerer Stoff. Juliane singt nicht von Schmetterlingen im Bauch und dem ersten Kuss, sondern von Rauschgift und Drogentod. Sie sagt, sie kenne die Problematik hautnah: »Wenn die dann so langsam abkratzen, ist das etwas Entsetzliches. Mir hat was an denen gelegen.« Im Januar

1972 verabschiedet die Bundesregierung ein neues Betäubungsmittelgesetz – als Reaktion auf »den illegalen Konsum von Betäubungsmitteln zumeist durch junge Menschen« seit Mitte der sechziger Jahre. Neben Hasch werden auch zunehmend LSD-Trips und Heroin genommen. »Noch niemals brandeten die Rauschgiftwellen so gegen die Wohlstandsgesellschaft«, warnt die Deutsche Presse-Agentur (dpa) zu Anfang der siebziger Jahre. Juliane Werding trifft mit Deutschlands erstem populären Anti-Drogen-Song den Nerv der Zeit. »Sie geht nicht über alles hinweg, sie macht sich Gedanken«, lobt eine Mitschülerin. Das Plattencover porträtiert die Sängerin als ernsthafte junge Frau: mit Akustikgitarre, blauem Lidschatten und rotem Lippenstift. Am liebsten trägt sie verwaschene Jeans. Ihre Lieblingsmusiker sind Jimi Hendrix, Alice Cooper und Pink Floyd.

Nach dem Abitur möchte sie Psychologie und Pädagogik studieren – so weit der Plan. Die Realität sieht aktuell so aus: Zuhause steht das Telefon nicht mehr still, Produzenten bieten Verträge an und das Fernsehen Auftritte. Die Eltern werden mit Fragen bestürmt. Wildfremde Menschen wollen auf der Straße Autogramme. »Nichts ist mehr wie früher«, sagt sie. Ihr Leben steht auf dem Kopf. Kein Wunder, dass die Leistungen in der Schule nachlassen. Sie tarne sich jetzt mit einer schwarzen Perücke, vertraut sie der *Bravo* an.

Ein Thema kommt in der *Bravo* noch häufiger vor als Juliane Werding und Uschi Glas zusammen: die Aufklärung. Dafür ist die Zeitschrift bekannt, die im August 1956 das erste Mal erscheint. »Man las sie unter der Decke, heimlich und natürlich nicht alleine«, schreibt die *Neue Zürcher Zeitung*, »sie wurde herumgereicht, wanderte von Hand zu Hand, war Schwarzmarktware, und hatte man sie einmal nach Hause geschmuggelt, schmökerte man zusammen mit der besten Freundin.« Gemeinsam traut man sich wohl eher an knifflige Fragen, die man alleine nie stellen würde, schon gar nicht in der Schule oder im Elternhaus. Schauen Jungen zuerst auf den Busen? Kann man ein Kondom zweimal benutzen? Bekommt man vom Onanieren Pickel? Die *Bravo* füllt die Lücke, die andere hinterlassen: Lehrer, Eltern, Kirchen, der Staat.

Von 1969 an beantwortet »Dr. Sommer« Fragen zu Liebe, Sexualität und Zärtlichkeit. Angeblich ist Doktor Sommer »Leiter einer Jugend-Beratungsstelle«, so steht es jedenfalls im Blatt. In Wirklichkeit steckt der Arzt und Psychotherapeut Martin Goldstein dahinter, unterstützt von einem Team. Gemeinsam finden sie in der Kolumne Antworten, wo andere nicht einmal die Fragen zulassen würden – angesiedelt in einem weiten Feld zwischen Unwissenheit und Scham und Neugier.

Im Olympiajahr 1972 will Jochen (12 Jahre, Fürth) zum Beispiel wissen: »Was kann ich gegen meine heißen Träume tun?« Die Antwort: »Gar nichts. Warum solltest Du Dir nicht ausmalen, wie es ist, ein Mädchen nackt zu sehen und zu streicheln.« Silvia (17, keine Ortsangabe) schreibt: »Weil ich noch Jungfrau bin, haben alle Männer Angst vor mir.« Keine Sorge, »dummes Zeug« sei dieser Jungfrauen-Aberglaube, beruhigt Doktor Goldstein-Sommer. »Meine Freundin will sich umbringen, weil sie ein Kind von mir bekommt«, meldet Gunter (16, Stuttgart) panisch. »Antworten Sie nur in Bravo, da meine Eltern alle Briefe öffnen. Ich habe meine Freundin wirklich gerne und würde sie auch heiraten.« Die Replik vom Experten: »Wenn es Dir so ernst ist, solltest Du auch den Mut haben, dies vor Deinen Eltern zu vertreten.«

Zwei Ausgaben, Heft 6 und 7, landen 1972 auf dem Index der Bundesprüfstelle – als »jugendgefährdend«. Es geht natürlich um Aufklärungsberichte, in diesen Fällen um Selbstbefriedigung und Homosexualität. Die Artikel seien für Jugendliche ungeeignet, findet man in Bonn. Die Redaktion wehrt sich – und macht die Bravo in der Bravo auf einer Doppelseite selbst zum Thema. Dort werden die Fragen gestellt, um die es geht: »Ist Bravo schuld, wenn junge Leute Probleme haben? Ist Bravo schuld, dass es das Problem Onanie und die homoerotische Entwicklungsphase für viele Jugendliche gibt?«

Aufklärung tut auch im Verkehr not. Die Münchener Polizei zieht in diesen Tagen ein Fazit: »Die vorläufige Unfallstatistik weist für die ersten zehn Tage der Olympischen Spiele eine positive Bilanz aus. Bei 990 Verkehrsunfällen wurden 307 Personen verletzt und 5 getötet. Im Vergleichszeitraum des Vorjahres waren es dagegen 1029 Unfälle mit 344 Verletzten und 8 Toten.« Zurückzuführen sei das unter anderem auf »die intensive Aufklärungsarbeit durch Publikationsorgane und Verkehrsverbände«. Die Bemühungen sind bitter nötig: Anfang der Siebziger weist die Bundesrepublik

Rekordwerte bei Unfällen, Verletzten und Todesopfern im Straßenverkehr auf. Trauriger Spitzenreiter ist das Jahr 1970 mit fast 20 000 Toten, dicht gefolgt vom Olympiajahr 1972.

Nachdem die Münchener Autofahrer zu Beginn der Spiele das Auto stehen ließen und öffentliche Verkehrsmittel wie die S- und U-Bahn nahmen, beobachten die Beamten inzwischen »einen gewissen Wandel« – zurück zum eigenen Fahrzeug. Die Autoren des Polizeiberichts kritisieren: »Die Folge davon waren erhebliche Stockungen, so daß vereinzelt überfüllte Straßen gesperrt werden mußten.« Das gilt insbesondere für die Wege zum Stadion.

In der Arena hat sich ein Dieb heute auf Fotoapparate spezialisiert. Einem Besucher klaut er eine Kamera der Marke Nikkormat mit eingebautem Belichtungsmesser im Wert von 1200 Mark. Mutmaßlich derselbe Täter schlägt im Olympiastadion ein zweites Mal zu und entwendet eine Canon F1 mit Normal- und Teleobjektiv. Schaden laut Polizeibericht: 3000 Mark. Fotos von Ulrike Meyfarth wird es trotzdem genug geben. An Zeit dafür mangelt es nicht.

Der Hochsprung der Frauen dauert viereinhalb Stunden. Meyfarth überspringt die 1,90 Meter, ihre beiden verbliebenen Rivalinnen aus Bulgarien und Österreich scheitern an der Höhe. Das bedeutet: Gold für Deutschland, für Wesseling, für uns alle. Irgendwann nach halb sieben endet an diesem Montag im Olympiastadion das erste Leben des Schulmädchens Ulrike. Im zweiten Leben ist sie Olympiasiegerin, ein Titel, vor den nie das Präfix »Ex-« gestellt wird. Olympiasiegerin bleibt man in der Erinnerung der Sportfans ein Leben lang – erst recht, wenn man diese Höchstleistung im Alter von 16 Jahren schafft.

Die glückliche Siegerin lässt das Stadion noch einmal ausflippen, indem sie der Goldmedaille einen Weltrekord hinzufügt – um kurz vor sieben an diesem Abend. 1 ,92 Meter, damit stellt Ulrike Meyfarth die Bestmarke ein. Höher ist noch nie eine Frau gesprungen. Die Schülerin der zehnten Klasse landet sicher auf der Matte – und in den Herzen der Deutschen. Das Mädchen, das als kleines Kind zunächst in den Sportverein ging, weil man dort so schön singen konnte. Das Mädchen, das jetzt schnell erwachsen werden muss. In der Welt der Großen warten sie schon auf den neuen Star. Und sie haben Medaillen und Mikrofone und Kameras dabei.

Beim Wettbewerb sind ihre Kolleginnen Ellen Mundinger und Renate Gärtner noch im Stadion an ihrer Seite, obwohl sie früh ausscheiden. Erlaubt ist das nicht, aber die Kampfrichter drücken ein Auge zu. Die hätten sie netterweise drin gelassen, erinnert sich Meyfarth im Gespräch, »damit ich jemanden zum Anfassen habe«. Bei der Siegerehrung ist sie allein.

Die junge Überraschungssiegerin weiß nicht, wie man sich bei einer Medaillenzeremonie verhält. »Ich bin dann etwas erstarrt und habe mir gedacht: Jetzt gucken alle auf dich und jetzt kannst du dir keine Gefühlsregung erlauben.« Sie starrt, inzwischen gepudert und die Lippen rot geschminkt, stur auf die bundesdeutsche Flagge, ganz oben. Ihre Mutter erkennt sie zuhause am Fernseher nicht wieder: »So ein Gesicht habe ich noch nie bei dir gesehen, das war völlig fremd.« Es sei halt, so Ulrike Meyfarth, eine neue Situation gewesen. Und die gibt es von nun an im Stundentakt.

Eine Szene des Abends schafft es in die Familienfolklore der Meyfarths. Nach etlichen Interviews – darunter der seltene Auftritt einer westdeutschen Athletin im DDR-Fernsehen, und nachdem ein bulgarischer Funktionär sie irrtümlich mit dem Namen der berüchtigten Terroristin »Ulrike Meinhof« anredet – steht die Olympiasiegerin im hellgrünen Trainingsanzug im Studio des deutschen Fernsehens.

Eberhard Stanjek moderiert. Er stellt einen Herrn neben sich vor, fast schon verschwörerisch: »Das ist Herr von Jordan vom Bundespresseamt mit einem besonderen Auftrag.« Herr von Jordan wirkt ein wenig überfordert. Er weiß nicht so recht, ob er in die Kamera oder zu Ulrike Meyfarth gucken soll. Tapfer sagt er: »Mit herzlichem Glückwunsch vom Herrn Bundeskanzler« – und überreicht Meyfarth einen riesigen Strauß roter Rosen. Die Sportlerin bedankt sich artig beim abwesenden Willy Brandt: »Vielen Dank, Herr Bundeskanzler.«

Es ist ihre Mädchenstimme, die den Auftritt unvergesslich macht. Halb gehaucht, halb gekiekst. Eine Jugendliche im hellen Licht der Scheinwerfer, die verzweifelt ihr Bestes gibt. Viele, viele Jahre nach München 72 sehen ihre eigenen Töchter die Szene. »Die haben gekreischt«, bemerkt die zweifache Mutter Ulrike Meyfarth in der Rückschau. »Das bist du doch gar nicht, Mama, haben sie gerufen.«

So groß ist der Rummel um Ulrike, dass der zweite westdeutsche Olympiasieg des Tages fast unterzugehen droht: In der 4000-Meter-Mannschaftsverfolgung hat der westdeutsche Bahn-Vierer mit den Radsportlern Jürgen Colombo, Günter Haritz, Udo Hempel und Günther Schumacher Gold gewonnen.

Was in München an diesem Montagabend vor und hinter den Kameras passiert, erscheint unverantwortlich. Die Funktionäre schmücken sich mit dem Erfolg und lassen eine introvertierte Jugendliche ins Rampenlicht, die sich dabei weder wohlfühlt noch Übung mit solchen Auftritten hat. Ulrike, geboren in der Adenauer-Zeit, beherzigt das Credo der bundesdeutschen Nachkriegsgeneration, geprägt von innerer Härte und Willenskraft: Da muss man durch! Warnende Worte kommen mitten im Blitzlichtgewitter nur von ihrem Verbandstrainer, Doktor Hopf. Sie klingen fast prophetisch: »Wenn die Massenmedien nicht verrückt spielen, habe ich keine Angst um sie.« Doch die sind kaum noch zu halten. Auf der Suche, dem Unfassbaren passende Worte zu geben, hauen die Journalisten tüchtig in die Tasten. »Ein Küken, das in den Himmel springt«. »Deutschlands Supergirl«. »Mit 16 schon Königin«.

In Wesseling wird sie später mit einem Autokorso empfangen. Mit dem Bürgermeister und ihrem Heimtrainer sitzt sie in einem offenen Wagen. »Grandios« findet sie das damals. »Wenn man so was mit 16 erlebt und so im Mittelpunkt steht, ist das schon unfassbar.« Sie ist froh, dass sie keine Rede halten muss, das erledigen an diesem Tag andere für sie. »Gott sei Dank!« Endstation der Runde ist das Kronenbusch-Stadion, das später nach ihr benannt wird.

Die Olympiasiegerin wohnt weiterhin in dem Kinderzimmer mit den selbstgemalten Bildern an der Wand. Sonst ändert sich fast alles um sie herum: Fremde Leute stehen einfach so vor der Tür des Reihenhauses im Friedensweg. Auch die Jungs, die vorher nichts von ihr wissen wollten, klingeln nun. Ihr ist das unangenehm. Körbeweise kommt Post, die sie zusammen mit der Mutter beantwortet, allein würde sie es nicht schaffen. Etliche Briefe stammen aus der DDR. »Die bewunderten meine Leistung und schickten Glückwünsche: ›Wir finden Sie toll‹ und so was.« Lob aus dem Osten für eine, die im Westen des Westens lebt, das berührt sie. Fürchterlich findet die 16-Jährige dagegen die Heiratsanträge. »Das war absurd, völlig absurd.«

Nach vier Wochen Pause muss sie zurück in die Schule. Sie tut sich schwer, den wegen Olympia verpassten Unterrichtsstoff aufzuholen. Niemand hilft so richtig. Die Menschen um sie herum sind immer noch geblendet vom olympischen Glanz. Sie sehen nicht, dass die Königin von München nach ihrer Rückkehr in den rheinischen Alltag ein Scheinriese ist, so wie Tur Tur im Kinderbuch. Je näher man ihr kommt, desto mehr ist sie wieder ein Mädchen von 16 Jahren.

Am Gymnasium Rodenkirchen geht sie nicht mehr auf den Schulhof. In den Pausen bleibt sie im Klassenraum. Warum? Weil das einem mit 16 peinlich und unangenehm ist, sagt sie. Erst recht, wenn man schüchtern ist und nicht im Mittelpunkt stehen mag. Teenager tun sich ohnehin schwer, mit ihrer Identität klarzukommen, und Ulrike Meyfarth hat nun gleich zwei davon: Olympiasiegerin und Zehntklässlerin, öffentliche und private Person. Jeder nimmt Anteil an ihrem Leben, jeder fühlt sich berufen mitzureden, jeder ist ein Experte für alles, was mit ihr zu tun hat. Zum Beispiel für das Thema Geld, mit dem man in der Bundesrepublik 1972 in der Öffentlichkeit zurückhaltend umgeht. Jetzt sagt der Klassenlehrer vor den Kindern: »Die Ulrike hat sich jetzt etabliert. Die braucht eigentlich nichts mehr zu machen.« Sie ist empört, als Amateursportlerin verdient sie kaum etwas. Sie bekommt weiterhin Taschengeld von ihren Eltern.

Professionelle Unterstützung gibt es nicht. Die Athleten sind Anfang der Siebziger »blutige Amateure. Es gibt keinen Manager oder Berater, der sich um einen kümmert.« Von einem Sportpsychologen ganz zu schweigen. Ulrike Meyfarth: »Man musste da irgendwie alleine durch.« Und die Presse kann 1972 nicht genug von dem modernen Märchen bekommen. Eines Tages steht ein Reporter der *Bild* plötzlich im Wohnzimmer, die Mutter hat ihn hereingelassen, an einem anderen Tag besucht die *Bravo* ihre Schule. In der Reportage mit der Überschrift »Das Gold ist mir zu schwer« notiert die Autorin über Ulrike: »Verstört blickt sie in die Kameras, verlegen schüttelt sie die Hände von fremden Gratulanten, beinahe beschämt gibt sie Autogramme.« Der Teenager Ulrike muss die *Bravo* nicht mehr lesen – Ulrike ist jetzt in der *Bravo*.

Beinahe hätte jemand Mark Spitz auf dem Weg zur sechsten von sieben Goldmedaillen gestoppt: er selbst. Der Amerikaner (bisher fünf Siege) fürchtete vor dem sechsten Wettbewerb – 100 Meter Freistil – seine Konkurrenten Jerry Heidenreich und den Australier John Wenden. »Ich wusste, dass Heidenreich mich besiegen würde, wenn ich schlecht starten oder eine Wende verunglücken würde.«

Mark hat sich schon eine Ausrede zurechtgelegt: Er habe sich am Rennwagensimulator im Olympischen Dorf verletzt. Oder: Seine Ausbeute sei doch bereits hervorragend. Spitz' Coach will davon nichts hören – die ganze Welt würde dann denken, setzt er seinem Schützling auseinander, dass er vor der Herausforderung kneife. In Englisch klingt es noch ein wenig dramatischer: »*I was a chicken if I didn't swim.*« Spitz sieht ein, dass er keine Wahl hat. Er holt Gold, zum sechsten Mal. Mit einem Weltrekord, zum sechsten Mal. Das war gestern.

Am Abend dieses Montags will Spitz im Finale einen einzigartigen Rekord aufstellen: Sieben Goldmedaillen in sieben Disziplinen bei einer einzigen Olympiade. Es ist der letzte Tag der Schwimmwettkämpfe. Der Andrang in der Schwimmhalle ist enorm. Das Personal muss noch einmal alles geben.

»Weg da, weg da, hier kommt ein Olympiasieger.« Gertrude Krombholz hetzt durch die Stuhlreihen auf der Tribüne – mit Klaus und Friederike Wolfermann im Schlepptau. Zwei Sitzplätze braucht die Gruppen-Chefhostess der Schwimmhalle jetzt, dringend. Die Arena ist restlos ausverkauft. Krombholz hat Glück. Konstantin von Griechenland, sonst ein Stammgast mit VIP-Akkreditierung, ist nicht da. Sie platziert die Wolfermanns auf seinen Plätzen. Neben ihnen sitzt Hollywood-Star Kirk Douglas mit seiner Frau Anne, daneben die Eltern von Mark Spitz. Ein paar Reihen weiter sitzt Johnny Weissmüller, ein ehemaliger Olympiasieger im Schwimmen, der Karriere beim Film gemacht hat. Viele sehen in diesem Werdegang eine Blaupause für Mark Spitz – falls der Student aus Indiana heute Gold Nummer 7 holt. *Six down, one to go.*

Als die US-Staffel dann über 4 x 100 Meter Lagen gewonnen hat, als ein weiterer Weltrekord in den Rekordbüchern steht, als sich die Menschen in der Schwimmhalle zu stehenden Ovationen erheben, die 20 Minuten andauern – hat Mark Spitz nur einen Gedanken: Keine Rennen mehr, kein Training! Nie wieder würde der Leistungssportler auf die endlosen schwarzen Linien auf dem Boden eines Schwimmbeckens blicken. *I am done.* Oben auf der Tribüne dreht sich Kirk Douglas zu Mutter Lenore Spitz: »Ihr Leben wird nie wieder dasselbe sein.« Sieben Starts, sieben Goldmedaillen, sieben Weltrekorde. Wer heute in der Halle war, den hat der Bademantel der Geschichte angeweht.

»Ich war bei allen Rennen dabei«, sagt Gertrude Krombholz. Der Tag heute ist ihr Abschied von der Schwimmhalle, die eine Woche ein Zuhause war. Ihre Hostessen haben die Schwimmer pünktlich zum Startblock geführt, haben geduldig gewartet, bis die Athleten wieder aus dem Wasser gestiegen waren, haben sie zur anschließenden Siegerehrung begleitet und sich auch dort um alles gekümmert. »Es ging von morgens früh bis spät in den Abend.« Drei, vielleicht vier Stunden hat sie pro Nacht geschlafen. Aber dafür gab es eine besondere Belohnung: Die Goldmedaillengewinner müssen nach den Wettbewerben ein Protokoll unterscheiben – in Anwesenheit der Chef-Hostess. »Ich bin wohl die Einzige, die sieben Autogramme von Mark Spitz hat.«

Ihre Mitarbeiterinnen erfahren reichlich Anerkennung in Form von Jobangeboten. In einer Tageszeitung wird unter der Überschrift »Ausverkauf der schönen Münchener Hostessen« darüber berichtet, dass sich die Fluggesellschaften weltweit um die »Olympiamädchen« reißen. Zitiert wird ein Sprecher der US-Linie PanAm: »Die Hostessen sind als Stewardessen wie geschaffen. Unsere Einstellungskommission ist extra aus New York hergeflogen.« Auch die bundesdeutsche Staatslinie Lufthansa ist interessiert und verteilt in den Unterkünften Werbeprospekte.

Am Abend feiert das Personal der Schwimmhalle. Alle zusammen, die Polizisten, die Angestellten, die Techniker, die Hostessen. Sie atmen durch. Zum Glück ist alles gut gegangen. Sie ziehen sich in die leere Halle zurück, die das internationale TV-Publikum tagelang als bunten, lauten Hexenkessel erlebt hat. Als das schnellste Becken der Welt mit dem schnellsten Schwimmer *ever, ever.* Irgendjemand besorgt Getränke, die meisten trinken Wein. Es ist ein harmonischer Ausklang. Krombholz erinnert sich: »Ich bin ungefähr um zwei oder drei Uhr in der Nacht weg. Aufgrund meiner Leitungsposition durfte ich ein Auto ordern, es war nicht weit, vielleicht fünf Kilometer zu mir nach Hause.«

Mark Spitz feiert am Abend in der Innenstadt. Ihn zieht es mit zwei langjährigen Weggefährten, Heinz Kluetmeier und Jerry Kershenbaum von *Sports Illustrated*, ins »Käfer's«. Als sie um halb zehn eintreffen, geht ein Ruck durch das Lokal, jeder der Anwesenden reagiert irgendwie auf den berühmten Gast. Manche zupfen ihre Freunde am Ärmel, guck mal!, andere wollen ihn persönlich beglückwünschen. Mark Spitz trinkt keinen Alkohol, aber das ist egal, wer braucht heute Abend noch einen zusätzlichen Rausch? Sein Triumph wird nicht nur in Sportsammelbänden und Rekordlisten verewigt werden, sondern auch in Geschichtsbüchern.

Zweimal finden die Olympischen Sommerspiele auf deutschem Boden statt, bei beiden Gelegenheiten sorgen amerikanische Ausnahmeathleten für außergewöhnliche Leistungen unter außergewöhnlichen Umständen, was sie weit über den Bereich des Sports hinausragen lässt. In Berlin 1936 gewinnt Jesse Owens, ein Schwarzer, vier Goldmedaillen – in einem Land, das den Rassismus in Gesetze gegossen hat. 36 Jahre später holt Mark Spitz, Amerikaner jüdischen Glaubens, in München sieben Mal Gold – bei den Spielen, mit denen das neue Deutschland beweisen will, dass man aus Krieg und Holocaust gelernt hat.

Nach einem langen, festlichen Abendessen bringen die Reporter den Olympiachampion zurück ins Olympische Dorf. Es ist spät geworden. *Nothing seems out of order*, heißt es in seiner Biografie. Alles scheint wie immer. Morgen Vormittag will Mark Spitz im Pressezentrum eine abschließende Pressekonferenz geben. Es sind nur noch Stunden bis zur Katastrophe.

*Ein Mann, eine Frau, ein kleiner Plausch an der
Haustür – eine Szene, die gewöhnlicher kaum sein
könnte. Doch in diesem Fall ist die Frau ein
Mitglied des Ordnungsdienstes und der Mann der
Anführer einer Terrorgruppe, die gerade das
israelische Team überfallen hat. Anneliese Graes
(rechts) hat sich ohne Rücksicht auf ihre eigene
Sicherheit in der Connollystraße im Olympischen
Dorf eingefunden, um zwischen dem palästinensi-
schen Anführer »Issa« und dem bundesdeutschen
Krisenstab zu vermitteln.*

TAG 11
Dienstag, 5. September 1972

In der Nacht von Montag auf Dienstag ruft André Spitzer von einem Münzfernsprecher in München eine Nummer in den Niederlanden an. Der Fechttrainer der israelischen Mannschaft meldet sich aus dem Olympischen Dorf bei seiner holländischen Ehefrau, die bei ihren Eltern zu Besuch ist. In der TV-Dokumentation *Der Olympia-Mord* gibt Ankie Spitzer Teile des Gesprächs wieder. Nach ihrer Erinnerung findet das Telefonat gegen Mitternacht statt.

André Spitzer: »Ankie, ich gehe gleich ins Bett.«
Ankie Spitzer: »Sind die anderen auch da?«
André Spitzer: »Nein, niemand ist hier. Ich habe gehört, dass sie ins Theater gegangen sind, um sich ›Fiddler on the roof‹ anzuschauen. Ich warte noch auf sie.«

Auf Deutsch ist das populäre Musical bekannt unter dem Titel *Anatevka*. Bei der Aufführung in München tritt der jüdische Schauspielstar Shmuel Rodensky in der Hauptrolle auf. Während sich die Mitglieder der israelischen Delegation nach der Show auf den Heimweg ins Dorf machen, telefoniert Spitzer und bemerkt, dass er für das Telefonat nur noch 50 Pfennig übrig hat. Das Ehepaar muss sich beeilen. Die letzten Worte fliegen zwischen den Niederlanden und der Bundesrepublik hin und her.

André Spitzer: »Ich liebe dich.«
Ankie Spitzer: »Ich liebe dich auch!«
André Spitzer: »Ich bin immer noch sauer, dass ich nicht bleiben konnte.«

Der 27-jährige Coach aus Israel hat in den letzten Tagen eine ungeplante Pause von Olympia eingelegt. Der Grund: Anouk, die zwei Monate alte Tochter der Spitzers, lag mit heftigen Weinkrämpfen zur Beobachtung im

Hospital der holländischen Stadt Den Bosch. Gemeinsam mit seiner Frau ist der Trainer per Zug aus München herbeigeeilt. Die Ärzte sind mittlerweile optimistisch, trotzdem verbringen die Eltern den ganzen Tag am Krankenbett ihrer Tochter. Es ist der 3. September, der »goldene Sonntag« der deutschen Leichtathleten bei Olympia.

Am nächsten Tag, dem 4. September, will André zurück nach München reisen. Auf dem Weg zum Bahnhof kommen die Spitzers am Krankenhaus vorbei. André bittet seine Frau in einer plötzlichen Regung: »Ankie, halt an! Ich laufe noch mal hoch, ich will Anouk einen Abschiedskuss geben, weil ich sie eine Woche nicht sehen werde.«

Als er zurückkommt, ist der Zug weg. »Ich bin ein Glückspilz, jetzt kann ich noch einen Tag hier bleiben«, lächelt André Spitzer. »Nein«, sagt Ankie. »Du musst zurück nach München, sonst kriegst du Ärger.« Sie rasen mit dem Auto zur nächsten Bahnstation in Eindhoven, etwa 40 Kilometer entfernt. »Ich fuhr wie eine Wahnsinnige«, erinnert sich die junge Frau. Es wird knapp. André Spitzer reißt die Tür eines Wagons auf und springt hinein. Ankie läuft auf dem Bahnsteig neben dem Zug her. André öffnet ein Fenster: »Ich rufe heute Abend aus München an.« Ankie Spitzer wird ihren Mann nur noch einmal lebend sehen – als Geisel im Fernsehen.

Heute steht bei Olympia ein ruhiger Tag auf dem Programm. In der Leichtathletik sind nur wenige Entscheidungen angesetzt. Fast wirkt es so, als würden die Spiele nach ihrem rasanten Start eine Atempause einlegen.

Die Schwimmerin Karen James hat ihre olympischen Wettbewerbe bereits beendet und vertreibt sich die freie Zeit. Tief in der Nacht hat die 19-jährige Kanadierin mit ein paar anderen ein Eishockeyspiel live im Pressezentrum angeschaut. Mit 4:1 haben ihre Landsleute im fernen Toronto, sechs Zeitzonen entfernt, das Spitzenspiel gegen die Sowjetunion gewonnen. So schildert sie es der *Süddeutschen Zeitung*.

Ungefähr um 4 Uhr morgens kehren sie an diesem Dienstag zu viert zurück zum Olympischen Dorf. Als sie vor dem Zaun stehen, flüstert einer aus der Gruppe: »Okay, wir klettern drüber.« Der offizielle Eingang ist auf der anderen Seite, mehrere Hundert Meter entfernt. Ein Umweg, auf den jetzt keiner mehr Lust hat. Die flinke Überwindung dieses Zauns ist für die Athleten aller Länder längst zur neuen olympischen Disziplin geworden, zu allen Tages- und Nachtzeiten. Erst recht, wenn man angeheitert ist und ins Bett will.

Aber auf einmal ist da noch jemand. Hinter den Kanadiern stehen Männer in Trainingsanzügen. Diese Männer sehen nicht wie Athleten aus, denkt Karen James. Einer von ihnen trägt einen Hut, der nicht zur warmen Jahreszeit passt. Die Männer sagen kein Wort. Was dann passiert, hat die Schwimmerin viele Jahre später dem *SZ*-Reporter Holger Gertz erzählt: »Wir kletterten über den Zaun, und sie folgten uns. Wir gaben ihnen Geleitschutz. Wir schirmten sie ab.« All dies geschieht natürlich ohne jede Absicht. Karen James beschleicht zwar ein komisches Gefühl, aber deshalb gleich Alarm auslösen?

Die Männer sind Terroristen aus dem Nahen Osten. Auf dem Weg zu den Unterkünften der israelischen Mannschaft. Der Postbeamte Heinz-Peter Gottelt erinnert sich in einer TV-Dokumentation noch an die Uhrzeit: Viertel nach vier morgens. Mit seinen Kollegen ist er zur Frühschicht unterwegs. Sie erkennen acht bis zwölf Sportler, die in Sekundenschnelle über den Zaun springen, einige haben Sporttaschen dabei. »Die haben sich gegenseitig geholfen.« Die Postler vermuten Spätheimkehrer, »die einen über den Durst getrunken haben«. Sie sehen noch, wie ein älterer Herr sich vom Zaun wegbewegt und dann rasch entfernt. Es ist Abu Daoud, der Führer einer palästinensischen Terrorzelle. Am Zaun ist seine Aufgabe als Planer vorerst beendet. Er zieht sich zurück. Die Terroristen sind im Dorf.

Frank Shorter schläft in dieser Nacht im fünften Stock eines Hauses im Olympischen Dorf – auf dem Balkon. Warum der US-amerikanische Marathonläufer das tut, illustriert die ungenügenden Sicherheitsvorkehrungen bei den heiteren Spielen. »Mein Teamkamerad Dave Wottle war frisch verheiratet, und seine Frau Jan lebte quasi bei uns«, erzählt er im Interview für dieses Buch, als sei es das Normalste von der Welt. »Und damit sie ihre Ruhe hatten, schlief ich auf dem Balkon.«

Und wie kam Mrs. Wottle unbefugt in das Dorf? Die Antwort ist recht simpel. Im offiziellen Olympiaführer, sagt Shorter, waren Beispiele für die Zugangspässe abgedruckt, mit Vorder- und Rückseite. Der aufmerksame Betrachter erkennt schnell das Prinzip: Auf der Vorderseite ist das Foto des Inhabers beziehungsweise der Inhaberin angebracht – ergänzt um einen

Farbcode, ein Sportartensymbol sowie Kennziffern. Die amerikanischen Läufer verstehen die Abbildung als Bedienungsanleitung. Frank Shorter: »Unsere Frauen flirteten mit den Männern der Passbildstelle und baten sie um Polaroid-Fotos. Und, schwups, hatten wir gefälschte Pässe, mit denen man überall hinkam.« Die Ordner winken sie regelmäßig durch.

Irgendwann nach halb fünf an diesem Dienstagmorgen hört Shorter auf seinem Balkon einen Schuss. »Ich wusste sofort, das ist keine Tür, die zuschlägt, sondern ein Gewehr.« Er horcht in die Nacht, aber da ist nichts, kein zweiter Schuss, zumindest erinnert er sich in dem Gespräch knapp 50 Jahre später an keinen. Er dreht sich um und schläft weiter. Als er um 7 Uhr morgens aufwacht, herrscht »totale Stille«, aber keine der beruhigenden Art. »Wie im Dschungel, wenn das Raubtier umherschleicht«, sagt Frank Shorter. In seiner Biografie schreibt er: »Zuletzt hatte ich so ein Gefühl, als Kennedy getötet wurde.«

Aus den Radiomanuskripten des Bayerischen Rundfunks – spätere Zusammenfassung vom Ende des Tages: »Durch ein blutiges Attentat einer Gruppe palästinensischer Untergrundkämpfer ist der olympische Friede heute gebrochen worden. Begonnen haben die dramatischen Ereignisse in den frühen Morgenstunden. Gegen 4.30 Uhr waren die Fedajin ins Olympische Dorf eingedrungen. Sie überfielen die Unterkunft des israelischen Teams und töteten den Ringertrainer Mosche Weinberg und den Gewichtheber Josef Romano. Neun der israelischen Sportler behielten sie als Geiseln und verschanzten sich in dem Gebäude.«

Der in den Nachrichten verwendete Ausdruck »Fedajin« kommt aus dem Arabischen. Er bezeichnet Angehörige bewaffneter religiöser oder politischer Gruppierungen, die bereit sind, ihr Leben füreinander oder ihre Sache zu opfern. Die Medien sind sich in der Wortwahl an diesem Tag nicht so recht einig: Die Täter des Kommandos »Schwarzer September« werden als arabische beziehungsweise palästinensische Terroristen, Guerilla, Freischärler, Untergrundkämpfer oder eben Fedajin bezeichnet. Das hängt wohl auch vom politischen Standpunkt ab.

Gegen 7 Uhr kommt Ittai Tamari in den Frühstückssaal seines Münchener Hotels, des »Intercontinental«. Irgendetwas muss passiert sein, denkt er. Alle sprechen auf einmal so schnell. Er kann den Gesprächen nicht folgen. Dafür reicht das Deutsch des 16-jährigen Schülers aus Israel nicht aus.

Tamari ist elf Jahre nach dem Ende des Holocaust, 1956, in einem Vorort von Tel Aviv zur Welt gekommen. Der Name seines Geburtsortes Petach Tiqwah bedeutet auf Deutsch etwa: Tor der Hoffnung. Seine Lieblingsfächer am Gymnasium sind die Bibellektüre und die Dichtung. Der Vater leitet eine der größten Stahlhütten des jungen Staates, die Arbeit führt ihn häufig nach Deutschland. Er bringt dem Sohn dann Hölderlin im Original mit, »auch wenn ich kaum etwas verstanden habe«, so Tamari. Einmal die Woche fährt der junge Ittai mit dem Bus nach Tel Aviv, um für seine Großmutter mütterlicherseits deutsche Magazine und Illustrierte in eine eigens dafür errichtete Bibliothek in der Rambam-Straße zurückzubringen und sie mit neuen, abgegriffenen Exemplaren zu versorgen. Zuhause lauscht er dann stundenlang der laut lesenden Oma. Diese ausführlichen Schilderungen stammen aus einem persönlichen Gespräch zu diesem Buch.

Daheim in der Nähe von Tel Aviv verkehren regelmäßig Industrielle aus der Bundesrepublik, Geschäftspartner seines Vaters. »Bei uns zuhause galt Deutschland als gestohlene Heimat«, sagt er. Wenn es zuhause ernst wird, wechseln sie in die Sprache Hölderlins. »Da konnte man sich exakt ausdrücken. Das kam alles von der mütterlichen Seite, mein Vater verstand es passiv«, erinnert sich Ittai Tamari. Von der neuen Bundesrepublik kann er sich kein rechtes Bild machen. Zwar beschreibt der Großvater mütterlicherseits Europa als Paradies, in dem gebildete Menschen sich den Apfel geviertelt auf Tellerchen servieren lassen und ihn mit Messer und Gabel essen. Aber in der Schule in Israel hört er andere Geschichten über die Deutschen.

Sein Vater Michael Tamari ist ein großer Sportfan. Zu den Olympischen Spielen in München nimmt der Stahlmanager den Sohn mit – »als Alibi« –, obwohl der sich gar nicht für Sport interessiert. Sie fliegen mit El-Al von Tel Aviv nach München-Riem. Das Land der Dichter und des *Stern* inspiriert den jungen Israeli. »Ich bestand nur aus Augen«, sagt er. Für ihn ist alles neu, aber nicht fremd. Deutschland zeigt sich von seiner besten Seite: Die Farben Otl Aichers leuchten, die Sonne scheint, und er darf den Vater und die deutschen Geschäftspartner in den Biergarten begleiten.

Er erlebt die Spiele »als Blick auf die Welt«. Unterschiedliche Hautfarben und Kleidung, riesige Russen und breite Amerikaner, die ordentlich nummerierten Sitzreihen und die Hostessen, die einem den Platz anweisen, während man ihnen hinterherguckt. Und natürlich das neue Olympiastadion mit dem Zeltdach. »Ich habe so etwas noch nie in meinem Leben gesehen. Wunderschön, mit farbigen Sesseln. Im Vergleich dazu waren unsere Fußballstadien in Israel wie aus der Dritten Welt.«

Die Teilnahme der israelischen Mannschaft bewegt den Vater. Bei der Übertragung der Eröffnungsfeier, die die Tamaris im Hotelzimmer verfolgen, habe ihn der Auftritt des eigenen Teams emotional aufgeladen, erinnert sich der Sohn. Auf den Schwimmer Mark Spitz, den Amerikaner jüdischen Glaubens, ist Michael Tamari besonders stolz. »Die Juden haben wieder gesiegt«, kommentiert er die Triumphe des Superstars. Antisemitismus erlebt Ittai laut eigenem Bekunden in diesen Tagen nicht.

Jetzt, an diesem Dienstagmorgen, stürzt der Vater im Hotel auf ihn zu. Der Sohn will wissen, was los ist. Aber Michael Tamari erklärt sich nicht. Sie verlassen überstürzt das Hotel. Der Vater zieht ihn mit. Bloß weg hier.

Die Nachricht von der Geiselnahme der israelischen Olympiateilnehmer verbreitet sich in der Welt. Die Eltern von Ankie Spitzer hören morgens in den Niederlanden im Radio davon. Sie wecken ihre Tochter. Angeblich, so heißt es in den Nachrichten, sei ein israelischer Boxtrainer getötet worden. Ankie weiß: Das Team hat keinen Boxtrainer. Vielleicht meinen sie den Fechttrainer, ihren Ehemann André? Ankie Spitzer springt aus dem Bett, schaltet den Fernseher an, stellt den holländischen Sender ein, dann den deutschen Sender, nimmt das Radio dazu – und bewegt sich nicht mehr von der Stelle. So beschreibt es der Buchautor Simon Reeve.

Um 7.30 Uhr unterrichtet Bundesinnenminister Hans-Dietrich Genscher den Bundeskanzler über den Anschlag.

Willy Brandt hatte zuletzt ein ungutes Gefühl, wenn es um die Olympischen Spiele ging. »Leider hat sich gezeigt, dass meine Ahnungen nicht unbegründet waren«, notiert er in seinen Aufzeichnungen. In den letzten beiden Tagen hat er seinen Mitarbeitern und einigen Besuchern mehrfach gesagt: »Hoffentlich passiert in dieser Woche nicht noch eine Schweinerei.« Er sagt seinen geplanten Besuch bei Olympia in Kiel ab und fliegt nach

München. In Feldafing erwartet ihn ein bayerischer Staatssekretär mit einem detaillierten Bericht.

Ungefähr zur gleichen Zeit betritt der Arzt Michael Verhoeven das Klinikum Rechts der Isar. Zuhause hat er in den Frühnachrichten des Bayerischen Rundfunks bereits gehört, dass es eine Schießerei im Olympischen Dorf gegeben habe. Beim Händewaschen vor der ersten Operation des Tages verbreitet sich ein Gerücht: Das Krankenhaus müsse sich bereithalten, um gegebenenfalls Verletzte zur versorgen. Noch während der OP wird aus den Spekulationen Gewissheit.

Über Lautsprecher geben die leitenden Ärzte den einzelnen Stationen die notwendigen Maßnahmen bekannt. Verhoevens chirurgische Abteilung ist besonders betroffen. Gemeinsam mit den Brüdern Stock (Rufnamen: »Stock 1« und »Stock 2«) bildet Michael Verhoeven die Einsatzgruppe »Stock«. Verhoeven erinnert sich für dieses Buch: »Wir versammelten uns stumm und etwas bleich an der vereinbarten Stelle.« Das Hospital schaltet in den Notfallmodus. Die schnellen Schritte der Ärzte und Schwestern hallen durch Flure und Treppenhäuser. Die Unterrichtung erfolgt hauptsächlich per Lautsprecheransage. Den Mitgliedern der Einsatzgruppe »Stock« wird ein OP-Saal zugewiesen, der sich in einem weiter entfernten Klinikbereich befindet. Dort erwartet sie ein Hilfspfleger, der einer OP-Schwester den Schlüssel zum Notfallschrank im Medikamentenraum aushändigt. Im Lagerraum werden Blutkonserven gesichtet.

Ulrike Meyfarth hat nach ihrem Olympiasieg nur ein paar Stunden geschlafen. Sie erfährt beim Frühstück in der Mensa des Olympischen Dorfes von der Geiselnahme. Die 16-jährige Hochspringerin durchlebt innerhalb von zwölf Stunden Emotionen der Extreme: Gestern Abend strahlender Liebling der Nation, heute ohnmächtige Beobachterin eines tödlichen Anschlags. In ihren eigenen Worten: »Eine Wahnsinnssituation, von himmelhochjauchzend zu Tode betrübt.« Um sie herum weiß niemand, wie es weitergehen soll. Alle, sagt sie, hätten ein bisschen Angst. Manche befürchten das Ende der Olympischen Spiele, das Aus für Olympia – als Idee und Weltereignis. Und zwar für immer. Ulrike Meyfarth wäre dann mit dem Gold von gestern Abend die letzte deutsche Olympiasiegerin aller Zeiten.

Kurz nach 8 Uhr eilt Anneliese Graes mitten auf der Connollystraße an den Polizeiabsperrungen vorbei hinunter zum Tatort im Dorf. Sie trägt einen hellblauen Rock, eine weiße Bluse mit hellblauem Jackett sowie eine weiße Mütze – das Outfit des olympischen Ordnungsdienstes. Die zierliche 42-Jährige stellt sich freiwillig als Vermittlerin zwischen den deutschen Sicherheitsbehörden und den arabischen Terroristen zur Verfügung – ohne dafür auf die Anweisungen von Chefs zu warten. Zuhause in Essen ist Graes im Hauptberuf Kriminalhauptmeisterin. Bei München 72 arbeitet sie im Ordnerdienst, dem »Oly«, eingeteilt für das Athletendorf. Jetzt ist Anneliese Graes bereit, ihr Leben aufs Spiel zu setzen – um die Situation zu deeskalieren. Ein Begriff, der Anfang der siebziger Jahre selten benutzt wird.

Vor der Connollystraße 31 trifft Graes auf den Anführer der Terroristen, der als »Issa« auftritt. Das ist nicht sein wahrer Name, aber so nennen ihn heute alle deutschen Protagonisten, die mit ihm zu tun haben. Er und seine Männer haben vor der Attacke ihre Trainingsanzüge abgelegt und Zivilkleidung angezogen. Issa trägt jetzt einen hellen Safarianzug. Sein Gesicht, seinen Hals und seine Hände hat er mit dunkler Schuhcreme eingerieben. In einer Hand hält er eine dunkelgrüne Handgranate. Anneliese Graes schreckt das nicht. Sie kommt aus dem Ruhrgebiet, wo eine ungeschminkte Ansprache zum Umgangston gehört.

»Was für ein Mist ist das hier?«, begrüßt sie Issa forsch.

In fließendem Deutsch gibt der Terrorist zurück: »Dir passiert nichts, das hier geht nicht gegen Deutsche.«

Die Vermittlerin weist umgehend darauf hin, dass sie seine Forderungen lediglich weitergeben könne. Issa nimmt das zur Kenntnis. Dem Anführer der Fedajin ist jetzt nicht nach Verhandlungen.

»Befreit die Gefangenen, oder die Geiseln werden alle sterben«, lässt er Frau Graes wissen.

So rekonstruiert Simon Reeve ihre erste Begegnung in seinem Standardwerk *One Day in September,* das viele wichtige Erkenntnisse über das Attentat enthält. Nach den Recherchen des britischen Autors heißt »Issa« in Wirklichkeit Luttif Afif. Er ist mutmaßlich in Nazareth geboren und hat drei Brüder, davon sitzen zwei in israelischen Gefängnissen. Der Attentäter hat in der Bundesrepublik studiert, zumindest eine Zeit lang hat er in West-Berlin gelebt. Einiges davon gibt Issa, so Reeve, in Dialogen mit Anneliese

Graes preis. Seine Terrorgruppe nennt sich »Schwarzer September« – in Erinnerung an die blutige Vertreibung der Palästinenser aus Jordanien im September 1970. Die daraufhin entstehenden Flüchtlingslager haben sich inzwischen als Brutstätten für terroristische Gruppierungen erwiesen, häufig unter dem Deckmantel von Yassir Arafats Fatah-Bewegung.

Die palästinensischen Kämpfer machen im Olympiajahr früh von sich reden. Im Februar 1972 werden in Brühl bei Köln fünf Jordanier getötet, die angeblich mit den Israels kooperierten. Im selben Monat wird ein Jumbo-Jet der Lufthansa nach Aden entführt – Bonn zahlt für die Freilassung von 172 Passagieren mutmaßlich 5 Millionen Dollar Lösegeld. Es folgen Attacken auf drei Öltanks der Leitung Triest–Ingolstadt und eine Firma in Hamburg, die Maschinen nach Israel exportiert. Für den bis dato spektakulärsten Anschlag des Jahres beauftragen die militanten Kämpfer aus dem Nahen Osten ein Trio von japanischen Bündnisgenossen, das im Libanon ausgebildet wurde. Sie sollen den Schrecken zum Erzfeind nach Israel tragen. Mit asiatisch aussehenden Tätern rechnet dort niemand: Im Mai 1972 nehmen die drei in aller Ruhe ihre Koffer und Taschen vom Förderband auf dem Flughafen Lod in Tel Aviv, holen die Maschinengewehre heraus und bauen sie zusammen. Dann eröffnen sie das Feuer – nach zwei Minuten ist der Boden voller Blut. 24 Menschen sterben. Das ist die Sorte Verbrecher, mit der es Anneliese Graes jetzt vor dem Münchener Tatort zu tun hat.

Hinter der Fassade des Gebäudes halten die Terroristen in einem Raum im oberen Geschoss die neun israelischen Geiseln gefangen, an Händen und Füßen gefesselt. In der Connollystraße 31 gibt es insgesamt 24 Wohneinheiten. Die Mitglieder der israelischen Delegation sind in den Apartments 1 bis 6 untergebracht. Die Geiseln stammen aus den Apartments 1 und 3. Am Apartment 2 gingen die Terroristen aus unerklärlichen Gründen vorbei – diese Bewohner können sich alle in Sicherheit bringen. Zwei Israelis kommen an diesem Morgen ums Leben: der Trainer der Ringer, Mosche Weinberg, aus Apartment 1 bei dem Versuch, Issa mit einem Obstmesser anzugreifen. Und der Ringer Josef Romano aus Apartment 3. Obwohl er nach einen Bänderriss im Fuß auf Krücken gehen muss, stürzt er sich auf einen Attentäter und will ihm das Gewehr entreißen. Weinberg und Romano werden erschossen. Auf deutschem Boden sind wieder Juden ermordet worden.

Beim Überfall können zwei Mitglieder der israelischen Mannschaft fliehen. Tuvia Sokolovsky, Trainer der Gewichtheber, springt im Schlafanzug aus dem Fenster von Apartment 1 und rennt barfuß um sein Leben. Der Ringer Gad Tsabari aus Apartment 3 entkommt den Tätern im Treppenhaus. Der israelische Delegationschef Schmu'el Lalkin schläft wenige Meter entfernt, in Apartment 5. Er wird von Schüssen geweckt. Beim Blick aus dem Fenster sieht er Weinbergs Leiche – die Terroristen haben sie vor das Haus geworfen. Zwei deutsche Rot-Kreuz-Mitarbeiter bergen sie.

Ihre Forderungen haben die Attentäter auf Schriftstücken festgehalten, die der deutschen Polizei vorliegen. Die Geiselnehmer verlangen die Freilassung von 234 (andere Quellen: 200 beziehungsweise 256) Waffenbrüdern und -schwestern, die in Israel im Gefängnis sitzen, sowie der westdeutschen Terroristen Andreas Baader und Ulrike Meinhof. Lalkin weiß, dass die Situation damit fast unlösbar geworden ist: Israels Politik verbietet es prinzipiell, mit Terroristen zu verhandeln und ihnen Zugeständnisse zu machen.

Unterdessen bleibt Anneliese Graes bei ihrer konsequenten Linie. Sie rügt Issa: Terror sei nicht der Weg, um politische Ziele zu erreichen. »Ich habe ihm immer wieder zu verstehen gegeben, dass es kein Blutvergießen geben darf!« Angst habe sie nicht gehabt, gibt sie später laut Reeve in ihrer Zeugenaussage *(testimony)* bei einer offiziellen Untersuchung des Münchener Attentats zu Protokoll. Issa sei zu ihr durchgehend höflich gewesen. Es ist surreal: Wenn man die Fernsehbilder der beiden vom Tage betrachtet, ein Mann und eine Frau im Münchener Sonnenschein an einer Hausecke, könnte man fast an einen neckischen Flirt denken oder an eine Zigarettenpause zweier Arbeitskollegen. Aber eine weitere Aussage von Anneliese Graes holt einen schnell wieder in die Realität zurück. Sie habe Issa gebeten, nicht mit der Handgranate vor ihrem Gesicht herumzufuchteln.

Das Ultimatum der arabischen Geiselnehmer wird verlängert, von 9 Uhr auf 12 Uhr. Graes bleibt den ganzen Tag vor Ort in der Connollystraße – als kommunikative Verbindung zu den Verbrechern. In den nächsten Stunden wird es immer wieder Verhandlungen zwischen Issa und den Deutschen geben. Angeführt werden die deutschen Vertreter von Bayerns Innenminister Bruno Merk, Bundesinnenminister Hans-Dietrich Genscher, Münchens Polizeichef Manfred Schreiber und Walther Tröger, dem Bürgermeister im Olympischen Dorf. Sie haben es mit gut vorbereiteten Gegnern zu tun: Laut

Berichten vom Tage wechseln die Attentäter dauernd Hemden und Masken, um den Eindruck zu erwecken, es handele sich um eine größere Anzahl von Tätern.

Der größte Star der heiteren Spiele weiß nicht, dass sie vorbei sind. Vier Stunden nachdem die Terroristen den Zaun überstiegen haben, wacht Mark Spitz im Olympischen Dorf auf. Der siebenfache Goldmedaillengewinner ist bester Laune. Nur noch eine Pressekonferenz steht zwischen München 72 und seinem Leben danach. Der Schwimmer schaut optimistisch in die Zukunft. Alle, die man befragt, sagen ihm Geld und Ruhm in rekordverdächtiger Menge voraus. Angebote prasseln auf ihn ein. Wen kümmert es schon, dass man die angeblichen Offerten kaum von den echten unterscheiden kann? Mark Spitz wird der neue Tarzan (nein). Mark Spitz übernimmt die Rolle des James Bond in einer TV-Serie (nein). Mark Spitz rasiert seinen berühmten Schnauzer für einen Hersteller von Rasierapparaten ab (stimmt nicht). Mark Spitz tritt in TV-Spots für Milch auf (vielleicht). Und für 10 000 Dollar in der Bob-Hope-Show im amerikanischen Fernsehen (stimmt wohl). Die *Bravo* bringt es auf den Punkt: Für Spitz liege das Geld auf der Straße – »und er läßt sich Zeit mit dem Aufheben«. Der Manager des Schwimmers ergänzt: »Ich bin sicher, dass er in den nächsten fünf Jahren zehn Millionen Dollar an Gagen kassieren wird.«

Jetzt schlendert der siebenfache Olympiasieger mit zwei Begleitern zum Pressezentrum, um sich ein letztes Mal der Weltpresse zu stellen. Der Champion aller Champions erwartet ein *Hero's Welcome*, heißt es später in seiner Biografie. Angst vor den Fragen hat er nicht, was soll schon kommen? Höchstwahrscheinlich das übliche Potpourri der Sportreporter: »Hätten Sie erwartet, sieben Goldmedaillen zu gewinnen?« »Wollen Sie weiterhin Zahnarzt werden?« »Was war das schwierigste Rennen?« Oder: »Hätten Sie die Münchener Schwimmhalle gerne in ihrem Garten?«

Während der Spiele hat Mark Spitz nur Jerry Kershenbaum, dem Reporter von *Sports Illustrated*, ein ausführliches Interview gegeben, und das erscheint erst nach Olympia. Wahrscheinlich ist das besser so. Denn auf die Frage nach seiner Teilnahme als Jude an den Spielen auf deutschem Boden versuchte der Schwimmer im Gespräch humorvoll zu antworten. Es ging schief. »Ich mag das Land«, sagte er und ergänzte, während er auf eine

Lampe im Zimmer zeigte: »Auch wenn dieser Lampenschirm wahrscheinlich aus einer meiner Tanten gemacht wurde.«

Kershenbaum sitzt jetzt im olympischen Pressezentrum. Statt der erwarteten zwei Dutzend sind Hunderte Reporter gekommen. Der US-Journalist sieht den lächelnden Spitz, aufgeräumt und lässig, und erkennt sofort: Er weiß es nicht! Mein Gott, er weiß nichts vom Attentat. Er weiß nicht, was jetzt für Fragen kommen. Jerry Kershenbaum eilt nach vorn. Der Reporter, der am Vorabend mit dem Olympiastar dessen Triumph im »Käfer's« gefeiert hat, setzt diesen nun mit wenigen Worten ins Bild.

Es hilft nichts. Der Schwimmer ist nicht auf das vorbereitet, was jetzt kommt: »Sie sind ein Jude«, wird er gefragt, »Juden werden getötet. Was heißt das für Sie?«

Spitz sucht die richtige Antwort, er findet sie nicht: »Ich bin nicht als Jude hierhergekommen, sondern als amerikanischer Athlet, der sein Land vertritt, seine Teamkameraden und sich selbst.«

Die Fernsehkameras filmen den ganzen Auftritt, das Radio überträgt ihn in alle Himmelsrichtungen, und die Reporter kritzeln hektisch in ihre Blöcke. Sie können kaum glauben, was sie da vom berühmten Amerikaner jüdischen Glaubens hören.

Als Mark Spitz und seine Begleiter nach der Pressekonferenz zu ihrem Shuttle gehen, steht auf einmal ein unbekannter Mann in einer US-Armeeuniform vor ihnen. Er sieht arabisch aus, und das reicht jetzt bereits, um alle nervös zu machen. Der Mann zeigt seine Papiere vor – er hat den Auftrag, ab sofort Mark Spitz zu bewachen.

Ursprünglich wollte der Sportler erst am Mittwoch zurückfliegen. Jetzt packt er in seinem kleinen Apartment im Olympischen Dorf die Koffer und reist vorzeitig ab. An dem Tag, an dem nichts mehr sicher scheint, wirbeln die Gerüchte um seine Zieldestination wild durcheinander. Manche wollen ihn in Frankfurt gesehen haben, andere wissen angeblich genau, dass er direkt in die USA jettet. In Wirklichkeit checkt der Schwimmer am Abend dieses Tages mit seinem Trainer Sherm Chavoor in London in einem Hotel ein. Der Held von München 72 hat seine Spiele durch die Hintertür verlassen.

Die Geiseln der Terroristen sind allesamt Männer. Wo sind in diesem Moment eigentlich, so fragt sich mancher an diesem Tag, die israelischen Olympiateilnehmerinnen? Sie harren in einem Kellerraum im Frauendorf aus. Und der bundesdeutsche Star Heide Rosendahl wird mit zwei Teamkolleginnen dorthin geführt. Zu ihrer Freundin Esther Schachamarow, der führenden Leichtathletin Israels, und anderen.

Am Vortag hat Schachamarow über 100 Meter Hürden mit persönlicher Bestzeit den Einzug ins olympische Halbfinale geschafft. Für das kleine Land ist das ein bemerkenswerter Erfolg. Keiner freut sich mehr darüber als ihr Trainer Amitzur Shapira. »Er war auf Wolke 7, seine Augen glänzten«, erzählt die Sportlerin in der deutschen TV-Dokumentation *Vom Traum zum Terror*. »Ich habe noch nie einen so glücklichen Menschen gesehen.« Am Tag nach dem großen Glück ist der vierfache Familienvater Shapira eine der Geiseln in der Connollystraße 31.

Als Esther Schachamarow am Morgen von einem Klopfen an die Tür ihres Zimmer im Frauendorf geweckt wurde, dachte sie zunächst, sie hätte verschlafen. Vor ihr standen eine Kollegin und eine Hostess: »Du musst packen, wir müssen hier weg.« Sie wurden in ein anderes Gebäude geführt. Dort, im Keller des Hauses G1, bringt man die Israelis in Sicherheit.

Es ist ein abgesperrter, großer Saal in den Katakomben des Olympischen Dorfes. »Einfache Räumlichkeiten, wo sie sitzen und liegen konnten«, beschreibt es die Besucherin Heide Rosendahl im Interview zu diesem Buch. »Ich weiß gar nicht, ob es da sanitäre Anlagen gab.« Die Deutsche im Trainingsanzug sieht auch die Wachen, die Esther Schachamarow und die anderen Frauen beschützen sollen. Rosendahl wird von der Läuferin Ellen Tittel und einer weiteren Kollegin begleitet. Noch kurz vor Olympia haben sie alle gemeinsam mit den israelischen Leichtathletinnen in Leverkusen trainiert. Nun wollen sich die westdeutschen Frauen um die verzweifelten Sportkameradinnen kümmern. Was braucht ihr? Was können wir tun? Die Fragen der Deutschen sind Hilfsangebote.

Die energische Replik verblüfft sie. »Die wollten alle auf die Straße und kämpfen«, sagt Heide Rosendahl. In Israel, das hat man in der Bundesrepublik schon gehört, leisten auch Frauen ihren Wehrdienst ab. Die Westdeutschen versuchen, die aufgebrachten Gäste zu beruhigen. Rosendahl: »Ich sagte: Da gibt's nichts zu kämpfen, bleibt mal ganz ruhig hier unten.«

Die Frauen der israelischen Delegation haben keine andere Wahl, als sich zu fügen. Sie müssen zunächst im Kellertrakt bleiben, zu ihrer eigenen Sicherheit. Den gefangenen Männern helfen können sie nicht. Esther Schachamarow war mit ihrem Trainer zum Frühstück verabredet. Sie wird ihn nicht mehr wiedersehen.

Unweit des Kellerverstecks gehen die Wettkämpfe im Olympiastadion und der Olympiahalle vorerst weiter. Etliche Zuschauer, die bereits auf dem Weg sind, haben noch nicht vom Attentat erfahren.

Ittai Tamaris Vater steht in seinem Zimmer im Hotel »Interconti« in München. Hastig packt er die Koffer und schiebt seinen Sohn dann wortlos aus dem Raum Richtung Rezeption. Dei beiden machen sich zum Flughafen nach Riem auf.

Es ist eine Flucht. Vor den arabischen Tätern, die seit einiger Zeit Juden ins Visier genommen haben. Aus dem historisch belasteten Land der Deutschen, das plötzlich nicht mehr sicher ist. Für Vater Michael Tamari ist mit einem Schlag wieder alles da: Erinnerungen aus seiner gestohlenen Jugend, als er in Bukarest lesen musste, dass Hitler-Deutschland Polen überfallen hatte. Die Geschichte des Großvaters, der in ein Zwangsarbeiterlager verschleppt wurde. Und als er dann nach zweieinhalb Jahren zurückkam, konnte er über das Erlebte nicht sprechen. So hat es Ittai Tamari viele Jahre später der *Frankfurter Allgemeinen Sonntagszeitung* berichtet. »Nachdem der Artikel erschienen war, haben sich viele Juden bei mir gemeldet«, sagt Ittai Tamari. Sie alle eint an diesem 5. September 1972 in München das Gefühl: Wir müssen in Sicherheit gebracht werden, jetzt werden die Juden verjagt, jetzt muss man weg.

Der Flughafen ist voll, wegen Olympia, nicht wegen des Attentats. Es gibt keine täglichen Direktflüge von Bayern nach Israel. Das Einzige, was der Vater an diesem Tag in diese Richtung findet, ist eine Passage am späten Mittag mit Olympic Airways nach Athen. Sie fliegen mit.

Israels Ministerpräsidentin Golda Meir hat inzwischen die kompromisslose Linie ihrer Regierung offiziell bestätigt. »Sollten wir nachgeben, dann ist kein Israeli jemals mehr seines Lebens sicher«, erklärt sie öffentlich. »Das ist Erpressung der übelsten Sorte.«

Aufseiten der Deutschen sorgt das Statement für Ernüchterung. Damit habe man jetzt eine Situation auf Leben und Tod, sagt Hans-Jochen Vogel, Vizepräsident des Organisationskomitees. Polizeipräsident Manfred Schreiber, auch Sicherheitschef von München 72, geht in seiner Einschätzung noch weiter. »Die Geiseln waren praktisch tot, als Israel die Forderungen der Terroristen ablehnte«, sagt er im Rückblick.

Am späten Vormittag tritt Schreiber mit weiß-blauer Krawatte vor die Presse und gibt eine Erklärung ab. »Der Israeli Weinberg Mosche«, teilt er zunächst mit, sei »in einem Fight« getötet worden, und fährt dann fort: »Ein verletzter Israeli befindet sich noch im Haus. Ich habe mit dem Anführer der Revolutionäre mehrmals persönlich verhandelt. Er sagt, der Mann wird versorgt.« Anscheinend weiß Schreiber zu diesem Zeitpunkt noch nicht, dass es mit Josef Romano bereits ein zweites Todesopfer in der Connollystraße gibt.

Der Münchener Polizeipräsident erstattet den Medienvertretern weiter Bericht über den Anschlag und muss ohnmächtig konstatieren, dass weder der Vorschlag, »Geldmittel in unbegrenzter Höhe« bereitzustellen, noch das Angebot deutscher Ersatzgeiseln die Terroristen bewegen konnten, die israelischen Sportler und Betreuer freizugeben.

Der Auftritt des Sicherheitschefs von Olympia zeige »die vollkommene Ratlosigkeit der Verantwortlichen«, analysieren die Autoren von *Spiegel TV* in ihrer Dokumentation »Vom Traum zum Terror«. Manfred Schreiber wirkt überfordert. In seinen Ausführungen vor den internationalen Journalisten offenbart er beträchtliche Wissenslücken: Es könnten neun Geiseln sein – oder sogar 26. Ähnlich verhält es sich bei der Anzahl der Täter. Seine Einschätzung schwankt zwischen »wahrscheinlich fünf« und möglicherweise 21 Terroristen. Es sind acht.

Die Welt staunt ein zweites Mal über die Deutschen. Nachdem die internationalen Gäste zu Beginn der Spiele von der im Lande herrschenden Leichtigkeit überrascht sind, verblüffen sie nun die Inkompetenz und Hilflosigkeit der sonst so gut organisierten Bundesdeutschen. Die Wahrheit ist: Die einheimischen Entscheider sind paralysiert. »Wir haben uns alle aufgrund der vorherigen 10 Tage euphorisch sicher gefühlt. Und wir hatten ja alle die Meinung, dass das Motto des Veranstalters, nämlich heitere, friedliche Spiele zu veranstalten, voll aufgegangen war«, sagt Schreiber etliche

Jahre danach in einem Interview. »Also das war ein ungeheurer Schock, dass dem plötzlich nicht so war.«

Ähnlich wie am 11. September 2001, knapp 30 Jahre später, als Zivilflugzeuge in Wolkenkratzer krachen, fehlt den Münchener Sicherheitskräften die Fantasie, sich einen solchen Terroranschlag vorzustellen. Symptomatisch dafür: Der Krisenstab muss an diesem Tag erst ad hoc gebildet werden unter Führung von Bayerns Innenminister Bruno Merk. Auf die Idee, dass ein solches Gremium während der Spiele gebraucht wird, war niemand gekommen. Das Ultimatum wird inzwischen weitere Male verlängert. Von 12 auf 13, auf 15 Uhr, schließlich auf 17 Uhr.

Im Werkzeugkasten der deutschen Sicherheitsbehörden fehlt es für diese Situation schlicht an tauglichen Instrumenten. Eine spezifische Einsatzgruppe, die nur gegen Terroristen eingesetzt wird, gebe es in ganz Deutschland nicht, räumt Schreiber nachher gegenüber dem *Spiegel* ein. In ihrer Not behelfen sich die Sicherheitsbehörden mit einem Sonderfahnder namens Heinz Hohensinn, dem die Zeitschrift *Quick* einen Spitznamen verpasst: der bayerische James Bond.

*

Während die neun israelischen Geiseln im Olympischen Dorf von Terroristen gefangen gehalten werden, gehen die Olympischen Spiele weiter. Im Nymphenburger Park vollführen die Dressurreiter Pirouetten, auf der Regattastrecke in Oberschleißheim paddeln die Kanuten um die Wette, und beim Volleyball brüllen die Zuschauer das westdeutsche Team gegen den Favoriten Japan nach vorn. In der Wettkampfstätte am Messegelände wird griechisch-römisch gerungen und im Stadion gelaufen und gesprungen. »Es war natürlich irgendwo absurd. Hier gibt's die ersten Toten, hier ist eine Situation, die es noch nie gab, mit einer Bedrohlichkeit, und nebenan wird Volleyball gespielt und weitergejubelt«, sagt Peter Bizer, der als Journalist vor Ort ist, in einer TV-Dokumentation.

Die Parallelwelten dieses Tages existieren selbst im Olympischen Dorf, unweit des Tatorts. Die Gleichgültigkeit mancher Teilnehmer irritiert Berichterstatter wie den britischen ITN-Reporter Gerald Seymour: »Es wirkte, als würden die Leute ein lautes, geselliges Picknick auf einem Kirchhof ab-

Ein Bild, das sich in die Erinnerung eingebrannt hat: Ein palästinensischer Terrorist mit Strumpfmaske im Quartier der israelischen Mannschaft im Olympischen Dorf. Während er vom Balkon aus die Lage sondiert, sind Dutzende von Kameras auf ihn gerichtet, verfolgt die Welt live jede seiner Bewegungen.

halten. Die Atmosphäre hatte etwas Unerfreuliches, Egoistisches und leicht Obszönes.« Die Jugend der Welt, so scheint es, will sich selbst von einem Terroranschlag nicht den Spaß verderben lassen. Die Kameras fangen ein, wie junge Leute Tischtennis spielen und sich auf Liegewiesen räkeln. In Sichtweite der Connollystraße 31 sieht man laut Simon Reeve »Athleten, die kuscheln und fummeln, Telefonnummern austauschen und sich in der Sonne aalen«. Ein paar Hundert Meter entfernt liegt in der Mitte des Apartments 1 die Leiche von Josef Romano. Als Warnung gegen mögliche Fluchtversuche. Die überlebenden Geiseln sind nach wie vor gefesselt.

Kurz nach ein Uhr mittags versucht sich der deutsche Regierungssprecher Conny Ahlers im Fernsehen an einer Begründung, warum die Wettkämpfe weitergehen: Es handele sich um eine Entscheidung des Internationalen Olympischen Komitees, nicht der Bundesregierung. Es dauert noch weitere zweieinhalb Stunden, bis IOC-Präsident Avery Brundage handelt. Der Mann, der sein ganzes Leben lang das olympische Projekt von der Politik fernzuhalten versucht, stimmt zu, die Spiele zu unterbrechen. Laufende Wettkämpfe sollen noch beendet werden. Gegen Viertel vor vier gibt ein Stadionsprecher bekannt, dass die Spiele bis zur Klärung der Lage unterbrochen werden. Niemand weiß zu diesem Zeitpunkt, ob sie jemals fortgesetzt werden.

Viele Schaulustige strömen nun vom Stadion herüber an den Zaun des Olympischen Dorfes. Eine Schätzung geht von bis zu 100 000 Gaffern aus – mehr als in ein ausverkauftes Olympiastadion passen. Die Fernsehkameras der internationalen Sender sind bereits aufgereiht wie bei einem weltweiten Politikgipfel. Ihre Linsen richten sich nicht mehr auf den Sport, sondern auf den Thriller, der sich auf der anderen Seite des Zauns im Dorf abspielt. Die Philosophie von Robert Lembke, TV-Boss von München 72, findet ihre konsequente Fortsetzung, wenn auch unter anderen Vorzeichen: Das Fernsehen ist 24/7 dabei, wenn etwas passiert. Nach der Eröffnungsfeier ist das Attentat der zweite große Live-Moment dieser Olympischen Spiele. Es ist auch der erste Terroranschlag, dessen Story live im Fernsehen – und damit vor den Augen der Welt – erzählt wird.

Zur Berichterstattung gehört ein Bild, das den Anschlag auf einen Moment reduziert. Eine Aufnahme, die den ganzen dramatischen Tag plötzlich einfriert und rund um den Erdball zur visuellen Ikone wird: Ein Terrorist mit dunkler Strumpfmaske beugt sich über eine Balkonbrüstung. Es ist ein Bild des Schreckens. Uschi Glas sieht es am Rande von Dreharbeiten in Rom, Ankie Spitzer sieht es im Haus ihrer Eltern in den Niederlanden, der Amerikaner Frank Shorter sieht es in der Langstreckler-WG über den Dächern des Olympischen Dorfes. Das Kommando »Schwarzer September« hat ein selbstgestecktes Ziel erreicht: Die Palästinenser sind für den Rest der Welt sichtbar.

»This is happening now if you can believe it«, verkündet der amerikanische Moderator Jim McKay, als eine Kamera auf einen Terroristen zoomt, der seinen Kopf aus einem Türeingang steckt. Sein Sender ABC hat sogar einen Mann hinter dem Zaun, direkt im Dorf. Der US-Reporter Peter Jennings berichtet per Funkgerät aus der italienischen Unterkunft, die in der Nähe des israelischen Hauses in der Connollystraße 31 liegt. Die Sicherheitsbehörden und Politiker verlangen, dass die Live-Übertragungen aus dem Olympischen Dorf aufhören. Doch, so protokolliert später die Zeitung *Die Welt*, es gibt keine zentrale Kontrollstelle, die eine solche Anweisung durchsetzen kann. *It's a disaster waiting to happen* – es ist eine Katastrophe mit Ansage. Die dazugehörige Panne passiert dann am Nachmittag.

Anchorman McKay unterbricht während der Übertragung plötzlich seinen Korrespondenten Peter Jennings bei einer Moderation. »Entschuldige, Peter, wir sehen gerade einen Mann in einem roten Trainingsanzug, und er hält ein Gewehr in der Hand. Es scheint, als sei irgendein Einsatz im Gange.« Und so fangen die Kameras der Welt am Nachmittag den bayerischen James Bond und seine Truppe ein. Auf den Dächern des Dorfes. Bei einer streng geheimen Rettungsaktion.

Heinz Hohensinn ist ein tüchtiger und erfahrener Polizist. Im Laufe seiner Karriere bringt er es auf rund 2000 Festnahmen. Eine bayerische Zeitung nennt ihn den »Ganovenschreck« der sechziger und siebziger Jahre. Zur Absicherung von München 72 hat er bereits einen Beitrag geleistet. Er hat in den Bordells, illegalen Spielklubs und Casinos rund um den Hauptbahnhof aufgeräumt. Die Olympiaparty, so das Ziel, sollte nicht von den üblichen Verdächtigen wie dem Zuhälter »Metzger-Karre« gestört werden.

Jetzt, in der Stunde nach 16 Uhr, soll der Zivilpolizist Hohensinn mit seinen Männern die israelischen Geiseln retten. Das vorerst letzte Ultimatum läuft um 17 Uhr ab. Die Einsatzleitung schickt die Männer, ausgerüstet mit Panzerwesten und Maschinenpistolen, auf die Dächer an der Connollystraße. Der Plan, wenn man das so nennen will: anschleichen, ein Gitter abschrauben, sich an Seilen durch den Luftschacht herablassen und die Araber ausschalten. Das Codewort der Operation zum Losschlagen lautet: »Sonnenschein«.

Als Sonderfahnder mögen Hohensinn & Co. die Größten sein – als Anti-Terror-Einheit sind sie Anfänger, schreibt die *Augsburger Allgemeine* nachher. »Wir kamen uns vor wie Bergsteiger mit Badehosen und Sandalen«, gibt Heinz Hohensinn zu. »Wir waren unglücklich über uns selbst.« So sieht es auf den TV-Bildern auch aus: Eine Gruppe Männer, getarnt in bunten Trainingsanzügen der Marke Puma, mit klobigen Stahlhelmen und Panzerwesten, die sie mehr lähmen als beschützen. Sie versuchen, sich hinter den Dachaufbauten anzuschleichen. Wäre es nicht so tragisch, könnte man über die Verkleidungen in diesem Echtzeitdrama schmunzeln: Oben die Deutschen in ihrer amateurhaften Montur, unten am Balkon Issa, der Anführer der Terroristen, in seinem hellen Anzug mit dem Tropenhut. Es sieht aus wie ein Wettbewerb der Faschingskostüme. Die ganze Welt fiebert mit und schaut zu. Live.

Die Terroristen haben auch den Fernseher eingeschaltet. Die Einsatzleitung hat versäumt, ihnen den Strom abzustellen. Die Geiselnehmer können sehen, was ein paar Meter über ihren Köpfen passiert. Das bestätigt Heinz Hohensinn im Interview zum Dokumentarfilm *One Day in September*. Und noch jemand sieht den Sonderfahnder Hohensinn im Fernsehen: seine Ehefrau. Ein Bekannter hat sie angerufen: »Du, der Heinz ist im Fernsehen.« Frau Hohensinn macht das TV-Gerät an und fällt vor Schreck fast um. Die Aktion wird schließlich abgebrochen. Aber für Heinz Hohensinn ist der Tag noch nicht zu Ende.

Bundesinnenminister Hans-Dietrich Genscher, Manfred Schreiber und Walther Tröger sowie Bayerns Innenminister Bruno Merk machen sich vor dem Ablauf des 17-Uhr-Ultimatums wieder auf den Weg zur Connollystraße 31. Anneliese Graes empfängt sie dort. Die Vermittlerin ruft Issa herbei.

Aus dem »Protokoll einer Katastrophe«« der Online-Ausgabe der *Welt* (2012):

16.35 Uhr: Genscher, Merk und Tröger verhandeln wieder mit Issa.
16.50 Uhr: Issa fordert nun, mit einem Düsenjet Richtung östliches Mittel-
meer fliegen zu dürfen. Sobald die israelische Regierung die freigepressten
Gefangenen dorthin bringe, würden die Geiseln freigelassen.

Laut Issa sind die neun Geiseln damit einverstanden. Das alles kommt für
die Mitglieder des deutschen Krisenstabs überraschend, bemerkt Bruno
Merk in einer späteren TV-Dokumentation. »Dann hat Genscher gesagt, das
will ich von den Geiseln selber hören.«

16.58 Uhr: Nacheinander erscheinen drei israelische Geiseln am Fenster im
ersten Stock. Genscher fragt, ob sie bereit seien, mit den Terroristen in ein
arabisches Land zu fliegen. André Spitzer, Trainer der israelischen Fechter,
bestätigt das – gefesselt und während ihn ein Palästinenser mit der Kalasch-
nikow bedroht.

Es ist das letzte Mal, dass Ankie Spitzer ihren Ehemann André lebend sieht,
auf dem Bildschirm im Haus ihrer Eltern in den Niederlanden. »Als ich ihn
da so am Fernseher stehen sah, gefesselt, ohne seine Brille – er war blind
ohne Brille –, nur im Unterhemd: Das ist die schmerzhafteste Erinnerung«,
sagt Ankie Spitzer in einem Fernsehinterview. »Es ist die schmerzhafteste
Erinnerung, die ich an meinen Mann habe.« Nach anderen Darstellungen der
bewegenden Szene konnte Hans-Dietrich Genscher lediglich nach dem
Wohlbefinden der Geiseln fragen, bevor André Spitzer in die Wohnung zu-
rückgestoßen wurde.

Bundesinnenminister Genscher hatte sich im Laufe des Tages vergebens
als Ersatzgeisel angeboten. Der FDP-Politiker war fest zum Austausch entschlossen. Er hatte bereits seine Familie im Rheinland angerufen, um noch
einmal die Stimme seiner Tochter zu hören. Aber die Terroristen hatten das
abgelehnt, ähnlich wie ein gleichlautendes Angebot von Willy Brandts Sohn
Peter sowie Walther Tröger und Hans-Jochen Vogel.

Jetzt überzeugt Genscher den Terroristenführer zumindest, dass er und
Tröger das Zimmer der Gefangenen betreten dürfen, um sich selbst ein Bild

zu machen und von den übrigen Geiseln zu hören. Sie werden hereingelassen. Der Anblick war »ein Schock«, sagt Tröger später im Interview zur Dokumentation *Der Olympia-Mord*. Der Raum im ersten Stock ist abgedunkelt. Der getötete Josef Romano ist notdürftig zugedeckt, an den Wänden erkennt man Blutspritzer. Die Betten sind verwüstet. Vor Genscher und Tröger sitzen die Geiseln, verängstigt und panisch. Irritiert hören die beiden Deutschen, dass sich die Israelis in den Händen der Attentäter relativ sicher fühlen würden. Die Gefangenen bestätigen, dass sie bereit seien, mit den Terroristen außer Landes gebracht zu werden.

Die Attentäter haben ihren Plan geändert. Sie wollen nun nach Kairo ausgeflogen werden. Die Verhandler gehen zum Schein darauf ein. Eine letzte Chance eröffnet sich, zu verhindern, dass die Terroristen die israelischen Geiseln aus dem Olympischen Dorf mitnehmen. Der Ort für den möglichen Zugriff: eine Tiefgarage.

Bundeskanzler Willy Brandt ist den ganzen Tag hinter den Kulissen aktiv. Er steht in ständiger Verbindung mit der israelischen und anderen Regierungen weltweit. Vielleicht kann die Diplomatie schaffen, was bei den ungelenken Befreiungsversuchen nicht gelungen ist: die Rettung der israelischen Geiseln vor dem Tod. Brandts letzte Hoffnungen richten sich auf Kairo. Wenn die ägyptische Regierung zustimmt, könnte das Flugzeug mit den Attentätern und Geiseln dort landen, und die Israelis könnten anschließend freikommen. So weit die Theorie. In der Praxis versucht der deutsche Bundeskanzler schon seit Stunden vergeblich, Präsident Sadat von Ägypten zu erreichen.

Gegen Viertel vor neun kommt die Telefonverbindung nach Kairo zustande. Der Bundeskanzler sitzt mit dem bayerischen Ministerpräsidenten Goppel und dem ehemaligen Münchener Oberbürgermeister Vogel im Büro von TV-Boss Robert Lembke. Brandts Gesprächspartner ist der Ministerpräsident anstelle des Präsidenten. Das ist kein gutes Zeichen, und so geht die Konversation auch weiter: Ägypten lehnt ab. Der Premierminister sagt: »Wir haben nichts mit der Angelegenheit zu tun, wir möchten nicht in sie verwickelt werden.«

Damit steht fest: Die Terroristen werden die Bundesrepublik nicht verlassen können. Niemand ist bereit, sie aufzunehmen. Der Terroranschlag wird mit hoher Wahrscheinlichkeit auf deutschem Boden enden.

Geplant ist ein Hinterhalt. Zeit und Ort des Zugriffs: Wenn die Entführer mit den israelischen Geiseln aus dem Haus in der Connollystraße die geschätzten 150 Meter durch die Tiefgarage des Olympischen Dorfes zu den Hubschraubern gehen, die sie zum Flugplatz Fürstenfeldbruck bringen sollen. Dort, auf dem Militärflughafen nordwestlich von München, wartet das Passagierflugzeug, das man den Terroristen versprochen hat und das sie angeblich in die arabische Welt bringen soll.

Es geht auf 21 Uhr zu. Das Untergeschoss des Olympischen Dorfes ähnelt einem Parkhaus. Issa ist nervös, er besteht auf einem Probegang. Sollte er in sechs Minuten nicht zurück sein, werden seine Männer beginnen, die Geiseln zu erschießen. Manfred Schreiber und Walther Tröger begleiten den Anführer der Terroristen. In den Parknischen lauern westdeutsche Polizisten schussbereit auf den Zugriff. Schreiber bekommt es mit der Angst zu tun. Er befürchtet, die Beamten könnten in der angespannten Situation falsch reagieren. Sehr laut und deutlich ruft er in den Keller: »Nicht schießen. Dies ist ein Probegang.« Seine Worte hallen zwischen den Betonwänden nach. So erinnert sich August Schöffel, einer der Polizisten, die zwischen den Pfeilern der Parkplätze liegen.

Es bleibt unklar, ob Issa die Männer bemerkt. Aber er spürt, dass hier irgendetwas nicht stimmt. Dass die Deutschen diesen Tunnel jederzeit in einen Schießstand verwandeln könnten. Der Plan vom Hinterhalt ist damit Makulatur. Der Palästinenser fordert für den kurzen Weg zum Hubschrauber jetzt einen Bus. Um kurz nach 22 Uhr steigen die Geiseln in das dunkelgrüne große Fahrzeug mit dem Kennzeichen 19-3583. Der Autor Simon Reeve beschreibt, wie Bundesinnenminister Genscher die Szenerie beobachtet. »Eins, zwei, drei, vier …« Der Politiker zählt die Terroristen. Zum ersten Mal an diesem Dienstag wissen die deutschen Sicherheitskräfte nun sicher, wie viele Täter es wirklich gibt. Es sind acht. Genscher schluckt, den ganzen Tag war das deutsche Sicherheitspersonal eher davon ausgegangen, dass sich nur fünf Terroristen in der Connollystraße 31 verschanzen. Am Flugplatz in Fürstenfeldbruck sind nur fünf deutsche Scharfschützen eingeteilt. Für acht Terroristen.

Die zwei bereitgestellten Bell-Helikopter stehen im Olympischen Dorf im Blickfeld von Esther Schachamarow. Sie kann sehen, wie einer nach dem anderen herauskommt. Die jüdischen Geiseln tragen Augenbinden, sie sind zusammengebunden mit roter Schnur, es ist ein furchtbares Bild, das sich der Athletin bietet. Ihren Trainer Shapira kann sie nicht ausmachen, es ist alles zu viel für sie. Man führt sie in einen Nebenraum. Jemand gibt ihr einige Tabletten, damit sie einschlafen kann. Morgen steht das Halbfinale an.

Die israelische Regierung hat im Laufe des Tages zwei ihrer Top-Sicherheitsleute geschickt: Zvi Zamir und Victor Cohen. Aber die Deutschen beharren auf ihrer Zuständigkeit und weigern sich, die erfahrenen Terrorexperten umfassend einzubeziehen. Zamir beobachtet nun ohnmächtig im Dorf, wie seine gefangenen Landsleute zu den zwei Hubschraubern geführt werden. »Nach dem Holocaust gehen Juden wieder gefesselt über deutschen Boden – das ist etwas, das ich nie vergessen werde.« Aber wenn das der Preis ist, um sie gleich freizubekommen, dann sei das wohl gerechtfertigt, hofft er.

Um 22.22 Uhr starten die zwei Helikopter mit den acht Terroristen und den neun Geiseln Richtung Norden zum Flugplatz Fürstenfeldbruck. Gesteuert werden die Fluggeräte von je zwei deutschen Piloten, die sich freiwillig für diesen Einsatz gemeldet haben. Unter ihnen liegt jetzt die Olympiastadt in der Dunkelheit.

Im Dorf hört der amerikanische Marathonläufer Frank Shorter die Helikopter davonfliegen. Ihm geht seit Stunden ein Gedanke nicht mehr aus dem Kopf. Gemeinsam mit seinem US-Teamkollegen Kenny Moore hat er sich tagsüber an den inzwischen bewaffneten Wachleuten vorbeigeschlichen. »Wir sind Läufer, wir mussten laufen gehen, es ging nicht anders«, sagt er im Interview zu diesem Buch. Auf dem Rückweg halten sie an einer Überführung über den Mittleren Ring an. Der Gedanke ist wieder da. Shorter spricht ihn aus: »Kenny, das einzige, was die Terroristen jetzt noch angreifen können, ist der Marathon.« Wie will man 42 Kilometer Strecke mit Hunderttausenden Zuschauern absichern? Das ist ein Ding der Unmöglichkeit. Frank Shorter weiß das und fügt entschlossen hinzu: »Ich werde das ganze Rennen laufen, ohne daran zu denken, denn sonst haben die Terroristen gewonnen.«

Wenn die zwei Helikopter vom Bundesgrenzschutz mit den Attentätern und den Geiseln in etwas mehr als zehn Minuten nordwestlich von München landen, haben die bundesdeutschen Sicherheitskräfte die dritte und allerletzte Chance, die jüdischen Sportler und Betreuer zu retten. Auf dem Flugfeld in Fürstenfeldbruck soll endlich gelingen, was zuvor auf dem Dach des Dorfes und in der Tiefgarage der Connollystraße in München missglückt ist.

Noch ein dritter Hubschrauber ist in der Luft auf dem Weg zum Ort der Entscheidung. An Bord befinden sich die Mitglieder des Krisenstabs. Politiker statt Polizisten werden transportiert, kritisiert ein Rundfunkreporter. Die Einsatzkräfte eilen später teilweise mit Autos und Panzerwagen hinterher. Weit kommen sie nicht – etliche landen in einem Stau auf der Bundesstraße. Ausgelöst durch Neugierige, Presseleute und Taxis. Sie werden zu spät vor Ort sein.

Am Rande der Ausfallstraße steht ein Hinweisschild. Ein israelischer Beobachter findet, dass es die historische Dimension gut zusammenfasst. Das Schild weist nach Fürstenfeldbruck – und nach Dachau.

Aus den Radiomanuskripten des Bayerischen Rundfunks der Nacht: »Am späten Abend verliessen die acht Fedajin gemeinsam mit neun israelischen Sportlern, die sie als Geiseln festhielten, das Olympische Dorf in München. Mit Hubschraubern wurden sie zum Militärflughafen Fürstenfeldbruck gebracht. In Fürstenfeldbruck stand ein Verkehrsflugzeug der Lufthansa vom Typ Boeing 727 bereit. Über die Ereignisse nach der Landung der Helicopter liegen verschiedene Meldungen vor, die noch nicht offiziell bestätigt worden sind.«

Die Lufthansa-Maschine in Fürstenfeldbruck ist leer. Und das hat wieder mit Heinz Hohensinn zu tun. Der Münchener Polizist und seine Kollegen sollten sich vor Ort nochmals verkleiden – diesmal als Stewards, um die Attentäter an Bord zu überwältigen. Hohensinn betrachtete das Innere der Boeing. Er wog ab. Was, wenn die Täter im Flugzeug Handgranaten zünden? Das Risiko war unkalkulierbar. Sein Team lehnte den Einsatz geschlossen ab. »Ich hätte mir nicht zugetraut, einen Steward zu spielen«, sagt er. »Wir hätten überhaupt keine Chance gehabt. Ein Himmelfahrtskommando am Tag reicht mir.«

Der bayerische Innenminister Bruno Merk leitet den Krisenstab aus dem Tower. Er fühlt sich nach eigener Aussage wie ein Landarzt, der eine Notoperation vornehmen soll, die er noch nie gemacht hat und für die ihm sowohl das Besteck als auch die Erfahrung fehlen. Er hat nach wie vor nur fünf Präzisionsschützen zur Verfügung. Einer von ihnen sagt später in der Fernsehdokumentation *Der Olympia-Mord*, dass er statt mit einem Scharfschützengewehr nur mit einem normalen Gewehr ausgerüstet war – »mit 'nem Zielfernrohr darauf«. Ohne Infrarotgerät für den Nachteinsatz. Ein anderer gibt später zu, dass er gar kein Präzisionsschütze sei. Sie haben nicht einmal Schutzwesten. Auf der anderen Seite stehen acht schwer bewaffnete Terroristen, die ein rigides Training im Nahen Osten durchlaufen haben.

Als Issa und ein weiterer Terrorist das leere Flugzeug inspizieren, begreifen sie sofort, dass diese Maschine sie nirgendwohin fliegen wird. Es gibt keinen Ausweg nach Kairo oder einen anderen Ort. Hier auf dem Flugfeld von Fürstenfeldbruck wird ihre Aktion, die inzwischen 19 Stunden andauert, ein Ende finden. Mit schnellem Schritt eilen die Geiselnehmer wieder in Richtung der Hubschrauber. Minister Bruno Merk beobachtet sie. Auch er realisiert, dass ihm keine weiteren Optionen mehr bleiben. Um 22.37 Uhr gibt Merk dem Einsatzleiter der Polizei den Befehl. Feuer frei.

Die Schießerei in der Dunkelheit dauert insgesamt – mit einigen Feuerpausen – mehr als anderthalb Stunden. Bis weit nach Mitternacht, in den neuen Tag hinein. Laut einer Zählung geben die Palästinenser im Schutze der Hubschrauber rund 200 Schüsse ab, die Polizisten 61. Acht Geschosse treffen die Terroristen. Die deutschen Hubschrauberpiloten, denen Issa freies Geleit versprochen hatte, stecken im Chaos fest.

Im Tower steht der deutsche Polizist Anton Fliegerbauer neben Polizeipräsident Manfred Schreiber, als ihn ein Kopfschuss trifft. Fliegerbauer fällt rückwärts um, sein Mund halb geöffnet, die Augen starr. Erst durch die riesige Austrittswunde am Hinterkopf erkennt man, dass er tot ist. Am Boden liegen Teile seines Hirns.

Die israelischen Anti-Terror-Profis Cohen und Zamir erkennen in Fürstenfeldbruck mit Schrecken, dass die Deutschen in keiner Weise vorbereitet sind. So beschreibt es Simon Reeve in *One Day in September*. Es gibt keinen Einsatzplan, keinen Rettungsplan, nichts. Dabei spielt den Polizisten das offene Gelände eigentlich in die Karten. Zamir schätzt, dass man hier mit einer gut geplanten Operation die meisten Geiseln retten könnte. Irgendwann reicht es den Israelis. Sie überzeugen die Deutschen, zu den Attentätern sprechen zu dürfen. Cohen beherrscht Arabisch. Er greift zu einem Megafon und ruft vom Tower aus laut in Richtung Flugfeld: »Hört auf zu schießen.« Es ist zu spät. Die Antwort der Palästinenser sind Schüsse auf den Tower. Zamir und Cohen gehen in Deckung. Auf dem Flugfeld geht der wilde Schusswechsel zwischen Deutschen und Palästinensern vom Chaos in ein Inferno über. Und dann erlebt dieser dramatische Tag eine weitere unglaubliche Wendung.

Während einer Feuerpause macht draußen vor dem Flughafen, in der Traube von Schaulustigen und Berichterstattern, ein Gerücht die Runde: Alle Geiseln seien gerettet geworden. Die Quelle dieser vermeintlichen Neuigkeit ist ein zunächst unbekannter Mann, der am Zaun vor dem Flugplatzgelände den Anschein erweckt, in offiziellem Auftrag zu handeln. Er gibt das Überleben der Geiseln bekannt. Es ist eine Botschaft, die viele gern glauben wollen. Nichts davon beruht auf Fakten. Es sind *Fake News*, auch wenn noch niemand diesen Begriff benutzt. Später wird ermittelt, dass es sich bei dem Mann mutmaßlich um Heinz P. handelt, einen Mitarbeiter aus der Druckerei des Organisationskomitees. Gegen ihn werden disziplinarische Maßnahmen eingeleitet, bestätigt Hans Klein, der Sprecher von München 72, ein paar Tage nach dem Attentat dem ZDF. Heinz P. sei wohl »durchgedreht«.

Aber jetzt und hier, in dieser dramatischen Nacht von Fürstenfeldbruck, ist das Gerücht nicht mehr einzufangen. Die ersehnten guten Nachrichten verbreiten sich rasant bis nach München. Und werden dort ganz schnell zu offiziellen Informationen. Um 23.31 Uhr schickt die Agentur Reuters eine Blitzmeldung in die Welt hinaus: »ALL ISRAELI HOSTAGES HAVE BEEN FREED«.

Auf einer Sitzung des Internationalen Olympischen Komitees im Hotel »Four Seasons« wird Willi Daume, dem Präsidenten des NOK, ein Zettel hereingereicht: Die Befreiung der Geiseln sei soeben bekanntgegeben worden. Daume ist ein vorsichtiger Mann. Er lässt die Nachricht von mehreren Stellen prüfen. Scheinbar mit Erfolg: Ein Irrtum liege nicht vor, auch die Kontaktleute von der Polizei würden die Auskunft bestätigen, heißt es. Er geht mit diesen Neuigkeiten zurück in die Sitzung. IOC-Präsident Avery Brundage ergreift umgehend das Wort: »Wir wollen alle aufstehen und den deutschen Behörden mit einem Applaus für die Befreiung der Geiseln danken.« Die Mitglieder klatschen. Brundage geht um ein Uhr ins Bett – als »erleichterter Mensch«.

Regierungssprecher Conny Ahlers gibt kurz nach Mitternacht mehrere Fernsehinterviews. Dem wichtigsten TV-Partner, ABC aus den Vereinigten Staaten, sagt er: »Ich bin erleichtert, dass – soweit wir es überblicken können – der Polizeieinsatz erfolgreich war. Natürlich war es eine unerwünschte Unterbrechung der Olympischen Spiele, aber wenn sich alles so bewahrheitet, so wie wir hoffen, wird darüber in ein paar Wochen keiner mehr ein Wort verlieren.«

Die Münchener Zeitung *tz* titelt in der vierten frühen Ausgabe des anbrechenden Mittwochs: »Die Geiseln sind frei! Terroristen von Scharfschützen überlistet. Vier Araber sind tot. Auch ein Polizist musste sterben.« In Israel, schreibt Simon Reeve in *One Day in September*, stößt Ministerpräsidentin Golda Meir mit den Mitgliedern ihres engsten Zirkels an. Sie greift zum Telefonhörer und ruft einige der Verwandten der Geiseln an, um die gute Nachricht persönlich zu überbringen.

Nur eine weigert sich strikt, die gute Nachricht zu feiern: Ankie Spitzer. Zuhause bei ihrer Familie in den Niederlanden macht sich Erleichterung breit. Was für wunderbare Nachrichten, alle Israelis sind frei! Seid ihr euch sicher, fragt Ankie. Ja, der offizielle Sprecher der deutschen Regierung habe es gerade bestätigt. Ihr Vater steht mit einer Riesenflasche Champagner im Raum: »Lass uns trinken und warten, bis André zurückkommt.« Für den TV-Film *Der Olympia-Mord* erinnert sich Ankie an ihre Reaktion. Sie habe zu ihren Eltern an diesem frühen Mittwochmorgen gesagt: »Ich kann nicht feiern, bis ich Andrés Stimme gehört habe. Ich weiß genau, selbst wenn er verletzt ist, er wird mich als erstes anrufen. Also, bis ich ihn nicht persönlich gesprochen habe, gibt es keinen Champagner.« Ankie Spitzer wird warten. Jede halbe Stunde ruft sie nun bei Schmu'el Lalkin an, dem Delegationsleiter der israelischen Olympiamannschaft, selbst ein Überlebender der Geiselnahme. Den Anruf nach 3 Uhr muss sie nicht mehr machen. Das Fernsehen ist ihr zuvorgekommen. »Es war zu viel für uns«, sagt Lalkin in der Rückschau. »Gerade waren sie noch gerettet, und jetzt sind sie auf einmal tot.«

Alle neun verbliebenen Geiseln sind in Fürstenfeldbruck ums Leben gekommen. Nach den umfangreichen Erkenntnissen von Simon Reeve, erstmals veröffentlicht im Jahr 2000, hat sich der Tathergang mutmaßlich so zugetragen: Im östlich abgestellten Hubschrauber schoss ein Attentäter aus nächster Nähe auf die vier gefesselten Israelis. Drei starben, nur die Geisel David Berger überlebte zunächst mit Verletzungen an den Beinen – bevor der Terrorist aus dem Helikopter sprang und von außen eine Handgranate zurück in den Innenraum des Fluggeräts warf. Es kam zu einer gewaltigen Explosion. Der Hubschrauber brannte völlig aus. Ein weiterer Attentäter kletterte an Bord des zweiten, westlich positionierten Helikopters und eröffnete aus seiner Kalaschnikow das Feuer auf die fünf israelischen Insassen, darunter André Spitzer und Amitzur Shapira, der Trainer von Esther Schachamarow. Als Tatzeit vermerkt Reeve die Minuten nach Mitternacht, als das Gefecht bereits über eine Stunde andauerte. In anderen Darstellungen wird berichtet, dass die meisten Geiseln bereits zu Beginn der Schusswechsel getötet wurden und die Handgranate, die den ersten Hubschrauber zerstörte, erst am Ende des Gefechts eingesetzt worden sei. Man muss wissen: Auch fünf Jahrzehnte später sind noch nicht alle amtlichen Unterlagen zur Einsichtnahme freigegeben.

Viele erfahren vom Ausgang der Tragödie durch den internationalen TV-Marktführer ABC, die American Broadcasting Corporation. Im Münchener Studio spricht US-Moderator Jim McKay kurz vor halb vier morgens die Worte, die seitdem untrennbar mit diesem längsten Tag Olympias verbunden sind: »Als ich ein Kind war, hat mein Vater mir immer gesagt, dass unsere größten Hoffnungen und schlimmsten Ängste selten Realität werden. Heute Nacht wurden unsere schlimmsten Ängste Wahrheit – sie [die Geiseln] sind alle von uns gegangen.« *They're all gone.*

Nach 16 Stunden Direktübertragung vom Attentat beendet McKay die Berichterstattung. Er ist sichtlich ergriffen: »Es ist alles vorbei. Was wird aus diesen Olympischen Spielen werden? Keiner von uns weiß es. Ich habe nichts mehr zu sagen.«

*In der Antike waren die Olympischen Spiele eine
Zeit des Friedens. Diese Tradition konnte die
Moderne im Jahr 1972 nicht bewahren. Nach
dem Horror auf dem Flugplatz Fürstenfeldbruck
las man im »Stern«: »Wir sind im Krieg«. Nicht an
die Medaillen werde man sich erinnern, wenn das
Stichwort München fällt, sondern an die erste
politische Bluttat bei Olympia. In jenem Heft
veröffentlichte die Hamburger Zeitschrift elf Bilder
von den Hubschraubern, in denen die israelischen
Geiseln starben.*

TAG 12
Mittwoch, 6. September 1972

Um 5.38 Uhr geht die Sonne auf. Mit dem Licht des neuen Tages wird auf dem Flughafen Fürstenfeldbruck sichtbar, was die Nacht teilweise verborgen hat: die grausigen Überreste des »Massakers von München« *(Stern)*. Der »schlimmsten Nacht der Bundesrepublik« *(Spiegel)*. Aus der Vogelperspektive eines Fotografen sieht man im Morgengrauen, dass deutsche Sicherheitsbeamte einen Ring um zwei beschädigte Hubschrauber bilden. Die Explosion des Bundesgrenzschutz-Helikopters mit der Kennung D-HAQO hat riesige Flecken auf dem Flugfeld hinterlassen. Ein arabischer Terrorist hatte eine Handgranate zwischen die gefesselten Israelis geworfen. Der deutsche Pilot Gunnar Ebel und sein Co-Pilot konnten zuvor entfliehen und so dem Inferno entkommen. Hauptmann Ebel erlitt einen Lungendurchschuss, sein Kamerad blieb unverletzt, berichtet der *Stern*. Vom ausgebrannten Hubschrauber ist nur ein Gerippe übrig geblieben. Das Foto davon ist – nach dem vermummten Terroristen auf dem Balkon – das zweite Bild, das sich weltweit in die kollektive Erinnerung vom Attentat eingräbt.

Ein paar Meter entfernt, im zweiten Helikopter, sitzt am Morgen noch immer ein toter Israeli. Zurückgelehnt, die Hände gefesselt, erschossen. Es ist laut *Stern* der 44-jährige Josef Gutfreund, ein Ringkampf-Schiedsrichter. In den grauen Sitzpolstern markieren rote Pfeile der deutschen Ermittler die Einschüsse. Unter dem Fluggerät steht eine kleine weiße Tafel mit einer schwarzen »1«. Daneben liegt ein toter Terrorist, halbnackt. Er hat versucht, im Getümmel wegzurobben – und sich beim Fluchtversuch die Hose und das Hemd zerfetzt. Auch die deutsche Crew dieses Helikopters hat überlebt.

Sicherheitsexperte Ulrich Wegener, der später als westdeutsche Antwort auf das Olympia-Attentat die Anti-Terror-Einheit GSG 9 mitgründet, war ein paar Stunden zuvor Augen- und Ohrenzeuge im Tower von Fürstenfeldbruck. »Ich werde die Schreie der Israelis nie in meinem Leben vergessen«, sagt er. »Es war eine schwere Niederlage für die Bundesrepublik.«

Sein oberster Dienstherr, Innenminister Hans-Dietrich Genscher von der FDP, telefoniert in aller Frühe mit Bundeskanzler Willy Brandt und bietet seinen Rücktritt an. Er wolle auf diese Weise die Lage der Regierung erleichtern. Der Kanzler rät von der Demission ab. Brandt zieht den FDP-Außenminister Walter Scheel hinzu. Sie würdigen Genschers Erwägung und freuen sich vorerst über seine Bereitschaft zur weiteren Mitarbeit, heißt es in den persönlichen Notizen Brandts.

Aus dem Polizeibericht vom 6. September 1972: »Dem Terroranschlag auf die israelische Olympiamannschaft sind insgesamt 11 Israelis zum Opfer gefallen. Zwei wurden bereits bei dem Überfall auf das Quartier der Mannschaft im olympischen Dorf durch Schüsse getötet, neun Geiseln fanden am Flughafen Fürstenfeldbruck den Tod, wo die Terroristen einen Hubschrauber mit den Insassen in die Luft sprengten. Sämtliche Geiseln sind gefesselt gewesen.

Nach den bisherigen Ermittlungen ist das Attentat von acht Arabern verübt worden. Sie waren mit der gleichen Anzahl Maschinenpistolen russischer Herkunft sowie mehreren Handgranaten ausgerüstet. 5 der Araber sind am Flughafen Fürstenfeldbruck tot aufgefunden worden, 3 konnten festgenommen werden.

Während über die Persönlichkeit der toten Terroristen noch keinerlei Erkenntnisse bestehen, handelt es sich bei den Festgenommenen nach ihren Angaben um den 20-jähr. led. Abiturienten Ibrahim Badran, den 21-jähr. led. Studenten Abd es Kadir El Dnawy und den 22-jähr. led. Schüler Samer Mohamed Abdulah. Die Nationalität der Genannten ist noch unbekannt, sie wollen zuletzt in Jordanien und Syrien gelebt haben.«

Issa befindet sich unter den fünf toten Terroristen. Sein Vater Mohammad Massalha ist stolz auf ihn. »Er hat sein Leben geopfert für das Land, für die Welt, für Palästina«, gibt er später in einer Fernsehdokumentation zu Protokoll. Das Kalkül der Attentäter ist aufgegangen. Sie haben ihren blutigen Kampf in die Welt getragen – und auf der größtmöglichen Bühne zur Schau gestellt: den Olympischen Sommerspielen.

Etwa 26 Kilometer südöstlich von Fürstenfeldbruck, im Olympischen Dorf von München, wacht Esther Schachamarow auf. Ihre Kollegen haben ihr am Abend zuvor Schlaftabletten gegeben – damit sie heute ausgeruht im Halbfinale der 100 Meter Hürden dem Staat Israel Ehre machen kann. Sie ist die Vorzeigeathletin des jungen Staates.

Als die Läuferin in tiefen Schlaf fiel, waren die Geiseln auf dem Weg nach Fürstenfeldbruck. Mehr weiß sie nicht. Jetzt schaut sie in die Gesichter der Umstehenden. Keiner sagt etwas, weil niemand weiß, wie man es ihr sagen soll. »An ihren Blicken konnte ich bereits erkennen, dass es nicht gutgegangen war«, sagt Esther Schachamarow in der filmischen Aufarbeitung *Vom Traum zum Terror*. »Es war klar, dass wir sofort nach Hause fahren.« Beim Hürdenrennen im Stadion wird ein Startblock frei bleiben.

Viele erfahren erst am Morgen, was in der Nacht wirklich passiert ist. Der Fernsehjournalist Thilo Koch wird vom Telefon geweckt. Eine Kollegin ist dran. »Alle Geiseln sind tot«, sagt sie. »Die optimistischen Nachrichten waren unzutreffend.« Er möge bitte so früh wie möglich ins TV-Zentrum kommen. Dort sei eine Krisenredaktion eingerichtet.

Im Hauptquartier der deutschen Fernsehleute herrscht schlechte Stimmung. Das ZDF und die *Tagesschau*, der ganze Stolz der Nachrichtenmacher der ARD, haben nach Mitternacht die fehlerhaften Einschätzungen von Regierungssprecher Ahlers verbreitet. »Viele Leute legten sich beruhigt schlafen, um desto bestürzter heute früh die Wahrheit zu erfahren«, schreibt Koch in seinem Tagebuch *Piktogramm der Spiele*. »In aller Welt wirft man der deutschen Berichterstattung Leichtfertigkeit vor.«

Der TV-Pionier Thilo Koch hat vor neun Jahren, 1963, in einer der ersten internationalen Satellitenübertragungen von der Beisetzung des ermordeten US-Präsidenten John F. Kennedy berichtet. Jetzt wird er für den Kommentar der Trauerfeier im Olympiastadion eingeteilt. Sie beginnt um 10 Uhr. Gemeinsam mit seinem Kollegen Hans-Heinrich Isenbart, einem bekannten Reitsport-Reporter, macht er sich um halb acht auf den Weg. Sie gehen die zehn Minuten zum Stadion zu Fuß. Das Olympiagelände leuchtet im Sonnenschein.

Niemand weiß, ob die Olympischen Spiele weitergehen. Für Joachim Fuchsberger ist das ein besonderes Problem. Der Chefsprecher von München 72 hatte seinen Fokus auf die Abschlussfeier am Sonntag gelegt, jetzt muss er unerwartet eine Trauerfeier begleiten. Wie bei der Eröffnungsfeier wird wieder die ganze Welt zusehen und zuhören. Und sich abermals ein Bild machen von den Deutschen, die ihnen stolz ihr neues Land vorführen wollten. Diesmal mit anderen Vorzeichen.

Ungefähr zehn bis 15 Minuten benötigt Blacky Fuchsberger für die Treppen zur Sprecherkanzel unter dem Dach des Olympiastadions. Er muss jetzt schnell wissen, was los ist. »Es war eine große Entscheidungsnot«, so Fuchsberger. Der Chefsprecher läuft hinter allen her, die etwas zu sagen haben, um herauszufinden, was er während der Trauerfeier sagen soll. Er findet Willi Daume, den Mann, ohne den bisher bei München 72 kaum etwas entschieden wurde. Der folgende Dialog entstammt der Erinnerung Joachim Fuchsbergers.

Fuchsberger: »Herr Daume, was sage ich jetzt? Ich muss in zehn Minuten in meine Sprecherkabine. Sage ich, die Spiele sind beendet?«

Daume: »Gehen Sie rauf, Sie kriegen einen Zettel, auf dem steht, wie es weitergeht.«

Fuchsberger: »Aber Sie haben doch eine Sitzung mit Avery Brundage gehabt. Ist denn da nicht besprochen worden, ob die Spiele weitergehen, ob sie abgebrochen werden?«

Daume: »Ich weiß es nicht. Sie haben uns die Seele aus dem Leib geschossen, Blacky.«

Nie werde ich dabei sein Gesicht vergessen, sagt Fuchsberger. Er macht sich auf den Weg nach oben.

Ankie Spitzer schafft es gerade noch rechtzeitig. Nach der Nachricht vom Tod ihres Mannes hat die junge Witwe die Morgenstunden damit verbracht, einen Flug nach München zu organisieren. Der israelische Botschafter in Den Haag hat ihr einen Wagen für die Fahrt zum Flughafen geschickt. In München holt man sie nach der Ankunft am Airport ab. Trotzdem kommt sie beinahe zu spät.

Wenige Minuten vor Beginn der Trauerfeier rennt sie durch das Olympische Dorf in Richtung Stadion. Rechts und links des Weges trainieren Athleten für ihre Wettkämpfe. So schildert sie es in einem Buch. Sie findet das Bild surreal. »Ich laufe zu einer Trauerfeier. Elf Athleten sind ermordet worden, und diese Leute trainieren. Wie können sie jetzt Sport treiben? Ich verstehe das nicht!«

Das Münchener Olympiastadion ist bis auf den letzten Platz besetzt. Die Zuschauer wirken unsicher und erstarrt – als würde über ihren Köpfen die Frage schweben: Wie verhält man sich auf einer Trauerfeier bei Olympia? Von seinem Platz aus sieht Thilo Koch auf den umliegenden Hügeln Trauben von Menschen. Gegen die Rührung hat der Reporter ein kleines Fläschchen Hochprozentigen mitgebracht. Er nimmt einen kräftigen Schluck.

Zwei-, vielleicht dreitausend Olympiateilnehmer marschieren in den Innenraum zu den dort aufgestellten Klappstühlen. Koch bemerkt, dass sie ihre Eröffnungsuniformen tragen. Aber diesmal winkt niemand, keiner sagt ein Wort. Der Block der internationalen Athleten wird umrahmt von den Mitgliedern der bundesdeutschen Mannschaft in Hellblau, mit Trauerflor an den Jacketts. Die Sportler der arabischen Teams boykottieren die Gedenkfeier. Die Sowjets bleiben ebenso fern wie die Athleten der DDR, Ungarns und Rumäniens. Die Solidarität mit den Palästinensern hat politisch Vorrang zu genießen. In der Nähe der Weitsprunggrube hat sich das Orchester der Münchener Philharmoniker für eine Darbietung von Beethoven aufgebaut. In Erinnerung an die Opfer bleiben elf Klappstühle im Innenraum leer.

Nur drei Angehörige sind im Stadion. Neben Ankie Spitzer sind Mosche Weinbergs Mutter, die in der Nähe von München lebt, und seine Cousine gekommen, die als Touristin die Spiele besucht. Die Überlebenden des Attentats sind emotional am Ende ihrer Kräfte, sie können die Zeremonie kaum ertragen. Schaul Ladany, der ein Konzentrationslager der Nazis überlebte. Gad Tsabari, der immer noch die Badeschlappen trägt, die ihm ein deutscher Polizist gestern gab, nachdem er barfuß vor den Geiselnehmern geflüchtet war. Esther Schachamarow, die irgendwann zu weinen beginnt und bis zum Ende der Veranstaltung nicht mehr damit aufhört, wie ein Zeitungsreporter notiert. Die Flaggen sind auf halbmast, beobachtet Thilo Koch, aber das olympische Feuer brennt noch. Wird es erlöschen?

Zuerst spricht Willi Daume, der Erfinder von München 72. Er spricht vom »schönen großen Fest«, in das die Attentäter eingebrochen seien. Nach der Hälfte seiner Rede linst er nach links, als wolle er sich bei irgendjemandem vergewissern, dass er auf dem richtigen Weg ist. Der deutsche Olympiachef beschreibt die Bluttaten als »unreife Rasereien«, ein merkwürdig deplatzierter Begriff.

Willi Daume ist fix und fertig. »Sein Gesicht war nach dem Attentat wie erloschen«, sagt seine Sekretärin. »Das hat er als persönliche Niederlage empfunden. Er hat es ja als seine Spiele gesehen. Es war so, als ob man ihm selbst etwas angetan hätte.«

Alle Augen richten sich nun auf Schmu'el Lalkin, den Chef de Mission der israelischen Olympiamannschaft. Was er hier vor vielen Millionen Fernsehzuschauern sagt, wird in aller Welt aufmerksam gehört werden. Bei den Organisatoren, die weitermachen oder abbrechen werden. Bei den Athleten, die jahrelang auf die olympischen Wettkämpfe hingearbeitet haben. Bei den Zuschauern in Deutschland und im Ausland. Und bei den Angehörigen, die um ihre Liebsten trauern. Nur zwei Sätze braucht er, bis er zu den Namen seiner getöteten Landsleute kommt. Er zählt sie auf, einen nach dem anderen, hebt sie aus dem Opferkollektiv der Medienberichte, macht sie persönlich sichtbar.

Es ist ein würdevoller und ein fürchterlicher Moment.

Die Achtzigtausend im Stadion stehen auf.

Berger, David.

Halfin, Eli'eser.

Friedman, Se'ew.

Gutfreund, Josef.

Schorr, Kehat.

Romano, Josef.

Shapira, Amitzur.

Slavin, Mark.

Spitzer, André.

Springer, Jaakov.

Weinberg, Mosche.*

Für die Reihenfolge der Namen existieren abweichende Überlieferungen. Die Schreibweise der Namen folgt den Empfehlungen von Professor Ittai Tamari.

»Dem Krisenstab der Polizei, dem Grenzschutz und den Sicherheitsorganen gebührt unsere Anerkennung«, sagt Lalkin. Keine Spur von Hass und Rache, keine Kritik an den dilettantischen Sicherheitskräften der Bundesrepublik. Er dankt den Organisatoren, dass sie die Spiele unterbrochen haben. Es ist eine nahezu übermenschliche Leistung des Verzeihens. Von einem Mann, der den Anschlag am Tag zuvor selbst nur knapp überlebt hat.

Gegen Ende seiner Rede weist Schmu'el Lalkin diesem Tag die Richtung. Israelische Sportler werden, so kündigt er an, in Zukunft weiterhin an Olympischen Spielen teilnehmen. Im Oval brandet Beifall auf, erstmals an diesem Vormittag. Für München 72 gilt das Bekenntnis nicht – die jüdischen Sportler werden jetzt aus Deutschland abreisen. »In tiefer Erschütterung verlässt die israelische Delegation diesen Ort. Wir danken allen für die uns erwiesene Solidarität«, lauten Lalkins letzte Worte im Stadion. »Alle weinten, es war wirklich schwierig, dort zu stehen«, bekennt er, an diesem Tag und an diesem Ort ein David und ein Goliath zugleich.

Der Präsident des Internationalen Olympischen Komitees, Avery Brundage, nimmt seinen Platz vor den zwei grau-schwarzen Mikrofonen ein. Was wird aus München 72, aus dem deutschen Sommer? »Wir haben der Entscheidung entgegengezittert«, sagt Blacky Fuchsberger nachher. »Nach ihm würde ja niemand kommen, der ihn überstimmt.« Es ist das zweite Mal, dass der greise Amerikaner über Olympische Sommerspiele auf deutschem Boden richtet. Um Brundage zu verstehen, muss man erst einmal zurückgehen – zu Olympia 1936 im Berlin des »Dritten Reichs«.

Als Deutschland im Jahr 1931 den Zuschlag für die Spiele erhält, ist das Land noch demokratisch. Zwei Jahre später kommen die Nazis an die Macht. Sie verlieren keine Zeit, sondern machen sich umgehend daran, das politische System von Weimar in eine Diktatur zu überführen und ihre Weltanschauung, allen voran den Antisemitismus, zur Staatsideologie zu erheben. Auch im Sport. Juden werden in etlichen Kommunen aus den Schwimmvereinen ausgeschlossen, im schlesischen Breslau dürfen sie nicht einmal mehr als Rettungsschwimmer tätig sein. Auch Turnverbände sowie Skivereine sind für Juden vielerorts bald tabu. Tennisklubs werden für »judenfrei« erklärt. Der jüdische Weltklassespieler Daniel Prenn darf nicht mehr für das deutsche Daviscup-Team antreten. Im Oktober 1933 wird ein jüdischer Sportverband für illegal erklärt. Sein Besitz wird umgehend beschlagnahmt.

Das IOC fordert Adolf Hitler und seine Regierung auf, allen Rassen und Konfessionen freien Zugang zu den Spielen zu gewähren. Dies geböten die olympischen Regeln. Deutschlands »Führer« geht zumindest dem Anschein nach darauf ein. Trotz Hitlers Lippenbekenntnissen nimmt der Druck zu, Olympia 1936 in Berlin zu boykottieren. Dies gilt insbesondere für die USA und Großbritannien. In den Vereinigten Staaten rufen mehr als 40 Präsidenten von Universitäten und Colleges dazu auf, den Spielen in Deutschland fernzubleiben. Bekannte Politiker, darunter Gouverneure, Senatoren und der Bürgermeister von New York, stimmen in die Forderungen ein, sich von den Berliner Spielen zurückzuziehen. »Es gab einen Mount Everest an Beweisen für Diskriminierung, den man nicht ignorieren konnte«, analysiert Robert Weisbord in seiner Untersuchung *Racism and the Olympics*.

Was dann passiert, beschreibt Oliver Hilmes in seinem exzellenten Buch *Berlin 1936*: »Als der öffentliche Druck in den USA immer größer wird, entsendet das Amerikanische Olympische Komitee im Herbst 1934 eine Untersuchungskommission nach Berlin, die die Lage der jüdischen Sportler im Reich begutachten soll. Dieses Gremium besteht genau aus einer Person: Avery Brundage, ehemaliger Zehnkämpfer, der es als Bauunternehmer zu einem Milliardenvermögen gebracht hat und nun als Präsident des AOC wirkt.« Der Funktionär des Amerikanischen Olympischen Komitees bleibt, so führt Hilmes aus, eine knappe Woche in der deutschen Reichshauptstadt und besucht das zukünftige Olympiagelände sowie verschiedene Museen. Die wenigen Male, die er Vertreter des jüdischen Sports trifft, hat er kaum Zeit – und wird in der Regel von Nazis begleitet. Als ein jüdischer Gesprächspartner ausführt, dass Juden nicht Mitglied eines deutschen Sportvereins sein könnten, antwortet Brundage: »In meinem Club in Chicago haben Juden ebenfalls keinen Zugang.«

Für ihn ist die Sache damit erledigt. »Nach seiner Rückkehr erklärt Mister Brundage wahrheitswidrig, dass die deutschen Juden mit ihrer sportlichen Situation zufrieden seien«, schreibt Hilmes. Der Amerikaner empfiehlt seinen Kollegen, an den Olympischen Spielen 1936 in Nazi-Deutschland teilzunehmen. Anders ausgedrückt: *Olympia über alles*. Oder noch anders: *We must go to the games*. Avery Brundage boykottiert den Boykott.

36 Jahre nach 1936 steht Avery Brundage in einem neuen deutschen Olympiastadion, wenige Stunden nachdem Juden auf deutschem Boden ermordet worden sind. Für andere wäre es eine schwierige Abwägung, ein Drahtseilakt, für Brundage scheint die Entscheidung alternativlos. Er ruft in das Olympiastadion von München: »Die Spiele müssen fortgesetzt werden, wir müssen in unseren Bemühungen fortfahren, sie rein und ehrlich zu erhalten. Wir erklären hiermit den heutigen Tag zum Trauertag und werden alle Veranstaltungen – wie vorgesehen – einen Tag später fortführen.«

The games must go on, sagt er auf Englisch.

Oben in seiner Kanzel hört Blacky Fuchsberger den »Aufschrei der Erlösung« im weiten Rund, die Beobachter notieren »jubelnden Applaus«. Der Chefsprecher sagt: »Die meisten Menschen waren damit einverstanden.« TV-Mann Thilo Koch verortet den stärksten Beifall bei den versammelten Sportlern im Innenraum. Für ihn ist das nachvollziehbar: »Denn sie haben jahrelang trainiert und wollen in ihrer großen Mehrheit nun auch den Lohn des Fleißes ernten.«

Die Reporter der *Abendzeitung* fassen zusammen: »Jetzt war es raus. Die Spiele gehen weiter. Jeder im Stadion wußte, daß die heiteren Spiele beendet sind, aber die Olympischen Wettkämpfe weitergehen.«

Ankie Spitzer kann nicht glauben, was sie soeben gehört hat. Für die Angehörigen ist die Erklärung von Brundage ein Schlag ins Gesicht. »Dieser Typ steht da oben und verkündet: Die Spiele müssen weitergehen! Da dachte ich nur, ich muss was tun, ich muss aufspringen und protestieren. Aber da waren fast 100 000 Leute im Stadion. Wie kann er nur so was sagen?«

Während sich das Stadion langsam leert, beendet Thilo Koch seinen Live-Kommentar im deutschen Fernsehen. »Es ist den Terroristen nicht gelungen, das olympische Feuer auszutreten. Es brennt weiter hier über dem Stadion. Die Flaggen sind auf halbmast. Eines Tages werden sie wieder an der Spitze ihrer Masten wehen. Nicht zuletzt hat das die besonnene, friedfertige Haltung der Israelis ermöglicht.«

Willi Daume steht anschließend für ein Interview mit Koch bereit. Die Entscheidung, die Spiele fortzuführen, sagt der Chef des Organisationskomitees, sei kurz vor der Trauerfeier gefallen, gegen 9 Uhr. Habe er dafür gestimmt? Er habe sich an der Abstimmung nicht beteiligt, antwortet der

Funktionär müde. Manche Insider wollen wissen, dass die Entscheidung schon nachts fiel und Daume in Wirklichkeit dagegen war, mindestens aber Zweifel erkennen ließ, ob man weitermachen soll. Nach außen stellt sich der diplomatische Stratege Willi Daume, Mitglied des Internationalen Olympischen Komitees, mit den letzten Resten seiner Energie hinter den einstimmigen IOC-Beschluss. Später, als er seine PR-Sprache wieder gefunden hat, findet er eine wohlklingende Formel: Man hätte den Terroristen nicht erlauben dürfen, auch die Spiele zu ermorden.

In Niederbayern fällt der große Empfang für den deutschen Goldschützen Conny Wirnhier aus. »Ich habe heute Morgen in Pfarrkirchen angerufen und sämtliche geplanten Siegesfeiern abgeblasen«, erzählt der Sportler einem Reporter am Rande der Trauerfeier. »Ich kann doch jetzt nicht mehr im Triumphzug und mit erhobenen Händen daheim vorbeifahren.« Als Conny vor einigen Tagen die Goldmedaille holte, verwandelte sich seine Heimatstadt spontan in ein Fahnenmeer. Jetzt wehen die Flaggen auf dem Stadtplatz auf halbmast. »Alle Vereine und Verbände wurden verständigt, dass der Autokorso nicht stattfindet«, heißt es in der örtlichen Zeitung. Die große und offizielle Ehrung des Olympiasiegers in der Stadthalle soll zu einem späteren Zeitpunkt stattfinden.

Der Speerwerfer Klaus Wolfermann sortiert seinen umjubelten Olympiasieg nach dem Attentat neu ein. Seinem »goldenen Sonntag« folgten ein düsterer Dienstag und ein Mittwoch der Trauer. Er schleicht nach der Gedenkzeremonie bedrückt aus dem Stadion. »Auf dem Glanz meiner Goldenen liegt ein Schatten. Meine zunächst unbeschreibliche Freude bekam einen Dämpfer«, wird er zitiert.

Manchem deutschen Sporthelden verrutschen unter dem Eindruck der blutigen Ereignisse die Worte. So gerät das gut gemeinte Statement von Bernd Kannenberg, Olympiasieger im Gehen, fast unfreiwillig komisch: »Ich habe mindestens drei Minuten gebraucht, bis ich die schreckliche Nachricht verarbeitet habe.«

Eines eint diese drei deutschen Goldmedaillengewinner: Sie begrüßen die Fortsetzung der Spiele – genauso wie Ulrike Meyfarth. Der IOC-Präsident Avery Brundage habe recht, findet die junge Olympiasiegerin. »Ich stehe voll dahinter, dass man diesem Geschehen nicht nachgeben darf.«

Das Meinungsbild in der Olympiamannschaft der Bundesrepublik fällt gemischt aus. Einer der lautesten Kritiker ist der Fußballer Uli Hoeneß. »Das ist doch einfach unmöglich«, empört er sich gegenüber Medienvertretern. Der Star des FC Bayern ist mit Trauerflor am Revers zur Gedenkfeier gekommen. »Man kann doch nicht zuerst um ermordete Menschen weinen und dann wieder in Jubel ausbrechen. Nach dieser ungeheuerlichen Tragödie ist es ein Unding, noch um Medaillen zu kämpfen.« Bereits in acht Stunden sollen die Kicker der bundesdeutschen Auswahl ihr am Tag zuvor kurzfristig abgesagtes Spiel gegen Ungarn im Olympiastadion nachholen. Tore statt Trauer. *The games must go on.* »Das spielt doch keine Rolle mehr«, schimpft Hoeneß an diesem Mittwoch. Sein Trainer Jupp Derwall bemerkt: »Die Burschen sind total erledigt.«

Im Interview zu diesem Buch erzählt Hoeneß, was nur wenige mitbekommen haben. »Nach dem Attentat habe ich Derwall gebeten, das Dorf verlassen zu dürfen. Ich hatte panische Angst.« Seine Verlobte und spätere Ehefrau Susi habe ihn im Olympischen Dorf abgeholt und ihn in die gemeinsame Wohnung in München-Trudering gebracht. »Meine große Sorge war, dass noch etwas passiert.«

Der Basketballer Holger Geschwindner teilt nach der Trauerfeier die kritische Haltung des Fußballers. »Wer kann bei diesen Spielen jetzt noch einem Sieger zujubeln?« Seine Mannschaft musste gegen Australien auf das Parkett – während die Geiselnahme lief. »Eine üble Nummer«, findet er. Noch beim Aufwärmen habe niemand gewusst, berichtet er im Interview zu diesem Buch, ob überhaupt angepfiffen werde. Man habe die Partie »ruckzuck abgewickelt, das war so deprimierend. Keiner wollte mehr spielen.« Den Rest der Olympischen Spiele, so Geschwindners Eindruck am Tag der Trauer, könne man getrost abhaken.

Einige Athleten reisen ab. Der niederländische Ringer Bert Kops hat viel Zeit mit den israelischen Kollegen Eli'eser Halfin und Mark Slavin verbracht. Aus Kämpfern wurden Freunde. Jetzt sind beide tot. Kops, kreidebleich und übernächtigt, wendet sich an seinen Delegationschef: »Ich kann hier nicht weitermachen.« Ihm schließen sich zwei Mitglieder des holländischen Hockeyteams, sieben Handballer, ein Fechter sowie die Leichtathleten Jos Hermens und Wilma van Gool an. Die 200-Meter-Läuferin van Gool hat im Frauendorf gewohnt, unweit der Connollystraße 31. »Wir haben ihnen geholfen, zu packen«, erklärt der Direktor des niederländischen Olympischen Komitees gegenüber der *Abendzeitung*.

Die Reporterin Ingeborg Münzing berichtet in einem Artikel mit der Überschrift »Der Schmerz ist zu groß« von weiteren Abreisen. »Inzwischen ist auch bei einigen Olympia-Hostessen, die Entscheidung, die Spiele fortzuführen, auf heftige Kritik gestoßen«, schreibt sie. Sie könnten so nicht weitermachen – und geben ihr Dirndl zurück. Eine davon ist Roswitha, die Schwester von Detlev Mahnert, dem Stadionsprecher aus dem Ruhrgebiet. »Für uns war es keine Frage, wir konnten nicht bleiben«, sagt sie in einer Dokumentation der *Süddeutschen Zeitung*. Die jungen Hostessen gehen zum Einsatzbüro und geben ihre Sachen ab. Die Entscheidung wurde nicht kommentiert, erinnert sich Roswitha, weder positiv noch negativ.

Die Leitung der bundesdeutschen Mannschaft überlässt es ihren Mitgliedern, ob sie sich weiter an den Wettbewerben beteiligen oder lieber abreisen. So melden es die Radionachrichten, so bestätigt es der Chef der bundesdeutschen Mannschaft, Joseph Nöcker, einer Zeitung: Niemand werde verurteilt, wenn er sich mit den israelischen Teilnehmern solidarisch erkläre und einem Start fernbleibe. Einer nimmt das Angebot umgehend an. Und bereut es später.

Wenn der Olympiasieger im 100-Meter-Lauf den inoffiziellen Beinamen »schnellster Mann der Welt« trägt, dann ist Manfred Ommer der schnellste Mann in der Bundesrepublik. Er ist 1972 der amtierende Deutsche Meister über diese Distanz. Der Sprinter kommt aus Radevormwald im Bergischen Land, so wie Deutschlands Star Heide Rosendahl. »Die Heide war der Auslöser, dass ich überhaupt zur Leichtathletik gekommen bin. Als sie das erste Mal Deutsche Meisterin wurde, musste ich einfach in den Verein gehen.« Später ist er gelegentlich ihr Trainingspartner.

Olympia als Ereignis habe ihn schon immer fasziniert. In München wird aus dem Traum Wirklichkeit. Die ersten Tage läuft Manfred Ommer staunend durch das Olympische Dorf, trifft auf berühmte Weltrekordler aus anderen Disziplinen, genießt die vielen Freizeitmöglichkeiten. Er freut sich über das Gold von Heide Rosendahl und Ulrike Meyfarth. So eine lockere Atmosphäre, so etwas Ungezwungenes, findet er, habe er bei Wettkämpfen noch nie erlebt. Bis zum Attentat.

Ommer war am Morgen bei der Trauerfeier im Stadion. Er hat den Satz gehört: *The games must go on.* Das kann nicht sein, denkt er. In einem TV-Interview beschreibt er später seine Haltung so: »Für mich war es nicht akzeptabel zu sagen, wir machen jetzt eine Trauerfeier, und dann spielt wieder Bulgarien gegen Rumänien.« Nachdrücklich fährt er fort: »Für mich war es absurd, dass wir morgen weitermachen und wir dann auf die Anzeigetafel bei Bahn 7 schreiben: Nicht am Start. Und alle wissen, im Hubschrauber in Fürstenfeldbruck war die Karriere zu Ende. Das war für mich unvorstellbar.« Ommers Beschreibungen stammen aus dem Interview zur Fernsehdokumentation *Der Olympia-Mord* sowie weiteren TV-Auftritten.

Der 21-Jährige informiert nach der Trauerfeier ein Mitglied des Trainerstabs: Ich reise ab. Er ist zunächst der einzige Deutsche, der diesen Schritt geht. Die Entscheidung spricht sich schnell herum. Die ersten Reaktionen reichen von »Du bist verrückt« bis zu »Das geht nicht«. Erst kommen die Mannschaftskollegen, dann die Funktionäre und schließlich der Druck. Ihm werden die Konsequenzen bedeutet: Streichung der Sporthilfe, Wegfall der finanziellen Unterstützung. Ommer: »Für einen kleinen Studenten wie mich war das damals schon viel Geld, weil ich im A-Kader war.«

Die westdeutsche 4 x 100-Meter-Staffel macht sich Hoffnungen auf eine Medaille – und Manfred Ommer ist der beste 100-Meter-Läufer des Landes. Ob das »Kameradenschwein« denn nicht an die anderen denke? »Die Reaktionen waren negativ, auf Verständnis bin ich nicht gestoßen«, erinnert sich Ommer. Der Olympiateilnehmer packt im Dorf die Koffer. Niemand ruft ihm ein Taxi, niemand bestellt ihm ein Ticket. Stunden nach der Trauerfeier reist der Leichtathlet aus München ab. Es wird einsam um ihn. Zuhause schließt er sich ein. Den Fernseher lässt er zunächst aus – und macht ihn dann doch ein paarmal kurz an. Jede Minute Gucken ist eine Quälerei. Ommer kommt ins Grübeln. Im Laufe der nächsten Jahre reift in ihm langsam die Erkenntnis, dass die Entscheidung vielleicht falsch war. Auf einer Reise nach Israel trifft er dann viele Menschen, die ihm sagen: Es war völlig richtig, dass es weiterging. In einem Interview vier Jahrzehnte später bezeichnet Manfred Ommer seine Abreise schließlich als »Fehlentscheidung«.

Im Schatten des prominenten Leichtathleten verlässt noch ein zweiter westdeutscher Teilnehmer die Spiele: Klaus-Dieter Buschle, ein wenig bekannter Volleyballer vom TSV München 1860, »in dem die Entscheidung langsamer reift«, so die Autoren Deininger und Ritzer. Im Zuge von Ommers Abreise geht das allerdings unter. Die deutsche Staffel holt bei München 72 vier Tage später ohne Ommer überraschend Bronze. Was wäre wohl erst drin gewesen mit dem schnellsten Mann Deutschlands?

Auch Ommers Vorbild Heide Rosendahl hat das Olympische Dorf verlassen. Sie fährt aber nicht nach Hause, sondern geht ins Hotel. Das bundesdeutsche Gesicht dieser Spiele steht im Fadenkreuz von Unbekannten.

Nach dem Attentat sind bei der Verbandsstelle Leichtathletik Morddrohungen gegen Heide eingegangen. »Man konnte das gar nicht richtig beurteilen in dieser Situation«, sagt sie im Interview zu diesem Buch. Ihr Freund John ist inzwischen nach München gekommen. In diesen turbulenten Tagen gehen die Verantwortlichen lieber auf Nummer sicher: Sie verstecken das Paar in einem Münchener Hotel. Nur zwei Leute im Verband wissen, wo die Athletin sich aufhält. Sie holen sie mit dem Auto zum Staffeltraining ab. Am Sonntag wird die westdeutsche 4x100-Meter-Mannschaft im Finale erwartet. Rosendahl bemüht sich angesichts der angespannten Lage demonstrativ um Gelassenheit: »Ich war entsetzt über das, was da passiert war. Aber ich habe nicht geglaubt, dass die mich treffen könnten. Wir waren eher in Sorge, wie es den israelischen Freunden jetzt geht.«

The games must go on. Und das tun sie bereits an diesem Mittwoch. Dem Tag der Trauerfeier. Einer der ersten Wettkämpfe ist am Nachmittag das Handballspiel zwischen Rumänien und Ungarn. Der Eintritt ist frei. Beinahe wäre es ausgefallen. 30 Minuten vor dem Anpfiff, notiert der US-Autor David Clay Large, geht eine Bombendrohung ein. Die Polizei sperrt die Halle ab und durchsucht des Gelände. Die Beamten finden nichts. Rumänien siegt 20 : 14. Der *Spiegel* kommentiert: »Das dezimierte Olympia ging über Leichen zur Tagesordnung über.«

Im Olympischen Dorf drehen sich heute bereits wieder 16 von 17 Plattentellern, und der eine bleibt nur stumm, »weil die dazugehörigen Kopfhörer nicht funktionieren«, heißt es in einer Münchener Zeitung. Die Jugend der Welt besetzt die Tischtennisplatten und die Riesenschachfelder. Beim Billard gibt es keinen freien Tisch. Später, so erzählen einige, wird in der Disco wieder getanzt. Ein Reporter berichtet vom Tatort: »Vor dem Haus in der Connollystraße knipsen Schaulustige nun Blumen und den Kranz, den der Dorfbürgermeister dort niederlegte.« Gleich daneben auf der Treppe, über die gestern die Terroristen ihre Geiseln abführten, stünden ein paar Leute und diskutierten. Über das Attentat? Nein, über einen Boxkampf vom selben Abend. Zum gleichzeitig ausgetragenen Fußballspiel zwischen Deutschland und Ungarn kommen an diesem Mittwochabend 80 000 Zuschauer ins Olympiastadion, »viele mit Trompeten, Glocken, lärmendem Fastnachtskram«, so der *Spiegel*.

Hinter dem Stadion ist Schluss mit lustig. Die Spielstraße wird geschlossen. Einheimische wie Besucher hatten das Künstlerareal in den Olympiatagen lieb gewonnen. Für etliche von ihnen bildete die einzigartige Mischung aus Volksfest und Theater, aus Gaudi und Abenteuerspielplatz ihre persönliche Olympia-Erfahrung ab. An diesem ganz besonderen Ort waren es Spiele für alle. Hier greifen die Organisatoren von München 72 nun strikt durch. »Kurzerhand per Telefon und ohne Diskussion hat man das alles beendet«, klagt Werner Ruhnau, der Leiter der Spielstraße. Einspruch sei zwecklos.

Die Sportspiele gingen trotz der Leichen weiter, heißt es auf einer hastig einberufenen Pressekonferenz der Kreativen, aber das Alibi der heiteren Olympiade in der Spielstraße passe nicht mehr ins Bild. Im *Spiegel* greift Peter Brügge den Begriff auf: Die Spielstraße war erst kulturelles Alibi der Athletik und am Ende das Alibi der Pietät. Die Gruppe eines japanischen Künstlers verbrennt aus Protest ihren großen Vogel, den Phönix, auf der Bühne des Theatron. Den Tränen nahe packen manche Kreative die Überreste ihrer Arbeit ein. Ein Pantomime schreibt zum Abschied an eine Bruchwand: »Wir wollen nicht mehr mit Euch spielen.«

Aus den Manuskripten der Radionachrichten des Bayerischen Rundfunks vom Tage: »Die israelische Olympia-Delegation wird München morgen vormittag mit einer Maschine der Luftfahrt-Gesellschaft ›El Al‹ verlassen. Vor dem Abflug fordert die Tragödie von München an diesem Mittwoch noch ein weiteres jüdisches Todesopfer. Wie jetzt bekannt wird, hat Carmel Eliash, Bürgermeister der israelischen Stadt Tirat Carmel, auf der Ehrentribüne bei der Trauerfeier einen Herzinfarkt erlitten.« Er stirbt in seinem Sitz. Eliash war erst 40 Jahre alt und galt als fit. »Es war alles zu viel für ihn«, schreibt ein Berichterstatter.

*Bereits bei den Olympischen Spielen in Tokio 1964
benutzten die Organisatoren Bildzeichen, um Sportarten zu symbolisieren. Otl Aicher entwickelte die
Idee weiter und schuf mit der reduzierten Form des
Piktogramms einen kommunikativen Standard,
der weltweit verstanden wird, egal welche Sprache
man spricht. Mit wenigen Strichen wird das
Typische jeder einzelnen Sportart ins Bild gesetzt.
(© 1976 by ERCO, www.otl-aicher-piktogramme.de)
Als die Spiele nach dem Attentat fortgesetzt werden,
sorgt die Leichtathletik schon bald für politische
Schlagzeilen.*

TAG 13

Donnerstag, 7. September 1972

Die Unbekannten lassen Verwüstung und Zerstörung zurück. Und Fassungslosigkeit, zum zweiten Mal innerhalb von 24 Stunden. Das alles passiert mitten in der Bundesrepublik, während die Welt zu Gast ist.

Seit dem Olympia-Attentat werden jüdische Einrichtungen im ganzen Bundesgebiet verstärkt bewacht. Die Grabschänder auf dem Alten jüdischen Friedhof in Frankfurt am Main hält trotzdem niemand auf. Nach Mitteilung des örtlichen Polizeipräsidiums werden an diesem Donnerstag – wie bereits am Vortag – wieder rund 50 der teilweise über 200 Jahre alten Grabmäler umgestürzt oder zerschlagen, darunter auch Gedenksteine auf Kindergräbern. Darüber berichten mehrere Nachrichtenagenturen.

Die Polizei habe zwar, so eine Tickermeldung von Associated Press (AP), ihre Anstrengungen intensiviert, aber für eine »sichere bewachung« der Anlage hätte mindestens eine Hundertschaft der Polizei bereitgestellt werden müssen. Schließlich sei die »ehrwuerdige staette mehrere hektar gross«. Verdachtsmomente gegen einen bestimmten Personenkreis lägen den Beamten nicht vor. Immerhin, so wird vermeldet, sei es zuvor mehrfach gelungen, spielende Kinder vom Gelände zu vertreiben.

Die jüdische Gemeinde in Frankfurt erklärt an diesem Donnerstag, sie halte den zeitlichen Zusammenhang der Zerstörungen der Gräber mit den Ereignissen in München »nicht für zufällig«. Die Olympiamorde von München und Fürstenfeldbruck sind keine zwei Tage her.

»Elf Särge verlassen Olympia«, titelt die *Abendzeitung* an diesem Donnerstag. »Heute kehren die toten Israelis in ihre Heimat zurück.« Ein Deutscher wird sie begleiten: Hans-Jochen Vogel, der als Oberbürgermeister half, die Spiele nach München zu holen, und aktuell Vizepräsident des Organisationskomitees ist. Er wurde gebeten, diese schwierige Mission zu übernehmen.

Vor dem Abflug spricht ein Rabbiner im Schutze bewaffneter Polizeibeamter auf dem Flugplatz Riem die Totengebete. Bundesaußenminister Walter Scheel erweist den Opfern die letzte Ehre. Die Überlebenden gehen die Gangway hoch und nehmen ihre Plätze ein. »Wir sitzen im Flugzeug«, erinnert sich die Hürdenläuferin Esther Schachamarow später in einer TV-Dokumentation, »und ich weiß: Mein Trainer liegt unter mir.« Der Sarg ihres Coaches Amitzur Shapira lagert zusammen mit neun anderen im Bauch der Maschine. Ein weiteres Opfer, David Berger, wird mit einem Jet der US-Luftwaffe zu seiner Familie in die Vereinigten Staaten gebracht. Der amerikanische Präsident Richard Nixon hat das Flugzeug nach München geschickt.

Auch Ankie Spitzer ist an Bord der El-Al-Boeing nach Tel Aviv. Direkt nach der Trauerfeier hatte sie darauf bestanden, das Zimmer im Olympischen Dorf zu sehen, in dem ihr Mann André und die anderen von den Terroristen gefangen gehalten wurden. »Ankie, geh da nicht hoch!«, hatte man ihr dringend geraten. Vergeblich. Der Anblick war grauenhaft: Blut überall, Essen lag herum. Man hatte ihnen nicht erlaubt, auf die Toilette zu gehen. In der Wand vier riesige Löcher der Kugeln, die den Ringer Josef Romano getötet hatten. Der Raum war ein einziges Chaos. In der Luft hing der Geruch »von Tod und Terror«. Noch an Ort und Stelle schwört Ankie Spitzer, dass sie nicht ruhen werde, bis eine Wiedergutmachung für diese Morde erfolgt sei. Bis sie diejenigen zur Rechenschaft gezogen hat, die den Ausgang der Geiselnahme zu verantworten haben.

Das Flugzeug kommt um Viertel vor zwölf auf dem Flughafen Lod an. Es ist ein heißer Tag, die Geschäfte sind geschlossen, draußen auf See ertönen zum Gedenken die Hörner der Schiffe. Die Trauerfeier findet direkt am Flughafen statt, weil die Opfer nach jüdischem Ritual vor dem morgigen Sabbat beigesetzt sein und einige von ihnen noch in den Norden des Landes gebracht werden müssen. Hans-Jochen Vogel aus München ist dabei, »als 10 000 Israelis den Toten auf dem Flugfeld von Tel Aviv den letzten Willkommensgruß« entbieten. Der deutsche Vertreter notiert in seinem Bericht: »In diesem Augenblick, an diesem 7. September in Lod, gehörten die heiteren Spiele endgültig der Vergangenheit an.«

Vogel erlebt, so beschreibt er es, »herzzerreißende Szenen«. Die Überlebenden des Attentats fühlen sich schuldig: Sie kommen heil nach Hause, ihre Kollegen in Särgen. Der israelische Fahnenträger der Eröffnungsfeier, Henry Hershkowitz, ringt nach der Ankunft in Tel Aviv so sehr mit sich, dass er nach einer kurzen Umarmung die eigene Ehefrau erst einmal wegschickt. Eine Frage begleitet fortan etliche Mitglieder der israelischen Olympiadelegation von 1972: Warum darf ich am Leben sein?

Auf dem Flugfeld sieht Hans-Jochen Vogel, wie Angehörige über den Särgen der Toten weinen; hört die Totenklagen des Rabbiners und die Klänge des jüdischen Schofarhorns; folgt den Ausführungen des stellvertretenden Ministerpräsidenten Jigal Allon. Wer das alles erlebt hat, sagt der Gast aus Deutschland, »der hat jeden Sinn für die Heiterkeit verloren«. Im Hintergrund erkennt er die Halle, bei der im Mai 1972 mehr als 20 Menschen einem Anschlag von Terroristen zum Opfer fielen. Für Vogel, Jahrgang 1926, verstärkt sich dadurch der Eindruck dieses Tages noch. »Für mich war es erschütternd, in Tel Aviv an den Särgen von jüdischen Menschen zu stehen, die in Deutschland ermordet worden waren.« Und Hoffnung, gibt es inmitten dieser Düsternis irgendwelche Hoffnung? Ja, sagt Vogel, das Verhältnis zwischen Israelis und Deutschen sei intakt.

Erleichtert stellt der Abgesandte vor Ort fest, dass keiner einen Vorwurf gegen München oder die Bundesrepublik erhebt. Niemand beschwört die Vergangenheit. Die Äußerung eines israelischen Politikers, dass München künftig wieder in der Nähe von Dachau liege, bleibt eine Ausnahme. Stattdessen fragen viele den Gast aus München nach dem toten deutschen Polizeibeamten, der auf dem Tower in Fürstenfeldbruck erschossen wurde, und nach dessen Angehörigen. Für Hans-Jochen Vogel ist die Solidarität der beiden Völker die Kernbotschaft von Lod. Abends erstattet er dem Bundeskanzler telefonisch Bericht.

Die Witwe Ilona Romano nimmt heute eine andere Botschaft mit. Die Ankunft des Flugzeugs und die Beisetzung ihres Mannes Josef Romano – dem Ringer, der als zweiter Israeli bereits im Olympischen Dorf ermordet wurde – übersteht die Mutter von drei Töchtern nur mit Beruhigungsmitteln. Es ist eine Tragödie für die ganze Familie. Die Mutter des getöteten Josef und einer seiner Brüder begehen in den nächsten Jahren Selbstmord.

Ilona Romano und Ankie Spitzer sind junge Witwen mit kleinen Kindern. In den Jahrzehnten danach werden sie die führenden Kräfte der Aufklärung sein. Die Suche nach Wiedergutmachung und Wahrheit wird zur Mission ihres Lebens: Was ist in München wirklich passiert, und wer trägt dafür die Verantwortung?

Diese zentralen Fragen treiben auch den Bundeskanzler um. Willy Brandt hat Post bekommen: einen im Ton freundlichen Brief aus Israel und einen nicht so netten von der *Bild*-Zeitung.

Die israelische Ministerpräsidentin Golda Meir teilt dem deutschen Regierungschef mit, so notiert Brandt, »dass der Bericht ihres [israelischen] Sicherheitschefs über Fürstenfeldbruck einen düsteren und beunruhigenden Eindruck hinterlassen habe. Ihr Wunsch nach einer genauen Untersuchung trifft sich mit meinen eigenen Interessen an Offenlegung dessen, was sich wirklich zugetragen hat.« Es ist ein Wahljahr in der Bundesrepublik, und der erfahrene Politiker Brandt weiß, dass nach dem Versagen bald die Jagd nach Sündenböcken beginnt. In den Worten des Leitartikels von *Stern*-Chefredakteur Henri Nannen: In der Bundesrepublik prüfe man, ob sich die Kugeln von München als Wahlkampfmunition eignen.

Bild eröffnet das publizistische Feuer. Sieben Fragen zum Attentat hat sie dem Kanzler geschickt. Am folgenden Tag wird das Blatt die Antworten von Willy Brandt veröffentlichen. *Bild* ist mit weitem Abstand die meistgelesene Tageszeitung im Bundesgebiet. In der Zeit vor privatem Fernsehen, Fax und Internet, von digitaler Kommunikation gar nicht zu reden, ist *Bild* eine Macht. Was hier abgedruckt ist, hat Einfluss. Alle Fragen kreisen eigentlich nur um eine: Trägt die Bundesregierung oder die bayerische Staatsregierung Schuld an den blutigen Ereignissen?

Brandt muss bei der Beantwortung die Balance wahren. Auf der einen Seite will er keinen offenen Konflikt mit den Bayern anzetteln, auf der anderen Seite muss der Kanzler sicherstellen, dass ihm das Desaster nicht angelastet wird. Bei fünf von sieben Fragen verweist der Taktiker Brandt auf die Zuständigkeiten des Freistaates beziehungsweise der Stadt München. So auch bei der letzten Frage von *Bild:* »Stimmt es, daß die Sicherheitsvorkehrungen im olympischen Dorf so lax waren, daß jeder, der einen Trainingsanzug anhatte, auch ohne Sonderausweis hinein und hinaus konnte?« Brandt vermeidet eine direkte Antwort und erklärt den örtlichen Polizeipräsidenten Schreiber für zuständig, der »zugleich als Sicherheitsbeauftragter für das Organisationskomitee der Olympischen Spiele fungiert«.

Eine gehörige Portion Scheinheiligkeit ist in diesen Tagen nicht zu übersehen. Fast jeder nationale und internationale Berichterstatter wusste, dass im Olympischen Dorf seit der Eröffnung praktisch jeder Tag ein Tag der

Offenen Tür war. Journalisten, Ehepartner, Neugierige und weitere Unbefugte gingen hier beinahe selbstverständlich ein und aus. Jetzt fragt die *tz* in großen Lettern: »War das Dorf sicher genug?« Nachdem zuvor die heiteren Tage umjubelt worden waren, wird nun umgeschwenkt. Ein Sonderkorrespondent des israelischen Fernsehens bezeichnet die Sicherheitsvorkehrungen als »ungenügend und unwirksam«. Und die *tz* hakt nach: »Ist wirklich alles zum Schutz der Sportler geschehen?« Nein, offenkundig nicht – wäre die naheliegende Antwort auf diese rhetorische Frage. Aber auch das gehört zu Wahrheit: Niemand im neuen Deutschland wollte ein waffenstarrendes Polizei-Olympia.

Das Olympische Dorf verliert nach dem Attentat seinen lässigen Charakter. Neben den hellblau gekleideten Ordnern des »Oly« patrouillieren nun Polizisten in Uniform. Der Bundesgrenzschutz ist mit Maschinenpistolen präsent. An den Eingängen werden die Kontrollen verschärft. Weder erfundene Storys von vergessenen Ausweisen noch augenzwinkernde Flirts, weder Tricks noch Trainingsanzüge öffnen nun das Tor ins Quartier der Sportler. Walther Tröger, Vorsteher des Olympischen Dorfes, sagt, dass alle neuralgischen Punkte besetzt seien und auch jedes Fahrzeug genau untersucht werde. Hinter allen Maßnahmen steht nicht nur die Erkenntnis des 5. Septembers, sondern auch eine neue Angst: dass die Terroristen noch einmal bei Olympia zuschlagen, um die drei überlebenden Attentäter aus deutschem Gewahrsam freizupressen.

Der Olympiastadt geht es wie dem Olympiadorf: Die Stimmung unter den Einheimischen hat gelitten. »Ich weiß nicht warum, aber ich fühle mich schuldig«, sagt der 67-jährige Gerhard Buchta der Lokalreporterin Ingeborg Lieret. »Ich bin Münchener und habe Angst. Daß uns die ganze Welt verabscheut, weil wir die heitersten Spiele und das schrecklichste Ende überhaupt geschafft haben.« Der Rentner hat Tränen in den Augen.

Der Artikel der Journalistin Lieret in der *Abendzeitung* liest sich wie ein Rundgang durch eine traumatisierte Stadt. Am Münchener Rathaus haben Mitarbeiter bereits Mittwochfrüh den Olympiaschmuck abgenommen. Manche Straßenbahnen glichen nach dem Attentat Trauerzügen. »Wie bei einer Mobilmachung«, beschreibt ein altgedienter Schaffner die Stimmung. Die bunten Blumen in der Fußgängerzone wirkten auf einmal deplatziert, das fröhliche Geschnatter zwischen Touristen und Münchenern sei fast verstummt. »Es gab nur mehr traurige Gesichter«, beendet Ingeborg Lieret ihren Beitrag unter dem Titel »Die Olympiastadt ist mutlos geworden«.

Almut Hauenschild von der *tz* streift für ihre Kolumne »Treffpunkte« durch das Nachtleben, um herauszufinden, ob sich die Society nach dem Attentat wirklich angemessen verhält.

Die Empfänge, Partys und feinen Essen von Botschaftern und Politikern sind offiziell abgesagt. Inoffiziell vergnügen sich einige der Reichen und Schönen aber weiter – dem Blutbad zum Trotz. Die persische Schahfamilie feiert an diesem Donnerstagabend beispielsweise im Restaurant »La Belle Epoque«. Mit von der Partie ist laut Hauenschild bei der »Prunkfeier des Kaiser-Clans« sogar ein Mitglied des Internationalen Olympischen Komitees, der iranische Außenminister Ali Khalatbari. *The games' parties must go on.*

Im angesagten »Anyway« ist nichts abgesagt – die Tanzfläche ist gut gefüllt, meldet die Berichterstatterin. Im »Kinki« trinke Mick Jagger von den Rolling Stones mit den Flick-Erben Mick und Muck sowie George Harrison, dem Ex-Beatle. »Irgendwann einmal hatte der auch gegen Krieg und Unrecht gewettert«, kommentiert Almut Hauenschild spitz. Unter den ausgelassenen Gästen werden gesichtet: Schauspieler, Topmodels und einheimische Adlige.

Auf ihrem Bummel durch die Münchener Nacht beobachtet die Reporterin auch andere Reaktionen. Im »Subway« habe der Besitzer ein Tanzverbot angeordnet, im »P1« dominierten politische Diskussionen, untermalt von leiser Musik, irgendwo zwischen Protestsong und Klassik. Das beliebte Kabarett der »Münchener Lach- und Schießgesellschaft« habe seine Auftritte vorerst abgesagt. Und Franz Bauer, der Wirt vom »Haxnbauer«, möchte nach eigener Aussage mit den Spielen gar kein Geschäft mehr machen: »Ich bin traurig.«

Aus dem Polizeibericht: »Am 7. 9. 72, gegen 15.00 Uhr, wurde der 57 Jahre alte Tapezierer Johann F. aus Niederösterreich an der Autobahneinfahrt Ramersdorf festgenommen. Der Beschuldigte hatte in der Nacht von 6./7. 9. 72 auf einem Parkplatz in Amstetten/Niederösterreich einen Rot-Kreuz-Wagen gestohlen und fuhr damit nach München. Der Beschuldigte gab die Tat zu und erklärte ergänzend, dass er die Olympiade in München besuchen wollte.«

Die Meldung ist nur ein skurriler Beleg für einen real existierenden Trend: Der Run auf die Wettkämpfe hält an. »Das olympische Geschäft blüht wieder«, berichtet die *Abendzeitung* vom Schwarzmarkt für Eintrittskarten. An einschlägigen Treffpunkten wie dem Marienhof in der Innenstadt werde wieder tüchtig gefeilscht. Nach einer eintägigen Ruhepause infolge des Attentats kennen die Kurse der Kartenbörse für die verbleibenden Tage nur eine Richtung: nach oben. Bei manchen Wettbewerben werden die Tickets zum fünffachen Preis gehandelt. Besonders gefragt ist die Leichtathletik.

Der Kontrast könnte nicht größer sein. Unten stehen die Hostessen und die Funktionäre in blauen und roten Jacketts stramm, in Reih und Glied, Ärmel an der Hosennaht, fast wie bei einer Militärparade – und wie das bei olympischen Siegerehrungen üblich ist. Ganz oben steht der US-amerikanische Goldmedaillengewinner im 400-Meter-Lauf Vince Matthews. Er holt den Zweitplatzierten, seinen Teamkollegen Wayne Collett, zu sich auf die oberste Stufe des Podests. Lässig stehen die schwarzen Männer dort nebeneinander, mit offenen Trainingsjacken, Hände in die Hüften gestemmt, abgewendet von ihrer Nationalflagge, die zu den Klängen der amerikanischen Hymne gehisst wird. Collett ist barfuß, sie quatschen ein bisschen miteinander. Matthews streicht unentwegt über seinen Kinnbart, zwischendurch treten sie von einem Fuß auf den anderen. Ein Bild der Langeweile und der Gleichgültigkeit. Und ein politischer Protest, wie manche Beobachter mutmaßen.

Als die Nationalhymne verstummt, springen die Sportler vom Podium und verlassen das Stadionrund. Matthews dreht die Medaille in seinen Händen, an seinem Gesicht lässt sich dabei nichts ablesen. Collett macht mit der Hand eine Geste, die einige Pressevertreter als geballte Faust deuten. Das Münchener Publikum reagiert mit Buhrufen.

So weit, wenn man sich das Ganze auf der Suche nach Schuld oder Unschuld noch einmal im Videobeweis ansieht. An diesem Donnerstag verursacht der Auftritt eine Eruption. Genau da, wo Olympia sensibel ist: an der Kreuzung zwischen Sport und Politik. Um die nun losbrechende Aufregung um die afroamerikanischen Leichtathleten Vince Matthews und Wayne Collett zu verstehen, muss man zunächst zwei Geschichten kennen: eine vier Jahre alte und eine weitere, die sich vor kaum drei Wochen ereignet hat.

Beginnen wir mit der ersten, 1968. Mit einem Bild des Protests, das Eingang in die Geschichtsbücher fand. Und das zu einer Ikone der Bürgerrechtsbewegung in den Vereinigten Staaten wurde.

Mexiko-Stadt, 16. Oktober 1968, Olympische Sommerspiele. Die schwarzen US-Leichtathleten Tommie Smith und John Carlos gewinnen bei den Spielen in der mexikanischen Hauptstadt über die 200-Meter-Strecke Gold und Bronze. Bei der Siegerehrung sehen die Zuschauer in aller Welt die vielleicht berühmteste Geste der olympischen Geschichte: Die Amerikaner senken die Köpfe und recken eine Faust in die Luft, Smith die rechte, Carlos die linke, jeweils umhüllt von einem schwarzen Handschuh. Die Szene ist mit Symbolik aufgeladen. Verbunden stehen die Fäuste für »Black Power« und die Einheit des schwarzen Amerika. Dass die Athleten keine Schuhe tragen, soll auf die Armut der Afroamerikaner hinweisen. Der Protest auf dem Podium wird von vielen Beobachtern als Fortsetzung der US-Bürgerrechtsbewegung verstanden, die seit Jahren leidenschaftlich gegen die Rassentrennung und für die Gleichberechtigung der schwarzen Bevölkerung eintritt. Ihr berühmter Protagonist Martin Luther King ist im April 1968, nur wenige Monate vor den Spielen von Mexiko, ermordet worden.

Die Geste von Tommie Smith und John Carlos hat einen doppelten Resonanzboden. Es ist: das Jahr 1968, als Menschen rund um den Erdball nach Veränderungen rufen. Es ist auch: mehr politischer Protest, als man bisher bei Olympia gesehen hat. Die Bestrafung erfolgt umgehend. Avery Brundage, damals 81-jähriger Präsident des Internationalen Olympischen Komitees, zeigt sich wie stets auch in Mexiko fest entschlossen, die Spiele von politischen Einflüssen freizuhalten. Fest einbetonierter Pfeiler seiner Idee von Olympia ist die politische Neutralität um jeden Preis, fast wie beim Roten Kreuz, einer weiteren internationalen Organisation mit idealistischem Anspruch und Sitz in der Schweiz. Den aufsehenerregenden Auftritt der Amerikaner auf dem Podium bewertet der IOC-Vorsitzende der eigenen Logik folgend als »üble Demonstration«. Der erzkonservative Funktionär sorgt dafür, dass Smith und Carlos von diesen und zukünftigen Olympischen Spielen ausgeschlossen werden.

Vince Matthews, frisch gekrönter olympischer Champion von München über 400 Meter, ist bei den Spielen 1968 schon mit dabei. Als junger Mann im Alter von gerade 20 Jahren. Ein paar Tage nach dem Protest gewinnt er in Mexiko-Stadt mit der amerikanischen 4 x 400-Meter-Staffel die Goldmedaille. »Natürlich haben Tommie Smith und John Carlos bei uns Eindruck hinterlassen«, räumt er ein. Nach Matthews' Erinnerung tragen er selbst und die drei anderen Staffelläufer bei der Siegerehrung im Olympiastadion von Mexiko-Stadt schwarze Mützen – ein mutmaßliches Erkennungszeichen der Black-Panther-Bewegung.

Der Staffelolympiasieger macht nach seiner Rückkehr in die USA im Oktober 1968 eine bittere Erfahrung: Selbst eine Goldmedaille hilft dir manchmal nicht weiter, wenn du schwarz bist. Matthews ist zunächst arbeitslos. Er geht zurück ans College – und beendet 1970 mit 21 Jahren vorerst seine sportliche Karriere. »Ich mußte arbeiten. Es war nahezu unmöglich, von der Leichtathletik zu leben.« Die Teilnahme an Olympia 1972 in München war kein Ziel mehr.

Manchmal geht der Sozialarbeiter noch ein bisschen joggen, um sich fit zu halten. Mit ernsthafter Vorbereitung auf Olympia hat das freilich nichts zu tun. Ein Trainer aus Brooklyn überredet ihn schließlich zum Comeback. Vince Matthews arbeitet weiter in seinem Vollzeitjob und kann nur in den späten Abendstunden trainieren. Da sind die Sportanlagen aber geschlossen. Die Lösung lautet: *Climbing the fences*. Um auf die Bahnen einer *Boys' High School* in Brooklyn zu gelangen, muss der Olympiasieger über Zäune klettern.

Die Experten halten nicht besonders viel vom Wiedereinsteiger. Eine große Leichtathletik-Zeitung in den USA traut ihm bestenfalls den fünften Platz bei Olympia in München zu. Tatsächlich gewinnt Vince Matthews an diesem ersten Donnerstag im September 1972 Gold. Und steht nun mit Wayne Collett im Kreuzfeuer der Kritik. Nicht wegen seiner Leistung, sondern wegen dem, was danach geschah. Auf dem Podium bei der Siegerehrung. »Saloppe Haltung«, schreiben die, die es gut mit ihnen meinen. »Rüpelhaftes Verhalten«, »Häßliche Amerikaner« und »Skandal« die anderen. Die *Abendzeitung* benutzt bei ihrer Schlagzeile immerhin ein Fragezeichen: »Protestaktion auf dem Siegerpodest?« Die beiden heftig kritisierten Amerikaner versuchen sich in Erklärungen.

»Wir haben keinen Protest beabsichtigt. Es gibt seit Mexiko Leute, die erwarten immer etwas Besonderes, wenn amerikanische Farbige auf das

Siegerpodest steigen«, sagt Olympiasieger Matthews in einer ersten Reaktion. »Das sind dieselben, die Alice in Wonderland lesen und dabei nach Pornographie suchen.« Angeblich fügt er laut *tz* noch hinzu: »Ach wissen Sie, ich bin nicht gern der lachende Mohr für die Menge.« Matthews' Ehefrau und seine Eltern waren vor Ort im Olympiastadion Augenzeuge der Aktion. Sie lassen ihn umgehend wissen, was sie von seinem Auftritt halten: »Die waren ganz schön sauer auf mich«, gibt der Läufer zu.

Silbermedaillengewinner Wayne Collett wird bereits an diesem Donnerstag in München deutlicher. Nach der Zeremonie erklärt er, dass ihm die amerikanische Hymne nichts bedeute und er angesichts der Unterdrückung der Afroamerikaner nicht fähig sei, der Hymne Respekt zu erweisen. *The land of the free and the home of the brave.* »Ich konnte die Worte nicht singen, weil ich nicht glaube, dass sie wahr sind. Ich wünschte, sie wären es.« Sein Teamkamerad Vince Matthews ergreift später noch einmal das Wort. Der Goldmedaillengewinner bemüht sich in einem extra für die *New York Times* angefertigten Gastbeitrag um Deeskalation. Die Überschrift lautet: »Ich bin Sportler, kein Politiker«.

Avery Brundage, Jahrgang 1887, ist das alles egal. Aus seiner Sicht haben die Afroamerikaner Matthews und Collett die aufsehenerregende Aktion von Smith und Carlos bei den Spielen 1968 in Mexiko-Stadt in München fortgesetzt. *Black Power reloaded.* Für den alten weißen Mann aus dem vergangenen Jahrhundert ist das eine Provokation.

Der Hitler-Gruß von Athleten bei Olympia 1936 in Berlin? Die hochgereckten Adidas-Turnschuhe von Mark Spitz in München als mutmaßlich kommerzielle Darbietung? Diese Gesten von Politik und *Product Placement* bleiben bei den sonst so puristisch daherkommenden Olympischen Spielen ohne Sanktionen. Aber dass sich zwei schwarze Amerikaner auf dem Podest in München nicht so verhalten, wie es bei Olympia erwartet wird, ist für den greisen Herrscher unentschuldbar. Sein Urteil ist gleichsam *Mexiko reloaded.* Vince Matthews und Wayne Collett fliegen raus – so wie Smith und Carlos vier Jahre zuvor.

Die beiden 400-Meter-Läufer werden in München und fortan für alle Zeiten von Olympischen Spielen ausgeschlossen. Als sie ins Olympische Dorf zurückkehren, stellt Vince Matthews fest, dass sein Zimmer bereits leer geräumt ist. Seine Sachen hat man eingelagert. In einem Brief fordern die US-Funktionäre die beiden Athleten auf, an ihrer Kleidung keine nationalen Abzeichen mehr zu tragen.

Bei denen, die ihm Rassismus vorwerfen, hat sich Avery Brundage im Laufe seiner Karriere den unschönen Spitznamen »Slavery Avery« erworben. In den Tagen nach dem Rausschmiss der afroamerikanischen Athleten bekommt der Olympiapräsident viel Post. Sie wird in einem Archiv an der University of Illinois aufbewahrt. Leider seien Matthews und Collett nur ausgebuht wurden, schreibt ein rassistischer amerikanischer Briefeschreiber – und nicht erschossen worden, ergänzt er.

Auch in der Bundesrepublik zählen 1972 Schwarze nicht besonders viel, wenn es um Respekt und Akzeptanz in der breiten Öffentlichkeit geht.

Wenn der *Stern* mit seiner publizistischen Macht ein Thema auf die Titelseite hebt, dann ist es in Deutschland häufig ein Gegenstand öffentlicher Diskussion. Im Heft mit der Nummer 33 im Olympiamonat August 1972 präsentiert die Hamburger Zeitschrift auf dem Cover eine weiße Frau mit roten Haaren und einem weißen Kleid neben einem schwarzen Mann in einem grünen Pullover. Er hat den linken Arm um ihren Bauch gelegt. Die Zeile in schwarz auf weiß dazu lautet: »Mein Schwiegersohn der Neger«. Als Anreißer steht klein daneben: »Ein Großkaufmann gestand dem *Stern*, er würde sich einen Weißmacher für seinen Schwiegersohn ein Vermögen kosten lassen.«

Die Reporterin Eva Windmöller berichtet in einer Serie über schwarzweiße Ehen in der Bundesrepublik Deutschland. In der ersten Folge porträtiert sie Wilhelmine Bahr, ihre Tochter Elke und den aus Tansania stammenden Schwiegersohn Haji Mansur Haji. Das junge Ehepaar lebt mit zwei Kindern im Großraum Köln. Vor der Hochzeit hat die 72-jährige Mutter ihre Tochter gefragt: »Hättest du keinen Weißen kriegen können?« Das tut ihr inzwischen leid. Sie hat Haji längst akzeptiert – im Gegensatz zu vielen Deutschen um ihn herum.

Beim Mittagessen beschreibt der 34-jährige Afrikaner, ein Mitarbeiter der Deutschen Welle, der Reporterin aus Hamburg seine Erfahrungen in der Bundesrepublik anno 1972. Es sind herausgepickte Anekdoten, die von einem übel riechenden Klebstoff zusammengehalten werden: Rassismus. Die Liste ist lang. Auf der Post rufen ihm zwei Jungen »Neger, Neger«

hinterher. Als er nachfragt, was sie von ihm wollen, spucken sie ihn an. In Kneipen und Bars wird er nicht hineingelassen. Am schlimmsten sei es, sagt seine Schwiegermutter, wenn sie mit der ganzen Familie unterwegs seien. Die missbilligenden Blicke würden ihnen signalisieren, was man nicht akzeptieren wolle: *Ein Fremder hat eine von uns genommen.* Wilhelmine Bahr sagt: »Die Leute gucken komisch neugierig, abschätzend, geringschätzig.«

Für die großangelegte Serie hat der *Stern* Meinungsumfragen im Bundesgebiet durchführen lassen. Die erste Frage lautet wörtlich im Originaltext: »Ein Mädchen aus Ihrem Bekanntenkreis liebt einen Neger und will seine Frau werden. Würden Sie ihr zu- oder abraten?« Das Ergebnis: 15 Prozent würden zuraten, 39 Prozent abraten, 46 Prozent sind unentschieden. Die vielleicht wichtigste Erkenntnis der *Stern*-Leute lautet: »Aus sicherer Entfernung ist der Neger wohlgelitten.« Denn die Umfrage des Allensbacher Instituts für Demoskopie offenbart, dass die »Abwehr des Bundesbürgers gegenüber dem Schwarzen« umso stärker wird, je näher dieser rückt – als Zimmergenosse oder als behandelnder Arzt zum Beispiel.

Am schlimmsten, so das Fazit der Gesamtserie, ist der bundesdeutsche Nachbar. Ohne dessen Allgegenwart »wären schwarze Schwiegersöhne in Deutschland nur halb so problematisch«, befinden die Autoren der Studie. *Stern*-Reporterin Eva Windmöller schreibt: »Die Angst vor dem, was die Leute sagen, ist häufig stärker als die Liebe zum Kind.«

Das Rassismusproblem bleibt während der Olympischen Spiele präsent: Aus Bamberg im Freistaat Bayern kommt eine aktuelle Meldung herein. Der Standortälteste der US-Garnison, Oberst Adams, habe sich beim Vorsitzenden des örtlichen Gaststättenverbands beklagt, dass schwarze Soldaten in den Lokalen der Stadt diskriminiert würden. Ein Test habe ergeben, so erklärt der Amerikaner Adams, dass in sechs von 82 Bamberger Gaststätten schwarze US-Soldaten nicht eingelassen würden.

In der bayerischen Landeshauptstadt soll Olympia 72, so die Philosophie der Organisatoren, bunte Weltoffenheit ausstrahlen. Rassismus passt nicht zu dem Bild, das die neuen Deutschen von sich zeichnen möchten. Dem edlen Anspruch steht bisweilen die in Zeitungen und Kommentaren benutzte Sprache entgegen. Besonders wenn es um Olympiateilnehmer aus Afrika geht, das Anfang der Siebziger mit einem Begriff des 19. Jahrhunderts als

»dunkler Kontinent« bezeichnet wird. Der Eindruck, der zwischen den Zeilen entsteht, lässt die Athleten von dort als kindlich-naiv und rückständig, unzivilisiert und exotisch sowie wenig leistungsbereit erscheinen.

Ein Münchener Boulevardblatt nimmt sich drei Radrennfahrer aus Togo vor. »Man lächelte über sie, man schmunzelte«, schreibt der Reporter und trägt seinen Teil dazu bei. Seiner Beschreibung nach sitzen die Westafrikaner unruhig auf dem Rad und drücken ihre Beine nach außen »wie Gauchos auf Pferden«. Schon nach 80 Kilometern hätten sie Schmerzen irgendwo in der Magengegend. Das sei wohl lediglich eine Ausrede: »Wenn ihre Beine schwer werden, steigen sie vom Rad und machen eine Pause.« Das abschließende Verdikt des höchstwahrscheinlich weißen Schreibers über die schwarzen Olympioniken: »Es fehlt die Moral.«

Nach der Eröffnungsfeier entsendet die *Abendzeitung* ihre Leute in die Fußgängerzone. Vordergründig, um Afrika zu dechiffrieren. Oder vorzuführen, das wird nicht so ganz klar. Die Münchener Passanten werden jedenfalls nach einem Staat tief unten im Süden des Kontinents gefragt, der bis vor wenigen Jahren als britische Kolonie Basutoland bekannt war: »Kennen Sie Lesotho?« Die Antworten verraten mehr über die Deutschen als über ihre Gäste. Ein italienisches Gericht, es klingt ja so ähnlich wie Risotto, glaubt die Sachbearbeiterin Karin, 24 Jahre. Das könnte eine Sekte sein, spekuliert der Monteur Vinzenz, 59 Jahre. Und der Schuhplattler Josef (62) ist überzeugt, dass er die Antwort kennt: »Das ist doch ein Staat in Amerika. Ich habe nämlich Verwandte in Amerika und da kenn ich mich ein bißchen aus.«

Auch das Zweite Deutsche Fernsehen rätselt zu den Spielen mit. Das neu ins Programm genommene Olympia-Quiz, so erklärt der zuständige ZDF-Redakteur dem *Spiegel,* diene der Völkerverständigung: »Wenn wir bei einer afrikanischen Hymne massenweise Bananen im Bild zeigen, dann lernen die Seher immerhin, dass es da unten massenweise Bananen gibt.« Diese Haltung macht nicht einmal vor Olympiasiegern wie Ugandas John Akii-Bua halt, der vor einigen Tagen in München über 400 Meter Hürden triumphierte. »Er freut sich, wie sich nur ein Mensch freuen kann, dem die sogenannten Errungenschaften der Zivilisation noch nicht alltäglich sind«, heißt es in einer deutschen Olympiapublikation. Eine örtliche Tageszeitung steuert weitere Erkenntnisse bei. Sie hat die Trainingslocation des

Weltklasse-Athleten während der Regenzeit ausfindig gemacht und packt das Ergebnis in die Schlagzeile: »Akii-Bua trainiert im Busch«. *Hakuna Matata. Alles in bester Ordnung.*

Ein einziges Mal drehen die Vertreter Afrikas bei München 72 die Machtverhältnisse um und besiegen den Rassismus. In einem spektakulären Showdown zwingen sie – noch vor dem Start der Spiele – den olympischen Rest der Welt in die Knie. Beschrieben als »Erster Olympiasieg für die Schwarzen«, so die Titelzeile in der *Abendzeitung*. Die Geschichte vom 22. August 1972 ist jetzt genau 17 Tage her.

Es ging um Rhodesien. Ein Land im Südosten Afrikas, das sich für unabhängig erklärt hat, von vielen Staaten aber weiterhin als britische Kolonie angesehen wird. Ein Ort, an dem 250 000 Weiße etwa 5,2 Millionen Schwarzen gegenüberstehen. Und in dem die Weißen trotzdem das Sagen haben. Eine Heimat des Rassismus, gar nicht weit entfernt von Südafrika, dem Apartheidsstaat, der bei Olympia nicht mitmachen darf. Der *Stern* schickt einen Reporter nach Rhodesien.

»Wir leben hier alle nach dem Eins-Zwei-Drei-Prinzip«, erzählt ein weißer Tischler dem angereisten Journalisten Peter-Hannes Lehmann, »ein Swimmingpool, zwei Autos, drei Diener. Das ist das Minimum.« Die Weißen verdienen mindestens zehnmal so viel wie die Schwarzen. Ihre Vorherrschaft sichern die weißen Herren politisch ab. Die weiße Minderheit stellt 50 Abgeordnete im Parlament, die schwarze Mehrheit nur 16, Weiße dürfen nur Weiße wählen, Schwarze nur Schwarze, berichtet Lehmann. Und weiter: Wählen darf nur, wer ein bestimmtes Einkommen oder einen Bildungsabschluss nachweisen kann. Bleibt die Frage, wem die benachteiligten schwarzen Rhodesier ihre Stimme überhaupt geben können, denn etliche Führer der schwarz-nationalistischen Parteien sitzen in Internierungslagern.

Im August 1972 will eine breite Allianz von afrikanischen und karibischen Staaten Rhodesien von den Olympischen Spielen ausschließen lassen. Auch wenn es nur noch wenige Tage bis zur Eröffnung sind. Auch wenn Rhodesien sich bereiterklärt, unter britischer Flagge und Hymne anzutreten. Auch wenn alle Beteiligten bereits im vergangenen Jahr, 1971, eigentlich dazu einen Kompromiss geschlossen haben. Jetzt gewinnt das Thema plötzlich an Dynamik, mit potenziell weitreichenden Folgen: Olympia ohne

Äthiopien, Kenia, Guyana, Libyen, Sudan, Tansania, Madagaskar, Liberia, Mali, Uganda, Sambia, Ägypten, Somalia, Ghana, Sierra Leone, Marokko, Algerien, Jamaika, Trinidad-Tobago, Senegal, Kuba und Haiti? Die westdeutschen Gastgeber machen sich Sorgen um ihr weltoffenes Schaufenster. Werden die Spiele jetzt zum »Olympia der Weißen?« *(tz)*. Aus den Bedenken wird eine Krise, als auch schwarze US-Amerikaner mit Boykott drohen. Die Bundesregierung schaltet sich hinter den Kulissen ein.

Am 22. August 1972 kommt es in einer Sitzung des Internationalen Olympischen Komitees im Münchener Maximilianeum zur entscheidenden Abstimmung: Mit 36 : 31 Stimmen wird Rhodesien von den Spielen ausgeschlossen. Afrikas Sportführer genießen den seltenen Triumph: Für die Fotografen präsentieren sie mit Zeige- und Mittelfinger das Victory-Zeichen. Die Rhodesier müssen das Olympische Dorf verlassen. Das Angebot beider Kirchen auf Unterkunft lehnen sie ab – und ziehen stattdessen in eine Kaserne in München. Die bundesdeutschen Gastgeber atmen auf. Ein Boykott ist vermieden worden.

Am Tag darauf, am 23. August, stellt Willy Brandt im Kabinett mit Befriedigung fest, dass die Olympischen Spiele »gerettet« seien. »Wir hatten uns als Regierung strikt daran gehalten, dass das IOC Veranstalter ist und über die Teilnehmer zu befinden hat«, vermerkt der Kanzler in seinen Notizen. »Aber natürlich haben wir deutlich genug wissen lassen, dass wir eine Verständigung mit den afrikanischen Delegationen bzw. Regierungen für vernünftig hielten.« Für den IOC-Präsidenten Avery Brundage, der politische und kommerzielle Einflüsse von Olympia fernhalten will, ist der Rauswurf Rhodesiens eine große Niederlage. Für die Vertreter Afrikas und der Karibik ist es die ersehnte Bestätigung des Selbstbestimmungsrechts der Schwarzen. *The games can go on.*

Und sie gehen jetzt ohne Vince Matthews und Wayne Collett weiter, die Gold- und Silbermedaillengewinner über 400 Meter. Den Ausschluss Rhodesiens vor zwei Wochen konnte Brundage nicht verhindern. Mit dem Rausschmiss der schwarzen Amerikaner, die ihn an diesem Donnerstag so verärgert haben, kann der in die Jahre gekommene Olympiachef jedoch einen weiteren Sieg in seinem nimmermüden Kampf gegen Politik und Protest erringen. Es ist sein letzter. In vier Tagen wird er als IOC-Präsident bei der Schlussfeier von München 72 verabschiedet werden.

Zweimal trifft Uli Hoeneß (Nummer 10) in seinem
Leben auf die Fußball-Nationalmannschaft der
DDR, zweimal steht er im Team der Verlierer. Auf
diese Quote kommt der Erfolgsmensch wohl bei
kaum einem anderen Gegner. Nach der Niederlage
bei Olympia ist zu hören: Unsere mögen vielleicht
keine echten Amateure sein, aber sie spielen wie
welche.

TAG 14

Freitag, 8. September 1972

Im Olympiastadion findet heute eine historische Begegnung statt: Zum ersten Mal spielt Deutschland gegen Deutschland Fußball. Die Olympia-Auswahl der Bundesrepublik trifft in den Abendstunden auf die Mannschaft der DDR. Offiziell geht es um den Einzug in die Finalspiele. Die Westdeutschen benötigen einen Sieg, um den Traum von einer Medaille am Leben zu halten. Den »Mitteldeutschen« *(tz)* aus dem Osten reicht dagegen schon ein Unentschieden. Aber in der Partie um 21.30 Uhr geht es noch um mehr. Und das liegt am bisherigen Verlauf der sportlichen Wettkämpfe bei München 72 und der großen Bedeutung von Fußball in Westdeutschland.

Beim Einsammeln der Medaillen sind die Athleten der Deutschen Demokratischen Republik den bundesdeutschen Gastgebern in den vergangenen Tagen längst enteilt. Stand jetzt haben die Sozialisten der DDR seit der Eröffnung am 26. August 1972 mehr als doppelt so viele Olympiasiege wie die Kapitalisten der BRD errungen. Obwohl das Land viel kleiner als die Bundesrepublik ist. Der kommunistische Propagandist Eduard von Schnitzler hat recht behalten: Ja, die Kapelle in München muss bei Siegerehrungen häufig die Nationalhymne der DDR spielen. Für die Ostdeutschen zahlt sich der straff gelenkte Zentralismus des staatlich organisierten Spitzensports aus. Ihre »Diplomaten im Trainingsanzug« triumphieren in exotischen Sportarten wie dem Kanuslalom genauso wie bei olympischen Klassikern wie dem Sprint der Frauen.

Bleibt nur noch der Fußball übrig. Wenigstens hier ist die Bundesrepublik eine sportliche Großmacht. In den vergangenen sechs Jahren eroberte die A-Nationalmannschaft des Deutschen Fußball-Bundes (DFB) einen Platz in der Weltklasse: WM-Zweiter (1966), WM-Dritter (1970) und, ganz frisch in diesem Sommer: Europameister 1972. Es ist die Zeit einer goldenen Generation mit Stars wie Kapitän Franz Beckenbauer, Mittelfeldgenie Günter Netzer und Mittelstürmer Gerd Müller. Mit rasanten Angriffszügen verzaubern sie die Fans. Die DDR dagegen ist bei der Europameisterschaft vorzeitig ausgeschieden. Fußball, da sind sich die Schlachtenbummler der

Bundesrepublik ganz sicher, können die »da drüben« nicht erforschen, vermessen und analysieren wie andere Disziplinen. Fußball, das ist Kunst. Und die beherrscht 1972 keiner besser als die Bundesdeutschen.

Wenn Westdeutschland momentan das Wunderkind unter den führenden Fußballnationen ist – dann ist das Wunderkind dieser Deutschen wiederum ein junger Kicker vom FC Bayern München: Uli Hoeneß. Der 20-Jährige ist die Schnittmenge aus der A-Nationalmannschaft der Europameister sowie dem Olympiateam, das an diesem Tag auf die DDR trifft. Auf den vielversprechenden Offensivspieler mit dem blonden Haarschopf sind die Augen vieler gerichtet. Er soll vorangehen und den sozialistischen Emporkömmlingen bei München 72 zeigen, wo Hammer und Sichel hängen.

Es gibt allerdings ein Problem: Uli Hoeneß wird diese Aufgabe ohne die großen westdeutschen Fußballstars an seiner Seite lösen müssen. Denn vom olympischen Sportfest sind Profisportler verbannt. Neben den Basketballern aus der amerikanischen NBA, den Radrennfahrern der Tour de France und den Boxmillionären gelten auch hochbezahlte Kicker wie »Kaiser« Beckenbauer und »Bomber« Müller als Profis. Und dummerweise so ziemlich alle hochgelobten Europameister des DFB – außer Hoeneß. Uli ist bei seinem »Olympia dahoam« quasi allein zuhause. »Wir waren keine A-, sondern eine reine Amateurmannschaft«, urteilt der Stürmer. In den Trikots mit dem Adler, auf denen Deutscher Fußball-Bund steht, steckt in diesem Fall also nicht die übliche Qualität.

Dagegen läuft die DDR in Bestbesetzung auf – mit den erfahrenen Kräften ihrer Nationalmannschaft, die auch bei internationalen Wettbewerben der großen Verbände FIFA und UEFA antreten. Das ist erlaubt, weil ihre Kicker nicht als Berufsfußballer, sondern als »Staatsamateure« gelten. Obwohl sie das ganze Jahr über wie Profis trainieren und spielen. Es macht bei Olympia 1972 einen Unterschied, wer die Fußballer bezahlt. Und wie viel er bezahlt.

Im Spiel gegen die DDR muss Uli Hoeneß also statt auf den Weltstar Gerd Müller nun auf einen Mitspieler bauen, der als Unbekannter in das olympische Turnier gestartet ist: Ottmar Hitzfeld, Stürmer beim FC Basel in der Schweiz – kein DFB-Spieler hat bisher mehr Tore bei München 72 geschossen. Hoeneß und Hitzfeld bilden im Olympiasommer 1972 die entgegengesetzten Pole des Fußballs ab. Unterschiedlicher könnte die sportliche Herkunft von Mannschaftskameraden kaum sein. Zwei Welten prallen in der deutschen Elf aufeinander. Jetzt müssen sie zusammen siegen.

Im Olympiastadion ertönt der Anpfiff vor ausverkauftem Haus. Die DDR-Spieler tragen blaue Trikots, die der Bundesrepublik laufen im klassischen Schwarz-Weiß auf, das man von Rio bis Rostock kennt. Hitzfeld trägt die »17« auf dem Rücken, eigentlich die Nummer eines Ersatzspielers. Ein Hinweis darauf, dass er sich erst im Turnierverlauf einen Platz in der Startelf erkämpft hat. Hoeneß hat von Anfang an die »10« getragen, die im Fußball als Ausweis von Exzellenz und Führungskraft gilt.

Uli Hoeneß aus Ulm, geboren 1952, ist Anfang der siebziger Jahre das größte Versprechen im deutschen Fußball. Seit dem Krieg habe es nicht so ein Talent gegeben, sagt der Jugendnationaltrainer Udo Lattek. Der Stürmer kann laut *Süddeutscher Zeitung* die 100 Meter in elf Sekunden laufen, fast wie ein olympischer Sprinter. Ein Jahr vor dem Abitur kann er sich vor Angeboten aus der Bundesliga kaum retten, berichten seine Biografen Günter Klein und Patrick Strasser. Der TSV 1860 München, der 1. FC Köln, Bayern München buhlen um ihn, um nur ein paar der großen Namen zu nennen.

Rat sucht Hoeneß bei einem seiner Lehrer, dem jungen Herrn Steinle. An der Weitsprunggrube des Sportplatzes wägen sie Argumente hin und her. Die Entscheidung will gut überlegt sein, denn der Jugendnationalspieler hat einen Traum: Olympia 1972 in München. »Die Spiele gar nicht weit weg von meiner Heimatstadt Ulm – das war ein irrer Anreiz«, sagt er im Interview zu diesem Buch. »Ich wollte das unbedingt miterleben.« Dafür muss Hoeneß auf viel Geld verzichten: Er darf keinen Profivertrag unterschreiben, sonst kann er bei Olympia nicht an den Start gehen. Bei der Entscheidungsfindung wird bereits der spätere Geschäftsmann erkennbar: Uli Hoeneß hofft darauf, dass sich dieser Verzicht nach den Spielen auszahlen wird. »Er war sein eigenes Anlageprojekt«, schreiben Klein und Strasser dazu in ihrer Hoeneß-Biografie. »Er verzichtete auf die schnelle Mark und träumte eher von einer mittelfristigen Gewinnmaximierung.«

Das Talent entscheidet sich 1970 für den FC Bayern. Die vereinbarte Konstruktion umschifft vorerst die Klippen des Profisports. »Ich habe einen Vertrag als Angestellter auf der Geschäftsstelle unterschrieben«, sagt Hoeneß. Das Monatsgehalt ist mit 600 Mark so niedrig bemessen, dass er bei Olympia mitmachen darf. Gerüchte wabern rund um die Säbener Straße, wo der FC Bayern ansässig ist: Was macht Hoeneß eigentlich auf der Geschäftsstelle? Er sei Gärtner, erzählt Franz Beckenbauer herum. Er bediene die Frankiermaschine auf der Poststelle, amüsiert sich Bayern-Präsident Wilhelm Neudecker. Die Wahrheit ist genauso trivial wie einfach: »Ich habe den Job als Angestellter nie ausgeübt«, sagt Hoeneß uns im Interview. Er habe in der Geschäftsstelle nur ab und zu vorbeigeschaut.

Uli Hoeneß ist damals 18 Jahre alt. Anfang der Siebziger ist man damit nicht einmal volljährig. Ein Junge, der im Jahr 1970 von München 1972 träumt. Und keine Ahnung hat, dass er schon vor den Olympischen Spielen ein großer Star sein wird. Zunächst wohnt er mit seiner Verlobten Susi in einer Zweizimmerwohnung, draußen in Trudering im Münchener Osten. Er trainiert werktags »als Teil der Profimannschaft«, so Hoeneß. Während der Woche ausgehen ist nicht gern gesehen.

Am Samstag rennt Uli Hoeneß tagsüber seinen Gegenspielern auf dem Rasen davon, abends gibt er Gas in der City. »Der Samstag war der Ausgehtag«, erzählt er. »Am Sonntag konnte man ausschlafen.« Am liebsten gehe er mit Susi in das »La Cave«, ein kleines Kellerlokal in der Innenstadt. Zu vorgerückter Stunde lege er dort manchmal Platten auf. Seine Lieblingsband seien die Beatles.

Der Neuling mag der Azubi in einer Mannschaft voller Meister sein, aber er verfügt neben dem Fußballtalent über eine weitere Begabung, die ihm den Weg nach oben ebnet: Der Ulmer Metzgerssohn kann mit Geld umgehen. Mitspielern beim FC Bayern wie Torwart Sepp Maier, die wesentlich bekannter sind als er, verschafft der clevere Kollege gutdotierte Werbeverträge. Fernsehaufnahmen aus den Siebzigern zeigen Hoeneß, der gegen Bezahlung die Gewinner eines Preisausschreibens bei sich zuhause begrüßt. Er wohnt inzwischen in einer Doppelhaushälfte. Die Gäste sollen eigentlich nur ins heimische Wohnzimmer kommen, müssen aber irgendwann aus dem Schlafzimmer geholt werden. Susi ist sauer, Uli bereut die Aktion.

Im Sommer 1972 wird Hoeneß, der in diesem Jahr Olympia als Karrierehöhepunkt eingeplant hat, mit der deutschen A-Nationalmannschaft Europameister. Das größte Spiel der Saison ist nicht das EM-Finale in Brüssel gegen die Sowjetunion (3:0), sondern ein Match im Viertelfinale, das im

Frühjahr ausgetragen wird. Die deutsche Nationalmannschaft stürmt am 29. April 1972 das berühmte Wembley-Stadion und besiegt England in London mit 3 : 1. Das gab es noch nie, es ist ein Sieg für die Geschichtsbücher und eine Genugtuung für das WM-Finale von 1966. Hoeneß trägt zum Erfolg ein Tor bei. Die Presse bejubelt ihn als »blond giant«. Und aus der Perspektive dieses Giganten schrumpfen die bevorstehenden Olympischen Spiele zumindest ein wenig in ihrer Bedeutung: »Als ich 1970 die Entscheidung für Olympia und gegen den Profivertrag gefällt habe, konnte niemand wissen, was aus mir wird«, sagt Hoeneß in der Rückschau. Seine Karriere hat sich quasi selbst überholt. Er braucht die Olympischen Spiele nicht mehr, um berühmt zu werden. Er ist es bereits. Eigentlich kann er bei München 72 nur noch verlieren.

Ein Fan der ehrfürchtig bestaunten »Wembley-Elf« verfolgt diese magische Fußballsaison aus dem deutsch-schweizerischen Grenzgebiet: Ottmar Hitzfeld. Er spielt auch bei einem FCB. Damit sind aber die Gemeinsamkeiten zwischen ihm und seinem Olympiateamkollegen Uli Hoeneß bereits erschöpft. FCB, das steht bei Hitzfeld für den FC Basel in der Schweiz. Das ist eine ganz andere Liga als der FC Bayern München.

Seinen Transfer zu einem der bekanntesten Vereine der Schweiz organisiert Ottmar Hitzfeld selbst: Er ruft einfach Helmut Benthaus an, den Cheftrainer des FC Basel. Bei den Vertragsgesprächen erstaunt der Deutsche seine zukünftigen Arbeitgeber: Hitzfeld will keinen Vertrag als Profi. Denn als sogenannter Vertragsspieler würde er bei einem Wechsel zurück zu seinem Lörracher Amateurverein für ein Jahr gesperrt. So sind die Regeln. »Ich wusste ja nicht, ob ich mich durchsetze, und wollte auf keinen Fall, dass der Weg zurück versperrt wird«, sagt Hitzfeld im Gespräch für dieses Buch. Die Lösung: Er unterschreibt in Basel einen Amateurvertrag. Für 600 Franken Spesen im Monat. Ottmar Hitzfeld ist jetzt das, was man einen »Legionär« nennt. Einer, der Fußball im Ausland spielt. Auch wenn in seinem Fall die Heimat ganz nah ist.

Vom Elternhaus sind es gerade einmal 200 Meter bis zur Landesgrenze. Der Vater ist Zahnarzt, viele Patienten kommen aus der Schweiz. »Ich habe immer einen engen Bezug zur Schweiz gehabt«, sagt Hitzfeld. Die Familie verbringt die Ferien häufig bei den Eidgenossen. Nun kickt der Grenzgänger auch noch bei den Nachbarn.

»Es gab keine modernen Strukturen«, erinnert er sich. In der Mannschaft des FC Basel spielen zwei bis drei Profis, der Rest geht tagsüber arbeiten. Zweimal in der Woche wird trainiert, »freiwillig«, fügt Hitzfeld als notwendige Erläuterung hinzu. Die Einheiten beginnen um 6 Uhr am Abend, weil die meisten Teamkollegen wegen ihrer Jobs nicht früher Zeit haben. Ein halber Amateurclub sei das, so der deutsche Neuzugang. Hitzfeld selbst kann die freie Zeit gut gebrauchen. Er studiert nebenbei an der Pädagogischen Hochschule auf Lehramt.

Der FC Basel wird 1972 Meister, Stürmer Hitzfeld ist in der Torschützenliste vorn mit dabei. Beim 4:0 gegen den FC Zürich trifft er wieder – diesmal vor den Augen von Jupp Derwall, dem Trainer der bundesdeutschen Olympia-Auswahl. Nach dem Spiel geht Derwall, dem wegen seiner erbleichten Haare bereits früh der Spitzname »Silberlocke« verpasst wird, in die Kabine der Sieger und direkt zu dem deutschen Torjäger: Ob Ottmar Hitzfeld Interesse an München 72 habe? Der Umworbene antwortet, bevor er richtig nachdenken kann: »Ja, natürlich. Es wäre eine Ehre für mich.«

Die Bedeutung von München 72 geht für den jungen Mann von der Schweizer Grenze über den Sport hinaus. Das Großereignis Olympia, das ist die zentrale Idee, soll die Welt im Jahr 1972 nach den schrecklichen Kriegsgräueln mit den Deutschen versöhnen.

Hitzfeld kennt die Zeitgeschichte aus den Berichten des Vaters. Der war im Zweiten Weltkrieg als Sanitäter in Stalingrad, Schauplatz einer furchtbaren Schlacht. Als der Veteran aus dem Osten heimkehrt, will er partout nicht über den Krieg reden. Er verdrängt einfach alles, sagt Ottmar, der Sohn, und berichtet, dass Robert Hitzfeld nicht in einem dunklen Zimmer schlafen kann. Einmal will der Sohn die Vorhänge schließen, als der Vater Mittagsschlaf hält. »Er ist dann hochgeschreckt: Lass auf!« Er verweist auf dessen Erlebnisse im Bunker an der Ostfront, »wo es rechts und links krachte. Ein Irrsinn.« Knapp 30 Jahre sei das jetzt her. Keine allzu lange Zeitspanne, findet der 23-jährige Fußballer angesichts des väterlichen Traumas. »Das ist ja gar nichts.« Der Sohn des Sanitäters von Stalingrad macht sich auf den Weg zu den Spielen – als junger Vertreter einer geläuterten Bundesrepublik.

Ottmar Hitzfeld ist im Kreis der deutschen Olympiafußballer ein Außenseiter. Der Einzige, der im Ausland spielt und seine zukünftigen Mannschaftskameraden »nur vom Fernsehen« kennt. Der Angreifer aus der Schweiz schnuppert erstmals die Höhenluft der etablierten Bundesliga-Kicker.

Im Olympiastadion von München liegt die Bundesrepublik am Abend mit Hoeneß und Hitzfeld im entscheidenden Spiel gegen die DDR nach einer guten halben Stunde mit 0:1 hinten. Dann kommt der große Auftritt des Bayern-Stars. Nach einem Doppelpass mit Hitzfeld vollführt Uli Hoeneß, Nummer 10, einen artistischen Scherenschlag. Jawoll, Fußball ist Kunst. 1:1. DDR-Torwart Jürgen Croy aus Zwickau ist machtlos. Es ist das bis dahin schönste Tor des olympischen Fußballturniers.

Aber es reicht noch nicht. Deutschland West muss gewinnen. Sonst zerplatzt der Traum von einer Medaille. Bei den Spielen, die bis vor drei Tagen noch heiter waren.

Nach dem Terror ist vor dem Terror. Das ist heute der Tenor der Münchener Tageszeitungen. »Terroristen erpressen Bonn«, titelt die *Abendzeitung*. »Laßt unsere Leute frei oder wir schlagen zu!« Die *tz* verkündet in riesigen Lettern auf Seite 1: »Araber drohen: Terror geht weiter« und packt unten auf die Seite Porträtfotos der drei überlebenden Olympia-Attentäter. Die Sorgen reichen über den Boulevard hinaus bis nach Bonn zur Bundesregierung.

Das Bundesinnenministerium hat die Sicherheitsbehörden der Länder benachrichtigt. Sie werden in erhöhte Alarmbereitschaft versetzt. Am Wochenende steht das jüdische Neujahrsfest an. Das Terrorkommando »Schwarzer September«, verantwortlich für das Olympia-Attentat, hat an die französische Nachrichtenagentur Agence-France Press (AFP) in Kairo einen Brief gesandt. Er enthält eine Forderung: Freilassung der drei Terroristen sowie die Überführung der getöteten Terroristen in eine arabische Hauptstadt nach Wahl (außer Amman). Sonst, so die Drohung, werden Briefbomben losgeschickt.

Die drei überlebenden Olympia-Attentäter sitzen momentan in der Justizvollzugsanstalt München-Stadelheim ein. Vor jeder Zellentür sind Wachen postiert. »Wir haben alle erdenklichen Sicherheitsvorkehrungen getroffen«, versichert der Leiter von Stadelheim, Herr Steyerer, der *tz*. Die Bevölkerung nimmt das zur Kenntnis, beruhigen kann es sie nicht.

Henri Nannens Leitartikel im *Stern* sind Woche für Woche nah am Puls der bundesrepublikanischen Gesellschaft. Die Worte des Chefredakteurs werden allenthalben gehört. Jetzt überschreibt Nannen seine Kolumne auf Seite drei mit den Worten: »Wir sind im Krieg«. Der Macher des *Stern*, sonst eher links der politischen Mitte angesiedelt, nimmt eine Gruppe besonders ins Visier: die Araber. »Da niemand von uns prüfen kann, welche Araber friedlich und welche verkappte Terroristen sind – einer der Münchener Terroristen soll im Olympischen Dorf gearbeitet haben –, sind alle Staatsangehörigen jener arabischen Staaten, die das Treiben der palästinensischen Terrororganisationen fördern, fristlos aus dem Bundesgebiet auszuweisen.« Nannen trifft einen Nerv.

In Frankfurt am Main kommt es zu anti-arabischen Ausschreitungen. Dunkelhäutige Passanten werden in der Innenstadt als »Verbrecher« geschmäht, weil man sie für Araber hält. Das hört erst auf, als die Männer nachweisen können, dass sie aus Spanien stammen. »Fast alle der 2654 in München registrierten Araber, davon 290 Kinder und 320 Frauen, gehen gesenkten Kopfes durch die Stadt«, schreibt die *tz*. Die Polizei müsse sie inzwischen vor Gegenanschlägen schützen. »Münchens Araber leben in Ängsten«, lautet die Überschrift des Artikels.

Aus dem Nachrichtenticker einer französischen Agentur vom Tage: »Die Palästinenser-Organisation Schwarzer September hat den Anschlag auf israelische Sportler als Erfolg bezeichnet … Das Ziel der Operation sei erreicht worden, weil acht Revolutionäre die gesamte Welt über 24 Stunden lang mobilisiert hätten. Staatschefs und Regierungen hätten in einem Klima der Spannung, der Angst und des Terrors gelebt.«

Eine weitere Tickermeldung zitiert aus einem Interview von Bundeskanzler Willy Brandt. Es ist eine letzte Ode an das Heiterkeitswunder, das im Blutbad von Fürstenfeldbruck zusammen mit den israelischen Opfern gestorben ist. Die Bundesrepublik, so der Kanzler, sei durch eine Handvoll Terroristen nicht nur schwer getroffen, sondern auch noch einmal schwer zurückgeworfen worden. Man sei »um eine große Chance und auch um die Anerkennung einer großen Leistung geprellt« worden. Das deutsche Volk fühle sich laut Brandt auf doppelte Weise getroffen: durch den Anschlag der Terroristen, »aber auch, weil man das zerstört hat, was die olympischen Spiele als Präsentation dieser Bundesrepublik Deutschland in der Welt bedeuten«. Das Projekt, rund um den Erdball ein neues, besseres und optimistisches Deutschland vorzuzeigen, wird mit diesen Statements vorerst zu den Akten gelegt. Die bundesdeutsche Mondrakete ist zerschellt. Vor den Augen der Welt. Jetzt muss die Veranstaltung irgendwie zu Ende gebracht werden. Also das, was davon übrig ist.

Viel ist es nicht. Der Terroranschlag hinterlässt auch bei den Kickern Spuren. Im Stadion, sagt Ottmar Hitzfeld in der Rückschau, habe er einen Eindruck gehabt »wie bei Geisterspielen« – trotz 80 000 Zuschauern auf den Rängen. »Die Stimmung war total gekippt.« Die aufgeheizte Atmosphäre, die eine Heimmannschaft braucht, fehlt. Besonders offenkundig wird das in der Schlussphase gegen die DDR. Es gibt kein Aufbäumen mehr, das von den Fans getragen wird. Es geht kein Ruck durch die Reihen, weder auf dem Rasen noch auf den Rängen. Die DDR gewinnt das erste Duell nach der deutschen Teilung mit 3 : 2 und zieht ins Spiel um Bronze ein. Uli Hoeneß sagt mit Blick auf die erstklassig besetzte ostdeutsche Mannschaft: »Wir haben nicht mit derselben Waffe gekämpft.« Ottmar Hitzfeld erklärt uns im Nachgang: »Wir hätten schon gerne die Bronzemedaille geholt.« Das klingt eher abgeklärt als frustriert.

Trotz des enttäuschenden bundesdeutschen Abschneidens ist Ottmar Hitzfeld, der Mann aus der Schweizer Liga, ein Gewinner: Er bekommt jetzt Angebote aus dem deutschen Oberhaus, von den Bundesligisten 1. FC Köln und Hertha BSC Berlin. Ein Filmproduzent aus West-Berlin, der als Gönner den dortigen Fußballverein unterstützt, lädt ihn an den Wannsee zu Gesprächen ein. Hertha gilt damals als Krösus, auf den selbst der Präsident von Bayern München manchmal neidisch ist.

Anders läuft es für Uli Hoeneß. Der Bayern-Star stand und steht wie kein Zweiter für das bundesdeutsche Fußball-Olympiaprojekt. Er weiß, dass er nun aufpassen muss, nicht als personifizierter Verlierer dazustehen, und macht das, was ihm beim Turnier auf dem Feld nach Ansicht seiner Kritiker selten geglückt ist: Er geht in die Offensive. Am Montag wird in der *Abendzeitung* seine große Abrechnung erscheinen. »Holt wieder Vollblut-Amateure«, lautet dort die zentrale Forderung von Hoeneß. Spieler aus kleinen Amateurklubs hätten »wesentlich weniger zu verlieren«. Und mutmaßlich mehr Spaß.

Jetzt ist die Bundesrepublik ausgeschieden. Raus. Selbst im Fußball hat die DDR die Nase vorn. Zwei Jahre später, 1974, wird es bei der Weltmeisterschaft in der Bundesrepublik zur Revanche kommen. Mit »der ganzen Kapelle« wird man antreten, wie einheimische Fußballfans sagen – also mit Maier, Vogts, Breitner, Beckenbauer, Netzer, Müller und wieder Hoeneß. Mit Deutschlands A-Team und nicht mit einer Amateurmannschaft. Dann will man es denen da drüben richtig zeigen. Dem Croy, dem Streich, dem Vogel – und dem Sparwasser. Doch: Es misslingt, wieder werden die westdeutschen Gastgeber verlieren, diesmal in Hamburg. Die Niederlage ist verschmerzbar, denn es bleibt die einzige des Turniers. Am 7. Juli 1974 wird die Bundesrepublik Fußballweltmeister – im Olympiastadion von München.

Aus dem Nachrichtenticker des Tages – im Telegrammstil: »mit dem einholen der olympischen flagge und dem verloeschen des olympischen feuers, das seit 28. August über dem hafen brannte, sind die olympischen segelwettbewerbe in kiel-schilksee am freitagabend feierlich beendet worden. nebelhoerner der im hafen liegenden schiffe heulten auf, als die flamme zu dem von einem lotsenchor gesungenen lied ›rolling home‹ verloeschte. stop. auf das feuerwerk zur schlussfeier hatte man wegen der israelischen opfer in muenchen verzichtet. stop.«

In München gibt das Organisationskomitee an diesem Freitag Einzelheiten für die Schlussfeier bekannt. Sie findet nun am Montag statt – und nicht wie im ursprünglichen Ablauf der Spiele geplant am Sonntag. Die Feier wird um 19.30 Uhr beginnen. Änderungen wird es bei den Ansagen und beim musikalischen Programm geben. Eine davon: Zum Abschied von Avery Brundage aus dem Amt des IOC-Präsidenten war das gemeinsame Absingen von »For He's a Jolly Good Fellow« zu den Klängen einer Bundeswehrkapelle geplant. Man hat sich entschieden, darauf zu verzichten.

Noch etwas fällt aus: Der bunte Abend am Montag (11. September), bei dem die Organisatoren mit Berichterstattern aus aller Welt feiern wollten. Die große Sause wurde in einer Mitteilung an die Journalisten auf Englisch so angekündigt: »You will be entertained with plenty of music, pretty ›Dirndl‹ (Bavarian costumes), groups of ›Schuhplattler‹ dancers and Bavarian folk singers in a festive tent.« Aus, vorbei, abgesagt. Dieses Oktoberfest en miniature hätte die heiteren Spiele perfekt beendet. Es passt nicht mehr.

Basketball
Regelinterpretation München 1972

Ja, hat denn keiner in dieses Heftchen geschaut?
Selten wurde ein Druckerzeugnis mit einem so
nüchternen Inhalt so aufwendig gestaltet. Doch
nie war diese Mühe so vergeblich. Denn beim
Basketball-Endspiel zwischen der Sowjetunion und
den USA wurden die Regeln, wie die amerikanische
Seite meint, schlichtweg gebrochen, und das sei
mehr als ein Skandal, nämlich ein Verbrechen.

TAG 15
Samstag, 9. September 1972

Der Zeiger steht auf 23.45 Uhr, eine Viertelstunde bis Mitternacht. Gleich geht es los auf dem heißesten Parkett, das München an diesem späten Samstagabend zu bieten hat. Und keiner darf mehr rein.

Die Olympische Basketballhalle auf dem Areal der Bezirkssportanlage an der Siegenburger Straße weist eine Kapazität von exakt 6536 Plätzen aus. Für die 71 Spiele bisher reichte das aus. Heute, beim letzten Match mit der offiziellen Nummer 72, ist die etwa sieben Kilometer südlich des Olympischen Dorfes gelegene Halle dem Ansturm nicht gewachsen. Das Finale zwischen den USA und der Sowjetunion ist einer der Höhepunkte von München 72. Das Aufeinandertreffen der Großmächte auf dem Court will sich niemand entgehen lassen. Die Halle ist überfüllt. Rund 7000 Menschen haben sich reingequetscht, schätzt der Reporter der *tz*.

Deutschlands Basketballkapitän Holger Geschwindner hat sich noch ein Plätzchen sichern können. Seine Majestät, der König von Griechenland, sitzt vor dem Anpfiff mit dem jungen Thronfolger auf dem Boden am Spielfeldrand, die Arme um die angezogenen Beine geschlungen. Heide Rosendahl und ihr Freund John Ecker haben sich gar nicht erst auf den Weg gemacht. Die Olympiasiegerin und der amerikanische Basketballer vom deutschen Meister Leverkusen verfolgen die Partie in ihrem Hotel am Fernsehen.

Die nachtschlafene Uhrzeit für den Tip-Off, den Anpfiff, ist der TV-Philosophie dieser Spiele geschuldet. Robert Lembke, Fernsehboss von München 72, will dem weltweiten Publikum olympische Entscheidungen am laufenden Band präsentieren. Tag für Tag, 24/7. Sein wichtigster Partner ist der amerikanische Fernsehsender ABC, niemand hat mehr für die Rechte bezahlt. Und deshalb beginnt das Endspiel in Mitteleuropa erst kurz vor Mitternacht – in den Vereinigten Staaten ist es ein früher oder später Samstagnachmittag, je nach Zeitzone. Ein idealer Slot für die vielleicht amerikanischste aller Disziplinen. Seit Basketball in Berlin 1936 olympisch wurde, gab es stets nur einen Sieger: die USA. Alles außer Gold wäre eine Enttäuschung. Viele Millionen werden jenseits des Atlantiks an den Fernseh-geräten sitzen, hohe Einschaltquoten sind geradezu garantiert.

Während die griechischen Royals noch nach einer angemessenen Plat-zierung suchen, hat ein 24-jähriger Student aus dem Ruhrgebiet einen der besten Sitzplätze in der Halle. Und er hat sogar einen Tisch vor sich. Hans-Joachim Tenschert ist einer der vier deutschen Kampfrichter, die bei die-sem Endspiel im Einsatz sind. Alle kommen sie aus Nordrhein-Westfalen. Es gibt einen Koordinator aus Düsseldorf, einen Zeitnehmer aus Oberhausen und einen 30-Sekunden-Zeitnehmer aus Wuppertal, der überprüft, ob das angreifende Team innerhalb einer halben Minute auf den Korb wirft. Der vierte, so ist es offiziell vermerkt, ist der »Anschreiber Hans-J. Tenschert, 4600 Dortmund-Wickede, Düttelstraße 10«. Seine Aufgabe beschreibt er im Interview zu diesem Buch so: »Ich war der Scorekeeper. Im Protokoll des Spiels werden die Spieler mit ihren Rückennummern eingetragen, dazu die Körbe, die Minuten, in denen sie erzielt wurden, die Fouls und die Auszei-ten.« Auf der Rückseite des Anschreibeblocks ist Platz für mögliche Proteste. Aber das kommt eher selten vor.

Hans-Joachim Tenschert, Brillenträger mit adrettem Scheitel, hat in dieser aufregenden Nacht zwar einen erstklassigen Sitzplatz. Aber am Ende des Spiels wird er sprichwörtlich zwischen allen Stühlen sitzen. Das Finale beginnt. Die offizielle Spieldauer beträgt zweimal 20 Minuten. Heute wird das nicht reichen.

Für jemanden aus dem Basketball ist Hans-Joachim Tenschert überraschend klein. Er misst 1,68 Meter. An der Ruhr-Universität in Bochum studiert er Mathematik und Geografie auf Lehramt. Der junge Kampfrichter ist einer aus der Generation München 72, die alles stehen und liegen lassen, um bei Olympia dabei zu sein.

Drei Jahre vor den Spielen, 1969, diente Tenschert bei der Bundeswehr in Bayern. »Ich war seit 1967 bei den Gebirgsjägern in Mittenwald statio-niert«, sagt er. »Dann schrieb mich der Bayerische Basketballverband an.« Ob er Interesse habe, zum Kampfrichter ausgebildet zu werden – mit der Perspektive Olympia 1972? Er hatte. Im April 1969 fand der erste Lehrgang in München-Schwabing statt. Die Regelkenntnis wurde anschließend in Theorie und Praxis mehrfach getestet. »Man musste sich nun bewähren«, sagt Tenschert. Zum Beispiel bei der Europameisterschaft 1971 im eigenen Land in Essen und Böblingen sowie bei der vorolympischen Qualifikation 1972, bei der um die letzten Startplätze für München gerungen wird. Zu den Olympischen Spielen werden dann vier Kampfrichterteams für jeweils 18 Spiele eingeteilt. Jeder von ihnen würde nur zu gern für das Spiel Nummer 72 ausgewählt werden, das große Finale.

Der Student wohnt während der Sommerspiele in München in einem Einzelzimmer des Augustinums, einem Internat. Dort sind die Mitglieder der Kampfgerichte sowie Helferpersonal untergebracht. Zur Basketballhalle kann man zu Fuß gehen. »Wir waren fast nur in der Halle«, sagt Tenschert. Sie erhalten eine finanzielle Entschädigung, »aber die ist nicht der Rede wert«. Dafür kann man aus nächster Nähe die Korbjäger aus aller Welt bestaunen. Und jetzt also das Gipfeltreffen der Groß- und Welt- und Supermächte an der Siegenburger Straße in München. USA versus UdSSR. *Cold War on the hard court*, hat jemand geschrieben.

Hans-Joachim Tenscherts Bild von den Amerikanern ist eine Nahaufnahme. Er wurde zwei Jahre nach dem Zweiten Weltkrieg, 1947, in Garmisch in Bayern geboren. Die Bundesrepublik existierte noch nicht, Deutschland war von den Siegermächten besetzt. »Ich empfand es als Gnade, in der amerikanischen Zone aufzuwachsen«, sagt er rückblickend. »Mein Vater aus dem Sudetenland war Koch und Kellner beim US-Militär.« Wer in der Nachkriegszeit bei den Amerikanern unterkam, hatte das große Los gezogen. »Wir kamen an vieles, woran die deutsche Zivilbevölkerung nicht herankam«, sagt Tenschert, ein echtes Kind des Kalten Krieges.

Wie dachte er über den großen Gegenspieler der USA, die Sowjetunion? »Mein Eindruck war zunächst geprägt durch die Verwandtschaft in Mecklenburg.« Den drei Cousins dort schickten sie Pakete. Tenscherts Mutter ist in Rostock aufgewachsen. »Sie erzählte von den Entbehrungen, aber auch von sowjetischen Soldaten, die großzügig die deutsche Bevölkerung beschenkten.« Mulmig wurde ihm erst, als Moskaus Truppen beim Prager Frühling 1968 in die Tschechoslowakei einmarschierten. Bei der Bundeswehr wurde eine Urlaubssperre angeordnet. Die Sorge war groß, dass der Kalte Krieg heiß wird. »Wäre die Situation weiter eskaliert, hätten wir Gebirgsjäger ausrücken müssen.« Eine Auseinandersetzung zwischen Ost und West blieb aus. Was man vom Finale des Basketballs später nicht sagen kann.

Im Endspiel liegen die Sowjets, in roten Trikots, gegen den hohen Favoriten USA mehrmals zweistellig vorne. Zur Halbzeit führen sie 26 : 21, zwölf Minuten vor Schluss noch 38 : 34. Dem Finale, angekündigt als eine der großen Attraktionen der Olympischen Spiele, mangelt es an Höhepunkten. »Wir hatten uns erhofft, ein schönes Spiel zu sehen«, sagt Hans-Joachim Tenschert. »Es gab aber wenig Körbe und noch weniger tolle Aktionen. Eine Werbung für den Basketball war das nicht.« Der Reporter der *Abendzeitung* stimmt zu. »Bei beiden Mannschaften keine Spur von Varieté, kein Hauch von Harlem-Globetrotters«, beschreibt Ernst Fischer seine Enttäuschung. Im Journal des Deutschen Basketball Bundes heißt es trocken: »Die ersten 39 Minuten und 57 Sekunden sind schnell erzählt.«

Die letzten drei Sekunden machen alles wett. Sie bieten feinste Samstagabendunterhaltung mit ganz großen Gefühlen: Hoffnung und Trauer, Schmerz und Erlösung. Aus einem Spiel zum Vergessen wird ein unvergessliches Drama.

Eine halbe Minute vor Schluss sehen die Russen wie der sichere Sieger aus. Sie führen 49 : 48 und sind in Ballbesitz. Die Männer in Rot passen sich den Ball zu, lassen routiniert die Uhr herunterlaufen. Zehn, neun, acht. Doch dann fängt der Amerikaner Doug Collins einen Fehlpass ab und stürmt mit dem Ball zum Korb am anderen Ende des Courts. Der russische Verteidiger kann ihn nur mit einem Foul stoppen. Collins knallt gegen den Sockel der Korbanlage. Und bleibt erst einmal liegen. Es gibt zwei Freiwürfe für die USA. Die Uhr wird angehalten. Drei Sekunden vor dem Ende.

Im Basketball lautet die Regel: Der gefoulte Spieler muss selbst zu den Freiwürfen antreten. Das ist jetzt ein Problem für die Amerikaner, denn Collins liegt noch am Boden. Sie heben ihn hoch. »Ich war mit meinem Kopf gegen den Sockel geprallt, und mir war schwindlig«, erinnert sich der weiße Student der Hochschule Illinois State im Mittelwesten Amerikas. Er schüttelt sich und bereitet seinen ersten Freiwurf vor. Auf dem Spieler mit der Nummer 5, im Olympiasommer gerade 21 Jahre alt geworden, liegt jetzt die Last einer ganzen Nation. Doug Collins ist ein Riesenkerl, 1,99 Meter groß und 82 Kilogramm schwer. In diesem Moment sieht er aus wie ein schüchterner Teenager, der zur Musterung bei der Armee antreten muss. Sein weißes Trikot, die weiße Hose und die weißen Strümpfe verstärken den blässlichen Eindruck noch. Ein Treffer beim Freiwurf gibt einen Punkt.

Das Bürschchen versenkt den ersten Wurf. 49 : 49. Und den zweiten. 50 : 49. Beide Versuche gehen glatt rein, perfekt exekutiert. Ohne Berührung des Rings und scheinbar ohne Nerven – als würde Collins nur ein paar Trainingswürfe morgens im Park absolvieren. Am Kampfrichtertisch in der Halle notiert der Anschreiber Hans-Joachim Tenschert auf seinem Block ordentlich die erzielten Körbe. Für Doug Collins aus Illinois sind es heute die Punkte 7 und 8.

Das Spiel hat sich gedreht: Zum ersten Mal im Verlauf der Partie liegen die favorisierten US-Boys vorne. »Die Halle ist ein wahres Tollhaus«, sagt Eberhard Stanjek vom Bayerischen Rundfunk im Rückblick in der Olympiareihe *Seinerzeit*. Viele feuern die USA bei ihrer Aufholjagd an, die nun vor einem Happy End wie in einem Hollywood-Film stehen. Dann beginnen die längsten drei Sekunden in der Geschichte der Olympischen Spiele.

MEDAILLENSPIEGEL

Samstag, 9. September 1972

	G	S	B
1. Sowjetunion	32	21	18
2. USA	27	28	24
3. DDR	19	17	20
4. Japan	12	7	8
5. Australien	9	7	2
6. Bundesrepublik	8	9	11

Die Sowjetunion vor den USA, die DDR vor der Bundesrepublik: Wenn der Sport die Verlängerung des Kalten Krieges im Stadion ist, wenn das Abschneiden bei Olympia Auskunft darüber gibt, welches politisch-gesellschaftliche System die Nase vorn hat – dann ist München 72 ein empfindlicher Schlag für den freien Westen, allen voran für seine Führungsmacht, die Vereinigten Staaten von Amerika. Vier Jahre zuvor, bei den letzten Sommerspielen 1968 in Mexiko-Stadt, heimsten die USA noch 45 Goldmedaillen ein, satte 16 mehr als die Sowjetunion (29). Jetzt bietet sich ein anderes Bild. Und die ganze Welt guckt am Fernseher zu. Nirgendwo gibt es mehr TV-Geräte als in Amerika, dem Land des technologischen und wirtschaftlichen Aufschwungs.

Roone Arledge, legendärer Sportchef des amerikanischen Olympia-senders ABC, hat für die Fernsehrechte tief in die Tasche gegriffen. Denn die deutschen Organisatoren haben beim transatlantischen Verhandlungs-poker die Nerven bewahrt. Das Ergebnis: ABC Television bezahlte 13,5 Millionen US-Dollar für die exklusiven US-Rechte, ungefähr doppelt so viel wie ursprünglich geboten. In der Geschichte der Spiele hatte bis dahin nie jemand so viel für die Übertragungen auf den Tisch gelegt.

Trotzdem machen Arledge und ABC ein gutes Geschäft. Sie verlangen von den werbetreibenden Unternehmen in den USA durchschnittlich 48 000 Dollar pro Minute. Das macht bei zwei Wochen Olympia und massiv ausgeweiteter Live-Berichterstattung einen avisierten Umsatz von 24 Millionen Dollar für ABC. Zieht man die Summe für Rechte und Produktion ab, bleibt ein »healthy profit«, ein satter Gewinn, rechnet der amerikanische Autor David Clay Large vor. Der Kalte Krieg spielt hier eine zentrale Rolle. Weil die Einschaltquoten erheblich von der Rivalität der Supermächte ab-hängen, lässt ABC eine Klausel in den Vertrag schreiben: Sollten die UdSSR oder die USA die Münchener Spiele aus irgendeinem Grund boykottieren, kann sich der Fernsehsender zurückziehen.

Wie Ost und West im internationalen Schaufenster von Olympia ab-schneiden, darüber entscheiden auch die Schieds- und Kampfrichter. In Sportarten wie Turnen und Boxen – wo nicht in Metern, Minuten und To-ren gemessen wird – werden bei München 72 schon einmal Zweifel an der gebotenen Unparteilichkeit der Referees laut. Der bisweilen geäußerte Vor-wurf aus dem Lager des Westens: Insbesondere osteuropäische Kampfrich-ter demonstrieren eine »schmerzhaft offensichtliche Bevorzugung« ihrer kommunistischen Nachbarn, so David Clay Large.

Er berichtet von einem Boxkampf im Leichtmittelgewicht zwischen einem Russen und einem Amerikaner. Obwohl der US-Fighter Reggie Jones seinen Rivalen dreimal auf die Bretter schickt, ohne selbst nennenswert getroffen zu werden, wird der Sieg mit 3 : 2-Richterstimmen seinem sowje-tischen Gegner Waleri Tregubow zugesprochen. Das entscheidende Votum kommt von einem Vertreter aus Europas Südosten. Auch die Kampfrichter der just unabhängigen afrikanischen Staaten müssen sich den Vorwurf ge-fallen lassen, bisweilen im Sinne von Geografie und politischer Ausrichtung zu entscheiden. Am dritten Tag der Boxwettbewerbe von München erhalten laut Large sechs Kampfrichter eine Verwarnung, ein siebter wird umgehend gefeuert. Zwei Tage später kommt es zu weiteren Suspendierungen.

Diese Vorkommnissse sind lediglich so etwas wie ein Vorgeschmack auf den Skandal, der in der Schlussphase des Endspiels im Basketball zwischen den USA und der UdSSR losbrechen wird. Und der junge Kampfrichter Hans-Joachim Tenschert aus Dortmund ist dann mittendrin statt nur dabei.

Drei Sekunden noch. Die Uhr läuft. In der Basketballhalle haben die Russen direkt nach Collins' Freiwürfen ihren letzten Gegenangriff gestartet. Sie befinden sich ungefähr in der Mitte des Spielfelds, als das Spiel überraschend unterbrochen wird. Chaos bricht aus. Über das, was los ist, existieren nachher abweichende Versionen. Der Anschreiber Hans-Joachim Tenschert erlebt es als Augenzeuge aus nächster Nähe: »Der sowjetische Trainer wollte eine Auszeit bekommen, um die Uhr anzuhalten. Aber die Kabelapparatur, die das sowjetische Team mit dem Kampfgericht verbindet, war in dem Durcheinander unter die Bank gerutscht.« Die Anmeldung der Auszeit kommt deshalb zu spät. Die Schiedsrichter auf dem Feld sind irritiert, stoppen das Spiel, weil die Männer auf der russischen Bank – wegen der nicht erfolgten Auszeit – in heller Aufregung sind. Doch zuvor sind zwei weitere Sekunden heruntergelaufen. Auf der Uhr ist nur noch eine einzige Sekunde Spielzeit übrig. Von der Pressetribüne beobachtet *tz*-Reporter Rolf Dieter ein »wildes Tohuwabohu«. Die Emotionen kochen hoch.

Jetzt betritt ein Mann im Rentenalter die Bühne. Er ist weder Schieds- noch Kampfrichter. Doktor Renato William Jones sitzt im Publikum, ein paar Reihen hinter Hans-Joachim Tenschert. Der Brite ist kein Fan, sondern der Generalsekretär des Basketball-Weltverbands FIBA – und ein gewiefter Strippenzieher. »Graue Eminenz« nennt man das im Jahr 1972. Der 65-jährige Machtmensch gibt eine Anweisung, er muss dafür nicht einmal den Mund öffnen. Tenschert sieht, wie Jones einfach nur drei Finger hebt – für drei Sekunden. Nach dem Willen des Funktionärs soll die Uhr zurückgestellt werden, sollen drei Sekunden Spielzeit bleiben. »Er war dazu gar nicht berechtigt«, schüttelt Tenschert den Kopf. »So etwas konnte nur der technische Delegierte anordnen. Und das war ein Franzose neben mir, mit würdigen weißen Haaren.« Monsieur entscheidet sich leider dafür, die Dinge einfach laufen zu lassen.

Die Spieluhr zurückzustellen sei ganz schön kompliziert, so Tenschert. »Ein Mechaniker des Uhrenherstellers muss extra das Gehäuse aufschrauben und dann die Uhr neu stellen.« Während der Techniker der Schweizer Firma noch am Werk ist, geben die Schiedsrichter den Ball frei. Die Russen starten zum zweiten Mal zum letzten Gegenangriff. Der Zeitnehmer, ein Kollege Tenscherts, erkennt das Missgeschick der Schiedsricher – und betätigt das Signalhorn, um die Referees darauf aufmerksam zu machen, dass die Zeitmessung noch nicht wieder bereit ist.

Es ist wie in einer rasanten Komödie: Eine absurde Situation legt den Grundstein für die nächste. Denn jetzt interpretieren die Amerikaner das Warnsignal des Zeitnehmers als Schlusssirene. Als Abpfiff. Als Erlösung. Als Olympiasieg. Sie brechen in Jubel aus, springen umeinander her wie fröhliche Welpen in einem Alpenbach. Um sie herum füllt sich der Court mit jubelnden Fans. Eberhard Stanjek sagt: »Das Publikum stürmt die Arena.« Die Männer in den weißen Trikots mit den riesigen Buchstaben »USA« denken, dass sie gewonnen haben. »Alles scheint klar, Gold für die USA, Silber für die Sowjetunion«, so Stanjek.

Die Amerikaner und der deutsche Moderator irren. Das Spiel ist unterbrochen, nicht beendet. Alles geht zurück auf Anfang. »Bitte verlassen Sie das Spielfeld«, bittet der Hallensprecher. Die Zuschauer gehen zurück auf ihre Plätze. Aus den Lautsprechern hören sie zunächst auf Deutsch, dann in Englisch und Französisch: »Das Spiel dauert noch drei Sekunden.« Die längsten drei Sekunden der Sporthistorie sind noch lange nicht um.

Die sicher geglaubte Goldmedaille im Basketball soll ein Trostpflaster sein für die angeschlagene US-Olympiamannschaft von 1972. Die Schmerzen heilen kann sie nicht ganz. Denn abgesehen von Ausnahmeathleten wie Mark Spitz haben die Amerikaner bei den Spielen eine eher unglückliche Figur abgegeben. Dazu beigetragen hat der Skandal um Vince Matthews und Wayne Collett (siehe Tag 13), aber vor allem zwei Vorgänge, die internationale Beobachter in den vergangenen Tagen mit einer Mischung aus Erstaunen und Belustigung zurückgelassen haben.

Nicht nur beim Basketball, auch bei den Sprintwettbewerben der Herren galten die US-Teilnehmer als sichere Goldkandidaten. Der Speed von Stars wie Eddie Hart und Reynaud Robinson wurde vor den Spielen nur noch von ihrem Selbstbewusstsein übertroffen. Beide waren in der Vergangenheit die 100-Meter-Strecke bereits unter 10 Sekunden gelaufen. Die schnellsten Männer der Welt, daran gibt es in der Heimat von Sprintlegende Jesse Owens keine Zweifel, kommen aus Amerika. *Of course.* Aber dann wird aus dem erwarteten Triumphzug die »wohl makaberste Tragikkomödie der Olympischen Spiele« *(Abendzeitung)*, eine »amerikanische Tragödie« (ABC-Moderator Howard Cosell). Es ist der Stoff, aus dem nachher verschiedene Legenden gestrickt werden, mit variierenden Fakten.

So viel ist klar: Die US-Sprinter Eddie Hart, Reynaud Robinson und Robert Taylor haben am 31. August 1972 ihre Vorläufe jeder für sich locker gewonnen. Von da an ist nichts mehr sicher. Die Athleten kehren zunächst ins Olympische Dorf zurück, um sich für die am Nachmittag anstehenden Zwischenläufe ein wenig auszuruhen. Im Fernsehzentrum sehen sie einige Zeit später genau diese Zwischenläufe über 100 Meter. »Eine hübsche Aufzeichnung«, sagt Robinson zu einem der Techniker. »Wir senden keine Aufzeichnungen«, antwortet der Mann. »Das ist live.« Robinson schüttelt den Kopf: »Unmöglich. Denn in diesem Lauf müsste ich ja mitrennen.« Eddie Hart erinnert sich: »Danach war alles nur noch Panik.«

Sie hetzen los zum Stadion auf der anderen Seite des Mittleren Rings. Erst mit einem Kleinbus, dann zu Fuß. »Vermutlich rannten sie so schnell, dass sie alle eine Goldmedaille im Hindernislauf gewonnen hätten«, schreibt die *Süddeutsche Zeitung* Jahre später. Noch nie war das Motto »Olympia der kurzen Wege« so relevant, feixt ein Beobachter. Das Publikum im Olympiastadion ist verblüfft. Auf der Anzeigetafel wird Robinson für den ersten Zwischenlauf als »nicht angetreten« vermerkt. Wenig später fehlt auch Eddie Hart beim Start. Die Zuschauer sind ratlos. Ist das etwa wieder eine Protestaktion von schwarzen Amerikanern?

»Bei mir fehlten nur Sekunden«, sagt Hart später in einem TV-Interview. »Ich war im Stadiontunnel, als mein Rennen losging.« Der einzige US-Sprinter, der wirklich von den kurzen Wegen profitieren kann, ist Robert Taylor. Er kommt rechtzeitig an, kann sich noch über 30 Meter warmlaufen und schafft es als Zweiter ins Halbfinale. »Ich hatte keine Ahnung, gegen wen ich eigentlich lief«, sagt er in der Rückschau zum Chaos dieses Tages.

Schneller, als man für die kurze Distanz vom Dorf ins Stadion braucht, beginnt das *blame game*, die Suche nach dem Schuldigen für das Desaster.

Verantwortlich für die Panne ist mutmaßlich der amerikanische Trainer Stan Wright. Er hatte sich auf einen veralteten Zeitplan verlassen. Angeblich war das Dokument anderthalb Jahre alt, will ein US-Journalist herausgefunden haben. Howard Cosell stellt während der ABC-Übertragung immer wieder dieselbe Frage: »Warum hatten alle anderen die richtigen Zeitpläne, nur die Amerikaner nicht? Unser Sender hatte sie doch auch.« Coach Wright bricht in Tränen aus. »Es ist eine schreckliche Sache. Ich werde sie nie mehr aus den Knochen kriegen.«

Im amerikanischen Englisch gibt es für das, was dann noch passierte, eine hübsche Redewendung: *adding insult to injury*. Sie passt hier perfekt. Denn der Schmerz der verpassten Gelegenheit wird für die US-Läufer noch gesteigert, als sie sehen, wer Olympiasieger über die 100-Meter-Distanz wird: Es ist ein Sowjetrusse, einer aus dem Imperium des Kommunismus, denen man eher Siege im Gewichtheben und Speerwerfen zutraut. Der schnellste Mann von München heißt Valeri Borsow, wurde im Vorfeld von den Amerikanern belächelt – und siegt nun über 100 und noch einmal über 200 Meter. Für die Amerikaner ist diese Niederlage im Kalten Krieg des Sports noch schlimmer als die Fußballschlappe der Bundesdeutschen am Tag zuvor gegen die DDR.

Wenn die Geschichte vom verschlafenen Start als halbe Komödie durchgehen könnte, dann muss der Fall von Rick DeMont aus San Francisco als Drama gelten. Und »Fall« darf man hier auch in der anderen Bedeutung des Wortes begreifen, von ganz oben nach tief unten.

Der junge Rick, ein Schwimmer aus Kalifornien, nahm seit dem vierten Lebensjahr Medikamente gegen Asthma und Allergien. Die Krankheiten hinderten ihn nicht daran, zu einem Wunderkind im nassen Element zu werden. Bei den Münchener Spielen ist er gerade 16 Jahre alt. Seine Arzneimittel hat er mitgebracht. Er nimmt sie weiter. Niemand sagt ihm, dass das ein Problem sein könnte.

Am 1. September 1972 wird Rick DeMont in der Schwimmhalle, dem »Eisberg«, Olympiasieger über 400 Meter Freistil. Nach dem Rennen wird der Gewinner routinemäßig zur Dopingkontrolle gebeten, bei der anschließenden Siegerehrung badet der Teenager auf dem Podest im Beifall der Zuschauer. Sie sehen einen hochaufgeschossenen Jungen, der den schönsten Augenblick seiner Laufbahn erlebt. Es bleibt nur ein Moment.

Drei Tage später kommt die Nachricht, dass beim Olympiasieger Spuren der verbotenen Substanz Ephedrin entdeckt wurden. Ephedrin ist ein Bestandteil von DeMonts Asthmamittel Marax. »Ich habe das nicht genommen, um meine sportlichen Leistungen zu verbessern, sondern um zu überleben«, wehrt sich der junge Athlet. »Er hat nichts falsch gemacht«, verteidigt ihn der oberste US-Funktionär Clifford Buck. Vergebens. Der amerikanische Protest wird abgeschmettert. Das Internationale Olympische Komitee weist Buck an, dem Schwimmer die Goldmedaille wegzunehmen. Der mutmaßliche Dopingsünder wird gesperrt und aus den Ergebnislisten getilgt – als hätte es Rick DeMont bei München 72 nie gegeben.

Es wird knapp drei Jahrzehnte dauern, bis das Olympische Komitee der USA (USOC) offiziell zugibt, dass man in München fehlerhaft mit DeMonts *medical information* umgegangen ist. Im Jahr 2001 bittet das USOC das IOC, Rick DeMont die Goldmedaille zurückzugeben. Amerikas führender Sportsender ESPN meldet das auf seiner Website unter der Schlagzeile »Rick DeMonts guter Ruf wiederhergestellt«.

Bei München 72 ist es für Schadensbegrenzung zu spät. Die Amerikaner sind nun für den Dopingskandal eines Olympiasiegers verantwortlich. Das sorgt international für hässliche Schlagzeilen. Es ist der prominenteste von sieben registrierten Dopingfällen bei München 72.

Ein Triumph im Basketball ist für die USA jetzt fast eine Frage der nationalen Ehre. Die Sportart ist eine der Bastionen des Spitzensports, in denen Amerika zweifelsfrei Weltklasse darstellt. Dabei treten in München nicht einmal die besten US-Korbjäger an. Es ist wie bei den westdeutschen Fußballgrößen um Franz Beckenbauer – auch die Superstars in der National Basketball Association (NBA) sind Profisportler. Sie verdienen zu viel, um bei Olympia noch als Amateure durchzugehen. »Das Spiel auf die beiden Körbe ist ›drüben‹ ein hochbezahlter Job«, schreibt Jo Viellvoye in einer deutschen Sportzeitschrift im Sommer 1972. Spitzenkräfte wie der legendäre Wilt Chamberlain vom aktuellen Meister Los Angeles Lakers oder Spencer Haywood von den Denver Rockets bekämen für einen Zweijahresvertrag die fantastische Summe von einer Million Dollar. München 72 findet ohne sie statt.

Wie Uli Hoeneß spekulieren auch die Mitglieder des aktuellen US-Basketballteams auf kommerziellen Profit nach München 72: Für Amerikas

Talente ist Olympia nur eine Durchgangsstation auf dem Weg in die berühmte Profiliga NBA. Die Amateure, die für die USA in diesem Sommer auflaufen, hat Trainer Hank Iba an den Colleges und Universitäten von Minnesota bis Houston gefunden. Dieses Selektionsprinzip hat Tradition. Es wurde auch bei den vergangenen Sommerspielen erfolgreich angewendet. Nur: Diese Auswahl, mit sechs weißen und sechs schwarzen Akteuren besetzt, fasst nicht richtig Tritt. Der 68-jährige Coach Iba bevorzugt intensive Defensivarbeit, der Angriff kommt nur schleppend in Gang. »Reaktionär« sei dieser Stil, schimpfen daheim die Kritiker. »Am Rande des Abgrunds« sieht eine deutsche Tageszeitung die College Boys während des olympischen Turniers. Experten und Journalisten sind in Sorge um die mutmaßlich sicherste Goldmedaille der Vereinigten Staaten.

An der Siegenburger Straße in München steht es im olympischen Finale im Basketball 50:49 für die USA gegen die Sowjetunion. Die Uhr ist inzwischen zurückgestellt – drei Sekunden verbleiben den Russen, um in einer allerletzten Aktion das Spiel noch für sich zu entscheiden. Die Amerikaner sind sichtlich verwirrt. Ihr Sieg stand doch schon fest, *right*? Hölzern stellen sie sich auf, wie Roboter, die auf den falschen Zustand programmiert sind.

Die Russen starten jetzt den dritten Versuch eines letzten Gegenangriffs. Ein sowjetischer Spieler stellt sich an der eigenen Grundlinie auf. Energisch schleudert er den Ball quer über das Feld in Richtung des amerikanischen Korbs. Mit letzter Kraft und der vagen Hoffnung, dass da am anderen Ende vielleicht jemand richtig steht. Und der russische Riese Alexander Below steht genau richtig. »Goldrichtig«, sagt Reporter Stanjek rückblickend.

Below fängt den Ball, setzt sich gegen zwei Amerikaner durch, springt hoch und tippt ihn in den Korb. Zwei Punkte. 51:50. Die Sowjetunion hat gewonnen. Zum ersten Mal gehen aus dem olympischen Basketballturnier nicht die USA als Sieger hervor. Die Russen jubeln, die Amerikaner sehen aus wie Jungs, denen man im Freibad das letzte Eis weggeschnappt hat. Auf jedem Quadratmeter Spielfeld sind Menschen im emotionalen Ausnahmezustand zu besichtigen.

»Mir taten die Amerikaner leid«, sagt Hans-Joachim Tenschert nachher. Er wird nach der endgültigen Schlusssirene am Kampfrichtertisch bedrängt und beschimpft. Die Vertreter der Vereinigten Staaten fühlen sich um den

Sieg betrogen. »Einige waren sehr böse und zornig.« Der Anschreiber erinnert sich im Interview besonders an Hank Iba, den Head Coach der USA. Tenschert fürchtet um den Anschreibeblock. Was, wenn ihm jemand das offizielle Dokument aus der Hand reißt? Der 24-Jährige hat eine Idee, wie er den Block sichert. Er schiebt sich das Papier unter den Hintern und setzt sich einfach drauf. Zu Ende ist der Basketballkrimi damit noch nicht. Er geht abseits des Spielfelds in die Verlängerung.

Auch der Abgesandte des amerikanischen Präsidenten Richard Nixon hat in München zunächst wenig Fortüne. US-Sicherheitsberater Henry Kissinger vertritt seinen Boss bei den Olympischen Spielen und besucht in dieser Funktion den CDU-Vorsitzenden Rainer Barzel. Als die beiden in die Münchener Hotelsuite des deutschen Gastgebers hochfahren wollen, bleibt der überfüllte Aufzug stecken. Die herbeigerufene Feuerwehr braucht 20 Minuten, um Politiker und Sicherheitsbeamte aus der peinlichen Situation zu befreien. Damit es dem hohen Gast aus Washington auch im Lift an nichts fehlt, reicht die Hoteldirektion Getränke – durch eine eingeschlagene Scheibe der Fahrstuhltür.

Präsident Nixon steckt zuhause mitten im Wahlkampf. Auch in den USA steht im verbleibenden Olympiajahr ein nationaler Urnengang an. Im August 1972, kurz vor dem Start der Münchener Spiele, machen die Delegierten auf dem republikanischen Parteitag in Miami den Amtsinhaber zu ihrem Präsidentschaftskandidaten. Auf dem »Convention« genannten Kongress haben die Organisatoren nichts dem Zufall überlassen, fast ein wenig so wie die Deutschen bei der Eröffnungsfeier der Olympischen Spiele. Die Reden in Miami müssen vorher dem Parteivorstand zur Billigung vorgelegt werden, berichtet der *Spiegel*, »bis hin zu den Gebeten der Geistlichen«. Für die Show-Einlagen in der Halle sorgen kantige Hollywood-Stars wie John Wayne, Glenn Ford und James Stewart. Sie führen »Propagandafilme« vor, schreibt die *Abendzeitung*.

Bis nach draußen vor die Tür reicht die fast perfekte Inszenierung nicht. Die Kameras der Reporter fangen ein, wie die Polizei vor Ort massiv mit Tränengas gegen Demonstranten vorgeht. Etwa 580 zumeist junge Menschen werden in Florida festgenommen, als sie versuchen, den Parteitag zu blockieren. Ihr Protest richtet sich gegen die Vietnam-Politik von Richard

Nixon. Einen »ehrenvollen Rückzug« hatte der Präsident vor vier Jahren bei seiner Wahl versprochen. Die Realität des Feldzugs in Südostasien sieht anders aus. Der Krieg ist auf Laos und Kambodscha ausgedehnt worden. Allein an einem einzigen Tag im Olympiamonat August 1972 werfen die Vereinigten Staaten über Süd- und Nordvietnam 3000 Tonnen Bomben ab. »Mehr als je zuvor in den über zehn Jahren Krieg«, so der *Spiegel*. Die gleichzeitig in Frankreich stattfindenden Friedensgespräche zwischen beiden Seiten kommen kaum voran.

In einem Essay für den *Spiegel* beschreibt der Historiker Arthur Schlesinger jr. den amerikanischen Status quo im Wahljahr 1972. Es ist eine Abrechnung mit Nixons Regierung: An den Universitäten würden wieder und wieder Unruhen ausbrechen, die Inflation sei immer noch nicht unter Kontrolle, die Zahl der Gewalttaten habe sich im Vergleich zum Jahr 1960 mehr als verdoppelt, und die Wohlfahrtszahlungen würden alarmierend ansteigen. Ein Beleg dafür, dass immer mehr Bürger in die Armut abgerutscht seien. »Das Bild ist fraglos entmutigend«, so der angesehene Autor.

Präsident Nixon, Spitzname: Tricky Dick, ist im Olympiasommer bereit, für seine Wiederwahl 1972 fast alles zu tun. Er mag ein Konservativer sein, aber seine Vorgehensweise erinnert an einen Spontispruch aus den Siebzigern: Legal, illegal, scheißegal.

Im Juni 1972 brechen einige Männer in das Wahlkampf-Hauptquartier der Demokratischen Partei in der Hauptstadt Washington ein. Es ist zunächst nur eine kleine Meldung. Sie wird große Folgen haben. Hinter der Straftat stecken Unterstützer und Vertraute des Präsidenten. »Das Ding wird von Tag zu Tag bestürzender«, urteilt der *Evening Star* bereits während der Olympischen Spiele.

Es wird dieser Einbruch sein, und was der Präsident darüber wusste und wann er es wusste, der Nixon später aus dem Weißen Haus vertreibt. Der Skandal ist nach dem Tatort des Verbrechens benannt, einem Gebäudekomplex am Potomac River. Sein Name geht in die amerikanische Geschichte ein: Watergate.

Der Sportjournalist und ehemalige Olympiateilnehmer Christoph Brasher sieht eine Parallele zwischen dem aktuellen Zustand des Landes und dem unvorteilhaften Bild, das die Vereinigten Staaten bei den Spielen in München abgeben. Die amerikanische Mannschaft sei in sich ähnlich gespalten wie die amerikanische Gesellschaft. Es gebe einen »*internal war*«, einen Krieg in den eigenen Reihen. Für Brasher steht fest: »Eine unglückliche Gesellschaft bringt ein unglückliches Team hervor.«

Die unglücklichen Amerikaner haben nach dem Abpfiff Protest gegen das Ergebnis des Basketballfinales eingelegt. Sie fertigen ein eigenes Protokoll an. Der Titel ist unterstrichen und in Großbuchstaben getippt. Die Wortwahl zeigt an, wie groß der Zorn und die Enttäuschung beim Team USA sind: »RECONSTRUCTING THE CRIME« steht dort, was in etwa »Die Rekonstruktion einer Straftat« bedeutet. Dass ihnen die Russen Gold im Basketball geklaut haben – das ist für die Amerikaner ein veritables Verbrechen. Beraubt worden sei man, beschreibt eine Zeitung daheim die Gemütslage. Coach Hank Iba darf das sogar wörtlich nehmen. Er stellt nachher fest, dass ihm ein Unbekannter im Gewühl am Spielfeldrand 370 Dollar aus seiner Hosentasche gestohlen hat.

Eine letzte Hoffnung haben Amerikas ruhmreiche Basketballer noch: Morgen wird die FIBA-Jury ab 12 Uhr mittags über ihren Einspruch befinden. Gold ist noch nicht vergeben worden. Die Siegerehrung konnte im nächtlichen Trubel nicht mehr durchgeführt werden. Sie wird morgen stattfinden.

Für die Amerikaner ist dieser 9. September 1972 in München ein rabenschwarzer Tag, an dem irgendwie alles schiefgeht. Auch jenseits des Basketballs.

Aus dem Polizeibericht: »Bis vier Uhr morgens zechten am 9.9.72 drei US-Staatsangehörige und ein Deutscher in einem Schwabinger Lokal. Sie waren etwas angeheitert und fühlten sich nach dem Verlassen der Gaststätte noch stark genug, um eine schneidige Tat zu vollbringen. Der Deutsche, von dem nur der Vorname Wolfgang bekannt ist, regte den Diebstahl einer Olympiafahne in der Nähe des Englischen Gartens an. Als einer der Täter auf den Mast geklettert war und die Fahne herunterholte, kam die Funkstreife. Während Wolfgang flüchten konnte, wurden die drei US-Bürger vorläufig festgenommen.«

13 Goldmedaillen holte die Bundesrepublik bei den Olympischen Spielen 1972. Kein westdeutscher Olympiasieger freute sich so ausgelassen wie der Boxer Dieter Kottysch, der als Teenager mit seiner Mutter aus Polen nach Hamburg gekommen war.

TAG 16

Sonntag, 10. September 1972

München ist beim Umweltschutz der Zeit voraus. Zumindest an diesem Nachmittag.

»Am Sonntag, 10. 9. 72, findet zwischen 15.00 Uhr und 19.00 Uhr der Marathonlauf im Stadtgebiet München statt«, heißt es im Polizeibericht. »Den Forderungen nach einer abgasfreien Luft entsprechend, wird die Laufroute jeweils eine Stunde vor Eintreffen der Läuferspitze für Fahrzeuge mit Verbrennungsmotoren gesperrt.« Die Beamten empfehlen, auf das Auto zu verzichten und öffentliche Verkehrsmittel zu nutzen.

Zum ersten Mal sehen die Massen in der Autorepublik Deutschland an diesem Tag ein Fahrzeug, das nicht mit Benzin angetrieben wird. Der orangefarben lackierte BMW vom Typ 1602, der an der Spitze des Läuferfeldes fährt, ist ein Elektroauto. Ob sich das in den nächsten Jahren durchsetzt? Diese Frage spielt zu jener Zeit noch keine Rolle. Die Liebe zum klassischen Automobil ist 1972 fest in der DNA der Bevölkerung verankert. Die Westdeutschen der Nachkriegsrepublik sind stolz darauf, »Benzin im Blut« zu haben.

Einer der Favoriten des Marathonlaufs ist ein gebürtiger Münchener, der kein Wort Deutsch spricht. Außer vielleicht »Ein Bier, bitte«. Der Amerikaner Frank Shorter kam zwei Jahre nach Kriegsende an der Isar zur Welt. Sein Vater Samuel hatte sich nach dem Medizinstudium in den vierziger Jahren dem US-Militär angeschlossen. »Er war damals in Wiesbaden stationiert und wollte mit meiner Mutter durch Europa reisen«, erzählt der Läufer. Shorter Senior war ein umtriebiger Mann. In jenen kargen Zeiten war es ihm gelungen, ein Auto und Coupons für Benzin zu organisieren. Der Trip endet am 31. Oktober 1947 mit der Geburt von Frank Shorter in einem Münchener Hospital. »Als ich zwei Wochen vor den Spielen 1972 hierherkam, habe ich das Krankenhaus gesucht – und schließlich gefunden«, sagt Shorter, damals noch Jurastudent, im Gespräch für dieses Buch. »Es war inzwischen ein Hotel.«

Das Münchner Kindl aus den USA genießt die Tage bis zur Eröffnungsfeier. »Ich war neugierig auf die Stadt. Als ich ankam, fühlte ich sofort eine Verbindung. Und ich gewann ein positives Bild von den Deutschen.« Die Anstrengungen der Einheimischen, der Welt ein neues Gesicht ihres Landes zu zeigen, findet er ehrlich und authentisch. Sein Eindruck: »Menschen können sich wirklich ändern, das hat mir imponiert.«

An seinem Geburtsort ist der Olympiateilnehmer Tourist und Athlet zugleich. »Ich wollte die Atmosphäre in München aufsaugen.« Er fährt mit öffentlichen Verkehrsmitteln kreuz und quer durch die Stadt, steigt dann irgendwo aus und läuft Teile der olympischen Marathonstrecke. Im Schnitt sieben Meilen, am liebsten im Englischen Garten. »Ich bin vorher den ganzen Marathon Stück für Stück abgelaufen.« Bei seinen Trips durch München hat er eine bestimmte Stelle mental markiert. Shorter hat einen Plan. Der Codename lautet: *The Surge*. Auf Deutsch kann das »Schwall« oder »Brandung« bedeuten oder eine stark ansteigende Welle. In jedem Fall: eine massive Bewegung vorwärts.

»Ich wollte relativ früh abhauen«, sagt Shorter. »Solange du den vor dir Laufenden noch sehen kannst, ist das wie Rückenwind. Du denkst immer, du kannst ihn noch erreichen. Aber der, der einmal weg ist, den gibt es für dich nicht mehr.« *Out of sight, out of mind*, sagt er auf Englisch im Gespräch. Aus den Augen, aus dem Sinn. So breche man die Moral der Gegner. Nach neun Meilen will Frank Shorter beim Olympiamarathon abhauen. Dafür hat er sich bei seinen Vorbesichtigungen eine Stelle in Nymphenburg ausgesucht. Sie ist ideal, eine Kurve, die er weit auslaufen wird. Ungefähr bei Kilometer 15. Danach, so sein Plan, wird es Frank Shorter für seine Konkurrenten nicht mehr geben. Er wird sich in Luft auflösen. Aus den Augen, aus dem Sinn. Das Vorhaben ist riskant. Wenn er zu früh zu viel gibt, dann wird er einbrechen. Und kann Gold und Silber und Bronze vergessen.

Welche Farbe hat die Medaille für die amerikanischen Basketballer – nach dem Drama am Vortag? Am Mittag, etwa zehn Stunden nach der Schlusssirene des nächtlichen Endspiels, tritt die Jury der Fédération Internationale de Basketball (FIBA) zusammen. Fünf Männer werden über den Einspruch der USA nach der 50 : 51-Niederlage gegen die Sowjetunion beraten. Dreimal wurde der letzte Angriff der Russen neu gestartet. Drei Sekunden

Restspielzeit – angeordnet aus dem Publikum heraus vom FIBA-General-sekretär William Jones – wollten einfach nicht vergehen. Bis die roten Riesen dann am Ende trafen. War das alles korrekt?

Der deutsche Kampfrichter Hans-Joachim Tenschert war beim Finale als Anschreiber im Einsatz. Seine Aussage hat er direkt im Anschluss an das Spiel mündlich und schriftlich zu Protokoll gegeben. Sein Urteil als fach-lich geschulter Experte und Augenzeuge: »Der Siegeskorb der Russen war irregulär, denn die drei Sekunden hat jemand angeordnet, der dazu nicht berechtigt war.« Er meint den Funktionär Jones, »der es im Sinne der Sport-lichkeit wahrscheinlich sogar gut gemeint hat«. Ein Spiel dauere zweimal 20 Minuten – nicht zweimal 20 Minuten plus ein paar Extrasekunden. Klingt logisch.

Die Jury kommt zu einem anderen Ergebnis. Noch in der Nacht hat man sich die Fernsehbilder der deutschen Dienstleister und des US-Senders ABC angeschaut sowie Schieds- und Kampfrichter wie Tenschert angehört. Das Ergebnis steht nun im maschinengetippten Communiqué ganz unten in den letzten beiden Zeilen: »Die Jury d'Appel bestätigt das Endergebnis auf dem vorliegenden Spielformular mit 51 : 50 für die Mannschaft der UdSSR.«

Drei der fünf Jurymitglieder stammen aus der kommunistischen Ein-flusssphäre der Welt: Polen, Kuba und Ungarn. Allesamt Staaten, die für gewöhnlich ihre Befehle aus Moskau empfangen. Sie haben, so schreiben Berichterstatter, linientreu für die Sowjetunion gestimmt. Die beiden Ver-treter aus Italien und Puerto Rico haben ihre Stimme für die USA abge-geben. Die Entscheidung der Jury ist die Fortsetzung des Kalten Krieges mit anderen Mitteln. Diese Schlacht geht an den Ostblock.

Aus Protest boykottieren die Amerikaner die Siegerehrung. Das breite Podest mit der aufgedruckten »2« in der Halle bleibt leer. Ganz oben neh-men die Sowjetrussen lediglich die Glückwünsche der Bronzemedaillen-gewinner entgegen – ihrer kommunistischen Genossen aus Kuba.

Die packende Geschichte dieses Finals hat eine letzte Wendung: Die für die Amerikaner gedachten Silbermedaillen sind weg. Wie sie verschwanden, bleibt ein Rätsel. Manche wollen sie in einem Bankschließfach wissen, an-dere sind überzeugt, sie liegen im Safe des Internationalen Olympischen Komitees in Lausanne. Willi Daume, der Boss von München 72, erzählt dem Sportjournalisten Werner Rabe später in einem TV-Interview eine andere

verblüffende Geschichte: Ein Münchener Beamter habe die Medaillen aufbewahrt. Der Mann habe ihm erzählt, so Daume, dass seine Kinder damit
ab und zu im Sand spielen.

Das Drama dieser Nacht und des darauffolgenden Tages ist ein fantas-
tischer Stoff für die laufenden Bilder. Beide Seiten haben die Geschichte des
Finales später verfilmt: :03 *from Gold* heißt die amerikanische Version von
2002, bei der auch Hans-Joachim Tenschert auftritt, *Going Vertical* ist die
russische Fassung aus dem Jahr 2017. Zur sagenumwobenen Legende des
Endspiels gehört das Gerücht, die amerikanischen Spieler hätten in ihren
Testamenten verfügt, dass ihre Erben niemals die Silbermedaille annehmen
dürfen. Nur Gold.

Vor fünf Tagen, am Morgen des Anschlags, lag der amerikanische Medaillenanwärter Frank Shorter auf dem Balkon eines Apartments im Olympischen
Dorf und hörte den Schuss. Das folgende Blutbad brachte Shorter und seinen Kumpel Kenny Moore ins Grübeln. Inmitten all der Schlagzeilen, dass
die Terroristen vielleicht noch einmal zuschlagen, fragten sich die beiden
Freunde: Wie will man eine Marathonstrecke von 42 Kilometern mit Hunderttausenden Zuschauern absichern? Shorters Fazit: »Wenn ich auch nur
ein bisschen über die Terroristen nachdenke, dann sind sie das ganze Rennen über in meinem Kopf.« Diesen Sieg will er ihnen nicht gönnen.

Den Rest der seelischen Sorgen räumt der amerikanische Trainer Bill
Bowermann beiseite. Der Coach ist eine Legende in der Welt des Laufens,
seit er 1967 ein Buch mit dem Titel *Jogging* geschrieben und eine Firma namens »Nike« mitgegründet hat. Nun geht er in München in der Unterkunft
seiner Schützlinge von Zimmer zu Zimmer und hält dabei eine Rede, die ein
wenig an die sogenannte Kabinenpredigt zur Halbzeit eines Fußballspiels
erinnert. Sie wird später in einem Spielfilm zusammengefasst und verewigt.

»Wenn es einen Ort gibt, an dem der Krieg keinen Platz hat, dann hier.
Von 776 vor Christus bis 393 unserer Zeit haben Olympioniken ihre Waffen niedergelegt, um an den Spielen teilzunehmen. Sie wussten, dass es
ehrenvoller war, einen Mann beim Rennen zu besiegen, als ihn zu töten«,
deklamiert Bowermann vor seinen Athleten. Es ist pure Emotion, reine
Motivation. »Also glaubt nicht, dass Rennen oder Springen oder Werfen
bedeutungslos ist. Es war die Antwort der alten Olympioniken auf den

Krieg. Das muss jetzt auch eure Reaktion sein.« Shorter lässt die eindrucksvollen Worte langsam sacken. Mühsam realisiert der Athlet das Ausmaß seines persönlichen Schocks. Die Tage verbringen er und seine Teamkollegen im Ausnahmezustand. »Wir gingen von Leugnung zu Wut zu Trauer zu Entschlossenheit, und das in kürzester Zeit.«

In der Nacht vor dem Rennen am Sonntag hat Frank Shorter wunderbar geschlafen und fühlt sich nach dem Aufwachen so gut wie zuletzt vor einem gewonnenen Marathon in Japan. »*I felt great*«, sagt er im Original. »*I felt ready.*« Unter der Dusche hampelt er an diesem Morgen eine halbe Stunde mit seinem Freund Kenny Moore herum. Sie schütteln die Kohlesäure aus Coca-Cola-Flaschen und füllen die verbleibende Flüssigkeit in Behälter, die mit ihren Startnummern versehen sind. Später gibt es Kaffee, Toast und Obst zum Frühstück.

Der Marathonlauf der Sommerspiele der XX. Olympiade beginnt am Olympiastadion. Er führt durch Nymphenburg, den Hirschgarten, über den Maximiliansplatz zum Englischen Garten und von dort zurück zum Olympiastadion. Ein attraktiver Rundkurs, wie erdacht vom Münchener Fremdenverkehrsamt. Eine Gruppe von Besuchern war im Vorfeld nicht begeistert: die Läufer. Es sei »die schlechteste Strecke der Welt«, urteilte der bundesdeutsche Teilnehmer Manfred Steffny. Wieder einmal gelte bei München 72 das Prinzip »Fernsehen First«, schimpft Steffny und erläutert, warum das so ist: »Die Kameras werden sicherlich eine reizvolle Kulisse finden, die Läufer aber kaum gute Bedingungen.« Der Belag auf der Route wechsele zu oft und zu stark. Besonderen Kummer bereiten Kies beziehungsweise Splitt in den Parks. Die Organisatoren haben diese Beläge chemisch präpariert, »*special plastic*« liege dort nun, wie festgeklebt, erklärten sie stolz. Manfred Steffny schüttelt den Kopf: »Das stinkt und nimmt uns fast den Atem.«

Frank Shorter trägt am Start eine weiße Kappe mit blauem Schirm, die Startnummer 1014 – und einen gewaltigen Schnauzbart. »Ich wollte unbedingt älter aussehen«, erklärt er im Gespräch und lacht. »Später im Leben wollte ich dann natürlich jünger wirken und habe ihn wieder abgenommen.« Es geht los. Frank Shorter aus Amerika, geboren in München, hat einen Plan.

Da ist er nicht der Einzige an diesem Tag. Auch ein junger Mann aus Nordrhein-Westfalen hat sich etwas vorgenommen. Etwas Verrücktes.

Es ist der bundesdeutsche *Summer of Love.* So wie Woodstock, aber mit deutscher Gründlichkeit organisiert. Eine historische Begegnung von vielen jungen Menschen, die auf unvergessliche Tage hoffen. Anders ausgedrückt: Es sieht aus wie die größte Klassenfahrt in der Geschichte der Bundesrepublik.

Rund 2000 Jugendliche und etwa 500 Studenten sind zum offiziellen Olympischen Jugendlager gekommen. Sie bleiben vom 15. August bis zum 15. September 1972. »Die Grundidee dabei ist, daß die Jungen und Mädchen aus vielen Ländern gemeinsam Olympia miterleben, tanzen, spielen, miteinander reden und diskutieren – kurz: sich kennenlernen sollen«, heißt es im Olympiaführer.

Zur Zielgruppe gehören junge Leute wie der 16-jährige Roland Schlehahn aus Espelkamp, ganz oben in Nordrhein-Westfalen. Er ist ein einigermaßen erfolgreicher Leichtathlet beim örtlichen Sportverein, dem ATSV. Seine Distanzen sind die 800 und die 1500 Meter. »Als Deutscher konnte man sich über den Landessportbund für die Teilnahme am offiziellen Jugendlager bewerben«, erinnert sich der einstige Schüler im Gespräch für dieses Buch. Aus seiner Region reisen sie Mitte August 1972 im Sonderzug von Dortmund nach München. Unter anderem im Gepäck: zwei ordentliche Ausgehanzüge und eine Luftmatratze.

Den Organisatoren der Spiele ist der Stolz anzumerken, dass sie beim Treffen der »Jugend der Welt« über die nominierten Athleten hinausgedacht haben. »Nicht alle jungen Menschen, die Sie dieser Tage in München im Trainingsanzug oder mit einer Mannschaftsjacke sehen, sind auch Teilnehmer an den Wettkämpfen«, haben sie in das Programmheft geschrieben. Jeder bekommt ein Kontingent an Eintrittskarten. Die Stimmung vor Ort findet Schlehahn »supergut, besser geht es nicht«. Man hört Eric Burdon und die Stones. Roland ist einer der wenigen, die keine langen Haare haben. Die Teilnehmer des offiziellen Jugendlagers sind der jüngere Teil der Generation 72. »Wir hatten viel vor. Es war eine spannende Zeit.« In München genießen die Gastgeberkinder ihre Freiheit weit weg von den Eltern. Wenn sie von den Wettkämpfen und Tagesausflügen in ihr Quartier zurückkehren, machen sie gern ein Bier auf. Prost, Olympia!

Bei einer dieser Runden, so erinnert sich Roland Schlehahn, habe ein blonder Schlacks aus Westfalen angekündigt, er würde beim Marathon ein

Stück auf der offiziellen Strecke laufen. *Ihr werdet es schon sehen.* Wetten, dass? Der Junge heißt Norbert und wird seine Ankündigung an diesem vorletzten Tag der Spiele wahrmachen.

Das Feld der Marathonläufer hat den Olympiapark verlassen. Über die Allacher und Haldenberger Straße geht es durch Menzing in Richtung Schlosspark Nymphenburg. Dort wird Frank Shorter den Ausbruch versuchen. *The Surge.*

Am Straßenrand stehen Tausende Spalier. Die Menschen erhaschen ein persönliches Stück Olympia, das sich später in unzähligen Fotoalben wiederfinden wird. *Als wir bei Olympia waren.* Das Publikum sieht aus, wie die Bundesbürger in den frühen Siebzigern auf Familienbildern eben aussehen: Männer in kurzärmeligen Frotteehemden, Frauen mit weißen Handtaschen. Die Kinder schwenken Olympiafähnchen und tragen orange geringelte Shirts. Die Frauen haben Perlenketten um den Hals, die Männer Fotoapparate. Mindestens 900 Bundeswehrsoldaten und 1200 Polizeibeamte sind an der Strecke im Einsatz. Auf den Fernsehbildern sieht man in den Parks zwischen Bäumen abgestellte Mannschaftswagen.

Die Läufer erreichen nun das Parkgelände von Nymphenburg. Hinter einem Springbrunnen lauert eine 150-Grad-Kurve, quasi ein *U-Turn.* Alle Läufer bremsen ab, werden sichtbar langsamer. Nur Frank Shorter nicht. Es ist seine markierte Stelle. Er läuft die Kurve weit aus, so wie er es vor einer Woche geübt hat. Und dann ist er weg. Erst 50 Meter, dann mehr. Als hätte ihn jemand in der Kurve nach vorne katapultiert. »Meine Konkurrenten waren überrascht, aber nicht beeindruckt«, schreibt Shorter in seiner Biografie über den entscheidenden Moment. »Sie dachten, ich haue zu früh alles raus. Was sie nicht wissen: Ich bin bereit, den Schmerz auszuhalten.«

In diesem Rennen werden die Rivalen Frank Shorter nicht mehr sehen. Das ist zumindest der Plan. Die Operation *The Surge* läuft. Ob sie Erfolg hat, wird er von einem Vertrauten aus der Heimat erfahren – 17 Kilometer weiter, an der Strecke Richtung Ziel.

Roy Benson heißt der Mann, und er steht auf einer Brücke im Englischen Garten. Von hier aus sind es etwa noch zehn Kilometer bis zum Olympiastadion. Benson hat ein Fahrrad dabei. Er ist einer der Trainer an der Universität von Florida in Gainesville, der akademischen Heimat des angehenden Rechtsanwalts Frank Shorter. Und jetzt sieht Benson den ersten Marathonläufer auf sich zukommen. Allein, niemand ist in seiner Nähe. Es ist Frank Shorter.

Du hast inzwischen 90 Sekunden Vorsprung, signalisiert der Coach aus den USA dem Vorbeihastenden. Während Shorter weiterrennt, geht er im Kopf die Informationen durch. Zehn Kilometer, anderthalb Minuten vorn. Das müsste reichen. Er entspannt sich zum ersten Mal. *The Surge* hat funktioniert. Er wird als Erster ins Olympiastadion einlaufen. Im Beifall des Publikums baden. Den einzigartigen Moment mit allen Fasern genießen. *Once in a lifetime.* Was er nicht weiß: Ein junger Mann aus Deutschland wird das verhindern – er ist bereits am Stadion.

Der »goldene Sonntag« der deutschen Leichtathleten mit den Siegen von Klaus Wolfermann, Hildegard Falck und Bernd Kannenberg ist erst eine Woche her. Gefühlt könnte es sich genauso um einen Monat oder ein Jahr handeln. Die Erinnerungen an die unbeschwerten und fröhlichen Momente sind Geschichte. Dass die heiteren Spiele am letzten Wettkampfsonntag ein kurzes Comeback feiern, liegt an vier Frauen aus der Bundesrepublik. Das Olympiastadion ist wieder ausverkauft. Die Fans der Gastgeber fiebern besonders einer Disziplin entgegen: der 4 x 100-Meter-Staffel der Frauen. Es kommt ein letztes Mal auf der Münchener Bühne zum Duell zwischen Deutschland und Deutschland.

Die DDR-Damen sind hoher Favorit. Sie haben bereits in einem der Vorläufe die Bundesrepublik mühelos hinter sich gelassen. Auch wenn man im ostdeutschen Kollektiv den Begriff »Star« tunlichst vermeidet – ihre Schlussläuferin ist wirklich einer. Renate Stecher aus Jena gilt als die schnellste Frau der Welt, sie ist eine der Persönlichkeiten, die München 72 bisher geprägt haben. Über 100 und 200 Meter hat Stecher Gold geholt. Und nur wenige zweifeln, dass die zweifache Olympiasiegerin heute mit der Staffel ihren dritten Triumph schafft. Stecher wird als Schlussläuferin auf Heide Rosendahl treffen. Der Star der Westdeutschen hat Gold im Weitsprung sowie Silber im Fünfkampf geholt. Eine klassische, eine spezialisierte Sprinterin ist sie nicht. Über 100 und 200 Meter ist die Leverkusenerin gar nicht angetreten.

Die Stimmung unter Rosendahls Staffelkameradinnen ist angespannt. Und das hat nicht nur mit dem scheinbar übermächtigen Gegner aus der

DDR zu tun. Die Damen haben, so kann man der Presse entnehmen, mit sich selbst genug zu tun. Da ist Ingrid Mickler, die laut *Abendzeitung* mit Rosendahl um den Platz der First Lady der deutschen Leichtathletik konkurriert und die beim Weitsprung komplett versagt hat. Da ist Christiane Krause, die überhaupt nur wegen der Oberschenkelverletzung einer Kollegin in die Startauswahl gerutscht ist. Da ist Annegret Richter, der die Angst vor neuen Bombendrohungen »den letzten Nerv« geraubt hat und die in der Nacht vor dem Rennen wenig schläft. Und die über ihre prominente Schlussläuferin spitz bemerkt: »Heide Rosendahl braucht beim letzten Wechsel mindestens drei Meter Vorsprung vor der Stecher, um zu gewinnen.«

Beim Wunder von Bern, der berühmtesten Überraschung in der deutschen Sportgeschichte, hat der Bundestrainer Sepp Herberger vor dem WM-Sieg 1954 die Losung ausgegeben: Elf Freunde müsst ihr sein. Wenn das stimmt, sieht es in München an diesem Sonntag nicht nach einem Wunder aus. Vier Freundinnen sind hier nicht am Start.

Der Startschuss ertönt. Die Staffel der DDR läuft auf Bahn 2, eine gute Bahn, hier hat man das Feld im Blick. Die Bundesrepublik bekommt die Bahn 4 zugewiesen. Christiane Krause, die Ersatzfrau, stürmt los und schafft einen hervorragenden Wechsel auf Ingrid Mickler. Die bringt die Gastgeberinnen in Führung und übergibt an Annegret Richter. Das Publikum ist aus dem Häuschen. Der verlorene Geist von München 72, der Zauber der frühen Olympiatage, macht sich noch einmal im Oval breit. Es ist höllisch laut. Richter läuft durch die Kurve und nähert sich Rosendahl. »Ich habe ihr in die Augen geschaut, da war sie noch fünfzig Meter weg«, sagt Heide – die Frau, von der jetzt alles abhängt. Sie hat aus der Niederlage gegen die DDR im Vorlauf wertvolle Lehren gezogen. Ihre ostdeutsche Rivalin Renate Stecher, so die Erkenntnis, gebe am Anfang unheimlich Gas, »nach hinten raus aber nicht mehr«, erklärt sie im Interview für dieses Buch. Im Vorlauf ließ Heide Rosendahl sie einfach ziehen – nach dem Motto: »Glaub du mal, dass du so gewinnst.«

An diesem Sonntag im olympischen Finale übernimmt die westdeutsche Schlussläuferin Rosendahl den Stab von Annegret Richter. Die Führung ist geschmolzen. Die angeblich benötigten drei Meter Vorsprung für Heide Rosendahl sind das sicherlich nicht mehr. Der Fernsehkommentator spricht von einem Meter. Und ihre DDR-Gegnerin Renate Stecher gibt am Anfang wieder mächtig Gas. Nach 50 Metern hat die schnellste Frau der Welt aus Jena den Rückstand aufgeholt. Beide Läuferinnen sind nahezu auf gleicher Höhe. Stecher gegen Rosendahl, ein deutsch-deutscher Showdown auf der Zielgeraden dieses Rennens und dieses Tages und dieser Spiele.

Aus Sicht der Gastgeber sieht das jetzt nicht gut aus: Eine DDR-Sprinterin der absoluten Weltklasse, dekoriert mit zwei Goldmedaillen, tritt gegen eine BRD-Weitspringerin an. Es sind noch 40, dann 30 Meter bis ins Ziel. »Da kommt Renate Stecher«, verzweifelt der westdeutsche TV-Kommentator und beschwört Heide Rosendahl: »Kämpf, kämpf!«

Während um sie herum die Emotionen überschwappen, bleibt der bundesrepublikanische Star tief drinnen ruhig. Sie setzt nun konsequent die Lehren um, die sie aus dem Vorlauf gezogen hat. »Ich habe dann hinten raus gegengehalten. Damit hat Renate Stecher nicht gerechnet«, sagt sie nachher. Wenn man das Rennen wie bei einem Videobeweis seziert, kann man diesen einen entscheidenden Moment genau definieren. Die Zuschauer im Stadion und an den Fernsehgeräten sehen ihn auch; erkennen, wie nach ungefähr 80 Metern ein Ruck durch Rosendahl geht. Vorwärts zum Sieg. »Sie kann es schaffen«, jauchzt der westdeutsche Reporter. Zehn Meter, fünf Meter. Und dann die Erlösung: »Goldmedaille für Deutschland«. Gemeint ist: die Bundesrepublik.

Aus, aus, aus. Das Rennen ist aus. Der Triumph der Frauen ist einer der großen Momente der deutschen Sportgeschichte. Bei München 72 ist er die Mutter aller Siege.

Vier gute Freundinnen werden die Goldmedaillengewinnerinnen wohl nicht mehr. Drei von ihnen hatten – gemäß dem ursprünglichen Olympiazeitplan – ab Sonntag ihren Urlaub gebucht. Jetzt, nach dem um 24 Stunden verlängerten Aufenthalt wegen des Attentats, zerstreuen sie sich in alle Winde. »Nichts wie weg«, sagt Ingrid Mickler der *tz*. Annegret Richter ergänzt: »Ich bleibe keine Minute länger als nötig.« Die zweifache Olympiasiegerin Heide Rosendahl hatte bereits Pläne für ihre Rückkehr nach Hause geschmiedet. Aber aus denen wird nix. Warum – das erzählt sie morgen.

Im Jahr nach Olympia landet das deutsche Schlagersängerpaar Cindy und Bert mit seinem Song »Immer wieder sonntags« einen Hit. Die Titelzeile würde auch hervorragend zu den Erfolgen der bundesdeutschen Olympiamannschaft bei München 72 passen. Denn: An keinem Wochentag holen die Gastgeber so viele Goldmedaillen wie – sonntags. An diesem letzten Sonntag der Spiele sind es drei. Nach den erfolgreichen Staffelfrauen behält der Hamburger Boxer Dieter Kottysch im Finale des Halbmittelgewichts die Oberhand über seinen polnischen Gegner. Seine angebliche Erfolgsformel: zwei Runden Technik, eine fighten. Als er im Ring von seinem Punktsieg erfährt, trägt er einen hellblauen Bademantel mit dem Bundesadler auf der Brust, seine blonden Haare verschwinden fast unter der Kapuze. Kottysch reißt die Arme hoch. Es ist ein Bild hemmungslosen Glücks, das nachher in kaum einen Sammelband zu Olympia fehlt.

Den zweiten goldenen Sonntag der Gastgeber komplettiert das Team der Hockey-Herren. Das entscheidende Tor im Endspiel gegen Pakistan schießt Michael Krause, ein Student aus Köln. Eine Sportzeitschrift hat ihn vor Olympia mit dem Fußballprofi Günter Netzer verglichen. Es dreht sich um ruhende Bälle: Der Kicker zelebriere erfolgreich seine Freistöße, das Hockey-Ass Krause seine Strafecken. Und genau nach einer solchen trifft er für Deutschland in der 60. Minute.

Die zuvor favorisierten Pakistani haben ihre erinnerungswürdigen Momente im Anschluss an die Partie – sie rasten nach dem Abpfiff völlig aus. Die Reporter von *Abendzeitung* und *tz* protokollieren den Skandal. Den Rest sieht man im Fernsehen: Die deutschen Spieler werden beschimpft und mit einem Wassereimer beworfen. Die Silbermedaillen nehmen die Gäste aus Asien »wie ein Stück Dreck« entgegen. Sie hängen sie an Schuhe oder Badeschlappen, so genau kann man dies nicht erkennen, und spielen damit Jojo. Der Dopingkontrolleur wird mit Fäusten bedroht. Und als der westdeutsche Olympiafunktionär Siegfried Perry die erregten Gemüter beruhigen will, hängen die Gäste eine Kabinentür aus und schleudern sie in seine Richtung. Der enttäuschte Hockey-Weltmacht Pakistan trägt am Ende nur einen Titel davon: Ihre Spieler sind wohl die schlechtesten Verlierer bei München 72.

Seine Konkurrenten beim Marathonlauf haben ihn tatsächlich aus den Augen verloren. Jetzt werden ihn gleich die 80 000 Zuschauer im Olympiastadion sehen: Der Amerikaner Frank Shorter läuft allein an der Spitze, bei ihm ist nur das orangefarbene Elektroauto von BMW. In einer, spätestens zwei Minuten wird er durch das Tor auf die Tartanbahn unter dem berühmten Zeltdach einbiegen.

Auf der Pressetribüne macht sich der bekannteste Co-Kommentator dieser Spiele bereit für seine persönliche Eloge auf den Sieger: Eric Segal, Professor der Yale University in den USA und Autor der *Love Story*, einem Bestseller, der mit großem Erfolg verfilmt wurde. Er läuft selbst Langstrecke, in München joggt er jeden Tag 15 Kilometer durch den Englischen Garten. Der Marathon, sagt er gegenüber der *tz*, soll der Höhepunkt seines Reporterlebens werden, am liebsten mit einem Amerikaner als Erstem im Ziel. Aber egal, wie schnell Frank Shorter jetzt noch laufen kann: Er ist an diesem Sonntag der Hase. Denn ein Igel hat sich vor ihm auf die Strecke geschmuggelt – und ist schon da. Es ist Norbert, der Junge mit der Wette aus der Bierrunde im Jugendlager.

Zuerst klatschen die Ordner. Dann ertönen Fanfaren. Und dann reißt es das Publikum im Olympiastadion von den Sitzen, Applaus brandet auf. »160 000 Hände klatschten«, berichtet die *Abendzeitung*. Das muss er sein, jubelt die Meute, der erste Marathonläufer ist da! Ein Reporter reckt sein Telefon in die Höhe, um die Atmosphäre für seine Hörer einzufangen.

Keiner der Zuschauer stört sich anscheinend daran, dass der Mann mit der blonden Mähne da unten auf der Bahn mit einem echten Olympiateilnehmer wenig gemein hat. Dass er zur gelben Hose ein blaues Leibchen mit einem Brustring trägt – statt eines weißen Trikots wie Shorter. Dass auf dem Trikot des jungen Unbekannten das Buchstaben-Logo »TVW« prangt – statt der weltbekannten Aufschrift »USA«. Und dass auf seinem Dress die selbstgebastelte Nummer »72« pappt – statt Frank Shorters angekündigter Startnummer »1014«. Dass, zur Hölle, dieser Blondschopf mit dem Halskettchen nicht Frank Shorter ist oder überhaupt irgendein Teilnehmer dieses olympischen Marathonlaufs. Kaum zu glauben, dass es alle glauben. Es ist der Hauptmann von Köpenick in der Version von 1972. »Ein übler Streich«, wie ARD-Mann Eberhard Stanjek in der Rückschau befindet.

Einer im Stadion erkennt sofort, was hier los ist: Eric Segal, oben auf der Pressetribüne. »Das ist nicht Frank, das ist nicht Frank«, ruft er in seinem TV-Kommentar. »Der Typ ist ein Betrüger.« Ein *imposter*, so heißt das auf Englisch. Segal kann sich nicht mehr beherrschen, er redet jetzt nur noch in Ausrufezeichen. »Holt ihn vor der Strecke! So etwas passiert doch nur in der Provinz! Schmeißt ihn raus!« Und noch jemand erfasst umgehend die Situation: Roland Schlehahn, der im Fernsehen die Übertragung verfolgt. »Das ist doch Norbert«, denkt er sich, viel mehr fällt ihm nicht ein. Bloß das noch: Hätten wir ihn mal aufgehalten.

Das Publikum merkt erst nach einiger Zeit, dass etwas faul ist. Als Norbert nach einer Runde das Stadion wieder verlässt, pfeifen die Menschen. Der Irrläufer macht es sich draußen auf einer der herumliegenden Hochsprungmatten gemütlich, bis die überraschten Ordner eintreffen. Was man über den Unbekannten weiß, tragen die Reporter der Münchener Zeitungen nun vor Ort zusammen: Er heiße Norbert Südhaus, sei ein Oberschüler aus Rheda-Wiedenbrück in Nordrhein-Westfalen, und das »TVW« stehe mutmaßlich für den Sportverein TV Wiedenbrück. Dort laufe er die 1000-Meter-Distanz. Vor den Spielen habe der 16-Jährige von einer Runde im Olympiastadion geträumt und seinen Eltern davon vorgeschwärmt. Doch Vater und Mutter hätten gelacht und gemeint: »Da kommst du nie und nimmer rein. Dafür sorgen schon die Ordner.« Die Nummer »72« habe er sich aus einer Coca-Cola-Tüte selbst zurechtgeschnitten. Vor dem Einlauf habe er sich vor dem Stadion herumgetrieben. Niemand habe Verdacht geschöpft, alle dachten wohl, er gehöre irgendwie dazu.

Und sein Motiv, warum das alles? »Nach diesen Attentaten waren die Spiele nicht mehr heiter. Ich wollte wenigstens etwas Humor zurückbringen«, zitiert ihn Wolfgang Berg in der *tz*. In der *Abendzeitung* klingt das überlieferte Statement von Norbert Südhaus mehr nach Protest: »Die Spiele sind doch keine Spiele mehr. Sie sind zu ernsthaft, zu politisch, sind nur noch Wettkämpfe«, soll er gesagt haben. Schließlich stoßen Offizielle von München 72 hinzu. Einer sagt: »Ihnen müsste man mal den Hintern aushauen, bis Sie nicht mehr sitzen können.« Am Ende soll der Junge zu Willi Daume gebracht worden sein. Überliefert sind vom Boss der Spiele zwei gegensätzliche Reaktionen: einmal ein herzhaftes Lachen über die vermeintliche Narretei; andere dagegen behaupten, Daume sei vor Wut ausgeflippt.

Und dann kommt Frank Shorter ins Stadion. Draußen vor der Arena hat er den zwischenzeitlichen Jubel gehört. »Ich dachte, vielleicht hat jemand einen Rekord geschafft.« Er läuft durch den Tunnel. Es ist totenstill. Der Amerikaner wundert sich: Wo ist der »Roar«, das begeisternde Brausen des Publikums, die Anerkennung für den Ersten, der die mörderische Distanz von 42 Kilometern gemeistert hat? Von den Rängen hört Shorter einen Zuschauer: »Don't worry Frank, it's alright!« Häh, warum soll ich mir Sorgen machen, wundert sich der US-Läufer. Natürlich ist alles in Ordnung, niemand hat mich überholt, ich bin Erster. Frank Shorter hat keine Ahnung, was passiert ist.

Als er die Ziellinie überquert, setzt er sich auf den Rasen. »Ich hatte mir Blasen gelaufen und habe mich um meine Füße gekümmert. Dann kam ein Offizieller auf mich zu und sagte: Was hältst du von diesem Typen?« Mit dieser Frage beginnt für den amerikanischen Olympiasieger die Geschichte nach der Geschichte. »Mir machte das gar nicht soviel aus«, sagt Shorter in der Rückschau. »Aber meine Verwandten zuhause hätten am liebsten den Fernseher eingetreten.«

Viele Jahre später, schon im 21. Jahrhundert, versuchen die Produzenten einer deutschen Fernsehsendung, Frank Shorter und Norbert Südhaus zusammenzubringen. »Eine persönliche Begegnung wollte ich nicht«, sagt Shorter im Interview zu diesem Buch. Die beiden reden nach seiner Erinnerung stattdessen am Telefon.

Der amerikanische Goldmedaillengewinner beschreibt Südhaus danach als jungen Mann, der das Ausmaß seiner halbstarken Tat wohl völlig unterschätzt habe. Die Olympiaversion von: ... denn sie wissen nicht, was sie tun. »Er hatte keine Ahnung, wie es wirken und aussehen würde. In unserem Gespräch klang es so, als würde er nicht gutheißen, was er da angerichtet hat«, berichtet Shorter.

München 72 begann mit einem jungen, blonden Läufer aus Deutschland im Olympiastadion vor den Augen der Welt: Günter Zahn aus Bayern, der Schlussläufer des Fackellaufs, entzündete hier vor zwei Wochen das olympische Feuer. Jetzt kapert ein anderer junger, blonder Läufer aus Deutschland am vorletzten Tag der Spiele die Aufmerksamkeit der Menschen. Selbst dem fast gleichaltrigen Zahn fehlt bis heute jedes Verständnis für das Störmanöver: »Ich habe das als schrecklich empfunden. Das war kein Streich, eher das Gegenteil, ich habe das verabscheut. Ich kann verstehen, dass Shorter ihn nicht treffen wollte.«

Laut Frank Shorter hat der Mann, der ihm den unvergesslichen Moment klaute, die Aktion im Telefonat bedauert. Mehr nicht, das war's. An eine ordentliche Entschuldigung kann sich der US-Olympiasieger nicht erinnern.

Das Leben der Menschen im gut gefüllten Olympiastadion war am Abend der Schlussfeier diesem Mann mit dem gewinnenden Lächeln anvertraut: Joachim »Blacky« Fuchsberger, Chefsprecher der Münchener Spiele, wusste um die Gefahr eines vermeintlichen Anschlags auf das Olympiastadion und hatte hoch oben in der Sprecherkanzel plötzlich die schwierigste Entscheidung seines Lebens zu treffen.

TAG 17

Montag, 11. September 1972

Ein nicht identifizierbares Flugzeug befindet sich im Anflug auf München, wo im Olympiastadion etwa 70 000 Zuschauer bei der Schlussfeier die Ränge füllen. Vielleicht hat die Maschine Bomben an Bord. Am Mikrofon muss Stadionsprecher Blacky Fuchsberger jetzt die schwierigste Entscheidung seines Lebens fällen. Am 11. September – 1972.

Die Münchener Zeitung *tz* kommt heute mit einer besorgniserregenden Meldung auf den Markt. Die Redakteure packen sie auf die Titelseite: »Großalarm im Olympia-Dorf. Rätselhafte Schüsse fielen – Verwirrung durch Totenfund – Polizei zog sofort Sperring«. Die Schlagzeilen erinnern an das Attentat vom 5. September. Und an die Furcht der vergangenen Tage, dass vielleicht wieder etwas passiert.

Gestern Abend gegen 22 Uhr, so heißt es, hörten Polizisten in der marokkanischen Unterkunft einen Schuss und sahen eine dunkle Gestalt über eine Treppe davonhetzen. Es folgten vier weitere Schüsse. In der hektischen Atmosphäre nach dem Blutbad im Haus der Israelis vor einigen Tagen, so berichtet der *tz*-Reporter, überstürzten sich daraufhin die Ereignisse und die Nachrichten. Angeblich kam sogar jemand zu Tode.

Am Ende klärt sich einiges auf: Ein Angehöriger einer ungenannten Fußballmannschaft habe die Schüsse abgegeben. Die Polizei habe weder den Schützen noch Gründe für die Tat gefunden. Und der Tote? Den gab es tatsächlich. Allerdings außerhalb des Olympischen Dorfes: An der Ackermannstraße stürzte der österreichische Tourist Friedrich R. von einem Fahnenmast – bei dem Versuch, eine Olympiaflagge zu klauen.

Die Meldungen aus der letzten Olympianacht mögen übertrieben oder nicht ganz zutreffend sein. Aber die Nervosität ist echt. Was, wenn es die Terroristen tatsächlich noch einmal probieren?

Man kann sich Fuchsberger gut als Piloten der Schlussfeier vorstellen. Er sitzt in einer gläsernen Kanzel oben unter dem Stadiondach. Die Tür ist nur von innen zu öffnen. Der Chefsprecher ist die einzige direkte Verbindung zu den 70 000 Zuschauern im Rund. »Eine Stimme im Stadion, die so war, wie die Spiele sein sollten«, schreibt Holger Gertz in der *Süddeutschen Zeitung* über Blacky, den bundesdeutschen Film- und Fernsehstar. »Inspiriert und gelassen zugleich.« Jetzt sagt der Chefsprecher Fuchsberger: »Die Spiele haben heiter begonnen – sie enden ernst.« Es ist gegen halb acht an diesem Montagabend, dem 17. und letzten Tag der Olympischen Spiele, die ursprünglich am Tag zuvor hatten enden sollen und wegen des Attentats um einen Tag verlängert wurden. Große Gedanken hatten Blacky und die anderen sich im Vorfeld um »das Erscheinungsbild dieser Nachkriegsolympiade« gemacht, wie Fuchsberger sie nennt. Der Abschied sollte noch ein bisschen voluminöser und gewaltiger als die Eröffnungsfeier ausfallen. »Aber dann haben uns die Attentäter die Seele aus dem Leib geschossen«, zitiert er seinen Chef Willi Daume. Die Schilderungen von Fuchsbergers Erlebnissen an diesem Tag stammen aus mehreren TV-Interviews und dem bereits erwähnten Artikel in der *Süddeutsche Zeitung*.

Bei der Schlussfeier geht es darum, die Olympischen Spiele auf deutschem Boden angemessen zu Ende zu führen. Oder wie Fuchsberger später der *SZ* sagt: »Es so gut wie möglich über die Runden zu bringen.« Die bayerischen Trachtenpaare dürfen bei der Zeremonie nicht tanzen, Musik wird nur spärlich erklingen, der Ablauf ist geändert worden. Die Organisatoren haben eine Schweigeminute für die ermordeten Israelis und den deutschen Polizisten ins Programm aufgenommen. Die Schlussfeier sei, so der Chefsprecher, nach der Trauerfeier nun seine letzte und vielleicht größte und schwierigste Aufgabe.

Blacky nimmt die Zuschauer behutsam mit auf die komplizierte Reise. Ein Beispiel vom Abend: Bevor die olympische Flagge eingeholt wird und die Tiefstrahler mit einem Schlag ausgeschaltet werden, bevor also das Stadion im Dunkel versinkt und ein Spot effektheischend die herabsinkende Fahne beleuchtet, wendet sich Fuchsberger am Mikrofon an die Menge im ausverkauften Stadion: »Erschrecken Sie nicht, die Tiefstrahler werden gelöscht, und das erzeugt ein Geräusch wie ein Maschinengewehr, bitte erschrecken Sie nicht.«

Auch das Wetter ist umgeschlagen. Als hätte es seine ganze optimistische Sonnenkraft für die zwei vergangenen Olympiawochen aufgebraucht. Es ist kühl und windig, die Höchsttemperaturen erreichen nur noch 12 bis 16 Grad. Ein Reporter, der bei allen Olympischen Spielen nach dem Krieg dabei war, notiert an diesem Schlusstag: »Ich bin zum ersten Mal im Wintermantel zu den Sommerspielen gegangen.«

Im Innenraum des Stadions trotzen die Hostessen in den blauen Röcken und weißen Kniestrümpfen der Kälte. Sie tragen bei ihrem letzten Auftritt die blauen Schilder mit den weiß gedruckten Länderbezeichnungen. Von der nach Nationen gestaffelten Einmarschordnung der Eröffnungsfeier ist kaum etwas übrig geblieben. Die Jugend der Welt vermischt sich, erst langsam, dann gewaltig. Peruaner in roten Jacketts und weißen Hosen machen ein Abschiedstänzchen auf der Laufbahn, Briten starten eine Polonäse, Sombreros werden wild in der Luft geschwenkt. Auf der Ehrentribüne spricht mancher Funktionär ob dieser Szenen von einem »Skandal« – zu frisch ist die Erinnerung an das verheerende Attentat und die nachfolgende Trauer.

Es ist nicht die Ausgelassenheit der ausländischen Teilnehmer, die Blacky Fuchsberger an diesem Abend in Unruhe versetzt. Da ist etwas anderes. Von seinem Platz sieht er irgendwann, wie die Staatsoberhäupter einer nach dem anderen aus dem Stadion geholt werden. Der Münchener Polizeipräsident Manfred Schreiber persönlich fordert die Prinzen und Präsidenten auf, den Ehrengastbereich zu verlassen. Fuchsberger beobachtet, wie »links und rechts alle an irgendwelchen Walkie-Talkies und Funkgeräten hängen«. Eine »ungeheure Unruhe« habe sich breitgemacht.

Auf einmal steht der Regisseur der Abschlussfeier vor der Sprecherkanzel. August Everding, der es später zum Generalintendanten des Bayerischen Staatstheaters bringen wird, hat eine Nachricht auf einen Zettel gekritzelt, den er jetzt vor die Glasscheibe der Sprecherkabine hält. Den Text vergisst Blacky sein Leben lang nicht mehr: »Nicht identifizierbare Flugobjekte im Anflug auf das Olympiastadion – möglicherweise Bombenabwurf – sag, was Du für richtig hältst.«

Joachim Fuchsberger, der Mann in der Sprecherkanzel der Arena, muss jetzt eine Entscheidung fällen. Für die Zuschauer auf den Rängen, für die Athleten auf dem Rasen. Und für seine Familie.

Heide Rosendahl ist nicht im Stadion. Nach dem Triumph der westdeutschen Damen über die DDR im Staffellauf wollte die zweifache Olympiasiegerin mit ihrem Freund John Ecker in seinem VW Käfer zurück ins Rheinland fahren. Aus den Plänen wird nichts. Für die Athletin ist kein Platz im Auto. Es ist bis zum Rand gefüllt mit Fanpost, Glückwünschen und Geschenken. »Das haben wir dann nach und nach beantwortet«, sagt sie im Interview für dieses Buch. Unter den Briefen finden sich auch Heiratsanträge. Die Interessenten kommen nicht nur zu spät – denn Heide hat sich bereits für John entschieden –, sie sorgen bei dem Paar auch für Heiterkeit. »Wir haben uns das vorgelesen und darüber lustig gemacht«, sagt sie. Aber wie soll man bitte schön auch darauf reagieren, wenn mancher Möchtegern-Bräutigam bereits die Kirche für Heide und sich ausgesucht hat, »sogar mit Foto«.

Mit zwei Gold- und einer Silbermedaille ist die 25-Jährige aus Leverkusen die erfolgreichste Teilnehmerin der Gastgeber bei den Spielen. Sie besetzt die Rolle der Vorzeigeathletin nahezu perfekt: hübsch und fröhlich, optimistisch und leistungsbereit. Kein Buch, kein Rückblick und kein Best-Of von München 72 kommt ohne eine prominente Erwähnung der Weitspringerin, Mehrkämpferin und Staffelläuferin aus. Für viele Westdeutsche ist »Heide« das Synonym für die Olympischen Spiele 1972 im eigenen Land.

Rosendahl wird zum Superstar, bevor es den Begriff gibt. Das bedeutet nicht weniger als: Das Gesicht der Bundesrepublik bei den Spielen in München 72 ist eine Frau inmitten einer von Männern dominierten Gesellschaft. Denn im westdeutschen Staat traut man Frauen Anfang der siebziger Jahre eher wenig zu. In der Politik und in der Wirtschaft, in der Gesellschaft und selbst im Sport sitzen sie vielfach noch auf der Reservebank. Bestenfalls.

Den westdeutschen Männern macht die Emanzipation zu schaffen, manchen anscheinend sogar schwer. Der Ton gegenüber Frauen, die mehr Teilhabe und mehr Rechte einfordern, changiert zwischen Hochmut und Sorge. Kaum ein Artikel oder Fernsehbeitrag kommt ohne den Begriff vom »schwachen Geschlecht« aus. *Können die das überhaupt?* Diese Frage schwingt immer und überall mit – im Berufsleben, im Straßenverkehr bis hin zu den öffentlichen Institutionen.

Als eine Frau 1970 in Nordrhein-Westfalen erstmals als Kriminalhauptwachmeisterin auf Verbrecherjagd geht, japst der männliche Kommentator im Fernsehen von »einer Novität, das gibt es bisher in keinem anderen Bundesland«. Diese herablassende Haltung findet sich mühelos in weiteren TV-Beiträgen jener Zeit, zum Beispiel im öffentlich-rechtlichen Verkehrsratgeber *Der 7. Sinn*. Eine Szene zeigt zwei Männer in einem Wagen, die einer Autofahrerin beim Einparken zusehen. Die Herren recken die Hände mit theatralischer Dramatik in die Höhe und äußern sich abfällig. Im Gegenschnitt sieht man die Frau in Nahaufnahme mit hilfloser und gleichsam entschuldigender Geste. Süffisant vermerkt der Sprecher im Fernsehen dazu: »Frauen am Steuer wirken im Straßenverkehr manchmal unsicher.« Das betreffe das Einfahren in Parkhäuser ebenso wie das Einparken in schmalen Lücken. Ist ja auch kein Wunder, möchte man(n) ironisch bemerken, schließlich haben die Damen beim Autofahren ihren Stammplatz zumeist auf dem Beifahrersitz – so wie in einem Siebziger-Jahre-Werbespot für den Opel Manta, in dem der Mann hinterm Steuer seiner Beifahrerin an die Brust greift. Einfach so.

Frauen in neuen Rollen brauchen viel Mut und noch mehr Widerstandsfähigkeit, erst recht wenn die Bühne öffentlich und hell ausgeleuchtet ist. Am 12. Mai 1972 spricht in der Bundesrepublik zum ersten Mal eine Frau die Fernsehnachrichten am Abend: Wibke Bruhns im ZDF. Das ist eine Revolution. Und die männlichen Traditionsbewahrer zeigen der Journalistin umgehend, dass sie jenseits von Häme und Hochmut noch ganz anders können: »Wenn eine Frau sich auf männliches Territorium begibt, begibt sie sich jenseits des männlichen Schutzes. Kein Handkuß mehr, dafür ein Schlag ins Gesicht. Unter echten Männern herrschen rauhe Sitten. Da wird gebolzt, nicht gebalzt«, gibt Bruhns der *Frankfurter Rundschau* zu Protokoll. »Recht so: Will sie sein wie ein Mann, muss sie einstecken können wie ein Mann.« Die Folge: Wenn man nicht gleich k.o. gehe, so die Einschätzung der Nachrichtenfrau, dann werde als Nächstes eben die Weiblichkeit attackiert und Kumpanei mit der »schweigenden Mehrheit treusorgender Ehefrauen gesucht«. In der *heute*-Sendung berichtet die Pionierin übrigens selten über Politikerinnen. Der simple Grund: Es gibt im Jahr 1972 nur wenige.

Ein festes Ritual in der Berichterstattung jener Jahre vom Regierungssitz Bonn ist das Kabinettsfoto. Rund um den Bundeskanzler stellen sich dann seine Minister zum Gruppenbild auf. Der gleichberechtigte Plural »Ministerinnen« kommt hier nicht zur Anwendung, denn Willy Brandt hat seit der letzten Wahl 1969 lediglich eine einzige Ministerin in seinen Reihen: Käte Strobel, zuständig für Jugend, Familie und Gesundheit. Der sozialdemokratischen Politikerin wird der Satz zugeschrieben, der den Anspruch von mutigen Frauen in diesen Tagen perfekt beschreibt: »Politik ist eine zu ernste Sache, als daß man sie alleine den Männern überlassen könnte.«

Als die SPD-Abgeordnete Lenelotte von Bothmer aus Hannover 1970 als erste Frau in einem Hosenanzug an das Rednerpult des Bundestags tritt, beginnt der Saal zu lachen und zu krakeelen. Eine Frau, die Hosen anhat – das beschädige die Würde des Hohen Hauses, finden die männlichen Kollegen. Jemand ruft entgeistert: »Die erste Hose am Pult.« Später erhält die Politikerin Gratulationen und anonyme Drohungen, darunter auch diese Beschimpfungen: »Sie sind ein unanständiges, würdeloses Weib« und »Sie sind keine Dame«. Ein besorgter Bürger will wissen, ob sie beim nächsten Mal gleich ganz nackt auftreten würde. Es ist die Zeit, als männliche MdB witzelnd ein sexistisches Bonmot pflegen: Das einzig Weibliche an einer Politikerin sei die Legislaturperiode.

Im Olympiajahr stellt die CSU im Bundestag laut einer tabellarischen Darstellung des *Stern* mehr als 50 Abgeordnete – nur zwei davon sind Frauen. Bei der SPD sind es 17 von 233. Auf die beste Quote kommt noch die FDP: Bei den Liberalen sind zwei der 27 MdB weiblich. Als Annemarie Renger (SPD) 1972 zur ersten Präsidentin des Deutschen Bundestags gewählt wird, bezeichnet sie der *Spiegel* umgehend als »zweite Wahl«. Im wegweisenden Dokumentarfilm *Die Unbeugsamen* sagt die Politpionierin Christa Nickels über diese Zeit: »Wenn die Wahl gewesen wäre zwischen der besten Frau von allen in den Siebzigern und einem dummen August, wäre der dumme August Kanzler geworden.« Einfach weil er ein Mann ist. Eine Frau als Bundeskanzlerin? Das ist 1972 unvorstellbar.

Daran ändern auch die Erfolge von Heide Rosendahl bei Olympia nichts. Die Ungleichbehandlung von Männern und Frauen setzt sich in den Stadien und auf den Plätzen noch über Jahre fort. Nach wie vor braucht es Mut und Resilienz aufseiten der Frauen. Eine Amerikanerin ging neue Wege, buchstäblich: In Boston in den USA absolvierte Katherine Switzer 1967 als erste Frau offiziell einen Marathon – obwohl das damals verboten war. Das Schwarzweißfoto, wie der Co-Rennchef Jock Semple herbeieilt und versucht, ihr die Startnummer zu entreißen, wird »zum Symbol im Kampf um die Gleichberechtigung« *(Süddeutsche Zeitung)*. Es ist ein Meilenstein, aber leider nur einer, der allzu locker im Fundament des Sports liegt.

Denn noch fünf Jahre später, im Jahr der Münchener Sommerspiele, herrscht vielerorts – selbst unter weiblichen Experten – Skepsis, was man Damen im Sport zutrauen kann. In einem Interview mit der *Abendzeitung* beantwortet die angesehene Sportärztin Doktor Ingeborg Bausenwein aus Nürnberg im August 1972 einige Fragen zur Zukunft der Athletinnen. Ein Frauenmarathon? Antwort sinngemäß: Jetzt nicht, das sei vielleicht irgendwann einmal möglich. Fußball? Nur mit eigenen Regeln, zum Beispiel einem kleineren Spielfeld oder kürzerer Spieldauer. Und überhaupt, so die Warnung, müsse man vorsichtig sein mit der Trainingsbelastung während der weiblichen Periode.

Die dreifache Mutter und ehemalige Spitzensportlerin Bausenwein repräsentiert mit ihren zurückhaltenden Ansichten den Zeitgeist. Bei den Olympischen Sommerspielen 1972 sind weniger als ein Drittel aller Teilnehmer weiblich. Für die Frauen gelten in München andere Gesetze: Jede von ihnen muss sich beispielsweise einem sogenannten Sextest unterziehen und beweisen, dass sie eine »lupenreine Frau« ist – und kein intersexueller »Zwitter« *(Abendzeitung)*. In Sportarten wie Basketball und Rudern, Hammerwerfen und Handball gibt es olympische Damenwettbewerbe nicht einmal. Und natürlich gilt das auch für den Fußball, die am besten bewachte Männerbastion in diesen vermeintlich gleichberechtigten Zeiten.

Bis Anfang der Siebziger ist Frauenfußball im Deutschen Fußball-Bund offiziell verboten. Vereine dürfen keine Abteilungen für Damenfußball einrichten oder ihre Plätze für Frauen bereitstellen. Schiedsrichtern ist es ausdrücklich untersagt, entsprechende Begegnungen zu leiten. Aufgehoben wird das Verbot auf einem Verbandstag im Oktober 1970 nur unter Auflagen: Die Damen müssen mit den leichteren Jugendbällen spielen, Stollenschuhe sind verboten, und die Spielzeit beträgt zunächst zweimal 30 Minuten. Zum Schutz des angeblich »schwachen Geschlechts« gibt es eine halbjährige Winterpause. Vor und nach Ende der Saison muss eine sportärztliche Untersuchung durchgeführt werden.

In der populären ZDF-Sendung *das aktuelle sportstudio* empfängt Moderator Wim Thoelke im selben Jahr, 1970, einige Spielerinnen der inoffiziellen

Frauen-Nationalmannschaft. Der beliebte Fernsehmann gibt sich wenig Mühe, seinen Sexismus zu verstecken. Im Kommentar zu einem Spiel verhöhnt Thoelke die Fußballerinnen: »Decken, decken – nicht Tisch decken.« Und nach der Landung einer Spielerin auf matschigem Rasen geht der Fernsehmann unter herzhaftem Gelächter in die Verlängerung: »Die brauchen sich doch gar nicht aufzuregen, die Zuschauer, die Frauen waschen doch ihre Trikots selber.«

Aus Sicht der männlichen Fans erscheint im Olympiasommer eine weibliche Rollenbesetzung genauso undenkbar wie eine Bundeskanzlerin: dass eine Frau das Hochamt des deutschen Sportfernsehens, *das aktuelle sportstudio* im ZDF, moderiert.

MEDAILLENSPIEGEL
am Ende der Olympischen Spiele 1972

	G	S	B
1. Sowjetunion	50	27	22
2. USA	33	31	30
3. DDR	20	23	23
4. Bundesrepublik	13	11	16
5. Japan	13	8	8
6. Australien	8	7	2

Den knappen Vorsprung auf Japan am Schlusstag verdanken die Westdeutschen ihren Springreitern, die tagsüber die letzte Goldmedaille der Bundesrepublik bei München 72 holen – im Olympiastadion. Wo gestern noch gelaufen und gesprungen wurde, hat man heute – vor dem Fußballfinale und der Schlussfeier – Hindernisse aufgestellt. Die meisten der 80 000 Zuschauer zittern beim Nationenpreis mit den Westdeutschen Fritz Ligges, Gerd Wiltfang, Hartwig Steenken und Hans Günter Winkler. Am Ende gewinnt die Equipe der Gastgeber hauchdünn mit einem Viertelpunkt vor den US-Amerikanern und trabt eine Ehrenrunde auf der Tartanbahn. Für Winkler ist es der fünfte Sieg in seiner Olympiakarriere, für die Westdeutschen das zweite Reitergold in München. Vor zwei Tagen hat Liselott Linsenhoff, 45 Jahre, bereits im Dressurwettbewerb triumphiert. Es war eine doppelte Premiere: Noch nie zuvor hat eine Frau in der Dressur Einzelgold gewonnen – und noch nie war eine Olympiasiegerin so alt wie die gebürtige Frankfurterin. Für die Bundesrepublik steht bei den Spielen im eigenen Land letztlich 13 Mal Gold zu Buche.

Aufmerksame Beobachter stellen beim Anblick des Medaillenspiegels fest, dass ein vereinigtes Deutschland 1972 in München genauso viele Goldmedaillen wie 1936 in Berlin geholt (33) und den zweiten Platz im Medaillenspiegel der Völker belegt hätte. Dass ein »einig Vaterland« aller Deutschen fast über allen anderen Ländern thronen würde, liegt vor allem an der Ausbeute des DDR-Teams. Nimmt man die Bevölkerungszahl als Maßstab, dann ist kein Staat erfolgreicher als der ostdeutsche. Es ist ein Triumph für die Sozialisten von nebenan, sie haben Weltniveau erreicht.

Die erfolgreichste Sportlerin der Deutschen Demokratischen Republik fehlt bei der Schlussfeier. Karin Janz ist bereits am 5. September, dem Tag des Attentats, mit einem Teil der ostdeutschen Delegation nach Hause geflogen. Während die verbliebene Sportwelt nun im Olympiastadion von München Abschied nimmt, schaut die zweifache Olympiasiegerin aus Ost-Berlin nach vorn: Jetzt kommt die erholsame »Auszeichnungsreise«. Mit einem Segelschulschiff, das den schönen Namen *Völkerfreundschaft* trägt, wird sie nach Kuba reisen. Teil des Programms in der Karibik ist ein Treffen mit dem sozialistischen Maximo Lider des Landes: Fidel Castro. Ein außergewöhnlicher Trip, selbst für eine hochdekorierte und weitgereiste Sportlerin wie Janz.

»DDR-Sportler haben in München fast doppelt soviel Medaillen errungen wie die Mannschaft der Bundesrepublik«, schreibt der *Stern*. Die Redaktion will nachher wissen, wie die Westdeutschen darauf reagieren, und beauftragt das Institut für Demoskopie Allensbach mit einer ausführlichen Untersuchung. Ein Auszug der Ergebnisse: 54 Prozent freuen sich über die Erfolge der DDR, nur 12 Prozent ärgern sich darüber. 8 Prozent sehen die DDR nun positiver und 3 Prozent negativer.

Die wichtigsten Antworten aber findet man im Heft weiter unten auf Seite 214. Die über den Sport hinausgehende Frage lautet: »Wenn Sie zu entscheiden hätten – sollte die Bundesrepublik die DDR als Staat anerkennen oder nicht anerkennen?« 53 Prozent sind im September 1972 dafür. Das ist eine erhebliche Steigerung: Fünf Jahre zuvor, 1967, waren es mit 27 Prozent nur ungefähr die Hälfte; im Januar 1971 dann 42 Prozent. Besonders bemerkenswert ist der Zuspruch der jüngeren Generation: Bei der Altersgruppe zwischen 16 und 29 Jahren liegt die Zustimmung der Bundesbürger zu einer souveränen Deutschen Demokratischen Republik sogar bei 66 Prozent.

Während die ostdeutschen Athleten im Rampenlicht eine Medaille nach der anderen einsammelten und die Welt beeindruckten, haben die Agenten der DDR fleißig im Schatten gekämpft. Die Mitglieder der Staatssicherheit hatten bei München 72 ihre Augen fast überall und listen im abschließenden Olympiabericht 831/72 penibel alle Attacken auf die Deutsche Demokratische Republik auf: Im Büro der DDR-Mannschaft in München seien Hetzschriften eingegangen, unter anderem gegen den Fahnenträger Manfred Wolke. Ein DDR-Omnibus mit dem Kennzeichen IF 82-90 wurde am vorderen rechten Bremsschlauch beschädigt. Eine DDR-Sportstudentin wurde von Exilukrainern angepöbelt. Nichts schien den Agenten entgangen zu sein.

Eine Nachricht bereitete den Stasi-Verantwortlichen von Beginn an besondere Sorge: Mitglieder ihrer touristischen Fangruppen seien aufgefordert worden, in der BRD »politisches Asyl« zu beantragen. So ist es in den Akten festgehalten. Republikflucht, ausgerechnet hier und jetzt? Das wäre eine Blamage, größer als ein Eigentor oder eine verpasste Medaille. Die 2000 DDR-Bürger in Oberbayern unter Kontrolle zu halten, das blieb für Ost-Berlin wochenlang die schwierigste Disziplin – und das trotz sorgfältiger Auswahl der Teilnehmer, enger Überwachung und der geschlossenen Unterbringung in bayerischen Dörfern, fernab der unübersichtlichen Metropole München.

Einer schafft es trotzdem in die Freiheit des goldenen Westens: Peter Siegfried aus dem Bezirk Magdeburg bittet beim Bürgermeister von Kiefersfelden um politisches Asyl. Er darf in der Bundesrepublik bleiben. Eine Stasi-Akte belegt seine Flucht. Zur Blamage für die Agenten Ost-Berlins taugt der Vorfall dann trotzdem nicht. Über Jahrzehnte wird erfolgreich die Legende gepflegt, dass alle 2000 DDR-Bürger sicher in die Heimat zurückkehrten – obwohl die *tz* bereits während der Spiele die Flucht in einer kurzen Meldung dokumentiert.

»Nicht identifizierbare Flugobjekte im Anflug auf das Olympiastadion – möglicherweise Bombenabwurf – sag, was Du für richtig hältst.« Das steht auf dem Zettel, den August Everding von außen gegen die Glasscheibe der Sprecherkabine hält. Der Sprecher öffnet daraufhin die Tür zu seiner Kabine und lässt den Mann mit dem Zettel herein. *Sag, was Du für richtig hältst.* Aber was, zum Teufel, ist jetzt richtig? »Was würdest du tun«, fragt Fuchsberger. In seiner Erinnerung haben sich zwei Antworten Everdings eingenistet. Einmal sagt der Regisseur: »Ich weiß es auch nicht«, ein anderes Mal: »Ich würde das Maul halten.«

An den Fakten ändert das nichts: In diesem Moment an diesem Ort scheint der Terror vermeintlich zurück bei München 72. Die Angst vor einem Blutbad. Die Furcht der letzten Tage, war sie berechtigt? Für die zwei einsamen Männer in der Sprecherkabine stellt es sich so dar. Es gibt zwei Möglichkeiten, sagt Fuchsberger. Den 70 000 zu sagen: Verlassen Sie so schnell wie möglich das Stadion. Umgehend räumen, alle raus hier. »Nach dem, was war, hatte ich Sorge, dass Menschen dann zertrampelt auf dem Rasen liegen würden, zu Schaden gekommen, vielleicht sogar getötet in einer Panik.« Oder er schweigt einfach.

Joachim Fuchsberger hat »unendliche Angst, das Falsche zu tun«. Egal, wofür er sich entscheidet, er weiß: »Ich werde das den Rest meines Lebens mit mir selbst ausmachen müssen.« Unterhalb von ihm, auf der Ehrentribüne, sitzen seine Frau Gundel und sein Sohn Thomas. Fuchsberger hat keine Ahnung, was das überhaupt für Flugzeuge sein sollen. Und wie schnell sie hier sein können.

Der Pilot in der Glaskanzel des Stadions sieht die 70 000 auf den Rängen und fällt seine Entscheidung: Er wird nichts tun. »Vielleicht war es Instinkt, vielleicht Feigheit«, sagt er später. »Ich habe gehandelt nach dem Prinzip, dass nicht sein kann, was nicht sein darf.«

Dann gibt es einen Knall. »Wir dachten, es geht los.« Joachim Fuchsberger und August Everding ducken sich. Doch die Guten kommen, nicht die Bösen. Das Geräusch, »wie ein Schlag«, stammt von Bundeswehrmaschinen. Zwei Starfighter vom Typ F 104 G jagen im Tiefflug über das Olympiagelände – jeweils bestückt mit einer sechsläufigen Bordkanone und zwei Sidewinder-Raketen. Bundesverteidigungsminister Georg Leber hat persönlich die Anweisung gegeben, die »Alarmrotte« aufsteigen zu lassen. Die

Piloten von der Basis Zell bei Neuburg an der Donau sind auf der Suche nach einem nicht identifizierbaren Flugobjekt, das in den gesperrten Luftraum eingedrungen ist.

Ein Terrorflugzeug finden sie nicht. Weil es an diesem 11. September keines gibt. Bevor es ernst wird, kommt über die Funkfrequenz der Besatzung die Entwarnung. Als die Gefahr sich auflöst und Bruchteile von Informationen bekannt werden, ist klar: Es gab an diesem Abend einen doppelten Fehlalarm. Zwei Akte, die nicht einmal zu einem Drama gehören.

Akt 1: Auf einem Flugplatz in Leonberg bei Stuttgart sei ein Privatflugzeug gestohlen worden, angeblich von Arabern. Das hatte ein Anrufer gegen 19 Uhr behauptet. Es stimmt nicht. Später wird festgestellt, dass dort überhaupt niemand ein Flugzeug vermisst hat.

Akt 2: Das »nicht identifizierbare Flugobjekt« auf dem süddeutschen Radar, das angeblich im Anflug auf das Olympiastadion war, entpuppt sich gerade noch rechtzeitig als eine DC8-Passagiermaschine aus Finnland, besetzt mit hundert Passagieren. An Bord befinden sich weder Terroristen noch Bomben. Die Realität sieht so aus: Die Technik des Flugzeugs war zwischenzeitlich ausgefallen, die Piloten wussten wohl eine ganze Weile nicht mehr, wo sie sich gerade befanden. In letzter Minute bittet der Kapitän nun um Landeerlaubnis in München. Er wird auf einen Flugplatz im Nordwesten der Olympiastadt weitergeleitet: Fürstenfeldbruck.

Stadionpilot Joachim Fuchsberger und seinem Co-Piloten August Everding sagt keiner Bescheid. »Es gab keine Entwarnung«, erinnert sich der Chefsprecher. »Die Entwarnung bestand darin, dass, je länger es dauerte, wir dann irgendwann gesagt haben: okay, da wird wohl schon nichts passieren. Gott sei Dank kamen sie nicht.« Unbeirrt hält Blacky, der Ahnungslose, an diesem Abend weiter Kurs, mahnt und moderiert mit seiner leicht reibenden Stimme, bis die Sportler das Stadion verlassen. Seinen 70 000 Passagieren stößt an diesem letzten Abend nichts zu.

Irgendwann erscheinen am Ende auf der Anzeigetafel die olympischen Ringe sowie der Schriftzug »Montreal 1976«. Die olympische Bewegung schaut nach vorne zu den nächsten Spielen in Kanada. Kapitän Fuchsberger stellt das Mikrofon ab. *Over and out.*

Münchens ehemaliger Oberbürgermeister Hans-Jochen Vogel schreibt am Schlusstag in seiner letzten Olympiakolumne, dass die meisten Spiele mit einem Beiwort in die Geschichte eingegangen seien. Für München sollten es die »heiteren Spiele« werden – geworden sind es die »zwiespältigen Spiele, in denen sich Glanz und Jammer der Menschheit spiegelt«. Vielleicht passe darum ein anderes Beiwort noch besser – wenn auch in einem anderen und viel ursprünglicheren Sinn, so Hans-Jochen Vogel, »als wir das Wort gemeinhin verwenden«: die menschlichen Spiele.

Es seien eher die Spiele des Konjunktivs, findet einer aus der Generation München 72. Detlev Mahnert, der von Blacky Fuchsberger in die Kunst des Stadionsprechers eingewiesen wurde, sagt: »Es *wären* die schönsten Olympischen Spiele aller Zeiten gewesen.« Ein westdeutscher Fernsehjournalist spitzt diese Einschätzung von München 72 noch weiter zu: Es seien die schönsten Spiele gewesen, die je kaputt gemacht wurden. Der US-Autor David Clay Large verewigt diesen pointierten Satz in in seiner Aufarbeitung für den englischsprachigen Teil der Welt. *The most beautiful olympics ever wrecked.*

Mahnert, der verheiratete Lehrer aus dem Ruhrgebiet, kehrt nach der Abschlussfeier an sein Gymnasium in Oberhausen zurück. Vom München 72 bringt er ein Dokument mit, das mehr an Bundesjugendspiele auf einem Aschenplatz erinnert als an das Weltereignis Olympia: eine Urkunde, gehalten in den hellen Farben, mit denen Designer Otl Aicher der Welt das neue Deutschland nahebringen wollte. Wo auf den Ehrenurkunden der Bundesjugendspiele die Signatur des Bundespräsidenten prangt, haben Deutschlands Olympiaboss Daume und sein Generalsekretär Kunze unterschrieben. In der Mitte der offiziellen Urkunde steht nur ein einziger Satz, gewidmet Detlev Mahnert – und allen aus der Generation München 72: »Wir danken für Ihren Beitrag zum Gelingen der Olympischen Spiele«.

Unter den Gastgeberstädten dürfte München 72
der Olympiasieger in puncto Nachhaltigkeit sein.
Insbesondere das Olympiagelände auf dem
Oberwiesenfeld ist aus der bayerischen Landeshauptstadt nicht mehr wegzudenken.

EPILOG

»Wohnen Sie doch im Olympischen Dorf!«, lockt die Anzeige im Immobilienmarkt einer Münchener Tageszeitung im September 1972. Die angegebenen Kaufpreise reichen von 73 300,– DM für Einzimmerwohnungen (ab ca. 38 qm) bis zu 169 800,– DM für Vierzimmerwohnungen (ab ca. 96 qm). Ein Stellplatz in der Tiefgarage kostet 8500,– DM. Besonders attraktiv an der Offerte: die »Wahrnehmung aller Steuervorteile« sowie »keine Käuferprovision«. Vor der Übergabe an die neuen Eigentümer werden die Immobilien renoviert. »Sie werden in Münchens modernster Wohnsiedlung leben«, heißt es in einer Publikation, »und vielleicht Ihren Kindern erzählen können, dass in Ihrer Dusche einer der 364 Olympiasieger einst den olympischen Staub vom Körper spülte.«

Der Zuspruch ist riesig. Das erleben auf ihre Art auch die Architekten Günter Behnisch und Fritz Auer. Ihr Olympia-Ensemble aus Park, Halle und Stadion wird von der Münchener Bevölkerung fest ins Herz geschlossen. Die Nachnutzung des Olympiastadions wird – entgegen allen Unkenrufen – zum erfolgreichen Doppelpass zwischen der öffentlichen Hand und den örtlichen Fußballklubs, vor allem dem FC Bayern. Auch die anderen Veranstaltungsstätten, allen voran die Olympiahalle, tragen dazu bei, dass die Olympiapark GmbH über Jahre nachhaltige Profite erzielt. Zum 30-jährigen Bestehen kommen im Jahr 2002 noch einmal mehr als 300 000 Menschen zu den Leichtathletik-Europameisterschaften ins Olympiastadion.

Der FC Bayern trug sein erstes Bundesliga-Heimspiel im neuen Stadion mit dem Zeltdach bereits Ende Juni 1972 aus. Am letzten Spieltag der Saison überrollten die Münchener in der entscheidenden Partie um den Titel den Tabellenzweiten FC Schalke 04 mit 5:1. Nach Olympia, in der Spielzeit 1972/73, betritt der deutsche Meister zum ersten Mal im neuen Zuhause die internationale Bühne. Am 27. September, einem Mittwochabend gut zwei Wochen nach der Schlussfeier, besiegt die Mannschaft vor 70 000 Zuschauern den türkischen Vertreter Galatasaray Istanbul im Europapokal der

Landesmeister mit 6 : 0. In der Aufstellung der Bayern steht auch Uli Hoeneß, jetzt wieder vereint mit Weltstars wie Franz Beckenbauer und Gerd Müller. Dass die »Roten« zu Deutschlands führendem Fußballklub aufsteigen, verdanken sie auch dem gewaltigen Fassungsvermögen ihres neuen Stadions und den damit verbundenen Einnahmen. Der Lokalrivale TSV 1860 ist damals nicht in der Bundesliga vertreten.

Uli Hoeneß muss seine aktive sportliche Karriere in den Siebzigern wegen einer Verletzung vorzeitig beenden. In der kurzen Zeit, die ihm als Profifußballer bleibt, gewinnt er nahezu alle Titel: Europameister, Weltmeister, Europacup der Landesmeister (Vorgänger der Champions League), Weltpokal, Deutscher Meister und Pokalsieger. Im Mai 1979 tritt er sein Amt als Manager des FC Bayern München an. Laut einer ARD-Dokumentation telefoniert er am ersten Arbeitstag zwei Stunden und geht dann nach Hause. Der Grund: Es gibt nichts mehr zu tun. In den Folgejahren macht Hoeneß die Bayern dauerhaft zu einer führenden Adresse im deutschen und internationalen Fußball. Unterstützung bekommt er dabei zeitweilig von dem »Halb-Schweizer« Ottmar Hitzfeld, seinem Teamkollegen bei Olympia.

Der deutsche Kicker vom FC Basel macht 1973 an der Hochschule in Lörrach sein Staatsexamen als Lehrer. Zwei Jahre später wechselt er als Profi zum VfB Stuttgart und ist dort Teil des »100-Tore-Sturms«, der die Schwaben 1977 wieder in die Erste Bundesliga befördert. Große Titel holt Hitzfeld erst als Trainer. Er ist einer der wenigen Coaches, die mit zwei Vereinen die Königsklasse des Vereinsfußballs, die Champions League, gewinnen: zunächst mit Borussia Dortmund (1997), dann mit Bayern München (2001) – an der Seite von Manager Uli Hoeneß.

Der Umzug der örtlichen Fußballvereine FC Bayern und TSV 1860 in die Allianz Arena im Jahr 2005 markiert eine Zäsur. Im Oval mit dem berühmten Zeltdach finden nun vermehrt Großveranstaltungen wie Rockkonzerte und Motorsportrennen statt. Günter Behnisch stirbt 2010 in Stuttgart. Zum 50. Jubiläum von München 72 ist mit den »European Championships« für den Sommer 2022 eine große Veranstaltung mit neun Sportarten angekündigt.

Für die Paralympischen Spiele werden die olympischen Stätten von München im Herbst 1972 nicht gebraucht. Erst von 1988 an finden diese Wettkämpfe immer am selben Ort wie die Sommerspiele statt, häufig im Nachgang. Im Olympiajahr 1972 wurden die »Weltspiele der Gelähmten« (O-Ton *Neue Deutsche Wochenschau*) bereits im Vorfeld der Münchener Spiele in der Universitätsstadt Heidelberg ausgetragen. Dort teilten die Ärzte die Teilnehmer aus 40 Ländern in »Schadensklassen« ein, so etwa beim Rollstuhlslalom. Sport sei kein Vorrecht der Gesunden, erklärte der Kommentator der *Neuen Deutschen Wochenschau* und mahnte für die Zukunft mehr Anstrengungen an: »Die breite Förderung des Versehrtensports liegt bei uns noch im Argen. Falsches Mitleid mit den Behinderten ist unangebracht.«

Gertrude Krombholz, die »Mutter der Hostessen«, engagiert sich bereits früh für die paralympischen Athleten. Von 1973 an kümmert sich die Leiterin der Münchener Sportlehrerausbildung darüber hinaus um eine neue Sportart: den Rollstuhltanz. Auch im Ausland ist ihre Expertise stark gefragt – sie bereist über 40 Länder und nimmt an den Paralympischen Spielen von 1984 bis 2018 teil. Heute lebt sie in einer Seniorenresidenz in Bayern.

Willi Daume, der Präsident des NOK von München 72, kehrt nach Dortmund zurück, um in der Eisengießerei seiner Familie nach dem Rechten zu sehen. Das Attentat hat den »Olympiagläubigen« (Horst Vetten in der *Abendzeitung*) »in dem Moment, da es ihn wahrhaft bis in den Olymp erhoben hatte, in tiefste Tiefen fallen lassen«. Acht Jahre danach zerplatzt erneut ein olympischer Traum Daumes: Der Funktionär will Präsident des Internationalen Olympischen Komitees werden, aber seine Bewerbung ist chancenlos, da die Bundesrepublik, ihren amerikanischen Verbündeten folgend, 1980 die Spiele von Moskau boykottiert hat. Willi Daume stirbt 1996 in München.

Den ehemaligen Oberbürgermeister der Olympiastadt, Hans-Jochen Vogel, zieht es Ende 1972 in die Bundespolitik. Er wird Bauminister im zweiten Kabinett von Kanzler Willy Brandt in Bonn. Privat bleibt er München treu: Der SPD-Politiker bezieht eine Wohnung im Olympischen Dorf. Nie vergisst Vogel, dass damals – 27 Jahre nach dem Holocaust – Israelis auf deutschem Boden gestorben sind, nie seine Teilnahme an der Trauerzeremonie auf dem Flughafen Lod am 7. September 1972. »Die Ansprache, die

Jigal Allon dort hielt, haftet mir noch ebenso im Gedächtnis wie die Toten-
klage des Rabbiners und die fassungslose Trauer der Hinterbliebenen«, sagt
er im September 1999 anlässlich einer Gedenkveranstaltung in Fürstenfeldbruck. Vogel stirbt im Juli 2020 in München.

Otl Aicher, der Designer der heiteren Spiele, kauft sich einen Bauernhof
im Allgäu. Auch draußen auf dem Land bleibt er ein gefragter Kopf – Welt-
firmen wie Airbus buhlen um seine Dienste. In den Achtzigern entwirft der
Kreative eine Schrift, die dem heranbrechenden Computer-Zeitalter ästhe-
tisch trotzen soll. Sie ist nach seinem Wohnort bei Leutkirch benannt:
Rotis. 1991 fährt Aicher rückwärts mit dem Rasenmäher aus seinem Grund-
stück. Es kommt zum Zusammenstoß mit einem Motorradfahrer, berichtet
die *Südwestpresse*. Am 1. September 1991 stirbt Otl Aicher an den Folgen
schwerer Kopfverletzungen. Er wurde 69 Jahre alt.

Blacky Fuchsberger, der Chefsprecher von Olympia, spielt im Jahr danach, 1973, im Kino-Erfolg *Das fliegende Klassenzimmer* eine Rolle, die ein
wenig an seine Tätigkeit bei München 72 erinnert: einen Lehrer, der den
Aufbruchsgeist seiner Schüler stets einfühlsam moderiert. Später begegnen
ihm die Westdeutschen vor allem im Fernsehen. Seine ARD-Show *Auf Los
geht's los* ist zwischen 1977 und 1986 für viele ein Pflichttermin am Samstagabend. Bis zuletzt erzählt Fuchsberger in vielen Interviews über seine Ein-
drücke von München 72. Die Atmosphäre vor dem Attentat sei etwas Un-
zerstörbares, sagt er in einem davon, »das ist wie etwas Wertvolles, in einer
Schatulle, da lassen wir nix drankommen«. Joachim Fuchsberger stirbt 2014
in Grünwald im Münchener Süden.

Sein Kollege Robert Lembke, TV-Boss von München 72, widmet sich
nach Olympia wieder seiner Karriere als Quizmeister. Bis 1989 moderiert er
insgesamt 337 Folgen der beliebten ARD-Ratesendung *Was bin ich?*, bei
der ein Team aus vier »Ratefüchsen« mit Ja/Nein-Fragen den Beruf eines
Kandidaten herausfinden muss. Für die Fußball-Weltmeisterschaft 1974 im
eigenen Land übernimmt Lembke erneut eine verantwortliche Position bei
den Fernsehübertragungen. Er stirbt 1989 nach einer Herzoperation in
München.

Da bei diesen Sommerspielen ein noch nie gekannter Aufwand bei Produktion und Verbreitung der bewegten Bilder betrieben wurde, ziehen die Macher im Abschlussbericht des Deutschen Olympiazentrums Radio Television (DOZ) sorgfältig Bilanz. Das Dokument erzählt einiges über die Bundesrepublik 1972. Gelobt wird zunächst der Verzicht auf jeglichen Chauvinismus seitens der einheimischen Kommentatoren: »Alle Kollegen zeigten sich frei von nationalen Emotionen, blieben im Wortbericht zurückhaltend und verhielten sich in der Wertung der sportlichen Leistungen absolut objektiv.«

Die Einschaltquoten im Gastgeberland, so wird festgehalten, lagen werktags für die ARD im Schnitt bei knapp 53 Prozent (ZDF: 42 Prozent). Am Wochenende sanken sie bei den Öffentlich-Rechtlichen auf durchschnittlich 36 bis 42 Prozent. Der Grund laut Abschlussbericht: Wenn samstags im Gegenprogramm Actionfilme liefen, dann schalteten die sportinteressierten Männer um. So sorgte zum Beispiel *Der Einsame* mit Kinostar Anthony Perkins am 2. September 1972 für einen zeitweiligen Sinkflug der Olympiaquoten – von ursprünglich 49 auf 30 Prozent. Interessantes Zahlenmaterial bietet auch die Aufschlüsselung der Programmrubriken. Die Deutschen haben nachgemessen, wie witzig das Fernsehen bei München 72 war: Exakt 25 Minuten entfielen auf »Karikaturen/Kabarett«. Noch weniger Sendezeit wurde nur für die Sparte »Kommentare« aufgewendet.

Problematisch, so bilanzieren die Leute vom Fernsehen, sei der Einsatz der Computertechnik gewesen, die damals noch unter dem Kürzel EDV (Elektronische Datenverarbeitung) firmierte. Die TV-Experten kommen zu dem Schluss, dass der Trend zur Digitalisierung, wie man das heute nennt, wohl überschätzt werde: »Nach den bei den Spielen gemachten Erfahrungen bringt die Verwendung von Datenverarbeitungsanlagen ... keine wesentlichen Vorteile.«

In der Saison 1972/73 moderiert zum ersten Mal eine Frau die wichtigste deutsche Sportsendung – *das aktuelle sportstudio* im ZDF. Die Journalistin Carmen Thomas erlebt nun, was es heißt, in eine Männerdomäne einzubrechen. Ein besonders auffälliges Beispiel für mangelhaftes Fairplay liefert die *Bild am Sonntag*. Das Blatt zieht vor dem zweiten Auftritt die Kompetenz der Moderatorin in Zweifel (»Charme allein genügt nicht«) – ohne die Live-Sendung überhaupt gesehen zu haben. Davon erfährt das Publikum, weil

329

Thomas die bereits gedruckte Zeitung mit der Vorab-Kritik genüsslich in der Sendung präsentiert. Als ihr dann ein halbes Jahr später, im Juli 1973, ein Missgeschick passiert und sie versehentlich von »Schalke 05« spricht, fühlen sich viele Männer endlich in ihren Vorurteilen bestätigt: »Die« kann das nicht – und »die« ist hier ein Platzhalter für alle Frauen, die nach Emanzipation streben. Sie werde, so bekannte die mehrfach ausgezeichnete Publizistin Carmen Thomas viele Jahre später über ihren berühmten Versprecher, immer noch »Woche für Woche darauf angesprochen«.

Es dauert etwas länger, bis eine Frau in der Bundesrepublik den politischen Gipfel erklimmt. Im Herbst 2005 wird Angela Merkel von der CDU als Bundeskanzlerin im Deutschen Bundestag in Berlin vereidigt. Sie trägt einen Hosenanzug – 35 Jahre nachdem im deutschen Parlament eine Frau erstmals in Hosen eine Rede hielt und dafür 1970 von Männern verlacht wurde.

Während der Münchener Spiele schimmert der aufziehende Bundestagswahlkampf immer wieder durch. Nach Olympia nimmt er an Fahrt auf. Auch junge Deutsche zwischen 18 und 20 Jahren dürfen bei diesem Urnengang ihr Kreuzchen machen, denn das Wahlalter ist 1970 von 21 auf 18 Jahre gesenkt worden. Davon profitiert in hohem Maße die SPD.

»Ich besinge Willy Brandt, weil er mir vom Fernsehen her sehr sympathisch ist«, sagt die Jungwählerin Carola und stimmt 1972 bei einem TV-Auftritt mit ihrer Gitarre die Willy-Hymne an: »Oh, Willy Brandt, ich bin noch sehr jung und Politik ist so schwer. Parteien und Wahl sind mir egal, doch ich bewundere, was ich sehe.« Das Liedchen ist Teil einer Mobilisierung, wie man sie bis dahin in bundesrepublikanischen Wahlkämpfen noch nicht erlebt hat. Besonders junge Leute mischen jetzt mit. »Willy wählen« lautet das Motto der Sozialdemokraten – und damit erringen sie bei den Bundestagswahlen im November 1972 einen fulminanten Sieg. Die SPD wird mit 45,8 Prozent der Stimmen erstmals stärkste Partei im Bundestag. Die Wahlbeteiligung erreicht mit gut 91 Prozent ein Rekordniveau.

Im Dezember 1972 schließen die Bundesrepublik und die DDR den Grundlagenvertrag, mit dem die Beziehungen der beiden deutschen Staaten zueinander neu geregelt werden. 16 Monate später, im April 1974, wird mit Günter Guillaume einer der engsten Mitarbeiter Brandts als DDR-Spion enttarnt. Der Bundeskanzler tritt zurück. Sein Nachfolger wird Helmut Schmidt, ebenfalls Sozialdemokrat. Willy Brandt stirbt im Oktober 1992 in Unkel am Rhein und wird in Berlin beigesetzt.

Der Fackelläufer Günter Zahn entzündete bei der Eröffnungsfeier 1972 das olympische Feuer. Aus dem blonden Schlacks wird schnell ein Langstreckenläufer, der sich in den siebziger und achtziger Jahren mit namhaften internationalen Konkurrenten misst. Zu Olympia schafft er es nicht – obwohl er als Dritter der Deutschen Meisterschaft eigentlich für Los Angeles 1984 qualifiziert ist. Der Verband entsendet aber in diesem Fall nur zwei Athleten. München 72 bleibt das olympische Erlebnis seines Lebens. Zahn: »Ein Freund scherzte einmal, dass auf meinem Grabstein stehen wird: Hier ruht der Fackelträger.«

Nach ihrer Rückkehr aus Kuba reist die DDR-Turnerin Karin Janz am Ende des Olympiajahres in die Sowjetunion. Sie tritt dort anlässlich des 50. Jahrestages der UdSSR bei Schauveranstaltungen auf. Danach nimmt sie wieder ihr Medizinstudium in Berlin auf. Janz gelingt, was nur wenigen Athleten der Weltklasse vergönnt ist: Sie ist auch im Leben nach dem Sport eine Ausnahmeerscheinung. Anfang der achtziger Jahre erfindet sie gemeinsam mit einem Kollegen die erste künstliche Bandscheibe. Die Charité meldet sie zum Patent an. Weltweit wird eine neue Behandlungsstrategie eingeführt. Bis heute ist Janz' Habilitation zur Charité Disc Standard für Wirbelsäulenchirurgen.

Heide Rosendahl beendet nach den Olympischen Spielen ihre Laufbahn als Sportlerin. Sie erhält Dutzende von Angeboten. Einige nimmt sie an, zum Beispiel Autogrammstunden und den Auftritt als Ehrengast bei einem Sechstagerennen. Anderes sagt sie ab, etwa die Rolle in einer Verfilmung von Johannes Mario Simmel oder die Offerte des *Playboy*, sich auszuziehen. Ein Jahr nach den Spielen zieht sie mit ihrem Mann in die Olympiastadt München, wo John Ecker sein Studium beenden will. Es gibt aber Probleme mit der deutschen Bürokratie, und so gehen die beiden für ein paar Jahre nach Los Angeles, Eckers Heimatstadt. Seit den späten Siebzigern lebt das Ehepaar wieder im Rheinland. Ihr jüngerer Sohn Danny Ecker startet bei drei Olympischen Spielen (2000–2008) im Stabhochsprung. Bis heute gilt Heide Ecker-Rosendahl als das bundesdeutsche Gesicht von München 72.

Konrad Wirnhier, der bayerische Goldschütze, wird 1973 noch einmal Deutscher Meister – zum elften Mal. Bei internationalen Wettbewerben geht er nicht mehr an den Start. 1982 verlegt er sein Waffengeschäft von Pfarrkirchen an den Ort seines größten sportlichen Triumphs: die olympische Schießanlage in Garching-Hochbrück. In einem Flugblatt preist der Büchsenbauer seine Spezialität an, »feine handgemachte Büchsen und Flinten jedes Kalibers«. Eine Zeit lang versucht er sich als Bundestrainer. Die Ausbildung der jungen Schützen liegt ihm am Herzen. Conny Wirnhier stirbt 2002.

Ulrike Meyfarth erhält im Jahr nach Olympia eine Auszeichnung, die für eine echte Rheinländerin fast noch schöner als eine Goldmedaille ist: Für den Karnevalszug ihres Heimatortes Wesseling baut man ihr 1973 einen eigenen Wagen. So lustig geht es nicht weiter: Sie bricht sportlich ein und verpasst die Spiele 1976. Ihr Comeback ist genauso erstaunlich wie ihr Sieg als 16-Jährige in München: In Los Angeles gewinnt Meyfarth 1984 – zwölf Jahre nach ihrem ersten Olympiasieg – noch einmal die Goldmedaille. Heute lebt sie mit ihrem Ehemann im Rheinland, gar nicht so weit weg von Heide Rosendahl.

Deutschlands Basketballkapitän Holger Geschwindner hat 1972 bei der letzten Olympiapartie gegen Australien offenkundig Eindruck auf den Gegner gemacht: »Die haben mir dann ein Angebot unterbreitet.« Und so spielt er eine Saison lang *Down Under*, am anderen Ende der Welt. »Man war früher wieder daheim als die Postkarten, die man geschrieben hat.« Am Ende seiner aktiven Karriere entdeckt er 1993 in einer Mehrzweckhalle in Franken einen 15-Jährigen, der zum besten deutschen Basketballer aller Zeiten wird: Dirk Nowitzki. Der Teenager wird das Projekt seines Lebens. Geschwindner fördert und fordert das Talent, bis sein Schützling in der nordamerikanischen NBA zum Superstar reift und dort 2011 mit den Dallas Mavericks die Meisterschaft gewinnt. Bis heute bildet Holger Geschwindner junge Basketballer aus.

Der Speerwerfer Klaus Wolfermann wird 1972 und 1973 zu Deutschlands Sportler des Jahres gewählt. Im Mai 1973 stellt er einen neuen Weltrekord auf, der fast vier Jahre lang nicht übertroffen wird. Bei Olympia 1976 in Montreal kann er wegen einer Verletzung nicht antreten. Später wechselt er in die Zentrale des Sportartikelherstellers Puma. Dort sieht er einen Münchener Weggefährten wieder: John Akii-Bua.

Für John Akii-Bua aus Uganda bedeutet das Gold von München nach der Rückkehr in die Heimat zunächst einen gewissen Schutz und Sicherheit. Der Olympiasieger ist jetzt »zu berühmt, um in einem Massengrab zu landen« *(Spiegel)* – auch wenn er dem Stamm der Langis angehört, von denen etliche den mörderischen Plänen des Diktators Idi Amin zum Opfer fallen. 1979 entschließt sich der Champion zur Flucht – und landet zunächst in einem Lager im benachbarten Tansania. Sein Sponsor, die Sportartikelfirma Puma aus Herzogenaurach, lotst ihn samt Familie nach Deutschland. In der fränkischen Provinz trifft der Afrikaner Klaus Wolfermann. Man habe sich auf Anhieb gut verstanden, und sie seien ein gutes Team gewesen, erinnert sich der Deutsche. Besonders in der Puma-Fußballmannschaft. »Er war ein schneller Linksaußen, ich Rechtsaußen, da haben wir schön kombiniert.« 1983 geht Akii-Bua zurück nach Uganda, so Wolfermann, obwohl das Land weiterhin am Boden liegt. Er kommt nicht mehr so recht auf die Beine. Im Juni 1997 stirbt John Akii-Bua in Kampala an Krebs. Auf seinem Grabstein steht: »Olympischer Held«.

Mark Spitz lässt sich nach seiner Abreise von den Münchener Spielen von einem Fotografen in London für den *Stern* ablichten. Das berühmte Bild zeigt den US-Schwimmer nur mit der Badehose bekleidet, um seinen Hals baumeln alle sieben Goldmedaillen von München 72. Das Motiv ist mit 2 Millionen Exemplaren für mehrere Jahre das meistgedruckte Poster der Welt. Spitz erhält 15 Cent pro Kopie. Insgesamt verdient der ehemalige Amateur allein nach den Spielen geschätzte 5 Millionen Dollar – auch wenn aus einer großen Karriere in Hollywood nichts wird. 20 Jahre nach München kehrt er ins Schwimmbecken zurück und versucht sich an der Qualifikation für die Sommerspiele 1992 in Barcelona, aber daran scheitert im Alter von 41 Jahren selbst der Ausnahmeathlet Mark Spitz.

Frank Shorter, der in München geborene US-Amerikaner, kann nach seinem Sieg im olympischen Marathon nun einen anderen Lebensweg einschlagen. »Ich musste nun kein Anwalt werden, sondern konnte mein eigener Boss sein«, sagt der frühere Jurastudent. Er nimmt an den Spielen 1976 in Montreal teil – und wieder heimst jemand vor ihm den Beifall der Zuschauer ein. Diesmal ist es der Olympiasieger Waldemar Cierpinski aus der DDR, der sich später gegen Dopingvorwürfe wehren muss. Shorter holt Silber. »Ich bin«, bilanziert er, »niemals als Erster in ein Olympiastadion eingelaufen.« Der Vater des US-Laufbooms lebt heute in Colorado – und ist immer noch bei Rennen aktiv. Und Norbert, der Shorter in München den goldenen Moment klaute? Aus dem jugendlichen Sponti wird ein leistungsbereiter Bundesbürger: Studium an einer guten Universität, Doktortitel und eine ordentliche Karriere in der Autoindustrie. Niedergelassen hat sich der Hobbygolfer mit seiner Frau in einer Kleinstadt im Freistaat Bayern.

Die nächsten Olympischen Sommerspiele finden 1976 in Kanada statt – und werden finanziell ein Desaster. Die Steuerzahler müssen noch 30 Jahre lang die Schulden für das zweiwöchige Sportfest abstottern. Ein Schicksal, das München erspart bleibt.

Immer stärker drängen nun Politik und Kommerz, bisher in der olympischen Bewegung verpönt, nach vorn: 1976 boykottieren afrikanische Länder die Spiele, 1980 in Moskau dann Teile des Westens, allen voran die USA und die Bundesrepublik, und 1984 in Los Angeles schließlich die Ostblockstaaten, angeführt von der Sowjetunion. Als sich 1988 die olympische Familie mit einer Rekordzahl von Mitgliedern wieder fast komplett in Seoul versammelt, hat sich der Profisport durchgesetzt. Die Athleten dürfen nun offiziell richtig viel Geld verdienen. 1992 nehmen sogar Multimillionäre in Gestalt des US-Basketballteams an den Sommerspielen in Barcelona teil. *The games must go on.*

Der langjährige IOC-Präsident Avery Brundage, nimmermüder Streiter gegen politische und kommerzielle Einflüsse, erlebt diese Veränderungen nicht mehr. Ein Jahr nach München 72 heiratet er eine deutsche Prinzessin, die er bei den Spielen kennengelernt hat. Seine neue Ehefrau ist 48 Jahre jünger als er. Das Paar lässt sich am Alpenrand nieder. Brundage stirbt im Mai 1975 in Garmisch-Partenkirchen im Alter von 87 Jahren.

Anneliese Graes, die am 5. September 1972 mutig als Vermittlerin den Kontakt zu den Terroristen hielt, geht zurück ins Ruhrgebiet. Zwei Jahre nach den Spielen, 1974, erhält sie das Bundesverdienstkreuz am Bande. Ihr Neffe berichtet dem Bayerischen Rundfunk, die Polizistin »habe lächelnd abgelehnt, als Medien ihr viel Geld für Exklusivgeschichten boten«. Graes stirbt 1992 in Bottrop im Alter von 62 Jahren. Sie wünschte sich, mit dem Bundesverdienstkreuz begraben zu werden.

Der Arzt Michael Verhoeven, der sich am Tag des Anschlags im Klinikum Rechts der Isar auf den Notfall vorbereitete, entscheidet sich gegen eine Laufbahn als Mediziner – und für den Film. Viele seiner Werke werden in den folgenden Jahren mit Preisen ausgezeichnet. Mehrfach beschäftigt er sich mit der Geschichte der Weißen Rose, der Widerstandsbewegung um die Geschwister Sophie und Hans Scholl.

Die drei überlebenden Olympia-Attentäter werden im Oktober 1972 von ihren Kampfgenossen freigepresst, als palästinensische Terroristen eine Lufthansamaschine auf dem Weg von Beirut nach Frankfurt entführen. Sie finden am Ende Zuflucht in Libyen. Unter dem Operationsnamen »Zorn Gottes« machen sich nach den Spielen mehrere Agenten des israelischen Geheimdienstes auf die Jagd nach den Personen, die am Olympia-Anschlag beteiligt waren. Erster Kommandeur der verantwortlichen Sondereinheit wird der spätere Ministerpräsident Ehud Barak. Der Regisseur Steven Spielberg hat diesen Stoff in seinem Werk *Munich* verfilmt.

Ittai Tamari, der von Deutschland faszinierte Teenager aus der Nähe von Tel Aviv, merkt erst Tage nach seiner Rückkehr aus München, dass etwas fehlt: »Waldi«, das Maskottchen der Spiele, ein Geschenk seines Vaters, ist am Tag des Attentats bei der Flucht in Deutschland zurückgeblieben, wahrscheinlich im Hotel in München. Tamari kehrt später in die Bundesrepublik zurück – und bleibt. Heute wirkt er in Heidelberg als Leiter des Zentralarchivs zur Erforschung der Geschichte der Juden in Deutschland.

Ankie Spitzer, die Witwe der ermordeten Geisel André Spitzer, wird zur einflussreichsten Stimme der Hinterbliebenen. Über Jahrzehnte konfrontiert sie unermüdlich die deutschen Verantwortlichen sowie das IOC mit dem Geschehen und setzt sich für eine Wiedergutmachung ein. Das Ergebnis ihrer Nachforschungen beschreiben die *SZ*-Reporter Deininger und Ritzer ausführlich in ihrem Werk *Die Spiele des Jahrhunderts*. Demzufolge meldet sich nach einem TV-Auftritt Spitzers zunächst ein Mann bei ihr. Er arbeite in einem Archiv. Die angeblich verschwundenen Unterlagen zum Olympia-Attentat würden noch existieren. 80 Seiten schickt er an Ankie Spitzer. Eine Prüfung ergibt: Sie sind echt. Bis dahin hatten bundesdeutsche Stellen stets behauptet, dass »leider« keine Unterlagen mehr vorhanden seien. Jetzt kommen insgesamt 4000 Seiten Material ans Licht. Das

Studium der Dokumente bestätigt Spitzers schlimmste Befürchtungen zum Tode ihres Mannes und seiner Kollegen. »Miserabel vorbereitet« und »völlig ratlos« seien die Deutschen am Tag des Attentats gewesen. »Es herrschte Chaos, es gab keinen Plan, keine vernünftige Ausrüstung der Polizei, nicht einmal die Funkgeräte funktionierten.« So wird sie von Deininger und Ritzer zitiert.

Um Geld ging es der Witwe nie. Zu Anfang des neuen Jahrhunderts machen die Deutschen ein Angebot. »Wir bekamen 30 Jahre nach dem Massaker eine Entschädigung in Höhe von drei Millionen Dollar. Eine Million zahlte Bayern, eine Million die Stadt München und eine Million die Bundesrepublik Deutschland«, resümiert sie in einem Fernsehinterview. »Wir mussten von dem Geld Gerichtskosten zahlen. Das Geld wurde unter 25 Personen, die beim Attentat ein Familienmitglied verloren hatten, aufgeteilt.« Viel wichtiger aber ist ihr: »Die Zahlung war für uns vor allem ein Schuldeingeständnis der Deutschen.«

Ankie Spitzer und Ilona Romano, die Witwe des ermordeten Ringers Josef Romano, sind auch die treibenden Kräfte hinter der Einrichtung einer Gedenkstätte für die Opfer. Sie wird im September 2017, genau 45 Jahre nach dem Attentat, im Münchener Olympiapark eröffnet – in Anwesenheit des deutschen Bundespräsidenten Steinmeier und des israelischen Präsidenten Rivlin. Der Gedenkort erinnert an die elf israelischen Olympiateilnehmer und an den deutschen Polizisten, die bei München 72 getötet wurden.

ANHANG

Zu diesem Buch

Eigentlich wollten wir ein Sportbuch schreiben, aber bald wurde uns klar, dass das nicht funktionieren würde. Denn München 72 war mehr als ein sportliches Großereignis. Der deutsche Sommer war ein Lebensgefühl. Und er war die Chance, 36 Jahre nach der Berliner Nazi-Olympiade des Sommers 1936 dem weltoffenen, dem toleranten, dem geläuterten Deutschland ein Gesicht zu geben. Bis der Terror kam. Der Anschlag auf die Mannschaft Israels überschattet den deutschen Sommer bis heute.

Es war ein Sommer der Triumphe und der Niederlagen, der Leichtigkeit und der Leidenschaft, aber auch der Hilflosigkeit und des Versagens. Das wollten wir einfangen. Und so ist unser Buch nicht nur eine Sportgeschichte, sondern auch eine Kultur- und Mentalitäts-, eine Sozial- und Alltagsgeschichte der jungen Republik nicht einmal drei Jahrzehnte nach dem Ende des Zweiten Weltkriegs.

Um das spürbar zu machen, haben wir die zu Wort kommen lassen, die das alles geplant, inszeniert und dargeboten, beobachtet und erlebt haben. Nie zuvor hat ein sportliches Großereignis weltweit so viele Menschen in seinen Bann gezogen wie dieses. Die Olympischen Spiele von München waren eben auch ein beispielloses mediales Spektakel. Fast alles, auch Teile des Geiseldramas vom 5. September 1972, wurde live rund um die Uhr und in Farbe ausgestrahlt.

Diese dichte Dokumentation durch das Fernsehen, aber auch durch den damals noch sehr wichtigen Hörfunk und vor allem durch die breit gefächerte Presse ist heute eine unschätzbare Quelle. Vergleichbares gilt für die Memoiren, Darstellungen und Analysen, die nach den Spielen in Buchform erschienen, und es gilt für manches bislang Unentdeckte, auf das wir in Archiven und Bibliotheken stießen. Welche Quellen wir benutzt haben, ist unter »Zu den Quellen« zusammengestellt.

Dass der Sprachduktus in vielen dieser Quellen – mal unbewusst, mal naiv, mal überheblich – einen deutlichen rassistischen Unterton transportiert, hat uns überrascht. Wir lassen ihn in Zitaten, die immer auch

Dokumentationen des Zeitgeistes sind, für sich sprechen. Weil wir bei Zitaten der zeitgenössischen Ausdrucksweise folgen, das Buch aber lesbar halten wollten, haben wir auf die sprachliche Unterscheidung der Geschlechter (»Spitzensportlerinnen und Spitzensportler«) verzichtet und uns in den meisten Fällen des generischen Maskulinums bedient. Die aktuelle Rechtschreibung haben wir an historisch überlieferten Stellen nur eingesetzt, wenn die Verständlichkeit gelitten hätte. Und: Damals wie heute sprechen viele, auch wir, von »Olympiade«, obgleich damit streng genommen die Zeit zwischen den Olympischen Spielen gemeint ist.

Eine Anregung für unser Buch war die vorzügliche Darstellung von Oliver Hilmes' *Berlin 1936. Sechzehn Tage im August*, die 2016 in derselben Verlagsgruppe erschienen ist wie unser Buch und deren Gliederungsprinzip, eine Tageschronik, wir im Wesentlichen übernommen haben. Anders als Hilmes konnten wir nicht nur auf eine üppige Presseberichterstattung zurückgreifen, sondern auch eine Reihe von Zeitzeugen aus dem sportlichen und kulturellen Leben der Bundesrepublik jener Zeit befragen.

Die meisten waren damit einverstanden, dass wir sie namentlich und im Wortlaut zitieren. Dafür sind wir zu großem Dank verpflichtet: Holger Geschwindner, Uschi Glas, Ottmar Hitzfeld, Uli Hoeneß, Dietmar Holzapfel, Karin Büttner-Janz, Gertrude Krombholz, Detlev Mahnert, Coordt von Mannstein, Ulrike Nasse-Meyfarth, Heide Ecker-Rosendahl, Heike Salzmann, Roland Schlehahn, Frank Shorter, Ittai Tamari, Hans-Joachim Tenschert, Michael Verhoeven, Friederike Wolfermann, Klaus Wolfermann und Günter Zahn.

In pandemischen Zeiten auf Materialien aus Bibliotheken und Archiven zugreifen zu wollen ist eine sportliche Herausforderung. Dass wir sie meistern konnten, lag an den engagierten Mitarbeitern dieser Institutionen. Dafür danken wir: Sabine Rittner, Rainer Tief und Klaus Weisenbach (Archiv des Bayerischen Rundfunks); Christoph Bachmann (Staatsarchiv München); Karolin Baumann (Regionales Klimabüro München des Deutschen Wetterdienstes); Sven Haarmann (Archiv der sozialen Demokratie der Friedrich-Ebert-Stiftung, Bonn); Christine Hannig (Stadtbibliothek/Monacensia, München); Helga Nützel (Zeitungsarchiv der Fachbibliothek Englischer Garten der Ludwig-Maximilians-Universität, München); Elvira Friedrich

(Bibliothek der Deutschen Sporthochschule, Köln); Christoph Büker (Deutscher Basketball-Bund, Hagen).

Leopold Hoesch (Broadview TV, Köln) machte uns das Manuskript und ungeschnittene Originalinterviews einiger Protagonisten der Dokumentation *Der Olympia-Mord* zugänglich; Jan Weber-Verlinden (TVN, Hannover) stellte uns Abschriften der Interviews der mehrteiligen Fernsehdokumentationen *Kanzler, Krisen, Koalitionen* und *Wir da drüben – die Geschichte der DDR* zur Verfügung; Katharina Mross und Florian Boitin (Kouneli Media, München) haben uns erlaubt, die betagten Hefte der frühen Ausgaben des *Playboy* in München einzusehen.

Mercedes Riederer, ehemalige Hörfunkchefredakteurin des Bayerischen Rundfunks und langjährige Leiterin der Deutschen Journalistenschule in München, hat dieses Buch mit Expertise, Engagement und Sympathie gefördert; Werner Rabe, vormaliger Sportchef des Bayerischen Rundfunks, hat seinerzeit als junger Zeitungsreporter aus München berichtet und ließ uns jetzt noch einmal an seinen lebhaften Erinnerungen teilhaben. Dafür sind wir den beiden sehr dankbar.

Julia Speerschneider hat die Interviews transkribiert; Simone Schillinger das Manuskript zu einem frühen Zeitpunkt gelesen und wertvolles Feedback gegeben; Sandra Lindenberger hat für uns den Jahrgang 1972 von *Bravo* gesichtet und uns beim Faktencheck unterstützt. Dafür danken wir ihnen allen sehr. Etwaige Fehler bleiben selbstverständlich die der Autoren.

Köln/Erlangen, im Oktober 2021
Markus Brauckmann
Gregor Schöllgen

Zu den Quellen

Die Generation München 72 hat nicht nur dem deutschen Olympiasommer ihren Stempel aufgedrückt, sondern auch dieses Buch geprägt. Die Interviews mit Teilnehmern, Zeitgenossen und Beobachtern sind das Fundament unseres Berichts. Unter denen, die mit uns sprachen, waren mit Dietmar Holzapfel, Roland Schlehahn, Ittai Tamari, Heike Salzmann und Friederike Wolfermann auch solche, die während der Spiele nicht im Rampenlicht standen, aber München 72 aus ihrer ganz eigenen Perspektive heraus intensiv beobachtet und miterlebt haben. Sprechen durften wir mit:

Holger Geschwindner, Kapitän der westdeutschen Basketball-Nationalmannschaft bei München 72, Spieler beim örtlichen Verein USC und Bewohner des Szeneviertels Schwabing

Uschi Glas, Schauspielerin mit Wohnsitz München und Hauptdarstellerin des Kultfilms *Zur Sache Schätzchen*, die im Olympiasommer in Rom drehte

Ottmar Hitzfeld, Fußballer der westdeutschen Olympia-Auswahl und Stürmer des FC Basel in der Schweizer Liga

Uli Hoeneß, Fußballer der westdeutschen Olympia-Auswahl, Spieler des FC Bayern München und als Mitglied der A-Nationalmannschaft Europameister 1972

Dietmar Holzapfel, Schüler aus Ingolstadt und jugendlicher München-Besucher

Karin Janz, Kunstturnerin aus der DDR, Welt- und Europameisterin, zweifache Olympiasiegerin

Gertrude Krombholz, Ausbilderin der Olympia-Hostessen und bei den Spielen Gruppen-Chefhostess der Schwimmhalle

Detlev Mahnert, Lehrer im Ruhrgebiet und einer der Stadionsprecher

Coordt von Mannstein, Grafiker/Designer aus Nordrhein-Westfalen, Vater des Logos von München 72

Ulrike Meyfarth, 16-jährige Hochspringerin aus Wesseling im Rheinland und Olympiasiegerin

Heide Rosendahl, westdeutscher Leichtathletikstar, zweifache Olympiasiegerin

Heike Salzmann, jüngste Tochter des Sportschützen und Olympiasiegers Konrad »Conny« Wirnhier aus Pfarrkirchen

Roland Schlehahn, Teilnehmer des olympischen Jugendlagers von München aus Westfalen

Frank Shorter, gebürtiger Münchener, amerikanischer Goldmedaillengewinner im Marathon

Ittai Tamari, jugendlicher Olympiabesucher aus Israel

Hans-Joachim Tenschert, westdeutscher Basketball-Kampfrichter beim olympischen Finale Sowjetunion versus USA

Michael Verhoeven, Film- und Fernsehregisseur, Ehemann der Schauspielerin Senta Berger und seinerzeit Arzt am Klinikum Rechts der Isar

Friederike Wolfermann, Ehefrau von Klaus Wolfermann

Klaus Wolfermann, westdeutscher Speerwerfer und Olympiasieger

Günter Zahn, westdeutscher Langstreckenläufer und Schlussläufer des olympischen Fackellaufs.

Einige unserer Gesprächspartner ließen uns Einblick in teils sehr persönliche Dokumente aller Art nehmen. So brachte Karin Janz zum Treffen in Brandenburg ihr Reisetagebuch aus dem Olympiajahr mit. Gertrude Krombholz übersandte uns ihren persönlichen Bericht der Spiele mit dem Titel »Ich war eine der Chefhostessen«. Heike Salzmann (geb. Wirnhier) versorgte uns mit einer Vielzahl schwer oder gar nicht greifbarer Hintergrunddokumente zu ihrem Vater, dem Olympiasieger Konrad Wirnhier. Michael Verhoeven schickte uns schriftliche Ausführungen über seine Erlebnisse im Olympiajahr. Detlev Mahnert gewährte uns Einblicke in eine Reihe von Dokumenten, darunter zwei längere von ihm verfasste Berichte sowie den Flugplan seiner Bayerntour mit dem FIFA-Präsidenten. Um nur diese Beispiele zu nennen.

Das Archiv des Bayerischen Rundfunks öffnete uns die Tür zu einer wahren Schatzkammer mit zum Teil unveröffentlichten Informationen. Darunter Meldungen des Tages, Tageszusammenfassungen, aktuelle Nachrichten und Agenturticker, von denen einige mit handschriftlichen Notizen der 1972 verantwortlichen Redakteure oder Bearbeiter versehen sind. Da die Tape-Mitschnitte der Radionachrichten bis 2000, also auch aus dem Olympiasommer, bis auf einige Ausnahmen nicht in der Regelarchivierung enthalten sind, muss man diese Dokumente sprechen lassen, wenn man die herausragende Bedeutung des Radios im Olympiajahr 1972 verstehen will.

Das Staatsarchiv München gab uns die Chance, die in den Presseberichtsakten aufgehobenen Polizeiberichte zu München 72 in anonymisierter Form einzusehen. Die von uns zitierten Partien werfen ein bezeichnendes Licht auf die Sicherheitslage und das Sicherheitsgefühl in den Tagen vor dem Attentat.

Die Wetterberichte und Wetterkarten für August und September 1972, die uns vom Regionalen Klimabüro München des Deutschen Wetterdienstes (DWD) zur Verfügung gestellt wurden, sind eine nicht zu unterschätzende Quelle. Das gilt insbesondere für den Report »Der Termin der Olympischen Spiele aus meteorologischer Sicht«, in dem der Diplom-Meteorologe A. Cappel am 4. August 1972 beschreibt, auf welcher wissenschaftlichen Basis die Terminfestlegung von München 72 im Vorfeld zustande kam.

Die Bibliothek der Deutschen Sporthochschule Köln gab uns die Möglichkeit, eine Fülle wichtiger Dokumente zur Organisation von München 72 zu studieren, darunter: die »Richtlinien und Normen für die visuelle Gestaltung« von Otl Aicher; den Abschlussbericht der Deutschen Rundfunkanstalten über ihre »Tätigkeiten bei den Spielen der XX. Olympiade München 1972 und den Spielen des FIFA-Weltpokals 1974«; den Public-Relations Maßnahmen-Katalog der Olympischen Spiele; das Programmheft der Eröffnungsfeier sowie den offiziellen Bericht der Spiele, »herausgegeben vom Organisationskomitee für die Spiele der XX. Olympiade München 1972 – Band 1: Die Organisation / Band 2: Die Bauten / Band 3: Die Wettkämpfe«.

Eine Fundgrube war die Presseabteilung in der Zentrale des Deutschen Basketball Bundes (DBB) in Hagen, die über eine gut sortierte Sammlung von Dokumenten aller Art zu München 72 verfügt. Dazu gehören unter anderem der Briefwechsel zwischen Nationalspielern und Verband im Vorfeld der Olympischen Spiele 1972; einige Schlüsseldokumente zum Basketball-finale Sowjetunion versus USA, darunter die Summary des Match Reports, das Jury-Urteil/Communique, die in der Nacht des Endspiels angefertigten Aktennotizen des deutschen Kampfgerichts, das handgeschriebene erste Protestpapier der USA, den Schriftsatz »Reconstructing the Crime« des United States Olympic Committees mit Sitz in New York sowie die »Basketball Regelinterpretationen München 1972«. Auch den Artikel von *USA Today* »3 seconds broke hearts of gold« (1987) konnten wir hier einsehen.

Im Archiv der sozialen Demokratie der Friedrich-Ebert-Stiftung in Bonn hatten wir die Möglichkeit, die persönlichen Aufzeichnungen einzusehen, die Willy Brandt im Olympia- und Wahljahr 1972 anfertigte und die neben Brandts Notizen auch eine Sammlung einschlägiger Zeitungsartikel enthalten. Da die Olympischen Sommerspiele mit der aufziehenden Kampagne zur ersten vorgezogenen Bundestagswahl in der Geschichte der Republik zusammenfielen, sind die Notizen auch für München, wo der Bundeskanzler während der Spiele Quartier bezog, von erheblichem Interesse. Im Archiv der sozialen Demokratie konnten wir auch geschlossen die handschriftlich durchkorrigierten Manuskripte der 14 Kolumnen studieren, die Münchens damaliger Oberbürgermeister kurz vor sowie während der Olympischen Spiele für den Sport-Informationsdienst (SID) über aktuelle olympische Themen verfasste. »Manche Gedanken sind vielleicht über den Tag hinaus von Bedeutung«, schreibt Hans-Jochen Vogel im Vorwort. Er hatte recht.

München 72 war auch das erste Aufeinandertreffen zweier eigenständiger deutscher Mannschaften bei Olympischen Sommerspielen mit eigener Flagge und Nationalhymne sowie dem ersten organisierten Großbesuch von DDR-Touristen in der Bundesrepublik. Natürlich wurden sie einschlägig auf München vorbereitet und vor Ort durch den Staatssicherheitsdienst beobachtet. Die Aktion, die schon im Vorfeld der Spiele begann, lief unter dem Codewort »Operation ›Flamme‹«. Eine aufschlussreiche Sammlung von Dokumenten unter anderem auch zur »Auswahl des Publikums«, von der wir profitiert haben, findet sich auf der Website des Bundesbeauftragten für die Unterlagen des Staatssicherheitsdienstes der ehemaligen Deutschen Demokratischen Republik: »Aktion ›Flamme‹. Die Stasi bei Olympia 1972 in München«.

Die bewegten Bilder haben München 72 zum Weltereignis gemacht und sind heute eine historische Quelle ersten Ranges. Das Fernsehprogramm, das sich damals auf den öffentlich-rechtlichen Rundfunk beschränkte, zitieren wir nach den Print-Wochentiteln und Tageszeitungen; das Veranstaltungsprogramm sowie Informationen für Teilnehmer und Besucher nach dem *Offiziellen Olympiaführer der Spiele der XX. Olympiade München 1972* und nach dem *Olympia-Führer 1972 – Das Handbuch für die XX. Olympischen Spiele in München, Kiel und Augsburg und die XI. Olympischen Winterspiele in Sapporo.*

Von den Beständen der öffentlich-rechtlichen Rundfunkanstalten, die wir gesichtet haben, waren für uns vor allem die folgenden aufschlussreich: Die 17-teilige Serie *Olympia 1972 in München – Ein Rückblick auf den Tag vor 40 Jahren mit Eberhard Stanjek* ist eine Fundgrube ersten Ranges, die jeden einzelnen Wettkampftag von München 72 mit den Bildern und Protagonisten des Tages porträtiert und im BR-Sportarchiv *Seinerzeit* abrufbar ist. Hilfreich waren auch die Sichtung der BR-Sondersendung zum 40. Jubiläum der Olympischen Spiele sowie das Online-Special des Bayerischen Rundfunks mit dem Titel *45 Jahre München 1972*. Der ZDF-Originalkommentar der Eröffnungsfeier war zum Zeitpunkt unserer Recherchen im Internet verfügbar. Aufschlussreich war schließlich die offizielle Olympia-Dokumentation *Olympiade '72 München* von Milos Forman, Arthur Penn und anderen Regisseuren.

Seither haben sich etliche TV-Dokumentationen des Themas »München 1972« angenommen. Von besonderem Interesse waren für uns der von Spiegel TV produzierte Film *Vom Traum zum Terror* sowie die Dokumentation *Mein München '72 – Zeitzeugen erinnern sich an die Olympischen Spiele* von der *Süddeutschen Zeitung*, die ein detailliertes Bild der Stadt im Angesicht der Spiele zeichnet und uns nützliche Hinweise geliefert hat.

Ein wichtiges Anliegen unseres Buches ist das Ausleuchten des gesellschaftlichen, politischen und kulturellen Hintergrundes von München 1972. Die in den Nachkriegsjahren wöchentlich produzierte *Neue Deutsche Wochenschau* ist ein robuster und verlässlicher Chronist. Auch wenn manches aus heutiger Sicht zeitspezifisch oder wunderlich anmutet, haben wir von den nostalgischen Filmerinnerungen nachhaltig profitieren können.

Aus der kaum überschaubaren Fülle von Bewegtbildern jüngeren Datums, die wir gesichtet haben, waren besonders ergiebig und erhellend die von Broadview TV und WDR produzierte Zeitgeschichtsreihe *Unser Land* (1970 & 1972), die von I&U und RTL produzierte Unterhaltungssendung *Die 70er Jahre-Show*, die von AZ Media und RTL produzierte vierteilige Dokumentation *Kanzler, Krisen, Koalitionen* sowie zuletzt der von Broadview TV produzierte Kinodokumentarfilm *Die Unbeugsamen*, in der Regisseur Torsten Körner die Rolle der Frau in der deutschen Gesellschaft ausleuchtet.

Schließlich waren für uns zwei Spielfilme der Zeit aufschlussreich. Zum einen die 1968 erschienene Komödie von May Spils mit Uschi Glas und Werner Enke *Zur Sache Schätzchen*, die der Gesellschaft jener Jahre den Spiegel vorhält, und zum anderen das Dokudrama *Erinnerungen an einen Sommer in Berlin* in der Regie von Rolf Hädrich, der zum Auftakt der Olympischen Spiele im August 1972 in die Kinos kam, sich mit dem Berlin zur Zeit der ersten Olympischen Spiele auf deutschem Boden im Sommer 1936 beschäftigt und auch einige umstrittene Figuren wie Leni Riefenstahl und Albert Speer auftreten lässt.

Während der Olympischen Spiele schlug der Puls von München besonders heftig. Und niemand hat, so fanden wir, diese Bewegungen so lebendig aufgezeichnet wie die Reporter der Tageszeitungen *tz* und *Abendzeitung*. Tag für Tag, Seite um Seite kommt man beim Blättern aus dem Staunen und dem Schmunzeln nicht mehr heraus. Nach einem amerikanischen Sprichwort ist der Journalismus die erste Version der Historie. In diesem Fall trifft das tatsächlich zu. Manchmal haben wir sogar noch aus den dort platzierten Werbeanzeigen Honig saugen können. Ergänzt wurde diese Recherche durch das systematische Studium von Münchener Blättern wie dem *Münchener Merkur* und der *Süddeutschen Zeitung*, von Regionalzeitungen wie der *Augsburger Allgemeinen* und dem *Donaukurier* sowie überregionaler Titel wie *Bild*, *Welt* oder der *Frankfurter Allgemeinen Zeitung*.

Der *Spiegel* war als führender Print-Wochentitel schon im Vorfeld ein kritischer Begleiter der zweiten Olympischen Sommerspiele auf deutschem Boden. Titelgeschichten, Reportagen, Essays und Interviews widmeten sich kontinuierlich diesem Thema – beschreibend und analysierend, mit Herz und Hirn. Die Berichterstattung des *Spiegel* gehört zu den Grundlagen unserer Darstellung. Ähnliches gilt für das andere Dickschiff der Hamburger

Presseflotte, den *Stern*. Bei der optischen Aufarbeitung der Olympiatage lagen die Macher um Henri Nannen unangefochten an der Spitze der deutschen Presselandschaft. Hinzu kamen hervorragende Reportagen, mal spitzzüngig wie die Stücke über die Münchener Partygesellschaft, mal hintergründig wie der zitierte Report aus Rhodesien.

Eine Zeitschrift wie *Quick* gibt es heute nicht mehr: sehr bunt, aber genauso selbstverständlich mit einer eigenen Politikberichterstattung. Damals ein Stück Zeitgeist schwarz auf weiß – und mit sehr vielen Farbbildern. Die Ausgaben vor und während der Olympiazeit zeichnen ein Bild des *Hypes* um München 72, auch wenn damals niemand das Wort kannte. Einiges davon haben wir in dieses Buch einfließen lassen. Das trifft auch auf die Münchener *Sport-Illustrierte* zu, die gleichfalls nicht mehr existiert. Ihre Schreiber machten später vielerorts Karriere, ihr Herausgeber war bereits ein bundesdeutscher TV-Star: Wim Thoelke.

Im Sommer 1972 kam die erste deutschsprachige Ausgabe des *Playboy* heraus. Die frühen Ausgaben sagen mindestens so viel über das Selbstverständnis der deutschen Männer wie über den Stand der sogenannten sexuellen Revolution im Jahr 1972. Einen bedeutenden Beitrag zum Verständnis der seinerzeitigen Gesellschaft leistet auch die Jugendzeitschrift *Bravo*. Wir kamen schnell zu dem Schluss: Wer die Jugend jener Jahre verstehen will, kommt an diesem Titel nicht vorbei.

Einige Einzelkomplexe haben das Bild dieser Olympiade auf sehr unterschiedliche Weise mitgeprägt. So die deutsch-deutsche Rivalität, und die wiederum auf verschiedenen Ebenen. Maßgeblich für die Erschließung dieses Themas ist die 2010 in Hamburg vorgelegte geschichtswissenschaftliche Dissertation von Justus Johann Meyer *Politische Spiele – Die deutsch-deutschen Auseinandersetzungen auf dem Weg zu den XX. Olympischen Sommerspielen 1972 und bei den Spielen in München*. Einen guten Überblick zu den peniblen Vorbereitungen der DDR-Verantwortlichen geben Evamaria Brockhoff und Verena Eckhardt in ihrem Beitrag »Unterwegs in politischer Mission – die Touristendelegation der DDR«, der 2010 in der Edition Bayern, Sonderheft: *München '72*, herausgegeben vom Haus der Bayerischen Geschichte, erschienen ist. Sehr hilfreich waren die im Vorfeld der Spiele erschienene *Spiegel*-Serie zum DDR-Sport: »Bei uns ist immer Olympia« sowie der Anfang September 1972 gleichfalls im *Spiegel* erschienene Artikel »Des ist, wia wenn's d' Mauer dabeihätten«. Die ostdeutschen Besucher in Oberbayern mehr oder weniger eng begleitet haben zudem die Berichterstatter von *tz*, *AZ*, *Stern* und *Zeit*.

Außerordentlich aufschlussreich sind die ersten beiden Teile der Olympiadoku *Wir gegen uns* des MDR: *Olympisches Wettrüsten – der Weg nach München* und *München '72 – zu Besuch beim Klassenfeind* sowie die von AZ Media und RTL produzierte zweiteilige Dokumentation *Wir da drüben – die Geschichte der DDR*.

Nichts hat das Bild von München 72 so geprägt wie das Attentat. Unsere Schilderungen des Tages und der Akteure stammen aus einer Fülle von Quellen. Neben unseren Zeitzeugen und der umfangreichen Berichterstattung in Presse, Hörfunk und Fernsehen sind vor allem zwei bemerkenswerte filmische Dokumentationen zu nennen, nämlich die vielfach ausgezeichnete BBC-Dokumentation *One Day in September* sowie die von Broadview TV produzierte Dokumentation *Der Olympia-Mord*. Ihnen steht das inzwischen legendäre, zuletzt 2006 mit einem neuen Epilog wieder aufgelegte Standardwerk von Simon Reeve, *One Day in September. The Full Story of the 1972 Munich Olympics Massacre and the Israeli Revenge Operation »Wrath of God«* in nichts nach.

Von den zahlreichen Beiträgen, die in jüngerer Zeit zu dem Themenkomplex publiziert worden sind, wollen wir beispielhaft nennen: Sven Felix Kellerhoff, »München 1972 – das Protokoll einer Katastrophe«, am 5. August 2012 erschienen in *Die Welt*; den Beitrag von Astrid Freyeisen im Bayerischen Rundfunk am 4. September 2017 über die Kriminalhauptmeisterin »Anneliese Graes – Protokoll eines Schreckentags«, die als Mitglied des olympischen Ordnungsdienstes die Vermittlung mit den Attentätern übernahm; Holger Gertz' »Morgengrauen«, ein Beitrag über die Schwimmerin und Zeitzeugin Karen James, der ursprünglich in der *Süddeutschen Zeitung* erschien und 2016 in dem Sammelband des Autors *Das Spiel ist aus. Geschichten über das Verlieren* wieder veröffentlicht worden ist.

Von Spitzenathleten wie dem siebenfachen Olympiasieger Mark Spitz abgesehen, hat kaum ein zweiter Sportler während und nach seinem Münchener Auftritt so viel Aufmerksamkeit erfahren wie John Akii-Bua, der ugandische Olympiasieger über 400 Meter Hürden. Für seinen Werdegang war der exzellente Dokumentarfilm *The John Akii-Bua Story – An African Tragedy* eine Quelle ersten Ranges. Bis heute fasziniert der Mann das Publikum, wie die Nachrufe auf ihn, zum Beispiel von Frank Litsky in der *New York Times* vom 25. Juni 1997, oder zuletzt das Porträt von Jan Mohnhaupt »John Akii-Bua und die Hürden des Lebens« zeigen, das am 3. Dezember 2019 in der *Spiegel*-Gruppe erschienen ist.

Die Zahl der autobiografischen, dokumentarischen, wissenschaftlichen und anderen Buchtitel zu München 72, von denen die ersten schon unmittelbar nach dem Ende der Spiele erschienen, ist kaum noch überschaubar. Neben den bereits erwähnten waren für uns aus sehr unterschiedlichen Gründen die folgenden von Nutzen:

Arledge, Roone: *A Memoir*, New York 2003.

Balbier, Uta Andrea: *Kalter Krieg auf der Aschenbahn. Der deutsch-deutsche Sport 1950–1972. Eine Politische Geschichte*, Paderborn 2006.

Deininger, Roman/Ritzer, Uwe: *Die Spiele des Jahrhunderts. Olympia 1972, der Terror und das neue Deutschland*, München 2021.

Egger, Simone: *München wird moderner. Stadt und Atmosphäre in den langen 1960er Jahren*, Bielefeld 2013.

Fingerle, Anton: *München. Heimat und Weltstadt*, München 1964.

Foster, Richard J.: *Mark Spitz. The Extraordinary Life of an Olympic Champion*, Santa Monica 2008.

Fuller, Peter: *Die Champions. Psychoanalyse des Spitzensportlers*, Frankfurt am Main 1987.

Haus der Bayerischen Geschichte (Hrsg.): Edition Bayern, Sonderheft: *München '72*, München 2010.

Heil, Matthias: *München '72. Olympia-Architektur damals und heute*, München 2012.

Henschen, Hans-Horst/Wetter, Reinhard: *Anti-Olympia. Ein Beitrag zur mutwilligen Diffamierung und öffentlichen Destruktion der Olympischen Spiele und anderer Narreteien*, München 1972.

Hilmes, Oliver: *Berlin 1936. Sechzehn Tage im August*, München 2017.

Kettl-Römer, Barbara/Rodatus, Angelika: *Aufgewachsen in München in den 60er und 70er Jahren*, Gudensberg 2008.

Koch, Thilo: *Piktogramm der Spiele. Pictogram of the Games*, München 1973.

Large, David Clay: *Munich 1972. Tragedy, Terror, and Triumph at the Olympic Games*, Lanham u. a. 2012.

Maegerlein, *Heinz: Olympische Spiele 1972. XI. Winterspiele Sapporo. XX. Sommerspiele München. Mit Beiträgen von Thilo Koch und Martin Morlock*, Frankfurt am Main 1972.

Mandell, Richard D.: *The Olympics of 1972. A Munich Diary*, Berkeley 1991.

Merk, Otto: *Zwischen Ruinen und Olympia. München, Bayern und die Welt 1946–1972*, Dachau 1997.

Meyfarth, Ulrike/Prieser, Uwe: *Nicht nur die Höhe verändert sich. Von Olympia nach Olympia, zwölf Sommer Einsamkeit*, Düsseldorf/Wien 1984.

Müller-Rhode, Verena/Rieger, Susanne: *Das Olympia 72 Lesebuch. Für München und den Rest der Welt!*, Nürnberg 2012.

Pletzinger, Thomas: *The Great Nowitzki. Das außergewöhnliche Leben des großen Sportlers*, Köln 2019.

Reeve, Simon: *One Day in September. The Full Story of the 1972 Munich Olympics Massacre and the Israeli Revenge Operation »Wrath of God«. Updated with a New Epiloge*, New York 2006.

Rode, Jan C.: *Willi Daume und die Entwicklung des Sports in der Bundesrepublik Deutschland zwischen 1945 und 1970*, Göttingen 2010.

Schade, Axel: *Als wir nach Apfelshampoo rochen. Eine vergnügte Reise durch die 1970er Jahre*, Berlin 2018.

Schiller, Kay/Young, Christopher: *The 1972 Munich Olympics and the Making of Modern Germany*, Berkeley 2010.

Schlemmer Thomas/Woller, Hans (Hrsg.): *Bayern im Bund, Bd. 1: Die Erschließung des Landes 1949 bis 1973*, München 2001.

Schöbel, Heinz: *The Four Dimensions of Avery Brundage*, Lausanne 1968.

Shorter, Frank: *My Marathon. Reflections on a Gold Medal Life*, Emmaus 2016.

Strasser, Patrick/Klein, Günter: *Hoeneß. Die Biografie*, München 2019.

Umminger, Walter, u. a.: *Olympia 72 – stärker als Terror und Gewalt*, Kemnat
    1972.

Valérien, Harry: *Olympia 1972. München – Kiel – Sapporo*, München 1972.

Vogel, Hans-Jochen: *Die Amtskette. Meine 12 Münchener Jahre*, München
    1972.

Weisbrod Robert G.: *Racism and the Olympics*, London 2015.

Personenregister

Abdulah, Samer Mohamed   236

Achternbusch, Herbert   163

Adam, Karl   165

Adams (Oberst)   262

Adenauer, Konrad   99, 111, 137, 198

Afif, Luttif (»Issa«)   204, 212, 214, 224f., 227, 230, 236

Ahlers, Konrad (Conny)   86, 109, **222**, 232, 237

Aicher, Otl   18–21, 28, 31, 33, **42**, **46**, 48, 55, 67, 209, 250, 323, **328**

Akii-Bua, John   153f., 156, 160–164, 167f., 263f., 332f.

Albert, Fürst von Monaco   87

Alexander, Irmgard   75

Allon, Jigal   253, 328

Alon, Dan   53

Althoff, Ulrich   150f.

Altig, Rudi   97f.

Amin, Idi   160, 164, 167f., 333

Angela (Hohenzollern)   87

Anhalt, Edda von   87

Anne, britische Pinzessin (Princess Royal)   78f., 157

Arafat, Yassir   213

Arledge, Roone   284

Armstrong, Neil   12

Arnold, Malcolm   153, 160f., 163, 167

Auer, Fritz   33, 325

Auer, Gerhard   165

Baader, Andreas   214

Backhaus, Robin   82

Badenberg, Uschi   36, 191

Badran, Ibrahim   236

Bahr, Egon   117

Bahr, Wilhelmine   261f.

Bantle, Karl-Heinz   165

Barak, Ehud   335

Barzel, Rainer   86, 115, 138ff., 291

Bauer, Franz   256

Bausenwein, Ingeborg   317

Beckenbauer, Franz   64, 127, 267f., 270, 276, 289, 326

Beethoven, Ludwig van   15, 47, **239**

Behnisch, Günter   26, 32f., 42, 46, 325f.

Below, Alexander   290

Benson, Roy   301f.

Benter, Uwe   165

Benthaus, Helmut   271

Berg, Wolfgang   307

Berger, David   233, 240, 252

Berger, Jutta (»Cindy«)   305

Berger, Norbert (»Bert«)   305

Berger, Peter   165

Berger, Senta   113f., 116

Berkhan, Karl-Wilhelm   186

Bierl, Alois   165

Bira Bhanubanda, Prinz von
   Thailand   78

Bizer, Peter   220

Black, Roy   82, 190

Blanco, Roberto   87

Borsow, Valeri   288

Bothmer, Lenelotte von   316

Bowermann, Bill   298

Brando, Marlon   190

Brandt, Lars   108f.

Brandt, Matthias   109

Brandt, Peter   110, 225

Brandt, Rut   110, 112

Brandt, Willy   17, 27, 42, 50f., 61,
   86, 93, 102, 108–112, 114ff.,
   119ff., 124f., 137, 140, 197, 210,
   225f., 236, 254, 265, 274, 315, 327,
   330f.

Brasher, Christoph   292f.

Brauer, Wiebke   176

Breitner, Paul   276

Brice, Pierre   190

Brieger, Heinz   56

Brügge, Peter   249

Bruhns, Wibke   315

Brundage, Avery   55, 105f., 222, 231f.,
   238, 241–244, 258, 260f., 265, 276,
   334

Buchheim, Michael   152, 165

Buchta, Gerhard   255

Buck, Clifford   289

Burdon, Eric   300

Buschle, Klaus-Dieter   247

Büsel, Winfried   33

Carl XVI. Gustaf, König von
   Schweden   61

Carlos, John   258ff.

Caroline, Prinzessin von Monaco
   52, 87

Cash, Johnny   146

Castro, Fidel   319

Chamberlain, Wilt   289

Chavoor, Sherm   216

Christa, Rudolf   29

Chulgatuppa, Paitane   78

Cierpinski, Waldemar   333

Clayton, Derek   56

Cohen, Victor   228, 230f.

Collett, Wayne   257, 259ff., 265,
   286

Collins, Doug   282f., 285

Colombo, Jürgen   66, 198

Cooper, Alice   194

Cosell, Howard   287f.

Coubertin, Pierre de   23

Counsilman, Jim   80

Courrèges, André   69

Cousteau, Jacques   14

Croy, Jürgen   273, 276

Daoud, Abu   207

Daume, Willi   10, 14–18, 20, 33, 41, 43f., 47, 57, 61, 92, 110, 121, 158, 186, 231, 238ff., 243f., 297f., 307, 312, 323, 327

Deininger, Roman   87, 248, 335f.

DeMont, Rick   288f.

Derwall, Jupp   68, 245, 272

Desny, Iwan   87

Dieter, Rolf   285

Doldinger, Klaus   116

Douglas, Anne   200

Douglas, Kirk   87, 113, 200f.

Driscoll, Julie   63

Dürr, Alfred   32

Ebel, Gunnar   235

Ebstein, Katja   66

Ecker, Danny   331

Ecker, John   95, 127, 140, 248, 279, 314, 331

Edelhagen, Kurt   46ff., 52, 55

Egger, Simone   61, 103

Ehmke, Horst   115

Eiermann, Egon   33

Ekberg, Anita   113

El Dnawy, Abd es Kadir   236

Eliash, Carmel   249

Elisabeth II., Königin des Vereinigten Königreiches Großbritannien und Nordirland   78f.

Elstner, Frank   66

Ely, Ron   102

Enke, Werner   96

Erhard, Ludwig   17

Evans, Lee   66

Everding, August   313, 321f.

Falck, Hildegard   175, 179, 181, 183f., 302

Färber, Hans-Johann   165

Fassbinder, Rainer Werner   85

Fassnacht, Hans   81f., 93, 98

Fischer, Bobby   153

Fischer, Ernst   282

Flick, Friedrich Christian (»Mick«)   256

Flick, Gert-Rudolf (»Muck«)   256

Fliegerbauer, Anton   230

Ford, Glenn   291

Fosbury, Dick   191f.

Friedman, Se'ew   240

Froebel, Wolfgang   51

Fuchs, Edgar   71, 82

Fuchsberger, Gundel   321

Fuchsberger, Joachim (»Blacky«)   30f., 35, 42, 44ff., 54, 57, 63, 237f., 241, 243, 310–313, 321ff., 28

Fuchsberger, Thomas   321

Gabin, Jean   102

Garbo, Greta   127

Gärtner, Renate   192, 197

Genscher, Hans-Dietrich   27, 173, 210, 214, 224–227, 236

Genter, Steve   104

Gertz, Holger   207, 312

Geschwindner, Holger   91f., 94ff., 99f., 104, 127, 245, 279, 332

Gildo, Rex   66

Gitter, Wolfgang   51

Glanegger, Hans   24

Glas, Uschi   95ff., 101f., 132, 190, 194, 223

Glotz, Peter   114

Goebbels, Joseph   59

Goldstein, Martin   195

Gonther, Rolf   182

Gool, Wilma van   245

Goppel, Alfons   17, 24, 87, 226

Gores, Hans-Jürgen   143

Goßler, Georg   24

Gottelt, Heinz-Peter   207

Gracia Patricia, Fürstin von Monaco   52

Graes, Anneliese   204, 212ff., 224, 334

Guillaume, Günter   330

Gutfreund, Josef   235, 240

Haji, Elke   261

Haji, Haji Mansur   261f.

Halfin, Eli'eser   240, 245

Hall, Gary   80, 82

Hamilton, Richard   151

Hamprecht, Rudi   113

Harald V., König von Norwegen   78

Haritz, Günter   198

Harrison, George   256

Hart, Eddie   286f.

Hauenschild, Almut   256

Hawkins, Ron   29

Haywood, Spencer   289

Heck, Dieter Thomas   66

Heidenreich, Jerry   200

Heier, Gaby   90, 100

Heinemann, Gustav   45

Hellmann, Angelika   139

Hemery, David   164, 167

Hempel, Udo   198

Hendrix, Jimi   194

Herberger, Sepp   303

Herbolzheimer, Peter   47

Hermens, Jos   245

Hershkowitz, Henry   252

Hiebl, Otto   113

Hill, Terence   65, 190

Hilmes, Oliver   242

Hitler, Adolf   13, 16, 49, 60, 110f., 218, 242, 260

Hitzfeld, Ottmar   69, 139, 268f., 271ff., 275, 326

Hitzfeld, Robert   272

Ho Jun Li   152

Hoeneß, Susi   245, 270

Hoeneß, Uli   68f., 245, 266, 268–271, 273, 275f., 289, 326

Hoffmeister, Gunhild   183

Hohenemser, Herbert   158

Hohensinn, Heinz   220, 223f., 229

Höhne, Christoph   181

Hölderlin, Friedrich   209

Holzapfel, Dietmar   83ff.

Holzapfel, Niki   85

Holzhäuser, Willi   118

Hope, Bob   215

Hopf, Herbert   198

Huberty, Ernst   179

Iba, Hank   290f., 293

Isenbart, Hans-Heinrich   237

Ismail, Atef   183

»Issa«   s. Afif, Luttif

Jackson, Michael   190

Jäger, Christa   110

Jagger, Mick   87, 190, 256

James, Karen   206f.

Janson, Horst   160, 190

Janz, Guido   129

Janz, Karin   51f., 123f., 129ff., 134,
136–140, 319, 331

Jennerwein, Georg   166

Jennings, Peter   223

Joedicke, Jürgen   33

Jones, Reggie   284

Jones, Renato William   285, 297

Jorgowa, Diana   133f., 138

Juan Carlos I., König von Spanien   78

Jürgens, Udo   190

Kalb, Jürgen   69

Kannenberg, Bernd   175, 180f., 184,
187, 244, 302

Keino, Kipchoge   56

Kennedy, John F.   17, 111, 208, 237

Kershenbaum, Jerry   202, 215f.

Khalatbari, Ali   256

Kiesinger, Kurt Georg   111

Kiesl, Erich   72

Kimihara, Kenji   56

King, Martin Luther   258

Kissinger, Henry   291

Klein, Günter   269

Klein, Hans   231

Klein, Stefan   147

Kluetmeier, Heinz   202

Koch, Thilo   11f., 53, 78, 237, 239, 243

Koch, Thomas   162

Kohl, Michael   117

Konstantin II. König von Griechenland
200, 279f.

Köpcke, Karl-Heinz   82

Kops, Bert   245

Korbut, Olga   123f., 139

Kottysch, Dieter   294, 305

Krause, Christiane   303

Krause, Michael   305

Krines, Franziska   95

Krombholz, Gertrude   9f., 41, 61,
200f., 327

Kronawitter, Georg   159

Krüger, Christiane   101

Kühnle, Rudolf   117

Kunstermann, Gottfried   93

Kunze, Herbert   21, 323

Ladany, Schaul   53, 239

Lalkin, Schmu'el   214, 232, 240f.

359

Lampe, Werner 75, 104

Landgraf, Rudolf 86

Langhans, Rainer 103

Larcher, Franz 118

Lattek, Udo 269

Lauer, Martin 164

Lavi, Daliah 66

Leber, Georg 184, 321

Lehmann, Peter-Hannes 264

Lembke, Robert 177ff., 222, 226, 279, 328

Lempert, Werner 87

Lennon, John 128

Leopold (»Poldi«), Prinz von Bayern) 61, 87

Lieret, Ingeborg 255f.

Ligges, Fritz 318

Lindenberg, Udo 136

Linsenhoff, Liselott 318

Lovell, Jim 65

Lueg, Ernst Dieter 116f.

Lusis, Janis 180, 182f.

Mahnert, Detlev 62ff., 68f., 72, 246, 323

Mahnert, Roswitha 246

Maier, Sepp 34, 270, 276

Mandel, Richard 44, 56, 64, 71

Manderach, Maria 79

Mann, Manfred 32

Mann, Ralph 167

Mannstein, Coordt von 20f.

Marx, Karl 111

Marx, Werner 117

Massalah, Mohammad 236

Matthews, Vince 257–261, 265, 286

Maurer, Georg 113

McCartney, Paul 62

McKay, Jim 54, 223, 233

Meir, Golda 218, 232, 254

Meinhof, Ulrike 197, 214

Mende, Erich 88

Mende, Marcus 88

Mende, Margot 88

Menge, Wolfgang 116

Merckx, Eddy 98

Merk, Bruno 214, 220, 224f., 229f.

Merkel, Angela 330

Meyer, Justus Johann 120

Meyer, Werner 168

Meyfarth, Ulrike 188f., 191ff., 196–199, 211, 244, 246, 332

Meyfarth, Wolf-Dieter 189

Mickler, Ingrid 303f.

Moore, Kenny 228, 298f.

Morlock, Martin 139

Müller, Andreas 157

Müller, Gerd 34, 267f., 276, 326

Müller-Rohde, Verena 36, 150

Mundinger, Ellen 192, 197

Münzing, Ingeborg 124, 246

Nannen, Henri 254, 274

Netzer, Günter 53, 190, 267, 276, 305

Neudecker, Wilhelm 270

Nickels, Christa   316

Nixon, Richard   111, 252, 291f.

Nöcker, Joseph   246

Nogly, Hans   86

Nothelfer, Anny   148

Nouhuys, Heinz van   100

Nowitzki, Dirk   95, 332

Nowottny, Friedrich   111, 116

Obermaier, Uschi   103

Ommer, Manfred   246ff.

Orff, Carl   54

Osenberg, Gerd   128f., 138

Osman, Sates   29

Owens, Jesse   59, 202, 287

Ozolina, Elvira   180, 183

Pavel, Angela   114

Perkins, Anthony   329

Perry, Siegfried   305

Peters, Mary   183

Peters, Ulrich   93

Petrov, Eugeni   165

Pfeiffle, Willi   38

Philipp, Herzog von Edinburgh   79

Praunheim, Rosa von   84

Prenn, Daniel   241

Rabe, Werner   297

Rauschenbach, Hans-Joachim   67f.

Reding, Serge   113

Reeve, Simon   210, 212, 214, 222, 227, 230, 232f.

Reichenbach, Ella   85

Reith, Dieter   47

Renger, Annemarie   316

Richter, Annegret   303f.

Rieder, Hermann   174

Riefenstahl, Leni   13f., 176ff.

Rieger, Susanne   36, 150, 335f.

Ritzer, Uwe   87, 248

Rivlin, Reuven   336

Roberts, Chris   190f.

Robinson, Reynaud   286f.

Rode, Jan C.   17

Rodensky, Shmuel   205

Romano, Ilona   253, 336

Romano, Josef   208, 213, 219, 222, 226, 240, 252f., 336

Rooyen, Jerry van   47

Rosenberg, Marianne   190

Rosendahl, Heide   54, 70, 122, 125–129, 131–134, 137f., 140, 143, 175, 183, 217, 246, 248, 279, 302ff., 314, 316, 331f.

Rosendahl, Heinz   143

Rosendahl, Margaret   143

Rous, Stanley   63

Ruhnau, Werner   158, 249

Ryan, Jim   56

Sabaite, Niele   184

Sadat, Anwar as-   226

Salzmann, Heike   144ff., 152, 162

Sandner, Vera   117

Santer, Ingrid   93

Sattler, Sepp   85

Savary, Jerome 159

Schachamarow, Esther 54, 217f., 227f., 233, 237, 239, 252

Scheel, Walter 111, 114, 236, 251

Scheel, Wolfgang 84

Schenk, Sylvia 183

Schiller, Kay 49

Schlehahn, Roland 300, 307

Schlesinger, Arthur jr. 292

Schmidt, Helmut 331

Schmidt, Marianne 32

Schmidt, Thomas 27f.

Schmieding, Walther 45

Schneider, Romy 102

Schneider, Werner 45

Schnitzler, Karl-Eduard von 50

Schober, Werner 97f.

Schöffel, August 227

Scholl, Hans 18, 335

Scholl, Inge 18

Scholl, Sophie 18, 335

Schorr, Kehat 240

Schranz, Karl 105f.

Schreiber, Hermann 114

Schreiber, Manfred 30f., 71, 214, 219f., 224, 227, 230, 254, 313

Schüller, Heidi 44, 83, 134

Schumacher, Günther 198

Schütz, Hannelore 109

Schwabe, Emmy 9f.

Segal, Eric 306f.

Seliger, Rudi 69

Sell, Evi 171

Sell, Ingrid 171

Semple, Jock 316

Seymour, Gerald 220

Shapira, Amitzur 217f., 228, 233, 240, 252

Sharif, Omar 62

Shorter, Frank 207f., 223, 228, 295f., 298f., 301f., 306–309, 333f.

Shorter, Samuel 295

Siciliano, Mario 102

Sieber, Georg 31

Siegfried, Peter 320

Sievert, Clemens 103

Silvia, Königin von Schweden 58, 60ff.

Simmel, Johannes Mario 331

Skanåker, Rangnar 67

Slavin, Mark 240, 245

Smith, Tommie 258ff.

Sokolovsky, Tuvia 214

Soldatenko, Weniamin Wassilije-witsch 181, 184

Sommerlath, Jörg 60

Sommerlath, Ralf 60

Sommerlath, Silvia Renate, s. Silvia von Schweden

Sommerlath, Walther 60

Sparwasser, Jürgen 276

Spasski, Boris 153

Speer, Albert 13

Spencer, Bud   65, 190

Spielberg, Steven   335

Spils, May   96

Spitz, Arnold   77, 79, 106, 139, 200

Spitz, Lenore   77, 79, 83, 139, 200f.

Spitz, Mark   70, 74–77, 79–83, 88, 98,
    104ff., 134, 138, 190f., 200ff., 210,
    215f., 260, 286, 333

Spitzer, André   71, 205f., 210, 225,
    232f., 240, 252, 335

Spitzer, Ankie   71, 205f., 210, 223, 225,
    232, 238f., 243, 252f., 335f.

Spitzer, Anouk   205f.

Springer, Jaakov   240

Stanjek, Eberhard   104, 167, 197, 283,
    286, 290, 306

Stecher, Renate   302ff.

Steeger, Ingrid   150

Steenken, Hartwig   318

Steffny, Manfred   299

Steinmeier, Frank-Walter   336

Steinle, Kraft-Otto   269

Stéphanie, Prinzessin von Monaco
    52

Stevenson, Teofilo   94

Stewart, Jackie   88

Stewart, James   291

Steyerer (Leiter der JVA München-
    Stadelheim)   273

Stock, Dr. (Arzt im Klinikum rechts der
    Isar)   116, 211

Strasser, Patrick   269

Strauß, Franz Josef   85f.

Streich, Joachim   276

Strobel, Käte   316

Südhaus, Norbert   301, 306–309, 334

Suranova, Eva   138

Switzer, Katherine   316

Tamari, Ittai   209f., 218, 335

Tamari, Michael   209f., 218

Taylor, Robert   287

Tenschert, Hans-Joachim   280–283,
    285f., 290f., 297f.

Theisinger, Professor (Arzt im
    Klinikum rechts der Isar)   113, 115

Thoelke, Wim   317f.

Thomas, Carmen   329f.

Tietz, Heider   175

Tittel, Ellen   217

Tränkner, Eberhard   33)

Tregubow, Waleri   284

Tröger, Walther   65, 91, 214, 224–227,
    255

Tsabari, Gad   214, 239

Turischtschewa, Ljudmila   139

Tuttlies, Mike   66

Uhlen, Susanne   190

Ulbricht, Walter   130

Valérien, Harry   63

Vaubel, Jan Eberhard   70

Verhoeven, Michael   113–116, 211,
    335

Verhoeven, Paul   116

Verhoeven, Simon   113

Vetten, Horst   327

Victoria, Kronprinzessin von
     Schweden) 60

Viellvoye, Jo 289

Vogel, Eberhard 276

Vogel, Hans-Jochen 16, 33, 57, 71,
     147f., 159, 219, 225f., 251ff., 323,
     327f.

Vogts, Berti 276

Wallace, Edgar 42

Warhol, Andy 151

Wayne, John 291

Weber, Carlo 33

Wegener, Ulrich 235

Weinberg, Mosche 208, 213f., 219,
     239f.

Weisbord, Robert 242

Weissmüller, Johnny 200

Weisweiler, Hennes 53

Welles, Orson 113

Wenden, John 200

Wepper, Fritz 190

Werding, Juliane 193f.

Westermann, Liesel 138

Wiede, Peter 106

Wiltfang, Gerd 318

Windmöller, Eva 261f.

Winkler, Hans Günter 318

Winschermann, Elena 20

Wirnhier, Erika 145, 162, 166

Wirnhier, Gerwald 145, 162

Wirnhier, Josef 145, 162

Wirnhier, Konrad (»Conny«)
     144ff., 151f., 154, 162f., 165f., 244,
     332

Wirnhier, Maria 162

Wirnhier, Sigrun 145, 162

Wirth, Karl 114

Wolf, Markus 137

Wolfermann, Friederike 171f., 174f.,
     180, 182, 184, 200

Wolfermann, Karen 171

Wolfermann, Klaus 171f., 174f.,
     180–184, 200, 244, 302, 332f.

Wolke, Manfred 50, 320

Wolters, Uly 35, 46

Worm, Ronald 69

Wottle, Dave 207

Wottle, Jan 207

Wright, Stan 288

Wucherer, Gerd 66

Young, Christopher 49

Zahn, Günter 40f., 43ff., 55ff., 64f.,
     308, 331

Zamir, Zvi 228, 230f.

Zander, Brigitte 112

Zappa, Frank 63, 159

Zimmermann, Eduard 30

Zuchold, Erika 139

Bildnachweis